한국의 토익 수험자 여러분께,

토익 시험은 세계적인 직무 영어능력 평가 시험으로, 지난 40여 년간 비즈니스 현장에서 필요한 영어능력 평가의 기준을 제시해 왔습니다. 토익 시험 및 토익스피킹, 토익라이팅 시험은 세계에서 가장 널리 통용되는 영어능력 검증 시험으로, 160여 개국 14,000여 기관이 토익 성적을 의사결정에 활용하고 있습니다.

YBM은 한국의 토익 시험을 주관하는 ETS 독점 계약사입니다.

ETS는 한국 수험자들의 효과적인 토익 학습을 돕고자 YBM을 통하여 'ETS 토익 공식 교재'를 독점 출간하고 있습니다. 또한 'ETS 토익 공식 교재' 시리즈에 기출문항을 제공해 한국의 다른 교재들에 수록된 기출을 복제하거나 변형한 문항으로 인하여 발생할 수 있는 수험자들의 혼동을 방지하고 있습니다.

복제 및 변형 문항들은 토익 시험의 출제의도를 벗어날 수 있기 때문에 기출문항을 수록한 'ETS 토익 공식 교재'만큼 시험에 잘 대비할 수 없습니다.

'ETS 토익 공식 교재'를 통하여 수험자 여러분의 영어 소통을 위한 노력에 큰 성취가 있기를 바랍니다.

감사합니다.

Dear TOEIC Test Takers in Korea,

The TOEIC program is the global leader in English-language assessment for the workplace. It has set the standard for assessing English-language skills needed in the workplace for more than 40 years. The TOEIC tests are the most widely used English language assessments around the world, with 14,000+ organizations across more than 160 countries trusting TOEIC scores to make decisions.

YBM is the ETS Country Master Distributor for the TOEIC program in Korea and so is the exclusive distributor for TOEIC Korea.

To support effective learning for TOEIC test-takers in Korea, ETS has authorized YBM to publish the only Official TOEIC prep books in Korea. These books contain actual TOEIC items to help prevent confusion among Korean test-takers that might be caused by other prep book publishers' use of reproduced or paraphrased items.

Reproduced or paraphrased items may fail to reflect the intent of actual TOEIC items and so will not prepare test-takers as well as the actual items contained in the ETS TOEIC Official prep books published by YBM.

We hope that these ETS TOEIC Official prep books enable you, as test-takers, to achieve great success in your efforts to communicate effectively in English.

Thank you.

입문부터 실전까지 수준별 학습을 통해 최단기 목표점수 달성!

ETS TOEIC® 공식수험서
스마트 학습 지원

구글플레이, 앱스토어에서
ETS 토익기출 수험서 다운로드

구글플레이   앱스토어

ETS 토익 모바일 학습 플랫폼!

ETS® 토익기출 수험서 `어플`

교재 학습 지원
1. 교재 해설 강의
2. LC 음원 MP3
3. 교재/부록 모의고사 채점 및 분석
4. 단어 암기장

부가 서비스
1. 데일리 학습(토익 기출문제 풀이)
2. 토익 최신 경향 무료 특강
3. 토익 타이머

모의고사 결과 분석
1. 파트별/문항별 정답률
2. 파트별/유형별 취약점 리포트
3. 전체 응시자 점수 분포도

ETS TOEIC 공식카페 ▾

etstoeicbook.co.kr

ETS 토익 학습 전용 온라인 커뮤니티!

ETS TOEIC® Book `공식카페`

강사진의 학습 지원   토익 대표강사들의 학습 지원과 멘토링

교재 학습관 운영   교재별 학습게시판을 통해 무료 동영상
강의 등 학습 지원

학습 콘텐츠 제공   토익 학습 콘텐츠와 정기시험
예비특강 업데이트

---

www.ybmbooks.com에서도 무료 MP3를 다운로드 받을 수 있습니다.

토익® 정기시험
예상문제집

실전 5세트

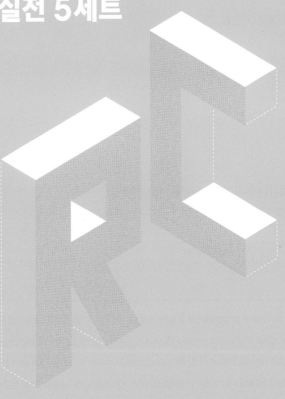

토익 정기시험
예상문제집

발행인	허문호
발행처	YBM

편집	이혜진
디자인	DOTS, 이현숙
마케팅	정연철, 박천산, 고영노, 김동진, 박찬경, 김윤하

초판발행	2020년 6월 8일
5쇄발행	2023년 7월 5일

신고일자	1964년 3월 28일
신고번호	제 300-1964-3호
주소	서울시 종로구 종로 104
전화	(02) 2000-0515 [구입문의] / (02) 2000-0436 [내용문의]
팩스	(02) 2285-1523
홈페이지	www.ybmbooks.com

ISBN	978-89-17-23596-8

토익®정기시험 예상문제집
예상문제집
실전 5세트

PREFACE

Dear test taker,

Welcome to the new **ETS® TOEIC® 정기시험 예상문제집**. Now more than ever, English proficiency is a key to success in our increasingly globalized world. Whether you want to clearly communicate with friends and work colleagues, efficiently interpret business documents, or easily navigate international travel, this test preparation book has been designed to help you meet your English-language goals through the TOEIC test.

The **ETS® TOEIC® 정기시험 예상문제집** is unique among test preparation materials. It is written by the same team of English-language experts at ETS who develop the TOEIC test. The practice test questions and forms even go through the same rigorous review process as the ones you will encounter on test day. There is no better resource to use as you prepare to take the TOEIC test.

The **ETS® TOEIC® 정기시험 예상문제집** includes the following key features:

- Five complete practice test forms
- New TOEIC questions of the same quality and difficulty level as those in actual TOEIC® test forms
- Specific explanations for learners

By using this test preparation book, you can be confident that you will be studying authentic materials that will help you to build both your English skills and your familiarity with the test structure and question types. It is one of the best resources available to help you maximize your TOEIC test score and demonstrate to the world what you can do.

Thank you for choosing to use the **ETS® TOEIC®정기시험 예상문제집** for your test-preparation needs. We wish you all the best in your language-learning journey.

최신 예상문제
전격 공개!

- **'출제기관이 독점 제공한' 예상문제가 담긴 유일한 교재!**

  이 책에는 정기시험 예상문제 5세트가 수록되어 있다.
  최신 예상문제로 실전 감각을 키워 시험에 확실하게 대비하자!

- **예상 포인트를 꿰뚫는 명쾌한 해설!**

  최신 출제 경향을 가장 정확하게 알 수 있는 예상문제를 풀고
  출제포인트가 보이는 명쾌한 해설로 토익을 정복해 보자!

- **'ETS가 제공하는' 표준 점수 환산표!**

  출제기관 ETS가 독점 제공하는 표준 점수 환산표를 수록했다.
  채점 후 환산표를 통해 자신의 실력이 어느 정도인지 가늠해 보자!

TOEIC 소개

■ TOEIC

Test of English for international Communication(국제적 의사소통을 위한 영어 시험)의 약자로, 영어가 모국어가 아닌 사람들이 일상생활 또는 비즈니스 현장에서 꼭 필요한 실용적 영어 구사 능력을 갖추었는가를 평가하는 시험이다.

■ 시험 구성

구성	PART		유형	문항 수	시간	배점
Listening	Part 1		사진 묘사	6	45분	495점
	Part 2		질의응답	25		
	Part 3		짧은 대화	39		
	Part 4		짧은 담화	30		
Reading	Part 5		단문 빈칸 채우기	30	75분	495점
	Part 6		장문 빈칸 채우기	16		
	Part 7	독해	단일 지문	29		
			이중 지문	10		
			삼중 지문	15		
Total	7 Parts			200문항	120분	990점

■ 평가 항목

LC	RC
단문을 듣고 이해하는 능력	읽은 글을 통해 추론해 생각할 수 있는 능력
짧은 대화체 문장을 듣고 이해하는 능력	장문에서 특정한 정보를 찾을 수 있는 능력
비교적 긴 대화체에서 주고받은 내용을 파악할 수 있는 능력	글의 목적, 주제, 의도 등을 파악하는 능력
장문에서 핵심이 되는 정보를 파악할 수 있는 능력	뜻이 유사한 단어들의 정확한 용례를 파악하는 능력
구나 문장에서 화자의 목적이나 함축된 의미를 이해하는 능력	문장 구조를 제대로 파악하는지, 문장에서 필요한 품사, 어구 등을 찾는 능력

※ 성적표에는 전체 수험자의 평균과 해당 수험자가 받은 성적이 백분율로 표기되어 있다.

수험 정보

■ 시험 접수 방법

한국 토익 위원회 사이트(www.toeic.co.kr)에서 시험일 약 2개월 전부터
온라인으로 접수 가능

■ 시험장 준비물

신분증	규정 신분증만 가능 (주민등록증, 운전면허증, 기간 만료 전의 여권, 공무원증)
필기구	연필, 지우개 (볼펜이나 사인펜은 사용 금지)

■ 시험 진행 시간

09:20	입실 (9:50 이후 입실 불가)
09:30 ~ 09:45	답안지 작성에 관한 오리엔테이션
09:45 ~ 09:50	휴식
09:50 ~ 10:05	신분증 확인
10:05 ~ 10:10	문제지 배부 및 파본 확인
10:10 ~ 10:55	듣기 평가 (LISTENING TEST)
10:55 ~ 12:10	독해 평가 (READING TEST)

■ TOEIC 성적 확인

시험일로부터 약 10~11일 후, 인터넷과 ARS(060-800-0515)로 성적을 확인할 수 있다.
TOEIC 성적표는 우편이나 온라인으로 발급 받을 수 있다(시험 접수시, 양자 택일).
우편으로 발급 받을 경우는 성적 발표 후 대략 일주일이 소요되며, 온라인 발급을 선택하면
유효기간 내에 홈페이지에서 본인이 직접 1회에 한해 무료 출력할 수 있다. TOEIC 성적은
시험일로부터 2년간 유효하다.

■ 토익 점수

TOEIC점수는 듣기 영역(LC)과 읽기 영역(RC)을 합계한 점수로 5점 단위로 구성되며 총점은
990점이다. TOEIC 성적은 각 문제 유형의 난이도에 따른 점수 환산표에 의해 결정된다.

토익 경향 분석

■ PART 1 사진묘사 Photograph 총 6문제

1인 등장 사진
주어는 He/She, A man/woman 등이며 주로 앞부분에 나온다.

2인 이상 등장 사진
주어는 They, Some men/women/people, One of the men/women 등이며 주로 중간 부분에 나온다.

사물/배경 사진
주어는 A car, Some chairs 등이며 주로 뒷부분에 나온다.

사람 또는 사물 중심 사진
주어가 일부는 사람, 일부는 사물이며 주로 뒷부분에 나온다.

PART 1 최신 출제 경향

사람 또는 사물 중심 사진 **33**%
1인 등장 사진 **33**%
사물/배경 사진 **17**%
2인 이상 등장 사진 **17**%

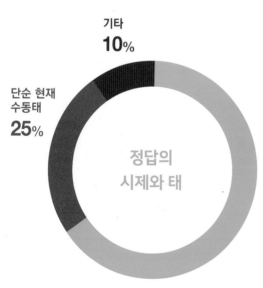

정답의 시제와 태

기타 **10**%
단순 현재 수동태 **25**%
현재 진행 능동태 **65**%

현재 진행 능동태
〈is/are + 현재분사〉 형태이며 주로 사람이 주어이다.

단순 현재 수동태
〈is/are + 과거분사〉 형태이며 주로 사물이 주어이다.

기타
〈is/are + being + 과거분사〉 형태의 현재 진행 수동태, 〈has/have + been + 과거 분사〉 형태의 현재 완료 수동태, '타동사 + 목적어' 형태의 단순 현재 능동태, There is/are와 같은 단순 현재도 나온다.

평서문
질문이 아니라 객관적인 사실이나 화자의 의견 등을 나타내는 문장이다.

의문사 의문문
각 의문사마다 1~2개씩 나온다. 의문사가 단독으로 나오기도 하지만 What time ~?, How long ~?, Which room ~? 등에서처럼 다른 명사나 형용사와 같이 나오기도 한다.

명령문
동사원형이나 Please 등으로 시작한다.

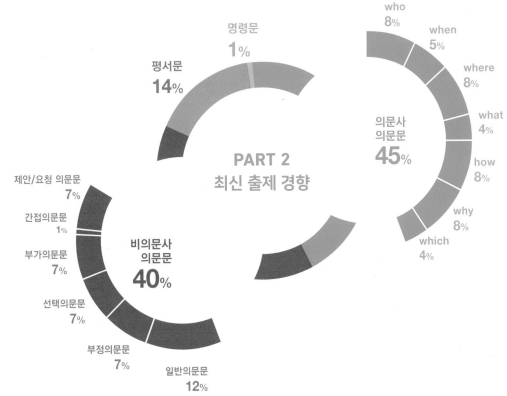

비의문사 의문문
일반(Yes/No) 의문문 적게 나올 때는 한두 개, 많이 나올 때는 서너 개씩 나오는 편이다.
부정의문문 Don't you ~?, Isn't he ~? 등으로 시작하는 문장이며 일반 긍정 의문문보다는 약간 더 적게 나온다.
선택의문문 A or B 형태로 나오며 A와 B의 형태가 단어, 구, 절일 수 있다. 구나 절일 경우 문장이 길어져서 어려워진다.
부가의문문 ~ don't you?, ~ isn't he? 등으로 끝나는 문장이며, 일반 부정 의문문과 비슷하다고 볼 수 있다.
간접의문문 의문사가 문장 처음 부분이 아니라 문장 중간에 들어 있다.
제안/요청 의문문 정보를 얻기보다는 상대방의 도움이나 동의 등을 얻기 위한 목적이 일반적이다.

■ **PART 3** 짧은 대화 Short Conversations

- 3인 대화의 경우 남자 화자 두 명과 여자 화자 한 명 또는 남자 화자 한 명과 여자 화자 두 명이 나온다. 따라서 문제에서는 2인 대화에서와 달리 the man이나 the woman이 아니라 the men이나 the women 또는 특정한 이름이 언급될 수 있다.

- 대화 & 시각 정보는 항상 파트의 뒷부분에 나온다.

- 시각 정보의 유형으로 chart, map, floor plan, schedule, table, weather forecast, directory, list, invoice, receipt, sign, packing slip 등 다양한 자료가 골고루 나온다.

PART 3 대화의 유형

- 2인 대화 & 시각 정보 **23**%
- 2인 대화 **63**%
- 3인 대화 **14**%

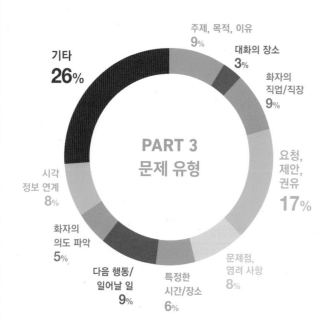

PART 3 문제 유형

- 주제, 목적, 이유 **9**%
- 대화의 장소 **3**%
- 화자의 직업/직장 **9**%
- 요청, 제안, 권유 **17**%
- 문제점, 염려 사항 **8**%
- 특정한 시간/장소 **6**%
- 다음 행동/일어날 일 **9**%
- 화자의 의도 파악 **5**%
- 시각 정보 연계 **8**%
- 기타 **26**%

- 주제, 목적, 이유, 대화의 장소, 화자의 직업/직장 등과 관련된 문제는 주로 대화의 첫 번째 문제로 나오며 다음 행동/일어날 일 등과 관련된 문제는 주로 대화의 세 번째 문제로 나온다.

- 화자의 의도 파악 문제는 주로 2인 대화에 나오지만, 가끔 3인 대화에 나오기도 한다. 시각 정보 연계 대화에는 나오지 않고 있다.

- Part 3 안에서 화자의 의도 파악 문제는 2개가 나오고 시각 정보 연계 문제는 3개가 나온다.

■ PART 4 짧은 담화 Short Talks

총 10 담화문 30문제 (지문당 3문제)

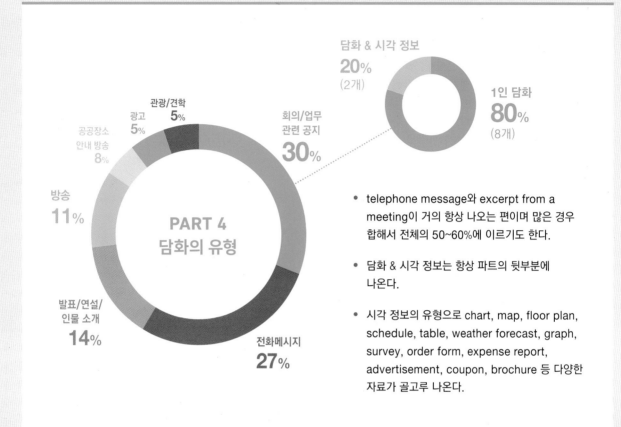

PART 4 담화의 유형

- 담화 & 시각 정보 **20%** (2개)
- 1인 담화 **80%** (8개)
- 관광/견학 **5%**
- 광고 **5%**
- 공공장소 안내 방송 **8%**
- 방송 **11%**
- 발표/연설/인물 소개 **14%**
- 전화메시지 **27%**
- 회의/업무 관련 공지 **30%**

- telephone message와 excerpt from a meeting이 거의 항상 나오는 편이며 많은 경우 합해서 전체의 50~60%에 이르기도 한다.

- 담화 & 시각 정보는 항상 파트의 뒷부분에 나온다.

- 시각 정보의 유형으로 chart, map, floor plan, schedule, table, weather forecast, graph, survey, order form, expense report, advertisement, coupon, brochure 등 다양한 자료가 골고루 나온다.

- 문제 유형은 기본적으로 Part 3과 거의 비슷하다.

- 주제, 목적, 이유, 담화의 장소, 화자의 직업/직장 등과 관련된 문제는 주로 담화의 첫 번째 문제로 나오며 다음 행동/일어날 일 등과 관련된 문제는 주로 담화의 세 번째 문제로 나온다.

- Part 4 안에서 화자의 의도 파악 문제는 3개가 나오고 시각 정보 연계 문제는 2개가 나온다.

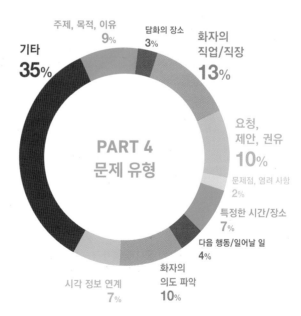

PART 4 문제 유형

- 기타 **35%**
- 주제, 목적, 이유 **9%**
- 담화의 장소 **3%**
- 화자의 직업/직장 **13%**
- 요청, 제안, 권유 **10%**
- 문제점, 염려 사항 **2%**
- 특정한 시간/장소 **7%**
- 다음 행동/일어날 일 **4%**
- 화자의 의도 파악 **10%**
- 시각 정보 연계 **7%**

문법 문제

시제와 대명사와 관련된 문법 문제가 2개씩,
한정사와 분사와 관련된 문법 문제가 1개씩
나온다. 시제 문제의 경우 능동태/수동태나
수의 일치와 연계되기도 한다. 그 밖에 한정사,
능동태/수동태, 부사, 동명사 등과 관련된
문법 문제가 나온다.

어휘 문제

동사, 명사, 형용사, 부사와 관련된 어휘
문제가 각각 2~3개씩 골고루 나온다.
전치사 어휘 문제는 3개씩 꾸준히
나오지만, 접속사나 어구와 관련된 어휘
문제는 나오지 않을 때도 있고 3개가
나올 때도 있다.

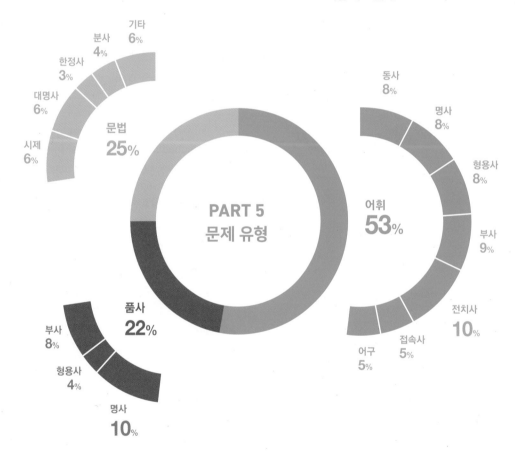

기타
6%

분사
4%

한정사
3%

대명사
6%

시제
6%

문법
25%

동사
8%

명사
8%

형용사
8%

부사
9%

어휘
53%

전치사
10%

접속사
5%

어구
5%

PART 5
문제 유형

품사
22%

부사
8%

형용사
4%

명사
10%

품사 문제

명사와 부사와 관련된 품사 문제가
2~3개씩 나오며, 형용사와 관련된 품사
문제가 상대적으로 적은 편이다.

■ PART 6 장문 빈칸 채우기 Text Completion

총 4지문 16문제 (지문당 4문제)

한 지문에 4문제가 나오며 평균적으로 어휘 문제가 2개, 품사나 문법 문제가 1개, 문맥에 맞는 문장 고르기 문제가 1개 들어간다. 문맥에 맞는 문장 고르기 문제를 제외하면 문제 유형은 기본적으로 파트 5와 거의 비슷하다.

어휘 문제

동사, 명사, 부사, 어구와 관련된 어휘 문제는 매번 1~2개씩 나온다. 부사 어휘 문제의 경우 therefore(그러므로)나 however(하지만)처럼 문맥의 흐름을 자연스럽게 연결해 주는 부사가 자주 나온다.

문맥에 맞는 문장 고르기

문맥에 맞는 문장 고르기 문제는 지문당 한 문제씩 나오는데, 나오는 위치의 확률은 4문제 중 두 번째 문제, 세 번째 문제, 네 번째 문제, 첫 번째 문제 순으로 높다.

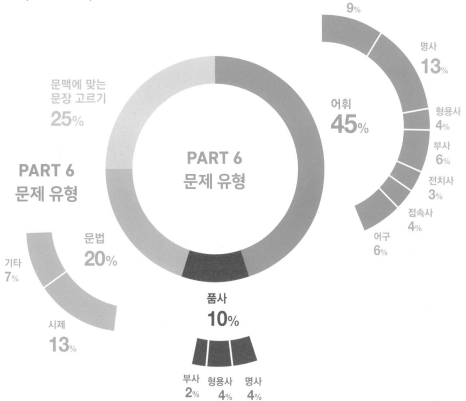

PART 6 문제 유형

PART 6 문제 유형

- 문맥에 맞는 문장 고르기 25%
- 문법 20%
- 기타 7%
- 시제 13%
- 어휘 45%
  - 동사 9%
  - 명사 13%
  - 형용사 4%
  - 부사 6%
  - 전치사 3%
  - 접속사 4%
  - 어구 6%
- 품사 10%
  - 부사 2%
  - 형용사 4%
  - 명사 4%

문법 문제

문맥의 흐름과 밀접하게 관련이 있는 시제 문제가 2개 정도 나오며, 능동태/수동태나 수의 일치와 연계되기도 한다. 그 밖에 대명사, 능동태/수동태, 부정사, 접속사/전치사 등과 관련된 문법 문제가 나온다.

품사 문제

명사나 형용사 문제가 부사 문제보다 좀 더 자주 나온다.

지문 유형	지문당 문제 수	지문 개수	비중 %
	2문항	4개	약 15%
단일 지문	3문항	3개	약 16%
	4문항	3개	약 22%
이중 지문	5문항	2개	약 19%
삼중 지문	5문항	3개	약 28%

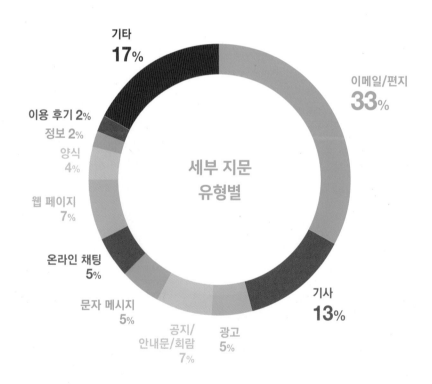

- 이메일/편지, 기사 유형 지문은 거의 항상 나오는 편이며 많은 경우 합해서 전체의 50~60%에 이르기도 한다.

- 기타 지문 유형으로 agenda, brochure, comment card, coupon, flyer, instructions, invitation, invoice, list, menu, page from a catalog, policy statement, report, schedule, survey, voucher 등 다양한 자료가 골고루 나온다.

(이중 지문과 삼중 지문 속의 지문들을 모두 낱개로 계산함 – 총 23지문)

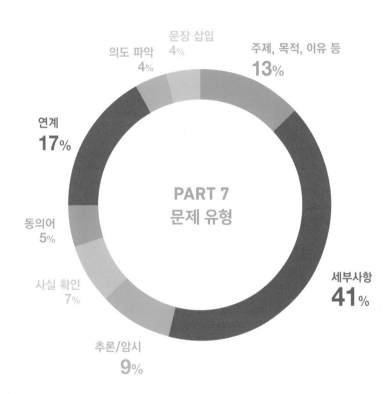

- 동의어 문제는 주로 이중 지문이나 삼중 지문에 나온다.
- 연계 문제는 일반적으로 이중 지문에서 한 문제, 삼중 지문에서 두 문제가 나온다.
- 의도 파악 문제는 문자 메시지(text-message chain)나 온라인 채팅(online chat discussion) 지문에서 출제되며 두 문제가 나온다.
- 문장 삽입 문제는 주로 기사, 이메일, 편지, 회람 지문에서 출제되며 두 문제가 나온다.

점수 환산표 및 산출법

■ **점수 환산표** 이 책에 수록된 각 Test를 풀고 난 후, 맞은 개수를 세어 점수를 환산해 보세요.

LISTENING Raw Score (맞은 개수)	LISTENING Scaled Score (환산 점수)	READING Raw Score (맞은 개수)	READING Scaled Score (환산 점수)
96-100	475-495	96-100	460-495
91-95	435-495	91-95	425-490
86-90	405-470	86-90	400-465
81-85	370-450	81-85	375-440
76-80	345-420	76-80	340-415
71-75	320-390	71-75	310-390
66-70	290-360	66-70	285-370
61-65	265-335	61-65	255-340
56-60	240-310	56-60	230-310
51-55	215-280	51-55	200-275
46-50	190-255	46-50	170-245
41-45	160-230	41-45	140-215
36-40	130-205	36-40	115-180
31-35	105-175	31-35	95-150
26-30	85-145	26-30	75-120
21-25	60-115	21-25	60-95
16-20	30-90	16-20	45-75
11-15	5-70	11-15	30-55
6-10	5-60	6-10	10-40
1-5	5-50	1-5	5-30
0	5-35	0	5-15

■ 점수 산출 방법 아래의 방식으로 점수를 산출할 수 있다.

STEP1

자신의 답안을 수록된 정답과 대조하여 채점한다. 각 Section의 맞은 개수가 본인의 Section별 '실제 점수 (통계 처리하기 전의 점수, raw score)'이다. Listening Test와 Reading Test의 정답 수를 세어, 자신의 실제 점수를 아래의 해당란에 기록한다.

	맞은 개수	환산 점수대
LISTENING		
READING		
총점		

Section별 실제 점수가 그대로 Section별 TOEIC 점수가 되는 것은 아니다. TOEIC은 시행할 때마다 별도로 특정한 통계 처리 방법을 사용하며 이러한 실제 점수를 환산 점수(converted[scaled] score)로 전환하게 된다. 이렇게 전환함으로써, 매번 시행될 때마다 문제는 달라지지만 그 점수가 갖는 의미는 같아지게 된다. 예를 들어 어느 한 시험에서 총점 550점의 성적으로 받는 실력이라면 다른 시험에서도 거의 550점대의 성적을 받게 되는 것이다.

STEP2

실제 점수를 위 표에 기록한 후 왼쪽 페이지의 점수 환산표를 보도록 한다. TOEIC이 시행될 때마다 대개 이와 비슷한 형태의 표가 작성되는데, 여기 제시된 환산표는 본 교재에 수록된 Test용으로 개발된 것이다. 이 표를 사용하여 자신의 실제 점수를 환산 점수로 전환하도록 한다. 즉, 예를 들어 Listening Test의 실제 정답 수가 61~65개이면 환산 점수는 265점에서 335점 사이가 된다. 여기서 실제 정답 수가 61개이면 환산 점수가 265점이고, 65개이면 환산 점수가 335점임을 의미하는 것은 아니다. 본 책의 Test를 위해 작성된 이 점수 환산표가 자신의 영어 실력이 어느 정도인지 대략적으로 파악하는 데 도움이 되긴 하지만, 이 표가 실제 TOEIC 성적 산출에 그대로 사용된 적은 없다는 사실을 밝혀 둔다.

토익® 정기시험
예상문제집

토익® 정기시험
예상문제집

실전 TEST

01

READING TEST

In the Reading test, you will read a variety of texts and answer several different types of reading comprehension questions. The entire Reading test will last 75 minutes. There are three parts, and directions are given for each part. You are encouraged to answer as many questions as possible within the time allowed.

You must mark your answers on the separate answer sheet. Do not write your answers in your test book.

PART 5

Directions: A word or phrase is missing in each of the sentences below. Four answer choices are given below each sentence. Select the best answer to complete the sentence. Then mark the letter (A), (B), (C), or (D) on your answer sheet.

101. Mr. Sokolov ------- a positive review of his stay at the Olana Hotel.

(A) write
(B) wrote
(C) writing
(D) was written

102. The manager often leads new employees through the safety procedures -------.

(A) her
(B) herself
(C) hers
(D) she

103. The corporate fitness center is equipped ------- fourteen stationary bicycles.

(A) at
(B) on
(C) with
(D) about

104. Professor Phuong will go over the use of the laboratory ------- with the interns next week.

(A) instruments
(B) instrumental
(C) instrumentally
(D) instrumented

105. Arnby Cable ------- £25.00 to all Internet subscribers after the weeklong service interruption.

(A) refunded
(B) accepted
(C) divided
(D) deposited

106. The board of directors will meet next Monday to examine the current hiring -------.

(A) purpose
(B) intent
(C) assembly
(D) policy

107. Passengers should not leave their seats ------- a flight attendant gives them permission to do so.

(A) unless
(B) rather
(C) instead
(D) otherwise

108. The goal of the committee was to evaluate the company's bylaws and offer ------- for improvement.

(A) renewals
(B) registrations
(C) recommendations
(D) reimbursements

109. The building's new ventilation system circulates heat much ------- than before.

    (A) even
    (B) most even
    (C) evenly
    (D) more evenly

110. Glowood Appliances promises customers their money back ------- they are not satisfied with their purchase.

    (A) while
    (B) and
    (C) if
    (D) then

111. The theater doors will close and the show will start at precisely 8:00 p.m., so guests are reminded to be -------.

    (A) rapid
    (B) sudden
    (C) punctual
    (D) instant

112. All vacation requests must be made to your supervisor ------- the requested date.

    (A) prior to
    (B) except for
    (C) previously
    (D) because

113. Most banks now offer clients the option of receiving their statements electronically or ------- mail.

    (A) from
    (B) of
    (C) in
    (D) by

114. Construction at Langhall Plaza is going so well that shops might open before the expected ------- date.

    (A) completion
    (B) selection
    (C) decision
    (D) option

115. Kohmek, Inc., is seeking a suitable site ------- the construction of its electronics factory.

    (A) for
    (B) so
    (C) to
    (D) more

116. Studies show that the average audience forms its ------- of the speaker within the first few seconds of the presentation.

    (A) impress
    (B) impressive
    (C) impressively
    (D) impression

117. Mr. Cutler has been asked to ------- domestic sales of low-calorie beverages.

    (A) oversee
    (B) possess
    (C) succeed
    (D) persist

118. Cranford Culinary Academy offers 35 different classes for ------- chefs.

    (A) aspires
    (B) aspirations
    (C) aspiring
    (D) to aspire

119. -------, items sold at the Scottville Craft Fair are unique and of very high quality.

    (A) Fairly
    (B) Typically
    (C) Simply
    (D) Entirely

120. Mamton Home Furnishings ------- customized furniture in Pennsylvania for more than a century.

    (A) manufactures
    (B) is manufacturing
    (C) has manufactured
    (D) manufacture

GO ON TO THE NEXT PAGE

121. Please hold any phone calls for Ms. Tanaka ------- she will be in meetings all day.

(A) as
(B) but
(C) despite
(D) similarly

122. Dolores Gutierrez excels as an estate planning attorney who helps clients manage their assets -------.

(A) effect
(B) effectively
(C) effects
(D) effective

123. Mr. Singh was ------- about sales of the fragrance after the first round of customer focus groups.

(A) extensive
(B) distinct
(C) optimistic
(D) superior

124. Data from the finance department was used to ------- predict the company's future expenses.

(A) either
(B) ever
(C) yet
(D) better

125. Immediately after the decrease in production was announced, everyone began discussing how ------- would impact work schedules.

(A) us
(B) it
(C) theirs
(D) yours

126. Every year Arrow Mill, Inc., processes a ------- amount of grain.

(A) durable
(B) direct
(C) resolute
(D) substantial

127. Tomorrow morning, both escalators in the store will be turned off periodically in order to perform ------- maintenance.

(A) required
(B) require
(C) requiring
(D) requires

128. Those who wish to volunteer at the annual Sebastian Park flower-planting event this Saturday ------- to arrive early.

(A) asks
(B) are asked
(C) has been asking
(D) to ask

129. Although Mr. Yanamura's theory is ------- controversial, it does help explain the latest changes in the market.

(A) neatly
(B) urgently
(C) gracefully
(D) certainly

130. A recent ------- found that property values in the Agate Valley region had increased by 3 percent between January and June.

(A) assessment
(B) assessed
(C) assessable
(D) to assess

PART 6

Directions: Read the texts that follow. A word, phrase, or sentence is missing in parts of each text. Four answer choices for each question are given below the text. Select the best answer to complete the text. Then mark the letter (A), (B), (C), or (D) on your answer sheet.

Questions 131-134 refer to the following information.

The Design Present Conference is an annual event held in Melbourne for graphic-design professionals. The conference is steadily growing in popularity. Last year, it ------- more than 3,000
131.
attendees from Australia and around the world. The next Design Present Conference, which will be held from 20 to 23 March, will offer more than 100 workshops, plus keynote speeches and plenary sessions. This year, several opportunities for professional networking will be added. Attendees will have the chance to market ------- to firms in several different industries. Periods for
132.
networking will be included in the ------- each day. Whether you are a design enthusiast, student,
133.
freelance designer, or business owner, Design Present has something for you. ------- .
134.

131. (A) attracted
     (B) entered
     (C) awarded
     (D) promoted

132. (A) they
     (B) them
     (C) themselves
     (D) theirs

133. (A) location
     (B) situation
     (C) machine
     (D) schedule

134. (A) Registration begins on 3 February and continues through 18 March.
     (B) This speaker is well-known throughout the industry.
     (C) The conference was held in New Zealand in previous years.
     (D) We'd like to get your feedback on last year's conference.

Questions 135-138 refer to the following advertisement.

Housing Specialist Needed

Wallace & Prence Realty is currently seeking a housing specialist to work with our international clients. We specialize in securing appropriate short-term housing for individuals ------- will be 135. working in the Toronto area for only a short time. As part of our client-relations department, the housing specialist ------- guidance to clients preparing for temporary relocation. ------- . The 136.   137. successful candidate must have knowledge of real estate and rental agencies in the Toronto area. Also required are a minimum of two years of customer-service experience. Individuals with the necessary ------- are encouraged to contact us at recruitment@wallaceprence.ca. 138.

---

135. (A) who
     (B) accordingly
     (C) recently
     (D) where

136. (A) provided
     (B) will provide
     (C) will have provided
     (D) is providing

137. (A) Your travel expenses are covered by
         Wallace & Prence.
     (B) We place clients in apartments throughout
         the world.
     (C) Duties also include supporting clients after
         their arrival.
     (D) Incomplete applications will not be
         considered.

138. (A) questions
     (B) documents
     (C) references
     (D) qualifications

24

Questions 139-142 refer to the following newspaper article.

LOWELL (March 3)—Just one year after opening, Viggo's Sweet Shop on Park Street has become the place to go for residents wishing to satisfy their sugary cravings. Says owner Viggo Magnusson, "Returning customers bring friends and relatives with them, so the shop is always ------- ." Mr. Magnusson credits the success of his business to the recipes he inherited
139.
from his grandmother about a decade ago. ------- .
140.

But the popularity of the pastry shop ------- Mr. Magnusson with an unanticipated problem: lack of
141.
store space. So when the shoe store next door went out of business recently, he purchased the property to allow for the ------- of his shop. Renovations will start in April.
142.

139. (A) doubted
(B) estimated
(C) crowded
(D) organized

140. (A) She usually serves them warm.
(B) She created them when she started the restaurant.
(C) His family members prefer eating healthy meals.
(D) His social media campaign has also boosted sales.

141. (A) leave
(B) left
(C) is leaving
(D) have left

142. (A) expansion
(B) supervision
(C) submission
(D) division

GO ON TO THE NEXT PAGE

Questions 143-146 refer to the following memo.

To: All Employees
From: Jennifer Prasad
Subject: Updated Password Policy
Date: Tuesday, February 8

Dear Employees,

As an enhanced security measure, you will now be required to change the password you use to access the company network on the first workday of each month. ------- , your log-in ID will
143.
remain the same.

Each password must be at least twelve characters long and include one capital letter, one lowercase letter, one number, and one special character.

An e-mail ------- on the last workday of each month reminding you to set a new password on the
144.
next workday. ------- to do so will result in your being locked out of your account, and you will
145.
have to contact our platform provider, Securities Services, for assistance.

We are doing our best to ensure that our employees and our clients have the highest possible level of security. ------- .
146.

Jennifer Prasad, CEO

143. (A) However
(B) Therefore
(C) In addition
(D) For example

144. (A) sent
(B) will be sent
(C) will have sent
(D) had been sent

145. (A) Support
(B) Absence
(C) Failure
(D) Approval

146. (A) I will see you at the meeting.
(B) Write down your new log-in ID.
(C) Let me know when this is done.
(D) Thank you for your cooperation.

PART 7

Directions: In this part you will read a selection of texts, such as magazine and newspaper articles, e-mails, and instant messages. Each text or set of texts is followed by several questions. Select the best answer for each question and mark the letter (A), (B), (C), or (D) on your answer sheet.

Questions 147-148 refer to the following notice.

Asherton Garden Fair

The City of Asherton proudly presents a Garden Fair
on the grounds of Asherton Manor
Saturday, June 10
11:00 A.M. to 5:00 P.M.

Free admission includes
Children's games, crafts, and local bands
Shuttle buses from nearby Asherton Train and Bus Station

Plants and seeds for sale
Refreshments for purchase—hot and cold beverages, cakes, sandwiches, and more!

Tours of Asherton Manor available for a small fee
Parking available at the manor for $10 per vehicle

For more information:
416-555-0187

147. What is indicated about Asherton Manor?

(A) It is available for private parties.
(B) It is open daily from 11:00 A.M.
      to 5:00 P.M.
(C) It always offers guided tours.
(D) It is near a train station.

148. What will NOT be free at the fair?

(A) Games
(B) Music
(C) Shuttle rides
(D) On-site parking

GO ON TO THE NEXT PAGE

Eleanor's Catering
Make Your Next Event Unforgettable

Looking for a caterer for your special occasion? Search no longer! Eleanor's Catering can be of help for every type of social gathering—from small, intimate gatherings to large, formal events. Eleanor's offers high-quality, delicious food for all occasions. Our full-service catering service includes beverages and rentals of tables, linens, dishes, and cutlery. Our staff will do everything to make your special event a success—we will deliver everything you need, set it up, and then remove it afterward.

To get a cost estimate, please complete a Catering Request Form on our Web site at www.eleanorscatering.com. Tasting of menu items is available upon request.

149. What is the purpose of the advertisement?

(A) To offer a discount to new clients
(B) To announce new menu items
(C) To describe the services of a business
(D) To explain delivery requirements

150. According to the advertisement, what is available by special request?

(A) Food sampling
(B) Vegetarian meals
(C) Itemized bills
(D) Decorations

Questions 151-152 refer to the following e-mail.

```
╔══════════════════════ *E-mail* ══════════════════════╗
║                                                        ║
║  To:        rwiest@lupinecityhall.com                  ║
║                                                        ║
║  From:      dbryant@arcospartners.com                  ║
║                                                        ║
║  Date:      April 12                                   ║
║                                                        ║
║  Subject:   Site Survey                                ║
║                                                        ║
║  Attachment: 📎 Survey                                 ║
╚════════════════════════════════════════════════════════╝
```

Dear Mr. Wiest,

I e-mailed you the site survey document on Monday, so it's strange that you didn't see it. Perhaps because I sent it from my personal e-mail rather than my work e-mail, your server didn't recognize it and routed it to your junk-mail folder instead. In any case, I will reattach the document here.

If the site is approved by next week, my team will expedite the completion of the final blueprints. The property owner hopes to have the full building project approved before the end of the month so that the construction team can start laying the foundation in June.

Sincerely,

Daniela Bryant

---

151. According to Ms. Bryant, why might Mr. Wiest not have seen the original document?

(A) She forgot to attach it to her e-mail.
(B) She sent it to a different person.
(C) It may have gone to the wrong e-mail folder.
(D) The file in it may have been too large.

152. Who most likely is Ms. Bryant?

(A) An architect
(B) An apartment-building manager
(C) A banker
(D) A property owner

GO ON TO THE NEXT PAGE ➤

Questions 153-154 refer to the following online chat discussion.

Mandi Garafelli (3:32 P.M.):	Hello. Thanks for contacting Picturos Camera customer service. How can I help you today?
Theo Ubari (3:33 P.M.):	Hi. I recently bought the Picturos 3000. I'm having trouble downloading photos from the camera to my computer.
Mandi Garafelli (3:35 P.M.):	OK. Have you done these steps? 1. Check the connection between the camera and the computer. 2. Turn the camera off and on again. 3. Reboot the computer with the camera connected.
Theo Ubari (3:38 P.M.):	I tried steps 1 and 2. Nothing improved.
Mandi Garafelli (3:41 P.M.):	Before you try step 3, go into your "applications" folder and look for an icon that says "Picturos 3000." Do you see it?
Theo Ubari (3:42 P.M.):	Yes, it's there.
Mandi Garafelli (3:43 P.M.):	Double click it. Your pictures should automatically appear.
Theo Ubari (3:44 P.M.):	That worked! Thanks for your help!
Mandi Garafelli (3:45 P.M.):	Sure thing.

153. What has Mr. Ubari NOT done?

(A) Purchased a new camera
(B) Connected the camera to the computer
(C) Restarted the camera
(D) Restarted the computer

154. At 3:42 P.M., what does Mr. Ubari most likely mean when he writes, "Yes, it's there"?

(A) He found an icon.
(B) He moved the camera.
(C) He uploaded the pictures.
(D) He sees the instructions.

MEMO

To: All Staff
From: Damian Perez
Date: September 3
Re: Safety inspection

Tomorrow, September 4, we will have a safety inspection here in the factory. The inspector, Ms. Hannah Langan, is expected to arrive at 8:30 A.M. and depart by 3:30 P.M. Note that there will be preliminary meetings prior to the inspection itself. The schedule is below.

Time	Activity	Required Attendees	Location
9:00 A.M.	Opening meeting	All staff	Cafeteria
10:00 A.M.	Inspector meets with General Manager	Damian Perez	Meeting Room C
11:30 A.M.	Lunch	Damian Perez	Cafeteria
12:30 P.M.	Operations inspection	All staff	Factory floor

With the exception of the opening meeting, factory floor workers should be at their regular stations throughout the day. During the operations inspection, the inspector may visit workstations and ask about machines. Please respond directly and honestly, and then continue working as soon as the inspector moves on.

---

155. Who most likely is Mr. Perez?

(A) A factory floor worker
(B) A food service worker
(C) The safety inspector
(D) The general manager

156. When will the inspection begin?

(A) At 8:30 A.M.
(B) At 10:00 A.M.
(C) At 12:30 P.M.
(D) At 3:30 P.M.

157. What does the memo suggest about factory floor workers?

(A) They must prepare written reports.
(B) They will be able to leave work early.
(C) Their afternoon work might be interrupted.
(D) Their workstations might be unavailable.

GO ON TO THE NEXT PAGE

Questions 158-160 refer to the following e-mail.

From:	Healthhome <healthhome-noreply@healthhome.net.uk>
To:	Steve Mayer <smayer@rmail.co.uk>
Date:	Friday, 3 July
Subject:	Our new Web site

Hello,

We are grateful that you have been a committed subscriber to our Web site. We encourage you to visit healthhome.net.uk again as soon as possible! You will discover a new look, as we have created a fresh, appealing, and easy-to-navigate Web site. Our team of Web developers, writers, and designers has worked for months to make our Web site exactly what you need it to be.

The new design includes social media buttons at the top of the page for improved access. The site's content is much easier to view on tablets and mobile phones than it used to be. Also, the online store is significantly easier to navigate. Finally, we enhanced the site's Education Centre by adding a quiz feature designed to facilitate a greater understanding of health and nutrition.

We hope you find the new Web site much more intuitive and pleasant to navigate.

Healthhome

158. Who most likely is Mr. Mayer?

(A) A health professional
(B) A Healthhome Web-site user
(C) A Web-site designer
(D) A Healthhome article contributor

159. The word "look" in paragraph 1, line 2, is closest in meaning to

(A) search
(B) appearance
(C) photograph
(D) glance

160. What does the e-mail suggest about the previous Web site?

(A) It did not have an online store.
(B) Some people visited it on a daily basis.
(C) Viewing it on some devices was difficult.
(D) It featured interactive nutrition quizzes.

Webmarch Still Going Strong After Fifteen Years

(November 20)—Webmarch revolutionized video consumption when it first launched its Internet streaming service. — [1] —. For a monthly fee, customers could watch as many movies as they liked online. Fifteen years later, the company continues to grow and expand. Webmarch now not only streams movies and television shows but also produces its own critically acclaimed content. — [2] —.

There are other services, such as Movieriver, with similar business models, but what makes Webmarch unique is its global reach. — [3] —. While currently available in 40 countries, Webmarch announced that it will be expanding its service to an additional 46 countries by February 8. — [4] —. The service has content available in sixteen languages, with subtitles available in an additional fourteen languages so that people from all over the world can enjoy the same programs.

161. What is the purpose of the article?

(A) To advertise Webmarch's new online streaming service
(B) To detail a merger between Webmarch and Movieriver
(C) To profile the history and future of Webmarch
(D) To report on Webmarch's changes in pricing

162. What is true about Webmarch?

(A) Its competitors offer fewer shows.
(B) Its customer base has tripled in two years.
(C) It is currently available in 46 countries.
(D) It offers videos in many languages.

163. In which of the positions marked [1], [2], [3], and [4] does the following sentence best belong?

"It was an immediate success."

(A) [1]
(B) [2]
(C) [3]
(D) [4]

Zovtech

Zovtech customers are most satisfied when they fully understand how to use their products and get the most out of them. Because Zovtech's products offer many innovative technology features, such as auto-timers on washing machines and variable light settings on microwave ovens, it is important to list and explain these features clearly in the user manuals. When writing the text for a manual, try to put yourself in the user's position and consider which features might need a more detailed explanation. Visual aids such as diagrams or photographs can be especially useful in outlining a process, and they can also serve to minimize the length and complexity of verbal instructions. Including specific examples can also help users grasp complex concepts more quickly as well as determine early in the process if something is not working properly.

164. For whom are the instructions most likely intended?

(A) Users of Zovtech products
(B) Salespeople in Zovtech stores
(C) Designers of Zovtech products
(D) Writers of Zovtech product manuals

165. What does Zovtech manufacture?

(A) Appliances
(B) Automobiles
(C) Cleaning supplies
(D) Photography equipment

166. According to the instructions, why are pictures useful?

(A) They can be understood by people in different countries.
(B) They clearly show when something is not working properly.
(C) They reduce the amount of written text needed.
(D) They attract more people to a Web site.

167. The word "grasp" in paragraph 1, line 10 is closest in meaning to

(A) hold
(B) tighten
(C) accomplish
(D) understand

Questions 168-171 refer to the following review.

---

http://www.softwareopinion.com ▶

| Home | **Reviews** | Contact Us |

S-Tor Application

"I was disappointed with the customer service I received."

My job involves coordinating large-scale corporate events like trade shows and conventions. — [1] —. Because I am on the road a lot, I have found S-Tor to be perfect for storing vendor lists, program schedules, and other important documents that I need to access digitally wherever I happen to be. — [2] —. In fact, I became so reliant on S-Tor that I never stopped to consider what I would do if I couldn't access it one day.

That day finally came, though, and I was disappointed with the customer service I received. When I contacted the help desk to report that I was unable to log in, I was transferred from representative to representative, each one walking me through the same troubleshooting procedure. — [3] —. I was eventually able to get back into the application, but only after much trial and error. Nonetheless, everyone I spoke with was nice and polite.

In short, I love the S-Tor application, but I have to be certain that I can quickly get it running again if something goes wrong. — [4] —. After this experience with S-Tor's help desk, I have decided to look at similar products to see how they compare.

—Adele Mohlmann

---

168. Who most likely is Ms. Mohlmann?

(A) A product tester
(B) An event planner
(C) A corporate trainer
(D) A sales representative

169. What is indicated about Ms. Mohlmann?

(A) She travels often for her job.
(B) She prefers paper documents.
(C) She receives software for free.
(D) She gives frequent presentations.

170. Why was Ms. Mohlmann unhappy with S-Tor's customer service?

(A) Her issue took too long to resolve.
(B) The instructions given were not clear.
(C) Help-desk employees were unfriendly.
(D) She felt pressured to make a purchase.

171. In which of the positions marked [1], [2], [3], and [4] does the following sentence best belong?

"Instructing me to repeat the same steps over and over seemed pointless."

(A) [1]
(B) [2]
(C) [3]
(D) [4]

GO ON TO THE NEXT PAGE

Piper McNair (12:15 P.M.)
Hi Marcus and Cara. How are your jobs coming along?

Marcus Davison (12:17 P.M.)
The trees have been cut down, and the limbs and trunks are being loaded into the truck. I'm just about done here at the Jones' property.

Piper McNair (12:18 P.M.)
I just got a call from a new client, Ms. Mirzoyan. She said a tree in her yard has come down and she needs it removed right away. A real estate agent is stopping by her house tomorrow morning with some prospective buyers.

Cara Brooks (12:19 P.M.)
I should be done at the Smith property in about an hour. What is Ms. Mirzoyan's address?

Piper McNair (12:19 P.M.)
234 Lakeside Avenue. I'll tell her you can be there in a couple of hours.

Cara Brooks (12:20 P.M.)
That works for me.

Piper McNair (12:20 P.M.)
It will probably be a three-hour job. Given the size of the tree, you'll need an extra pair of hands, so I've called Grady.

Marcus Davison (12:21 P.M.)
It's Saturday.

Piper McNair (12:22 P.M.)
I understand, but with Miles out sick for the last four days, I had no choice.

Marcus Davison (12:22 P.M.)
I'm glad he agreed to help out on his day off. We've had more work this spring than usual. Does he need a ride?

Piper McNair (12:23 P.M.)
No. Just let him know when you've reached the Mirzoyan residence. I'll tell Ms. Mirzoyan to expect all three of you this afternoon.

172. Where do the writers most likely work?

   (A) At a tree service company
   (B) At a real estate agency
   (C) At a construction firm
   (D) At an auto repair shop

173. What does Ms. Mirzoyan expect to do tomorrow?

   (A) Purchase a property
   (B) Have visitors at her home
   (C) Hire a new moving company
   (D) Use Ms. McNair's business again

174. When will the writers most likely meet at 234 Lakeside Avenue?

   (A) In one hour
   (B) In two hours
   (C) In three hours
   (D) In four hours

175. At 12:21 P.M., what does Mr. Davison most likely mean when he writes, "It's Saturday"?

   (A) He does not have extra time.
   (B) He thinks they should not accept more work.
   (C) Grady is not usually available then.
   (D) Miles did not make a good decision.

GO ON TO THE NEXT PAGE

Mayor Kowalik Announces Bus Driver Appreciation Day

FRECOSTA (April 2)—Mayor Ed Kowalik has declared April 21 the city's first ever Bus Driver Appreciation Day. Bus riders are asked to greet drivers with a warm hello and one of the city's specially designed thank-you cards, which can be printed out from www.frecosta.gov/transitappreciation. As an added gesture of gratitude, Mayor Kowalik will invite bus drivers to attend a sporting event free of charge next month.

Because the city's population has increased over the past two years, Frecosta's bus drivers have had to cope with frequent changes to bus routes. However, next year's long-anticipated opening of the Frecosta subway line is expected to alleviate some of the stress on drivers while creating more jobs. The subway line will connect the Bargain Town Shopping Center on the western end of the city with Frecosta Stadium, which is located on the eastern end.

YOU'RE INVITED!

Who: Frecosta Public Transit Services Employees
What: Frecosta Kickers Football Game
Where: Frecosta Stadium
When: May 7 at 2:00 P.M.

FRECOSTA KICKERS

In honor of your hard work for the city, we are pleased to offer FREE tickets to the Frecosta Kickers football game on May 7.

To download your e-tickets, visit www.frecostakickers.com/tickets and enter the discount code "FPTS OFFER" at checkout. This code will allow you to access one free ticket. You may also purchase up to five guest tickets for family and friends at $7 each.

Please join us in the stadium clubhouse at 1:00 P.M. for a light snack before the game. (Note: For transit employees and their guests only.)

176. What does the mayor suggest people do to thank bus drivers?

(A) Donate to a fund
(B) Give the drivers a card
(C) Post an online greeting to drivers
(D) Write a letter to the local newspaper

177. According to the article, what group of people has recently become larger?

(A) Football fans
(B) Train passengers
(C) Frecosta residents
(D) Shopping center customers

178. What is true about some of the people who will attend the football game on May 7 ?

(A) They will travel to the eastern end of Frecosta.
(B) They must live in the city of Frecosta.
(C) They must reply to an e-mail from the mayor.
(D) They may bring only three guests to the game.

179. What will happen at 1:00 P.M. on May 7 ?

(A) The stadium will open.
(B) A football game will begin.
(C) Refreshments will be served.
(D) An awards ceremony will be held.

180. According to the invitation, how can transit workers obtain tickets?

(A) By visiting the bus station
(B) By calling the mayor's office
(C) By arriving to the game early
(D) By ordering through a Web site

GO ON TO THE NEXT PAGE

To: Burnley warehouse teams
From: Jane Peralta
Date: 1 December
Re: Upcoming changes

Our company recently purchased the JLX software suite to replace our current RERQ suite. With the new software will come a new process. Previously, workers in the shipping area would check the paperwork for the customer's name and search the company address in the database in order to create an address label. With the new process, the supply team completes each order, affixes a bar·code sticker to the box, and delivers the box to the shipping area. In the shipping area, we will use a bar code scanner in sync with the new software so that scanning a bar code will automatically print an address label. Addresses for companies that are not in the database will still need to be looked up in the old RERQ software. We will continue to observe the delivery speed indicated on the paperwork. For example, some orders need to arrive by 8 A.M. the next morning. Please continue to highlight the address of such priority deliveries in yellow, then place those boxes on the shelves marked "priority".

We are planning to start using the updated shipping process company-wide from 15 December. One team has been selected to test and provide feedback on the new software, equipment, and procedures during the first week of December. If we find any problems at this trial stage, we may need to postpone the all-around implementation of the new procedure.

To:	Jane Peralta
From:	Aram Mansouri
Date:	7 December
Subject:	RE: Fine-tuning work with JLX

Hello Ms. Peralta,

In reply to your request for feedback, I can say that most aspects of the JLX system are working well. However, we do need a better way to handle orders going to companies requiring priority shipping for all their orders, such as Turing Photography. Several of their orders this week did not arrive at their premises by 8 A.M. I think some of our team members have been forgetting to check the labels for the required delivery speed. Also, I was informed our handheld scanners run out of battery power very quickly. Could you look into it?

Thank you,

Aram Mansouri

181. What is the purpose of the memo?

(A) To announce a company reorganization
(B) To explain new procedures
(C) To introduce an efficiency expert
(D) To bring attention to a problem

182. What step in the shipping process will NOT change?

(A) Looking up addresses using the software
(B) Using bar code scanners
(C) Creating bar code stickers for all orders
(D) Putting priority items on a specific shelf

183. What is implied about Turing Photography?

(A) Its address labels should be highlighted in yellow.
(B) It purchased software at a reduced price.
(C) It provides the warehouse with supplies.
(D) It has received complaints about the scanners.

184. What is most likely true about Mr. Mansouri?

(A) His shift begins at 8 A.M.
(B) His team is testing out the JLX software.
(C) He prefers using the RERQ system.
(D) He handles all priority shipping orders.

185. What will Ms. Peralta most likely do after reading the e-mail?

(A) Find a missing package
(B) Research long-life batteries
(C) Reschedule a deadline
(D) Correct an address

GO ON TO THE NEXT PAGE

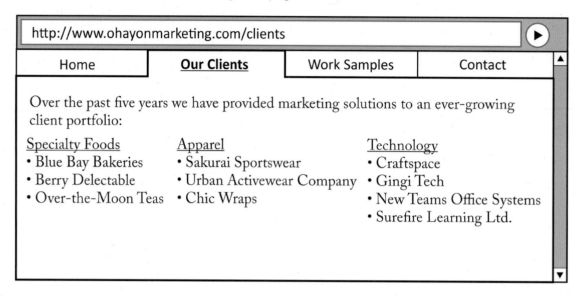

http://www.ohayonmarketing.com/clients

| Home | **Our Clients** | Work Samples | Contact |

Over the past five years we have provided marketing solutions to an ever-growing client portfolio:

Specialty Foods
• Blue Bay Bakeries
• Berry Delectable
• Over-the-Moon Teas

Apparel
• Sakurai Sportswear
• Urban Activewear Company
• Chic Wraps

Technology
• Craftspace
• Gingi Tech
• New Teams Office Systems
• Surefire Learning Ltd.

E-mail

To:	Sunil Mehta <sunil.mehta@gomail.co.in>
From:	Marc Ohayon <mohayon@ohayonmarketing.com>
Date:	May 3
Subject:	Hello

Dear Sunil,

I hope this message finds you well. You may have heard the news that my family and I are preparing to move from New York to Marrakesh in the fall. In the process, I am hoping to move my marketing firm, Ohayon Marketing, to the area as well.

You may remember that after I left Sharp Smart—and moved out of New Delhi—I freelanced for Craftspace, which went on to become my company's first client. In more recent years, my company has branched out to consult for a large number of businesses in unrelated industries.

I would like to continue with this work by establishing a client base in Marrakesh. I am reaching out to you because of your contacts in the business community there. If you know anyone who might be interested in the services I offer, would you be so kind as to let me know?

Best wishes,

Marc

To:	Marc Ohayon <mohayon@ohayonmarketing.com>
From:	Sunil Mehta <sunil.mehta@gomail.co.in>
Date:	May 6
Subject:	Marrakesh contact

Hello, Marc,

It was a pleasure to hear from you. You remember correctly; I do have contacts in Marrakesh. Before we worked together at Sharp Smart, I worked for a company that had an office in Marrakesh, and I traveled there frequently. I can also recommend several hotels, restaurants, and even travel agencies if you would like.

In response to your inquiry, I will introduce you by e-mail to Ms. Salma Kader. She is quite knowledgeable in the region, and I have no doubt that she will be helpful to you.

Warm regards,

Sunil

186. What is indicated about Ohayon Marketing?

(A) It specializes in family-owned companies.
(B) It has a diverse client portfolio.
(C) It mainly supports export firms.
(D) It earns most of its revenue from the apparel industry.

187. For what industry did Ohayon Marketing first consult?

(A) Online education
(B) Specialty Foods
(C) Apparel
(D) Technology

188. What is suggested about Sharp Smart?

(A) It has offices in New Delhi.
(B) It recently hired several new employees.
(C) It is under new management.
(D) It recently merged with a larger firm.

189. Who is Mr. Mehta?

(A) A travel agent
(B) An executive recruiter
(C) A former colleague of Mr. Ohayon's
(D) An Ohayon Marketing partner

190. Why will Mr. Ohayon most likely contact Ms. Kader?

(A) To remind her to send an itinerary
(B) To rent a new office location
(C) To explore business opportunities
(D) To get sightseeing recommendations

GO ON TO THE NEXT PAGE

Questions 191-195 refer to the following flyer, invoice, and online review.

Steel Wheels Vehicle Insurance

With a top-of-the-line car, you should have top-of-the-line protection.
Choose whichever plan best suits your needs.

- <u>Maintenance Plan</u>: Includes an annual inspection, testing, and monthly oil changes

- <u>Repair Plan</u>: Covers repairs needed to the engine and other major systems, including electrical, exhaust, and cooling. Includes all replacement parts

- <u>Cleaning Plan</u>: Complete interior and exterior cleaning every three months, including replacement of floor mats when necessary

- <u>Combination Plan</u>: Includes benefits of all three plans

Monthly fees vary by vehicle model.
E-mail us at <u>planinfo@steelwheelsins.com</u> for specific cost and plan information.

Lum Motors Sales and Service

Client: Ming Xiong	Date: 13 December	
Insurance: Steel Wheels		

Service Received	Covered by Insurance	Billable to Customer
Replaced split radiator hose and clamps	$120	$0
New floor mats	$0	$250
Total	$120	$250

If you wish to examine or keep any parts that have been replaced, please ask to speak to the mechanic when you pick up your vehicle. Parts will not be kept after the service date.

<u>Recommended products:</u>	Goldings synthetic oil for smoother engine functioning
	Harmon air filters to protect your engine
	Lift-brite fabric treatment to protect cloth seat upholstery
	Eversweet spray to keep your interior smelling fresh

www.jkarcare.com/forum/auto-maintenence/interior ▶

Auto Forum

Great product
by Ming Xiong/29 December 7:43 PM

I can't recall the name, but I bought this product based on a recommendation from my car dealer's service department, and it works very well. The liquid comes in a blue bottle with yellow lettering. As a father of three, I have a hard time keeping the interior of my car clean. Many products claim to protect against stains, but this one actually works. All our spills wipe right off. Even more impressive is the price. It costs about the same as other brands but works much better.

191. According to the flyer, why should the reader e-mail Steel Wheels Vehicle Insurance?

(A) To inquire about plan coverage
(B) To obtain a repair estimate
(C) To schedule an appointment
(D) To find a participating service center

192. What insurance plan does Mr. Xiong most likely have?

(A) The Maintenance Plan
(B) The Repair Plan
(C) The Cleaning Plan
(D) The Combination Plan

193. According to the invoice, what could Mr. Xiong have requested on December 13?

(A) The mechanic's work certificate
(B) His car's old parts
(C) A full tank of gas
(D) A loaner vehicle

194. What product did Mr. Xiong most likely purchase?

(A) Goldings synthetic oil
(B) A Harmon air filter
(C) Lift-brite fabric treatment
(D) Eversweet spray

195. According to the online review, what impressed Mr. Xiong about the product?

(A) Its reasonable price
(B) Its pleasant scent
(C) Its innovative packaging
(D) Its sudden popularity

GO ON TO THE NEXT PAGE

Mission Statement

The Hulani Harbor Neighborhood Association (HHNA) is a self-governing organization that strives to promote a safe, vibrant, and enjoyable community for all. Members live in the Hulani Harbor area and are committed to the following goals:

1. Ensuring that the Hulani Harbor area maintains a range of housing types and price levels

2. Preserving the architectural character of historic homes

3. Planning seasonal gatherings and events for residents

4. Promoting open discussion of local issues and initiatives

The Hulani Harbor Neighborhood Association Quarterly Meeting
Scheduled for Thursday, April 20, at 7:00 P.M.

New topics added to the meeting agenda:

• The Chenaux Company seeks rezoning for 3912 Bennett Avenue, a residential structure built in 1909. The company is requesting that the property be approved for commercial use, after which the house would be completely remodeled. We invite residents to attend the city council meeting on Monday, April 17, to learn more about the company's request and then be prepared to discuss further at the HHNA meeting on Thursday evening.

•The leadership committee for the Brazoria Creek sector announces a position opening. Duties include serving as point of contact for residents, distributing the monthly newsletter, and sharing information with other leaders of the HHNA. Individuals who are interested in representing Brazoria Creek will each be asked to speak briefly before a vote will take place.

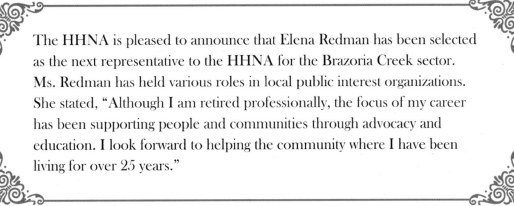

The HHNA is pleased to announce that Elena Redman has been selected as the next representative to the HHNA for the Brazoria Creek sector. Ms. Redman has held various roles in local public interest organizations. She stated, "Although I am retired professionally, the focus of my career has been supporting people and communities through advocacy and education. I look forward to helping the community where I have been living for over 25 years."

196. What does the HHNA indicate in the mission statement?

(A) It is an independently run group.
(B) It was formed recently.
(C) It is advised by city officials.
(D) It charges membership fees.

197. Why are residents encouraged to attend a meeting on Monday, April 17 ?

(A) To receive training in public speaking
(B) To show support for some city politicians
(C) To get information about a zoning proposal
(D) To meet some new neighbors

198. What HHNA goal is most likely being challenged by the Chenaux Company?

(A) Goal 1
(B) Goal 2
(C) Goal 3
(D) Goal 4

199. What is suggested about Ms. Redman?

(A) She spoke at a meeting in April.
(B) She owned a business in Hulani Harbor.
(C) She is responsible for distributing the meeting agendas.
(D) She writes articles for a newsletter.

200. What does Ms. Redman suggest qualifies her for the representative position?

(A) Her university degree
(B) Her fresh leadership ideas
(C) Her awareness of national issues
(D) Her experience in supporting local groups

Stop! This is the end of the test. If you finish before time is called, you may go back to Parts 5, 6, and 7 and check your work.

토익˚정기시험
예상문제집

토익˚정기시험
예상문제집

실전 TEST

02

In the Reading test, you will read a variety of texts and answer several different types of reading comprehension questions. The entire Reading test will last 75 minutes. There are three parts, and directions are given for each part. You are encouraged to answer as many questions as possible within the time allowed.

You must mark your answers on the separate answer sheet. Do not write your answers in your test book.

PART 5

Directions: A word or phrase is missing in each of the sentences below. Four answer choices are given below each sentence. Select the best answer to complete the sentence. Then mark the letter (A), (B), (C), or (D) on your answer sheet.

101. The Pangea Company will send ------- an e-mail confirming receipt of the application.

(A) your
(B) yourselves
(C) yourself
(D) you

102. Mr. Yamamoto's farewell party was ------- in the cafeteria on Tuesday.

(A) meant
(B) held
(C) taken
(D) built

103. Tours run every day, but there may be ------- availability on weekends.

(A) limit
(B) limits
(C) limited
(D) limitation

104. Bentoc Shoes has a loyal customer base ------- it provides high-quality service.

(A) because
(B) rather
(C) not only
(D) as well

105. Building management ------- asks employees to avoid socializing in the lobby.

(A) respects
(B) respected
(C) respectful
(D) respectfully

106. The theater district is located ------- walking distance of the Yafeh Hotel.

(A) within
(B) along
(C) below
(D) down

107. As consumers buy more products online, retailers are finding ways ------- orders more quickly.

(A) have delivered
(B) are delivering
(C) to deliver
(D) delivers

108. Please ------- that environmental inspectors must renew their certification yearly.

(A) proceed
(B) secure
(C) note
(D) keep

109. Mr. Yi's calendar is ------- open for interviews from 3:00 P.M. to 5:00 P.M. on Tuesdays.

(A) usually
(B) during
(C) several
(D) longer

110. The lead role ------- the film *Sunpocket* was created especially for Ms. Abebe.

(A) by
(B) at
(C) in
(D) as

111. Your current online banking session -------, so please log on to your account again.

(A) has expired
(B) expiring
(C) expiration
(D) to expire

112. XAG Motors recommends checking your vehicle's oil at ------- intervals.

(A) heavy
(B) genuine
(C) regular
(D) immediate

113. Mr. Wu was responsible for the latest design ------- at Shu Faucet Company.

(A) innovative
(B) innovatively
(C) innovate
(D) innovation

114. Rincon Data has just opened a new facility that is ------- larger than its previous one.

(A) expertly
(B) significantly
(C) prominently
(D) historically

115. Each year, the relationship between what people eat and the state of ------- health is more fully understood.

(A) they
(B) their
(C) theirs
(D) them

116. ------- from customers is valuable in determining where we need to improve.

(A) Inventory
(B) Feedback
(C) Possibility
(D) Distribution

117. Poet Yoshino Nagao will read from her latest ------- collection at Argyle Library on Friday.

(A) publisher
(B) publish
(C) published
(D) publishes

118. An inspection of the Coltier Building identified several ------- defects.

(A) private
(B) instructional
(C) complimentary
(D) structural

119. Retailers have been reporting ------- strong sales of swimwear for this time of year.

(A) surprised
(B) surprises
(C) to surprise
(D) surprisingly

120. Curitour Travel offers ------- throughout Asia that vary in length, cost, and group size.

(A) excursions
(B) refreshments
(C) improvements
(D) institutions

GO ON TO THE NEXT PAGE

121. As the city's largest -------, Bailin Hospital provides more than 1,000 jobs at its west campus alone.

(A) employment
(B) employable
(C) employing
(D) employer

122. The venue is small, so not ------- who requests a ticket to the play will be able to attend.

(A) the other
(B) one another
(C) everyone
(D) someone

123. Both the *Atkinson Times* and the *MacMillan Record* have sizable readerships, ------- each targets a different demographic.

(A) unless
(B) although
(C) once
(D) whether

124. ------- the acquisition of a competitor, Plautner Electric has become the biggest appliance retailer in the city.

(A) With
(B) Wherever
(C) Together
(D) Above

125. The shipment delay was ------- caused by miscommunication within our department.

(A) primarily
(B) eventually
(C) hastily
(D) reluctantly

126. Because of an ordering error, Vival Market received an ------- of 200 bags of rice.

(A) exceeding
(B) exceedingly
(C) excess
(D) excessive

127. Ms. Choi reports that the new accounting software works well, ------- the computer's operating system has been updated.

(A) provided that
(B) no sooner
(C) so as to
(D) in view of

128. Researchers must sign in at the visitor registration table upon ------- the Briston Literary Archive.

(A) entered
(B) entering
(C) entry
(D) enter

129. Over the years, Garnet Advertising has ------- supported its employees' volunteer work for charitable organizations.

(A) currently
(B) upwardly
(C) severely
(D) actively

130. Ms. Rakel's new Stockholm office tower is sure to be recognized as a highlight of ------- architecture.

(A) instant
(B) associated
(C) contemporary
(D) simultaneous

PART 6

Directions: Read the texts that follow. A word, phrase, or sentence is missing in parts of each text. Four answer choices for each question are given below the text. Select the best answer to complete the text. Then mark the letter (A), (B), (C), or (D) on your answer sheet.

Questions 131-134 refer to the following job advertisement.

Berestoff Ltd. ------- a professional procurement officer to oversee bidding and procurement
     131.

processes in all company departments. This employee will draft advertisements, prepare contract

documents, process bids, ------- provide training on policy and procedures to company personnel.
     132.

The position requires a two-year degree in business administration or a related field. The -------
     133.

must have a minimum of three years experience as an office manager in a corporate environment,

including recent experience in procurement. ------- .
     134.

---

131. (A) seeks
   (B) hires
   (C) offers
   (D) trains

132. (A) so
   (B) while
   (C) nor
   (D) and

133. (A) application
   (B) applicant
   (C) applying
   (D) apply

134. (A) Likewise, company-owned cars are a major expense for firms such as ours.
   (B) Moreover, excellent organizational skills are essential.
   (C) The top candidate for the position has been offered a one-year contract.
   (D) All employees have been notified of the policy change.

GO ON TO THE NEXT PAGE

Questions 135-138 refer to the following e-mail.

To: Hong Kong Office Staff
From: Wai-Lun Yeung
Date: Monday, 4 January
Subject: Interns

Dear Colleagues,

I am writing ------- you that two university students will be arriving next week and beginning their
135.

six-week internships in the Hong Kong office. Their duties will ------- consist of helping the
136.

Corporate Social Responsibility team organise their plans for the coming year. Both interns have

strong backgrounds in responsible business practices. As such, they will be well suited to their

------- .
137.

The interns will be using the vacant office in the east wing. ------- .
138.

Please let me know if you have any questions or concerns.

All best,

Wai-Lun Yeung

135. (A) information
(B) informed
(C) informs
(D) to inform

136. (A) cautiously
(B) patiently
(C) largely
(D) quietly

137. (A) roles
(B) donations
(C) articles
(D) locations

138. (A) They were far away from our office.
(B) That time is usually critical to our work.
(C) The room will be theirs for six weeks.
(D) It will be for sale in the new cafeteria.

To: All staff
From: Management
Date: October 10
Re: Move to new office

Preparations for the move to our new office are scheduled to take place on Thursday and Friday of next week. ------- for this are going to be distributed to each employee's cubicle in advance.
139.

Boxes, tape, and markers ------- on Wednesday afternoon. As you pack your belongings, please
140.
write your name and employee number on the top and sides of each box. ------- . A human
141.
resources employee will come around and record this number to ensure that all of your boxes are returned to you.

Please take any valuables home with you by Wednesday. The company will not be responsible for the loss of any items during the move. No open food items may be packed. ------- , unopened
142.
packaged food, such as candy and crackers, may be boxed.

Thank you for your cooperation.

139. (A) Itineraries
(B) Proposals
(C) Materials
(D) Licenses

140. (A) were providing
(B) will be provided
(C) will provide
(D) are providing

141. (A) Make a note of your total count.
(B) He will want to know how many of each you have.
(C) Boxes will be shipped at the company's expense.
(D) Extra boxes and tape can be found in the front lobby.

142. (A) Moreover
(B) However
(C) Similarly
(D) Previously

GO ON TO THE NEXT PAGE

To: Rudolf Crowley <rcrowley@crowley.com.au>
From: Dafina Ndashe <dndashe@millview-australia.com.au>
Subject: Decision on proposal
Date: 12 August

Dear Mr. Crowley:

I am pleased to inform you that at the Tuesday night meeting the city council approved your proposal to build an inn at 17 Dickinson Street. You ------- a formal letter of approval this week.
143.

------- . Specifically, they were concerned about noise and on-street parking. However, your -------
144.   145.
that the inn would only serve breakfast to guests and would not have a restaurant open to the general public helped to persuade them. ------- , they were pleased that the small parking area is
146.
tucked into the back of the property, so curbside parking along the street should not be affected.

Please let me know if you have any questions.

Sincerely,

Dafina Ndashe
Clerk, Millview City Council

143. (A) receiver
(B) receiving
(C) had received
(D) should receive

144. (A) The city council elections are quickly approaching.
(B) Indisputably, Dickinson Street is one of the loveliest streets in the city.
(C) As you know, there were some objections from the people in the neighborhood.
(D) Many small hotels offer complimentary breakfasts to their guests.

145. (A) assure
(B) assures
(C) assured
(D) assurance

146. (A) In addition
(B) In contrast
(C) Unfortunately
(D) Normally

PART 7

Directions: In this part you will read a selection of texts, such as magazine and newspaper articles, e-mails, and instant messages. Each text or set of texts is followed by several questions. Select the best answer for each question and mark the letter (A), (B), (C), or (D) on your answer sheet.

Questions 147-148 refer to the following notice.

REGULATIONS

Per state law, all employees at this facility are required to wear long pants, long sleeves, socks, and steel-toe shoes. Employees who work with chemicals are also required to wear masks and safety gloves. Eating and drinking are prohibited except in the cafeteria.

147. Where would the notice most likely appear?

(A) In a laboratory
(B) In a restaurant
(C) In a clothing store
(D) In a law office

148. What issue does the notice discuss?

(A) Workplace cleanliness
(B) Lunch breaks
(C) Weekly schedules
(D) Workplace safety

GO ON TO THE NEXT PAGE

Questions 149-150 refer to the following e-mail.

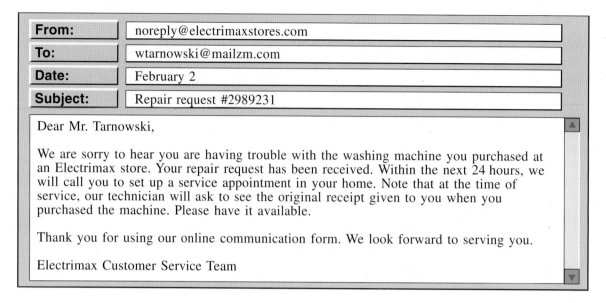

From:	noreply@electrimaxstores.com
To:	wtarnowski@mailzm.com
Date:	February 2
Subject:	Repair request #2989231

Dear Mr. Tarnowski,

We are sorry to hear you are having trouble with the washing machine you purchased at an Electrimax store. Your repair request has been received. Within the next 24 hours, we will call you to set up a service appointment in your home. Note that at the time of service, our technician will ask to see the original receipt given to you when you purchased the machine. Please have it available.

Thank you for using our online communication form. We look forward to serving you.

Electrimax Customer Service Team

149. Why did Mr. Tarnowski use the online form?

(A) To ask for a product replacement
(B) To inquire about delivery options
(C) To request a service appointment
(D) To post a customer review

150. What is Mr. Tarnowski asked to do?

(A) Register a product
(B) Provide his home address
(C) Present proof of his purchase
(D) Visit an Electrimax store

New Policy for Remote Participation

On Monday, the board of directors of Heart & Health Charity adopted a remote participation policy for committees, boards, and working groups operating under the organization's umbrella. The policy authorizes the chairperson of the particular committee to permit a member to participate by telephone or videoconference when the member cannot physically attend the meeting. There are forms to fill out and procedures to follow, so check the Web site for details on how to take advantage of this new policy.

151. What is the information primarily about?

(A) The charity's multiple offices
(B) Attendance at meetings
(C) Technological improvements
(D) A meeting schedule

152. According to the information, how can people find out more?

(A) By going online
(B) By speaking with a chairperson
(C) By joining a videoconference
(D) By reading a manual

Questions 153-154 refer to the following text-message chain.

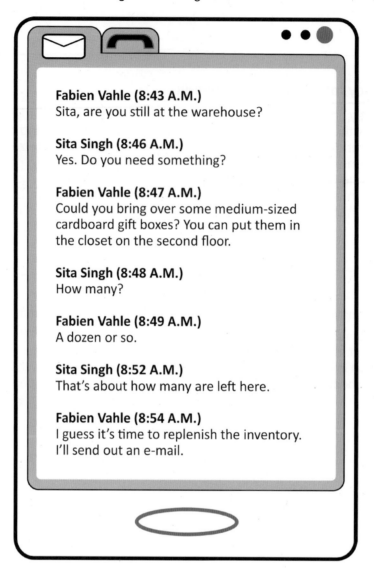

Fabien Vahle (8:43 A.M.)
Sita, are you still at the warehouse?

Sita Singh (8:46 A.M.)
Yes. Do you need something?

Fabien Vahle (8:47 A.M.)
Could you bring over some medium-sized cardboard gift boxes? You can put them in the closet on the second floor.

Sita Singh (8:48 A.M.)
How many?

Fabien Vahle (8:49 A.M.)
A dozen or so.

Sita Singh (8:52 A.M.)
That's about how many are left here.

Fabien Vahle (8:54 A.M.)
I guess it's time to replenish the inventory. I'll send out an e-mail.

153. At 8:54 A.M., what does Mr. Vahle mean when he writes, "I'll send out an e-mail"?

(A) He will ask warehouse staff to help Ms. Singh.
(B) He will place an order for more boxes.
(C) He will inform a colleague about a new policy.
(D) He will thank Ms. Singh for a job well done.

154. What will Ms. Singh probably do next?

(A) Take an inventory of boxes
(B) Prepare a gift for Mr. Vahle
(C) Organize a messy closet
(D) Bring boxes to the second floor

Questions 155-157 refer to the following notice.

Attention All Employees

At 7:30 A.M. today, the main server facility lost power during regular security testing. — [1] —. Power was restored less than one hour later, and the company Web site is now fully functional. — [2] —. However, many services are still down. Among these are the main database and all desktop phone services, including voice mail. At this time, you can access e-mail from mobile devices but not from your office computers. — [3] —.

Our technicians are working to bring all systems back online. However, it may take until this afternoon for everything to resume working normally. — [4] —.

We understand the importance of these services to your work, and we will issue updates as more information becomes available.

---

155. What is the purpose of the notice?

(A) To explain how to access a Web site
(B) To provide instructions for using voice mail
(C) To inform employees of a technology issue
(D) To advise employees of revisions to a database

156. What is indicated about the company e-mail?

(A) It is only available on office computers.
(B) It is accessible on mobile devices.
(C) Only office technicians can use it currently.
(D) It has been updated to provide more security.

157. In which of the positions marked [1], [2], [3], and [4] does the following sentence best belong?

"We humbly ask for your patience until that time."

(A) [1]
(B) [2]
(C) [3]
(D) [4]

GO ON TO THE NEXT PAGE

Questions 158-160 refer to the following letter.

Peake Painting Ltd. • 375 Fox Road • Toronto, ON M5B 2C1 • 416-555-0101

8 June

Ms. Priti Parekh, Manager
Eagle Point Apartments
23 Concordia Lane
Toronto, ON M5H 1A1

Dear Ms. Parekh:

This letter is a follow-up to our telephone conversation of 6 June. As I mentioned then, we have been successfully serving many apartment complexes in the Toronto area for the past fifteen years. I would be happy to supply references.

I also discussed with you the various benefits our service agreement offers. These include priority scheduling, preventive maintenance, service discounts, and advice from our expert painters. Our service agreement also covers the repainting of apartments vacated by tenants and a one-year guarantee on paint and labour.

Enclosed is a copy of our standard contract, which can be adjusted to your specific needs and requirements. Please let me know if you need any further information.

I look forward to hearing from you soon.

Sincerely,

Nuruddin Abdullahi

Nuruddin Abdullahi, Owner
Peake Painting Ltd.

Enclosure

158. Why did Mr. Abdullahi send the letter to Ms. Parekh?

(A) To give some details about his business
(B) To describe some available apartments
(C) To inquire about a service provided
(D) To ask for a reference

159. What is NOT mentioned as a feature covered by the service agreement?

(A) Price reductions
(B) Annual evaluations
(C) Recommendations by specialists
(D) Periodically performed maintenance

160. What did Mr. Abdullahi send with the letter?

(A) Information for tenants
(B) A bill for services
(C) A sample contract
(D) An estimate of costs

Web site traffic report
Prepared by Takani Analytics
For www.hejmo.com

The following report breaks down how visitors to www.hejmo.com found your Web site. Based on the results, we advise you to boost your social media presence. Your Web site traffic from social media sites is approximately 20 percent lower than that of similar Web sites.

Traffic Sources

Direct Traffic: 17%
▶ These are visitors who typed in your Web address or had it bookmarked.

Redirected Traffic: 53%
▶ These are visitors who followed a link from an advertisement found on another company's Web site.
▶ Popular referral sites: gardensandhomes.com, modernhousehold.com

Search Engine Traffic: 22%
▶ These are visitors who used a search engine to search for specific information or products.
▶ Popular search engines: Locala, River
▶ Popular search terms: chair, lamp, table, bookshelf, desk

Social Media Traffic: 8%
▶ These are visitors who followed a link from an advertisement posted on social media.
▶ Popular outlets: myfold, grouple

From home page to sale
32% of total users never left the home page
48% visited individual product pages without purchasing an item
20% purchased an item

---

161. What Web site traffic source does Takani Analytics recommend increasing?

(A) Direct traffic
(B) Redirected traffic
(C) Search engine traffic
(D) Social media traffic

162. What type of products does www.hejmo.com most likely sell?

(A) Books
(B) Furniture
(C) Advertisements
(D) Gardening equipment

163. What is indicated about www.hejmo.com?

(A) It advertises on other Web sites.
(B) It gets more direct traffic than similar Web sites do.
(C) It has redesigned its home page.
(D) It has increased its Internet sales.

Questions 164-167 refer to the following article.

CAPE TOWN (18 May)—The Cape Town Museum of Art has announced the appointment of Ms. Simphiwe Nyambi as head of the museum's Digital Media Department, effective on 1 June. — [1] —. The department is responsible for managing digital content for the documentation and interpretation of the museum's collection. In her role as chief digital officer, Ms. Nyambi will explore new digital opportunities for the museum.

Ms. Nyambi studied journalism in South Africa and Scotland. — [2] —. Until recently she lived in Nairobi, Kenya, where she was the digital editor for *African Arts &* *Culture Quarterly*. — [3] —. Before working for the journal, she taught journalism at colleges in the United States and Canada.

"I am delighted to be back in my hometown," Ms. Nyambi said in a recent interview with this publication. — [4] —. "I feel blessed to have the opportunity to work for this wonderful museum. It holds a special place in my heart, dating back to my childhood. And as of two weeks ago, I have a clear view of the building from my apartment. I look forward to sharing the museum's amazing collection with the world through digital media."

164. What is a purpose of the article?

(A) To introduce a new publication
(B) To describe partnerships between museums and universities
(C) To discuss new methods of documentation
(D) To announce the hiring of a media specialist

165. According to the article, where is one place Ms. Nyambi studied?

(A) Canada
(B) Kenya
(C) Scotland
(D) The United States

166. What is true about Ms. Nyambi?

(A) She can see the museum from her home.
(B) She grew up near Nairobi.
(C) She earned a degree in computer science.
(D) She owns a large collection of art.

167. In which of the positions marked [1], [2], [3], and [4] does the following sentence best belong?

"She replaces Mr. Arthur Maseko, who resigned in March."

(A) [1]
(B) [2]
(C) [3]
(D) [4]

Questions 168-171 refer to the following online chat discussion.

Sara Davis (9:40 A.M.)
Don't forget that our brainstorming meeting today is at 1:30 in room 143. Please bring your suggestions for the Alder presentation.

Ron Chou (9:41 A.M.)
I'll be there, Sara. Will you be available after the meeting to discuss the facilities work request?

Sara Davis (9:41 A.M.)
Absolutely. Let's talk in my office immediately afterwards.

Tania Watson (9:42 A.M.)
Can you include Patrick Martin in the meeting? He has some good ideas for communicating with the new clients.

Aidan Reynolds (9:43 A.M.)
I have some advertising and promotional concepts that I've drafted. I'll bring them.

Sara Davis (9:44 A.M.)
Done. Good idea, Tania.

Ron Chou (9:45 A.M.)
Great. I've been waiting to see those, Aidan.

Tania Watson (9:46 A.M.)
How long do you think the meeting will last? I'm supposed to brief Scott Kennedy at 2:30 on the results of the Blackwood presentation.

Sara Davis (9:47 A.M.)
We're scheduled for an hour and a half in the room, but feel free to leave whenever you need to.

168. Why does Ms. Davis invite the writers to the afternoon meeting?

(A) To generate new ideas
(B) To review a client survey
(C) To discuss a work request
(D) To finalize the Alder presentation

169. What will Mr. Reynolds contribute to the afternoon meeting?

(A) Scheduling information
(B) Conference projects
(C) Client strategies
(D) Marketing plans

170. At 9:44 A.M., what does Ms. Davis most likely mean when she writes, "Done"?

(A) She has completed the Blackwood presentation.
(B) She has sent a meeting invitation to Mr. Martin.
(C) She has freed up time for a meeting.
(D) She has finished her work for the day.

171. Why does Ms. Watson need to leave the afternoon meeting early?

(A) She is leaving for a business trip.
(B) She has to provide information to a colleague.
(C) She must prepare for a presentation.
(D) She is scheduled to greet new clients.

GO ON TO THE NEXT PAGE

Quester Expands Marketplace

DUBLIN (23 July)—Quester Ltd., the company that operates the groundbreaking Quester Web site for job seekers and employers, has announced that it will now include technology-related occupations in its marketplace.

Since its launch more than five years ago, Quester has focused solely on staffing for organisations in the health-care sector. Like health care, the technology sector is also struggling to find employees who have the right skills and who can help meet the demands created by high growth.

"The employment rate of technology professionals is already quite high, yet jobs in the industry are projected to grow significantly each year over the next decade," said Ladli Misra, a founding partner of Quester.

Quester works by bringing job seekers together with recruiters and hiring managers. When companies contract with Quester, job listings are created with details of the companies' open positions. Job seekers create a skill-set profile and identify opportunities of interest to them. Candidates and employers interact, seeking links and bridges between skills and jobs listed on the Quester site.

Quester's proprietary algorithm matches employers and job seekers and then notifies both. Using a simple messaging-and-scheduling tool, job seekers can indicate their interest in a job opening and employers can send interview requests. Employers are assigned a personal guide to walk them through the process and to ensure the maximum benefit from the experience. There is no cost to job seekers.

"It's great for both ends of the employment market," said Ms. Misra. "Job seekers can easily find the most appropriate opportunities and employers get the information they need to efficiently acquire in-demand talent, usually in less than a month."

172. Where would the article most likely appear?

(A) In a medical journal
(B) In a business magazine
(C) In a technology firm's newsletter
(D) On a hospital's Web site

173. The word "meet" in paragraph 2, line 7, is closest in meaning to

(A) fulfill
(B) join
(C) find
(D) contact

174. What is indicated about Ms. Misra?

(A) She worked as a medical professional in the past.
(B) She helped to create Quester.
(C) She is in charge of hiring at Quester.
(D) She expects the health-care sector's profits to grow.

175. What is suggested about Quester's system?

(A) Its technology needs to be upgraded.
(B) It guarantees job seekers a match within 30 days.
(C) It offers positions in many different industries.
(D) Its costs are covered by employers.

GO ON TO THE NEXT PAGE

LONDON (20 May)—Narvalis, a marine-transport company based in Le Havre, France, announced last week that it has once again added to its cargo fleet. A Danish vessel, dubbed the *Epsilon*, was purchased from a Copenhagen-based company to be Narvalis' largest ship. It will be docked in a separate location for cleaning and inspection before officially entering service out of Le Havre.

Narvalis maintains a fleet of twenty medium- and large-sized vessels, transporting primarily grains and iron ore between international destinations. "Our board unanimously decided to invest in this secondhand vessel to expand our operations," said company president Emmanuel Brodeur. "We believe that the substantial scale of this vessel will allow us to deliver certain shipments more efficiently."

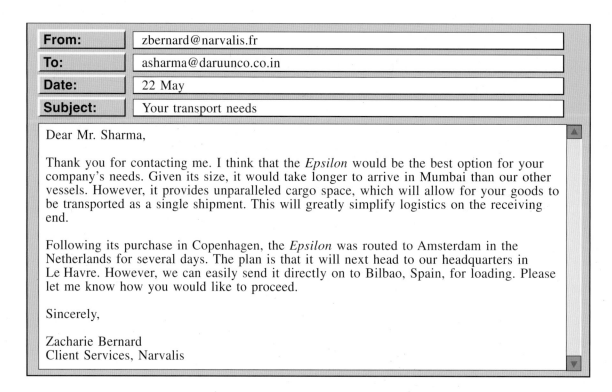

From:	zbernard@narvalis.fr
To:	asharma@daruunco.co.in
Date:	22 May
Subject:	Your transport needs

Dear Mr. Sharma,

Thank you for contacting me. I think that the *Epsilon* would be the best option for your company's needs. Given its size, it would take longer to arrive in Mumbai than our other vessels. However, it provides unparalleled cargo space, which will allow for your goods to be transported as a single shipment. This will greatly simplify logistics on the receiving end.

Following its purchase in Copenhagen, the *Epsilon* was routed to Amsterdam in the Netherlands for several days. The plan is that it will next head to our headquarters in Le Havre. However, we can easily send it directly on to Bilbao, Spain, for loading. Please let me know how you would like to proceed.

Sincerely,

Zacharie Bernard
Client Services, Narvalis

176. What is the *Epsilon* ?

(A) A container ship
(B) A transport truck
(C) A freight train
(D) A cargo plane

177. What is mentioned about the *Epsilon* ?

(A) It was built by Narvalis.
(B) It had a previous owner.
(C) It is frequently used.
(D) It has passed inspection.

178. In the article, the word "scale" in paragraph 2, line 8, is closest in meaning to

(A) portion
(B) level
(C) degree
(D) size

179. Why did Mr. Bernard write the e-mail?

(A) To finalize a purchase
(B) To apologize for a delay
(C) To advise a client
(D) To reply to a colleague

180. Where was the *Epsilon* most likely inspected?

(A) In Copenhagen
(B) In Amsterdam
(C) In Le Havre
(D) In Bilbao

GO ON TO THE NEXT PAGE

To: Fanoula Graphics employees
From: Accounting Department
Re: Expense reimbursement form
Date: December 15

Beginning on January 2, Fanoula Graphics will implement a new process for reimbursement of business-travel expenses. The new procedure will be easier to follow, and employees can expect to receive reimbursements much more quickly than they do under the current system.

Employees will no longer book their own flights and hotels. All travel arrangements will instead be made by Allison Weber and her team in Operations. Employees should submit an electronic request form to Ms. Weber's team at least two weeks before the first day of travel. If travel plans are known far in advance, it is preferable to submit requests well before the submission deadline. Request forms can be found on the employee portal of the company's Web site.

After travel, employees should submit an electronic reimbursement form for all other reimbursable expenses, including meals, tips, car rental or taxi service, gasoline, laundry services at hotels, and other expenses that are outlined in the employee portal on the Web site. Please note that photocopying is no longer considered a reimbursable expense. We ask that employees prepare copies using our own office equipment before traveling.

Thank you for your compliance. Please refer any questions to Ms. Weber.

Fanoula Graphics **Expense Reimbursement Form**

Name and department: | Martin Santos, Sales
Date of submission: | January 29
Purpose of travel: | To visit a client from Mayfurrow, Inc., in Wellfleet, MA

Date of Expense	Payee	Purpose	Amount
January 3	Photocopies	Client meeting	$12.74
January 3	Mary's Restaurant	Dinner	$45.93
January 3–4	Len's Car Rental	Transportation	$78.24
January 4	Wellfleet Diner	Breakfast	$13.35
January 4	Gasoline	Transportation	$18.42
		Total:	**$168.68**

Please remember to scan and attach all receipts and/or credit card statements.

181. According to the memo, what will happen on January 2 ?

(A) A Web site will be updated.
(B) A new procedure will go into effect.
(C) A new operations director will be hired.
(D) A meeting about travel policies will take place.

182. What is indicated about reimbursement forms?

(A) They are available in Ms. Weber's office.
(B) They require a manager's signature.
(C) They must be submitted electronically.
(D) They should be submitted monthly.

183. In the memo, the word "well" in paragraph 2, line 5, is closest in meaning to

(A) right
(B) much
(C) closely
(D) successfully

184. What amount will NOT be reimbursed to Mr. Santos?

(A) $12.74
(B) $18.42
(C) $45.93
(D) $78.24

185. What did Mr. Santos most likely do?

(A) Buy lunch for a client
(B) Use a taxi for transportation
(C) Attach receipts from restaurants
(D) Host a client at Fanoula Graphics' office

GO ON TO THE NEXT PAGE

http://www.jacintobusinessinstitute.com

Jacinto Business Institute (JBI)

Whether you are just starting out in the business world or looking for ways to expand your operations, JBI offers a variety of low-priced seminars taught by successful entrepreneurs from top businesses in the region. Check out our upcoming seminars that will meet weekly in February!

Basic Financing for Small Businesses
This seminar will review traditional and practical ways to finance your business.
Saturdays, 12:30 P.M. to 3:00 P.M.

Starting Out in Leadership
For those new to management, this seminar will examine essential techniques that focus on productivity and positive workforce motivation.
Tuesdays and Thursdays, 7:00 P.M. to 9:30 P.M.

Promoting Your Business
Explore strategies for effectively advertising and expanding your business.
Mondays, 6:00 P.M. to 9:00 P.M.

Planning a Successful Start-Up
Before you open for business, prepare a detailed plan of your concept using time-honored strategies.
Tuesdays, 5:00 P.M. to 8:00 P.M.

Notice

Ting Yang to lead JBI seminar

We are delighted to have Ms. Ting Yang joining us in February. She earned a master's degree in marketing from Julem University and started out at Wister Point, Inc., where she rose to the position of marketing director. The company's revenue increased greatly during Ms. Yang's tenure. After fifteen years at Wister Point, Ms. Yang joined the successful advertising consulting firm Marvin and Rhodes Advisers. Take advantage of this opportunity to benefit from her considerable expertise and sign up for her seminar today!

To:	Jacinto Business Institute <contactus@jacintobusinessinstitute.com>
From:	Gabriela Torres <gtorres@flowersbygabriela.com>
Date:	March 3
Subject:	February seminar

Greetings,

The seminar I attended proved valuable. I have long admired Ms. Yang. In fact, she was a department director at the same firm where I first worked after university. Now that I am looking to grow the business I recently started, the chance to learn from her insights has been very helpful. I hope she will return to lead other seminars at your institute.

All the best,

Gabriela Torres

186. What is indicated about JBI?

(A) Its seminars are provided for free.
(B) Its instructors have business experience.
(C) It specializes in the retail industry.
(D) It was established several years ago.

187. For whom is the notice mainly intended?

(A) Potential JBI students
(B) Current JBI faculty
(C) Graduates of Julem University
(D) Clients at a consulting firm

188. What seminar did Ms. Yang most likely teach?

(A) Basic Financing for Small Businesses
(B) Starting Out in Leadership
(C) Promoting Your Business
(D) Planning a Successful Start-Up

189. Why did Ms. Torres write the e-mail?

(A) To respond to an opportunity
(B) To inquire about registration for a seminar
(C) To ask for advice about a business
(D) To provide feedback about a seminar

190. What is most likely true about Ms. Torres?

(A) She has a degree in finance.
(B) She was employed at Wister Point, Inc.
(C) She will soon teach a seminar at JBI.
(D) She recently moved to a new town.

GO ON TO THE NEXT PAGE

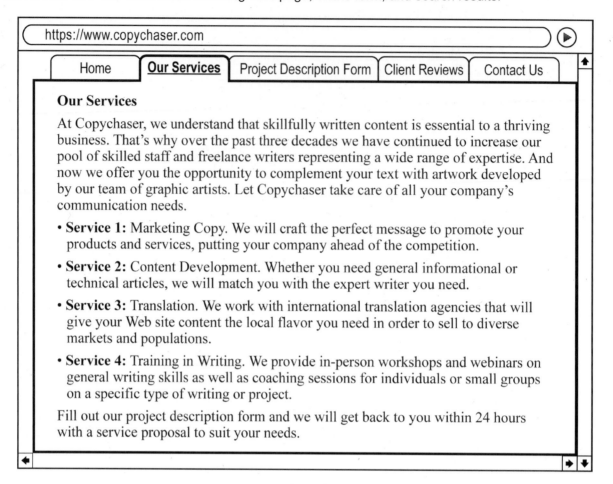

Our Services

At Copychaser, we understand that skillfully written content is essential to a thriving business. That's why over the past three decades we have continued to increase our pool of skilled staff and freelance writers representing a wide range of expertise. And now we offer you the opportunity to complement your text with artwork developed by our team of graphic artists. Let Copychaser take care of all your company's communication needs.

- **Service 1:** Marketing Copy. We will craft the perfect message to promote your products and services, putting your company ahead of the competition.
- **Service 2:** Content Development. Whether you need general informational or technical articles, we will match you with the expert writer you need.
- **Service 3:** Translation. We work with international translation agencies that will give your Web site content the local flavor you need in order to sell to diverse markets and populations.
- **Service 4:** Training in Writing. We provide in-person workshops and webinars on general writing skills as well as coaching sessions for individuals or small groups on a specific type of writing or project.

Fill out our project description form and we will get back to you within 24 hours with a service proposal to suit your needs.

Home | **Our Services** | Project Description Form | Client Reviews | Contact Us

https://www.copychaser.com

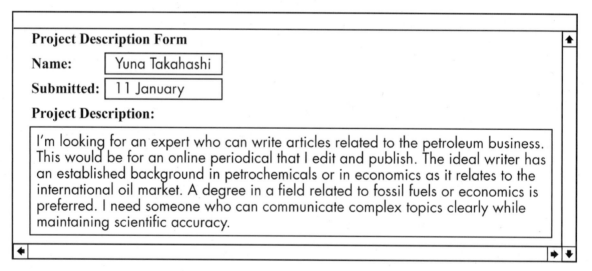

Project Description Form

Name: Yuna Takahashi

Submitted: 11 January

Project Description:

I'm looking for an expert who can write articles related to the petroleum business. This would be for an online periodical that I edit and publish. The ideal writer has an established background in petrochemicals or in economics as it relates to the international oil market. A degree in a field related to fossil fuels or economics is preferred. I need someone who can communicate complex topics clearly while maintaining scientific accuracy.

Copychaser search results for Project 981:

Name	Degree and Expertise
Analia Almeida	Master of Business Administration. Experience in agricultural commodity pricing. Consultant in food packaging.
Cara Ponti	Doctorate in Physics. Expert in subatomic particle theory and light spectrum analysis of distant space objects.
Armand Mkhaliphi	Master of Science in Mechanical Engineering. Experience in aircraft design and quality control. Expert in adhesives used in aircraft assembly.
Wayne Bryfield	Doctorate in Chemical Engineering. Expert in fuel and lubricant formulation. Presenter on topics related to the oil and gas industries.

191. What does the Web page suggest about Copychaser?

(A) It is a relatively new business.
(B) It offers video content development.
(C) It works exclusively with freelancers.
(D) It has expanded its team of writers.

192. What has Copychaser added recently?

(A) Web-site hosting
(B) Printing
(C) Graphic design
(D) Data storage

193. What is indicated about Ms. Takahashi?

(A) She runs a Web-based publication.
(B) She works for a petroleum company.
(C) She has used Copychaser in the past.
(D) She needs some work done quickly.

194. What Copychaser service does Ms. Takahashi need?

(A) Service 1
(B) Service 2
(C) Service 3
(D) Service 4

195. Who best fits Ms. Takahashi's criteria?

(A) Ms. Almeida
(B) Dr. Ponti
(C) Mr. Mkhaliphi
(D) Dr. Bryfield

GO ON TO THE NEXT PAGE

Greenfell Landscaping

Make sure your company's natural features look their best. A tidy first impression is important. Greenfell Landscaping can help you keep your company's greenery green! We have multiple tiers of service designed especially for our commercial clients.

- **Eco Keeper Standard:** weekly lawn mowing with detailed grass trimming by walkways and buildings
- **Eco Keeper Plus:** weekly mowing and trimming, organic fertilizer application, and weed removal. Our most popular service.
- **Master Green Gold:** all the lawn-care services of our Eco Keeper Plus plan with the added benefit of seasonal flower plantings and flower bed maintenance
- **Master Green Platinum:** all the services of our Master Green Gold plan but with care for your small trees and shrubs included. Twice-yearly pruning and trimming. Insect control. We can even bring ornamental potted trees to brighten your entryways.

Contact service@greenfell.com to request an estimate. Costs are based on plan, lawn size, and type of plantings.

From:	Daphne Mizuno <d.mizuno@pamaturn.com>
To:	Greenfell Landscaping Service <service@greenfell.com>
Date:	June 10
Subject:	Inquiry

Hello,

My company has recently decided to outsource the lawn care at both our work sites, and I have been asked to solicit bids for a contract to do the work. I saw your Greenfell Landscaping flyer and wanted to reach out to you, as we would prefer to work with a locally owned company rather than a large franchise.

We have two properties with large lawns. Our main offices are on Langley Boulevard, near the Crossroads Shopping Plaza, and our shipping warehouse is five kilometers from the main offices, on Kempton Road. Our needs are fairly simple. We only require that the grass be kept short for a low but fair cost. We do not have any flower gardens or hedges, so the mowing is very straightforward.

If you are interested in submitting a bid, please let me know.

Daphne Mizuno, Facilities Manager
Pamaturn Products, LLC

```
┌─────────────────────────────────────────────────────────────────────┐
│                              *E-mail*                                  │
├───────────────┬───────────────────────────────────────────────────────┤
│ From:         │ Greenfell Landscaping Service <service@greenfell.com>  │
├───────────────┼───────────────────────────────────────────────────────┤
│ To:           │ Daphne Mizuno <d.mizuno@pamaturn.com>                  │
├───────────────┼───────────────────────────────────────────────────────┤
│ Date:         │ June 11                                                 │
├───────────────┼───────────────────────────────────────────────────────┤
│ Subject:      │ RE: Inquiry                                             │
├───────────────┼───────────────────────────────────────────────────────┤
│ Attachment:   │ ⏚ Reference                                             │
└───────────────┴───────────────────────────────────────────────────────┘
```

Dear Ms. Mizuno,

Thank you for contacting Greenfell Landscaping about this opportunity. We would like to bid on this work. Please forward the specifications, and I will begin working up the bid.

If you need references as part of your process, you can contact Mr. Fred Stolz, the owner of Dynamo Machine Shop, which is located just down the street from your warehouse. Fred has been a Greenfell Landscaping customer for over eight years. His details are attached.

Greenfell Landscaping is fully licensed and insured. You can count on us to provide excellent, reliable service.

Sincerely,

Brian Karpyak, Owner
Greenfell Landscaping

---

196. For whom is the flyer specifically intended?

(A) Private homeowners
(B) Part-time landscapers
(C) Business owners
(D) Environmental researchers

197. Why did Ms. Mizuno contact Greenfell Landscaping in particular?

(A) Because she saw a discount offer
(B) Because it is a local company
(C) Because she recently met the owner
(D) Because it uses highly specialized equipment

198. What level of service will Ms. Mizuno most likely choose?

(A) Eco Keeper Standard
(B) Eco Keeper Plus
(C) Master Green Gold
(D) Master Green Platinum

199. According to the second e-mail, what should Ms. Mizuno do?

(A) Submit a competitive bid
(B) Provide the name of a reference
(C) Arrange a meeting with Mr. Karpyak
(D) Send Mr. Karpyak the details of a job

200. What is most likely true about Mr. Stolz?

(A) He used to work for Pamaturn Products.
(B) His insurance payments are up-to-date.
(C) He lives near the Crossroads Shopping Plaza.
(D) His shop is located on Kempton Road.

Stop! This is the end of the test. If you finish before time is called, you may go back to Parts 5, 6, and 7 and check your work.

토익®정기시험
예상문제집

토익®정기시험
예상문제집

실전 TEST

03

READING TEST

In the Reading test, you will read a variety of texts and answer several different types of reading comprehension questions. The entire Reading test will last 75 minutes. There are three parts, and directions are given for each part. You are encouraged to answer as many questions as possible within the time allowed.

You must mark your answers on the separate answer sheet. Do not write your answers in your test book.

PART 5

Directions: A word or phrase is missing in each of the sentences below. Four answer choices are given below each sentence. Select the best answer to complete the sentence. Then mark the letter (A), (B), (C), or (D) on your answer sheet.

---

101. An interview with author Tito Flores about ------- new book will be broadcast tonight.

(A) himself
(B) him
(C) his
(D) he

102. Perend Trail's new hiking boots will be available in brown ------- black leather.

(A) nor
(B) yet
(C) and
(D) so

103. Mr. Ruotolo's ------- on the new tax changes is scheduled for 10:00 A.M.

(A) present
(B) presented
(C) presentable
(D) presentation

104. Boyd Street Market is Mapleton's largest retailer of foods ------- around the world.

(A) toward
(B) from
(C) above
(D) plus

105. Mr. Johansson ------- accepted the job offer he received from Saco Bike Works.

(A) quicken
(B) quickly
(C) quicker
(D) quickness

106. To expand its global reach, Amity Spas will ------- open its franchise opportunities to international prospects.

(A) soon
(B) almost
(C) recently
(D) already

107. The second-generation XR1280 unit is ------- to its predecessor, except for its reduced weight.

(A) equally
(B) equal
(C) equals
(D) to equal

108. Zarmeni Mining has been evaluating the benefits of building a mine at the ------- site.

(A) proposed
(B) structured
(C) unlimited
(D) educated

109. Vice President Ramos will not make ------- decisions until more feedback has been gathered.

(A) whether
(B) what
(C) over
(D) any

110. If you have ordered more than two items, be aware they may arrive in separate -------.

(A) payments
(B) sequences
(C) packages
(D) receipts

111. Candidates for the open position must have good interpersonal skills and ------- working with clients.

(A) experience
(B) experienced
(C) experiencing
(D) to experience

112. Chong Kim was ------- recommended for the position of merchandise manager for Corbin Furniture Mart.

(A) thickly
(B) currently
(C) securely
(D) highly

113. Once the returned item is received, a refund will appear on your credit-card statement ------- five business days.

(A) within
(B) during
(C) since
(D) when

114. The printer on the second floor will be out of ------- until the technician arrives on Friday.

(A) purpose
(B) variety
(C) service
(D) repair

115. Sales of our computer software were good last quarter, but sales for our mobile applications have been even -------.

(A) strong
(B) stronger
(C) strongly
(D) strongest

116. Upon request, the guests at Olane Hotel will be provided vouchers ------- free parking.

(A) on
(B) to
(C) with
(D) for

117. Please review the projected sales figures in the spreadsheets that ------- to the e-mail.

(A) is attaching
(B) had attached
(C) attachment
(D) are attached

118. During tourist season, selling handmade crafts is a ------- source of income for local residents.

(A) contented
(B) dependable
(C) flavorful
(D) patient

119. Everyone at the annual Tirnaco exposition seemed ------- by the new products on display.

(A) excite
(B) excitement
(C) excited
(D) excitedly

120. This Saturday, Ritesense customers will have the opportunity to sample a ------- of Health Bar products.

(A) nutrition
(B) selection
(C) placement
(D) management

GO ON TO THE NEXT PAGE

121. Ms. Wong has expressed ------- in leading the city's planned beautification project.

   (A) interest
   (B) interests
   (C) interesting
   (D) interestingly

122. Mr. Choo was chosen to head the committee for consumer protection from a ------- pool of candidates.

   (A) sizable
   (B) practiced
   (C) consecutive
   (D) missing

123. Please save spreadsheets periodically when updating them to prevent data from -------.

   (A) is lost
   (B) lost
   (C) being lost
   (D) losing

124. ------- Gyoh Company's marketing push, new orders for cash registers decreased slightly in the third quarter.

   (A) As
   (B) If
   (C) However
   (D) Despite

125. All members of the sales team must attend next Thursday's meeting so that ------- can see the sales forecast presentation.

   (A) one
   (B) someone
   (C) everyone
   (D) either one

126. The updated medical-records system will ------- that patients and doctors can easily access accurate information.

   (A) ensure
   (B) allow
   (C) accept
   (D) provide

127. Up until last year, we marketed our services ------- through our online partner, Yoder Tech.

   (A) exclusive
   (B) exclusivity
   (C) exclusiveness
   (D) exclusively

128. President Grimaud would like to thank the marketing department for ------- the mislabeling issue to her attention.

   (A) showing
   (B) telling
   (C) bringing
   (D) making

129. Please be patient as the IT department works ------- service to your business application.

   (A) to restore
   (B) restoration
   (C) restored
   (D) had restored

130. Markley Corporation's earnings have risen steadily despite significant fluctuations ------- the stock market.

   (A) about
   (B) in
   (C) through
   (D) onto

PART 6

Directions: Read the texts that follow. A word, phrase, or sentence is missing in parts of each text. Four answer choices for each question are given below the text. Select the best answer to complete the text. Then mark the letter (A), (B), (C), or (D) on your answer sheet.

Questions 131-134 refer to the following notice.

This notice ------- your reservation for two double rooms, with check-in on Sunday, March 5, and
         131.
checkout on Thursday, March 9. I see here that you have a special request for one extra set of

blankets and two extra pillows in each room; please note ------- the items will be placed in each
                                                             132.
room, on top of the dresser. There will be no extra charge for this request.

------- , check-in time is at 3:00 P.M., and checkout is at noon. Some people wish to check in at an
133.
earlier time or check out at a later time. ------- . This will help us ensure that we can accommodate
                                            134.
your scheduling needs. We look forward to having you stay with us.

131. (A) will be confirmed
     (B) confirms
     (C) is a confirmation
     (D) confirm

132. (A) which
     (B) what
     (C) these
     (D) that

133. (A) Apparently
     (B) As a reminder
     (C) In an emergency
     (D) However

134. (A) If these days suit you, please let us know so
         we can reserve a shuttle for you.
     (B) For example, some people need a reservation
         with all meals included.
     (C) If this is your case, please give us a call 24
         hours in advance of your arrival.
     (D) You can always request a wake-up call by
         contacting the receptionist.

GO ON TO THE NEXT PAGE

To: claimscenter@cheapsure.com
From: lgreenberg@cheapsure.com
Date: November 15
Re: Updates to Office Layout

Dear Claims Specialists:

On January 1, Cheapsure will begin offering homeowners insurance as well as automobile insurance. This exciting ------- will require a surge in hiring and adjustments to the layout of our
135.
office space. Tomorrow, I will hold a meeting at 2:00 P.M. in the main conference room to discuss the ------- changes. We have ------- flexibility with the floor plan and would like your input. ------- .
136.   **137.**   **138.**

Sincerely,

Lee Greenberg
Facilities Administrator

---

135. (A) performance
(B) merger
(C) relocation
(D) addition

136. (A) necessarily
(B) necessity
(C) necessary
(D) necessities

137. (A) some
(B) each
(C) overly
(D) very

138. (A) Some current employees will switch departments.
(B) Attached is a map of our new desk assignments.
(C) Your attendance is thus strongly encouraged.
(D) Productivity is expected to double afterward.

Questions 139-142 refer to the following instructions.

Before making travel arrangements, all Saffler Bank employees ------- authorization. Only after
139.

approval has been granted can travel plans be made. To request authorization, fill out the first side

of the Travel Reimbursement Form. Here you will provide the reason for your ------- . Next, submit
140.

the form ------- an estimate for the cost of travel to your destination. Upon returning, do not forget to
141.

fill out the second side of the form, where you will report mileage and expenses. Inclusion of

receipts is required. Expenses for which you cannot show a receipt, such as parking meters and

tips, are also reimbursable. ------- .
142.

139. (A) will receive
(B) must receive
(C) had received
(D) are receiving

140. (A) trip
(B) decision
(C) situation
(D) appointment

141. (A) along with
(B) taken from
(C) according to
(D) in the event of

142. (A) It is customary to leave a tip.
(B) Parking is limited, so arrive early.
(C) These expenses should be supported with a
written statement.
(D) However, routine travel does not require
managerial approval.

GO ON TO THE NEXT PAGE

Mason Brothers Makes Major Organizational Change

We at Mason Brothers, Inc., are making a significant change to our corporate operations. To improve our focus on our customers' needs, we have adopted an organizational system that employs regional offices. This new system will allow us to analyze the demands of our customers based on their ------- . Consequently, we ------- able to more quickly supply building and
     143.   **144.**
maintenance items in the regions of the country where they are most in demand. This change will also help us to better support our managers as they work to improve the operations of the individual stores they oversee.

I am confident that ------- of our business plan will lead to greater customer satisfaction. For over
        145.
30 years, listening to our customers has been an integral component of our corporate strategy.

------- .
146.

— Max Mason, President and CEO

---

143. (A) age
(B) gender
(C) income
(D) location

144. (A) were
(B) will be
(C) had been
(D) will have been

145. (A) implementing
(B) an implement
(C) when implemented
(D) the implementation

146. (A) Mason Brothers was founded more than 40 years ago.
(B) Rest assured that customers will remain our top priority.
(C) We have also increased the marketing budgets for each location.
(D) Customers will soon have more payment options.

PART 7

Directions: In this part you will read a selection of texts, such as magazine and newspaper articles, e-mails, and instant messages. Each text or set of texts is followed by several questions. Select the best answer for each question and mark the letter (A), (B), (C), or (D) on your answer sheet.

Questions 147-148 refer to the following contract.

Pinnacle Sports Club Membership Agreement

Member Name: Mary Swansone

Membership Type: 12 months

Begin Date: September 5

Enrollment Fee: $25

Monthly Dues: $32 per month

Payment Method: Credit card

Thank you for joining Pinnacle Sports Club. As a club member, you have unlimited access to all gym equipment, fitness classes, and the swimming pool. Please present your membership card to the front-desk attendant upon entry. If for any reason you need to discontinue your membership before the 12-month contract period has expired, you must write a letter and send it by mail to the Pinnacle Sports Club, 171 Aqua Street, Germantown, California 95913. A penalty will apply.

Signed: *Mary Swansone*

147. What is suggested about Ms. Swansone?

(A) She recently moved to California.
(B) She has not paid her enrollment fee.
(C) She is an instructor in a fitness class.
(D) She has entered into a one-year contract.

148. Why would Ms. Swansone be required to submit a letter?

(A) To cancel her membership
(B) To gain access to special equipment
(C) To pay with a different credit card
(D) To receive a replacement membership card

GO ON TO THE NEXT PAGE

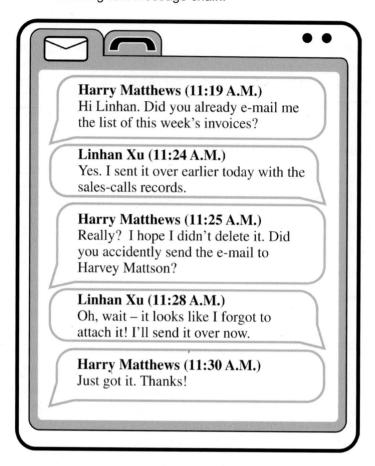

Harry Matthews (11:19 A.M.)
Hi Linhan. Did you already e-mail me the list of this week's invoices?

Linhan Xu (11:24 A.M.)
Yes. I sent it over earlier today with the sales-calls records.

Harry Matthews (11:25 A.M.)
Really? I hope I didn't delete it. Did you accidently send the e-mail to Harvey Mattson?

Linhan Xu (11:28 A.M.)
Oh, wait – it looks like I forgot to attach it! I'll send it over now.

Harry Matthews (11:30 A.M.)
Just got it. Thanks!

149. What is the purpose of the text-message chain?

(A) To determine whether information has been sent
(B) To understand why a decision has changed
(C) To provide instructions on deleting a file
(D) To decide who will deliver a presentation

150. At 11:25 A.M., what does Mr. Matthews imply when he writes, "Really?"

(A) He needs the documents right away.
(B) He deleted the sales-calls records.
(C) He cannot find the attachment.
(D) He sent the attachment to Mr. Mattson in error.

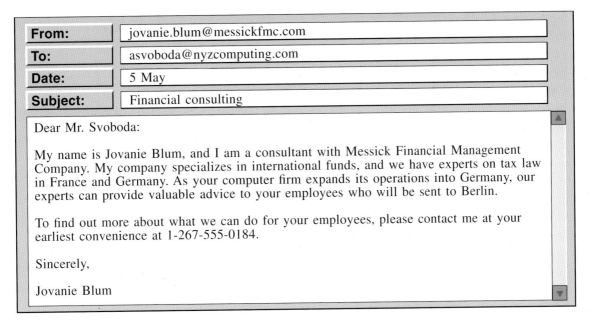

From:	jovanie.blum@messickfmc.com
To:	asvoboda@nyzcomputing.com
Date:	5 May
Subject:	Financial consulting

Dear Mr. Svoboda:

My name is Jovanie Blum, and I am a consultant with Messick Financial Management Company. My company specializes in international funds, and we have experts on tax law in France and Germany. As your computer firm expands its operations into Germany, our experts can provide valuable advice to your employees who will be sent to Berlin.

To find out more about what we can do for your employees, please contact me at your earliest convenience at 1-267-555-0184.

Sincerely,

Jovanie Blum

151. Why does Ms. Blum most likely want to meet with Mr. Svoboda?

(A) To apply for a job in Berlin
(B) To sell her company's services
(C) To discuss business opportunities in Asia
(D) To review changes in a city's tax code

152. How could Messick Financial Management help Mr. Svoboda's company?

(A) By providing information about the German computer industry
(B) By recruiting employees to work in Europe
(C) By recommending international travel services
(D) By giving financial advice to his company's staff

Questions 153-155 refer to the following customer review.

← → ⟳ 🏠 https://www.therightvenue.com.au/customer_reviews ⋮

Customer Reviews

★★★★☆
12 April
Elena Patterson

My company recently held a banquet at the Calla Courtyard, and it was the perfect venue for our event. Initially, I was hesitant to book the space because it had only recently opened to the public and there were no customer reviews yet. — [1] — . I decided to give it a try anyway.

Although it was a little expensive, the setting was absolutely stunning. — [2] — . The Calla Courtyard has a magnificent view of the bay. The staff had arranged the seats in the hall so that the guests could view the sunset through the large glass windows.

One thing to note is that while the facility does have a kitchen available for use, it is quite small and not well-stocked. — [3] — .

All in all, I was pleased with my decision and would definitely consider this place again for future events. — [4] — .

153. What is indicated about the Calla Courtyard?

(A) It is a relatively new rental space.
(B) It was recently renovated.
(C) It is a popular venue for business events.
(D) It features an outdoor seating area.

154. What was Ms. Patterson particularly impressed by?

(A) The friendliness of the staff
(B) The low cost of the rental
(C) The seating capacity of the hall
(D) The beauty of the surroundings

155. In which of the positions marked [1], [2], [3], and [4] does the following sentence best belong?

"For this reason, it might be wise to hire a full-service catering company."

(A) [1]
(B) [2]
(C) [3]
(D) [4]

Hartridge University School of Business

Dear Ms. Wu:

As the Hartridge University School of Business prepares the 100th-anniversary edition of the Alumni Directory, we are reviewing the information we have on file for all graduates of our programs. We need your assistance in checking the accuracy of the records we have for you. We want to be certain that your biography, career summary, and contact information are up-to-date.

Please call us at 207-555-0125 between 9 A.M. and 9 P.M. Monday through Friday. At the voice prompt, enter this unique number: 293883. A representative will then go over your file with you and record any corrections or updates that you give.

Note that we need to hear from you by March 31. Thank you for your time and attention.

Jutta Verhoeven
Director of Alumni Relations

---

156. Why is Ms. Verhoeven contacting Ms. Wu?

(A) To issue an invitation to an anniversary party
(B) To request verification of some information
(C) To provide advice on a career opportunity
(D) To offer a discount on a publication

157. What does the postcard indicate about Ms. Wu?

(A) She teaches at Hartridge University.
(B) She is writing a biography of a business leader.
(C) She plans to make a donation to the alumni association.
(D) She is a graduate of Hartridge's business school.

158. According to the postcard, what must Ms. Wu provide at the start of the call?

(A) A new phone number
(B) An old account password
(C) A personal identification number
(D) A payment confirmation code

GO ON TO THE NEXT PAGE

Mario Lizzardi (11:09 A.M.) Team, sorry to bring this up early on a Monday, but the due date to submit our end-of-year report is coming up. We should aim to have each of our sections done by Wednesday so we can put everything together before the Friday deadline. I am almost done with the information for the technology section.

Karthik Durav (11:14 A.M.) I have already written up descriptions of the program's major accomplishments. I just need to add the number of participants and organizers involved in each. It won't take very long.

Paola Rossi (11:15 A.M.) I have finished the Future Goals section. I still need to finish the Predicted Budget Needs section, but I'd like to consult with some of you first.

Mario Lizzardi (11:15 A.M.) I can't help you with that. I don't have access to that information—only you and Human Resources have access to the participant lists.

Karthik Durav (11:17 A.M.) Don't worry, Mario. Paola, I could help to outline budget needs with you tomorrow. Anything else?

Paola Rossi: (11:18 A.M.) That's it. Depending on how much we finish, we could develop a timeline for finalizing the report this week.

---

159. For what aspect of the project is Mr. Lizzardi most likely responsible?

(A) Production
(B) Budget
(C) Technology
(D) Personnel

160. Why does Mr. Lizzardi decline to help out?

(A) He does not have time to work with Ms. Rossi.
(B) He has to attend a technology meeting.
(C) He cannot access the budget.
(D) He does not have information on participants.

161. When does Mr. Durav suggest meeting?

(A) On Monday
(B) On Tuesday
(C) On Wednesday
(D) On Thursday

162. At 11:18 A.M., what does Ms. Rossi most likely mean when she writes, "That's it"?

(A) She does not need any other help.
(B) She found the file she needs.
(C) She selected a new team logo.
(D) She has finished the end-of-year report.

Iwoni Media in the News

TORONTO (1 May)—Publisher Iwoni Media announced on Friday morning that new issues of *Energy Run* would not be released according to the book's regular monthly publishing schedule. — [1] —.

The company's decision is connected to plans to modernize its printing facility by replacing the now-obsolete machinery on which the legendary comic book is printed. — [2] —.

As the word spread on Friday of the decision to halt publication, fans rushed to buy what many feared might be the last issue. — [3] —. Iwoni Media's online store is reportedly the only place where the publication is still available.

Iwoni Media's spokesperson, Jon Emanuel, stated that the new printing facility should be up and running within four months and that the next issue of *Energy Run* will arrive on newsstands shortly after that. — [4] —.

"Fans should not worry," Mr. Emanuel said. "Their favourite characters will be back soon."

163. What is the purpose of the article?

(A) To summarize the plot of a popular comic book
(B) To publicize the opening of an online store
(C) To report on a company's recent earnings
(D) To describe a change in a company's operations

164. What is suggested about sales of *Energy Run*?

(A) They increased suddenly.
(B) They will be reported online.
(C) They were expected to be low.
(D) They were calculated incorrectly.

165. What did Mr. Emanuel announce?

(A) A new character will be introduced.
(B) A publication will become available again.
(C) Some newsstands will be closed.
(D) Some book prices will be reduced.

166. In which of the positions marked [1], [2], [3], and [4] does the following sentence best belong?

"To that end, the company has invested $100,000 in new equipment."

(A) [1]
(B) [2]
(C) [3]
(D) [4]

Dear Customers,

After 45 years in business, Ghearey Garden Goods locked its doors for the final time on Saturday, January 10. As many of you know, I purchased a farmhouse in the country several years ago, and I had been driving three hours a day to get to the store and back. While I am saddened to walk away from this business, it is just no longer sustainable for me to spend so much time in transit.

My grandfather, Timothy Ghearey, who built the business nearly 60 years ago before handing it off to me, always said that his favorite part about running a retail store was serving the needs of his community. I echo this sentiment. Words cannot express how much joy I have received from interacting with all of you, and I want you to know how much I value your dedicated support over all these years.

Thank you for understanding what a truly difficult decision this was. But while the physical Ghearey Garden Goods location is closing, ghearygardengoods.com will remain a resource for home gardeners through our Web site. I will keep adding educational blog posts and articles as I have time.

Thank you for your support!

Jerry Sanderson

Jerry Sanderson
Ghearey Garden Goods

---

167. Why did Ghearey Garden Goods close?

(A) The building is being renovated.
(B) The rent costs became too expensive.
(C) The commute was too long for the owner.
(D) An open management position could not be filled.

168. What does Mr. Sanderson indicate in the notice?

(A) New competitors have entered the marketplace.
(B) The business was founded by a family member.
(C) The store's staff members are reliable.
(D) The demand for gardening supplies has increased.

169. What will people continue to find on the Web site?

(A) Photographs of a farmhouse
(B) Discount coupons
(C) Instructions for gardeners
(D) A list of recommended stores

Questions 170-171 refer to the following article.

CHICAGO (January 8)—Local retailer Derbyshire Company, which sells clothes, household goods, and other items through its twelve Illinois stores, announced today that it will be buying the popular bookseller Lillard, Inc. The two companies will remain independent of each other until April 30, when all Lillard's merchandise—books, music, and other media—will be transferred to the Derbyshire Company stores.

Derbyshire Company CEO, Cynthia Schulman, stated that her company "could not be more pleased to bring customers the expanded selection of merchandise gained from this merger with Lillard, Inc."

Meanwhile, Lillard's president Steven Paulson announced that "from our point of view, this was a perfect opportunity for collaboration." Paulson will stay on after the acquisition with a job title yet to be announced. The companies said they began talks eleven months ago but waited until the new year to announce the news.

170. What is the purpose of the article?

(A) To announce the selection of a new CEO at Derbyshire Company
(B) To describe events at a store's anniversary
(C) To notify the public of a business acquisition
(D) To attract applicants for job openings

171. What is indicated about Mr. Paulson?

(A) He is taking on a role at Derbyshire Company.
(B) He is retiring from Lillard, Inc.
(C) He is starting a new company.
(D) He is moving to Chicago.

GO ON TO THE NEXT PAGE

```
╔═══════════════════════════ *E-mail* ═══════════════════════════╗

  To:        teamleaders@carfield.co.uk

  From:      fjacobs@carfield.co.uk

  Subject:   Workshops

  Date:      13 November
```

Dear Team Leaders,

Thanks to you and your team members for attending our latest monthly workshop last week. These workshops are a key feature of our employee training program, as we consider it fundamental that our employees continue to learn new skills and perfect existing ones.

I know everyone has already completed their workshop evaluations, but we would like to obtain some more specific feedback to ensure that interesting and instructive workshops continue to be offered. Please answer the following questions.

• Were the exercises presented at the workshop related to employees' responsibilities? Have your team members been using the ideas presented?

• What, if anything, would you leave out in future workshops? What could be done better?

• Were the facilitators knowledgeable and engaging? Do you think your team would respond well to the same facilitators for other workshops?

Your perspectives on our workshops are invaluable. We would appreciate a response by the end of this week, as we are planning to discuss any information you can provide at our next management meeting next Tuesday.

Thanks for your cooperation,

Frank Jacobs

172. What is stated about the workshops?

(A) They are held annually.
(B) They feature well-known presenters.
(C) They are being offered by a new vendor.
(D) They are important for employee development.

173. What is implied about the completed workshop evaluation?

(A) It did not gather specific details.
(B) It has not been analyzed yet.
(C) It was given to the wrong employees.
(D) It has been the subject of a presentation.

174. Why is a prompt reply requested?

(A) A list of attendees needs to be finalized.
(B) Responses will be discussed soon.
(C) A contract is scheduled to be signed.
(D) Staff performance evaluations are due.

175. Who most likely is Mr. Jacobs?

(A) A workshop facilitator
(B) A team leader
(C) A senior manager
(D) A software developer

TEST 3

GO ON TO THE NEXT PAGE

New Look for Rhee Poultry

LEEDS (17 February)—Rhee Poultry, suppliers of fresh and frozen poultry, announced on Monday a change to its packaging practices. Starting on 31 October, every package of chicken, duck, goose, and turkey sold at retail will be labeled with the city and country where the meat was sourced.

According to company spokesperson Insook Kim, Rhee will make modifications to its production, packing, and shipping facilities that will cost an estimated £400,000 over a transition period of eight months.

"The high price tag is more than worth it to maintain the trust our customers have always had in Rhee Poultry products," added Ms. Kim.

Rhee's announcement was made following criticism regarding transparency in sourcing practices leveled at other meat-packaging conglomerates that sell in the United Kingdom, such as Supragood and Char Bo Lynn, Inc.

"We felt it was in the best interests of our customers to be proactive in this matter," said Ms. Kim.

RHEE POULTRY

Boneless Duck Breasts
1.5 kg
Raised in Rzeszow, Poland
Packed in Krakow, Poland
Only and always the best in poultry!

Notice something different about our packaging? Go to our Web site, www.rhee.co.uk, to read about our recent changes.

176. According to the article, why did Rhee Poultry make a change?

(A) To lower production costs
(B) To attract more customers
(C) To promote a new product line
(D) To retain consumer confidence

177. What is suggested about Supragood?

(A) It does not export poultry.
(B) Its customers are not pleased.
(C) Its headquarters is located in Leeds.
(D) It offers discounts to new customers.

178. In the article, the word "matter" in paragraph 5, line 2, is closest in meaning to

(A) situation
(B) printing
(C) importance
(D) substance

179. Based on the label, what can be concluded about the package?

(A) It may contain some bones.
(B) It was exported to Poland.
(C) It was packaged in an updated facility.
(D) It is labeled with an incorrect weight.

180. According to the label, what can customers find on the Web site?

(A) Some discount coupons
(B) Directions to Rhee headquarters
(C) Names of the shipping managers
(D) Information about new packaging

GO ON TO THE NEXT PAGE

https://www.akikohirota.co.jp/english

| **Biography** | Books | Blog | Events |

Born and raised in Chiba Prefecture, Akiko Hirota started writing short stories in English in high school. She continued writing short fiction while completing her degree in English literature at the Chiba Institute of Linguistics.

Two years ago Ms. Hirota won the "Best Short Story" prize at the 5th Annual New York Writers Gala for her short story entitled, *Dreaming of Maringá*. She has participated in over 30 writers' workshops, a number of which she has led, and has been a regular guest speaker at the Writers United Forum. A collection of her short stories written thus far, including *Dreaming of Maringá*, has been published by Jenson Publishing.

Lives Ensnared, Ms. Hirota's first full-length novel, is inspired by her upbringing as the daughter of two marine biologists. It tells the story of a group of amateur divers whose lives were turned upside down following their discovery of a hitherto unknown species of shark. Scheduled for release by mid-September, the novel is sure to appeal to a wide audience.

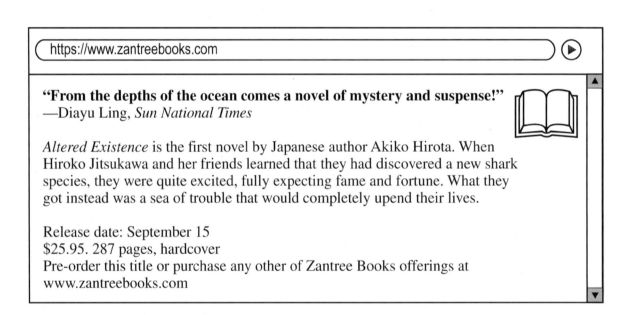

https://www.zantreebooks.com

"From the depths of the ocean comes a novel of mystery and suspense!"
—Diayu Ling, *Sun National Times*

Altered Existence is the first novel by Japanese author Akiko Hirota. When Hiroko Jitsukawa and her friends learned that they had discovered a new shark species, they were quite excited, fully expecting fame and fortune. What they got instead was a sea of trouble that would completely upend their lives.

Release date: September 15
$25.95. 287 pages, hardcover
Pre-order this title or purchase any other of Zantree Books offerings at
www.zantreebooks.com

181. What is indicated about Ms. Hirota?

(A) She began writing fiction as a teenager.
(B) She used to teach English literature at university.
(C) Her interest in literature was inspired by her parents' work.
(D) Her workshops frequently attract over 30 writers.

182. What is suggested about Ms. Hirota's collection of short stories?

(A) It contains stories about ocean life.
(B) It will be published next year.
(C) It was released in Japanese and English.
(D) It includes an award-winning story.

183. In the first Web page, the word "regular" in paragraph 2, line 3, is closest in meaning to

(A) symmetrical
(B) frequent
(C) acceptable
(D) invited

184. What is indicated about Zantree Books?

(A) It has an office in New York.
(B) It hosts annual writers' events.
(C) It sells books on its Web site.
(D) It has several divisions.

185. What change was made to Ms. Hirota's published novel?

(A) Undersea adventures were added to the story.
(B) A main character's name was changed.
(C) It was published later than planned.
(D) It was given a different title.

GO ON TO THE NEXT PAGE

Washington State Gets Fit

April 7—Throughout its 25 years in business, Fitness National, Inc., which owns and operates gyms throughout the northeastern United States, has never extended its presence to the west coast. That will change next month when it opens two new gyms: one in Tacoma and one in Spokane.

"We're excited to move into this territory," says Fitness National's CEO, Lisa Tran. "If we are successful in these two cities, then we will continue to grow our business throughout Washington and into Oregon."

Both gyms will feature studios for group fitness classes, state-of-the-art fitness machines, and indoor pools. Both locations will be holding on-site job fairs for prospective employees on Saturday, April 14. Grand opening events are planned for both gyms on May 12.

Fitness National, Inc.
Application for Employment

Name: _Bernadette Okoye_   **Date:** _April 14_

E-mail Address: _b.okoye@chjmail.com_   **Telephone Number:** _(253) 555-0173_

For what position are you applying? _Group Fitness Instructor_

At which location would you like to work? [X] Tacoma   [ ] Spokane

Describe your reason for applying:

A friend of mine who works at an older Fitness National location told me she really enjoys working there. I am currently employed part-time at a dance studio and would like to add a few more instructor hours into my schedule.

Describe your relevant experience:

I have taught beginner, intermediate, and advanced ballet classes at Veloa Dance School for the past three years. Prior to this I taught group dance workouts at Cadia Gym for two years. I also worked at Cadia's front desk, so I have customer service experience.

Please attach a résumé and reference list and submit to management at a Fitness National location.

Fitness National Group Fitness Classes

Exercise is more fun in a group! Our classes are open to members at all levels of fitness and experience. You will find these and other classes taught at all of our locations across the United States. For a complete listing of classes, see your local Fitness National gym's Web page.

Basic Weights—Build strength through this guided weightlifting workout.

Groove and Move—Get a cardio workout while dancing to your favorite music.

Quick Cycle—Follow your instructor on a challenging ride on a stationary bicycle.

Splash for Strength—Tone your muscles safely with a low-impact workout in the pool.

186. What is the purpose of the article?

(A) To describe the expansion of a business
(B) To provide details about job openings
(C) To announce the merger of two companies
(D) To introduce a new corporate leader

187. What does Ms. Okoye suggest in the application?

(A) She lives in Spokane.
(B) She studied at Veloa Dance School.
(C) She currently works for Cadia Gym.
(D) She wants a part-time position.

188. What is most likely true about Ms. Okoye's friend?

(A) She works in customer service.
(B) She does not live in Washington State.
(C) She was not able to update her schedule.
(D) She helped organize a job fair.

189. What class would Ms. Okoye be most qualified to teach?

(A) Basic Weights
(B) Groove and Move
(C) Quick Cycle
(D) Splash for Strength

190. What is indicated about all of the classes in the information?

(A) They are limited in size.
(B) They are for advanced students only.
(C) They include the use of music.
(D) They are taught at multiple gyms.

GO ON TO THE NEXT PAGE

TEST 3 **103**

Questions 191-195 refer to the following e-mails and form.

To:	Emi Mizuno <emizuno@purpleworks.com>
From:	Robert Callaway <rcallaway@hartwelltheater.com>
Date:	October 10
Subject:	Season tickets

Dear Season Ticket Holder:

Thank you for purchasing your subscription to the upcoming season of plays at the Hartwell Theater. You should have already received your packet of tickets. Please contact us immediately if you have not.

Do you have a conflict for any of the performance dates? Only season subscribers have the benefit of exchanging tickets for another performance. Exchanges must be made at least one week prior to the original performance date and are subject to availability. If exchanging for a higher priced performance or seating location, the price difference will be charged to your account. Exchanges can be requested online by filling out a ticket exchange form at www.hartwelltheater.com/ticket-exchange or by calling 555-0105 Monday–Friday from 1-5 P.M. Please note that the first time you choose to exchange tickets for a performance, you will not be charged a fee. However, any subsequent exchanges will incur a $6.25 per ticket fee.

We look forward to seeing you at the shows.

Sincerely,

Robert Callaway, Subscription Manager

---

https://www.hartwelltheater.com/ticket-exchange ▶

Ticket Exchange Form

Name:	Emi Mizuno	**E-mail:**	emizuno@purpleworks.com
Subscription Number:	3698389	**Show:**	The Mountain Calls
Performance Date:	January 14, 7:30 P.M.	**Seat Locations:**	Row V, Seats 4, 5

Indicate your top four choices for alternate performances:

	Date:		**Seat Locations:**	
1.	January 15, 7:30 P.M. ▼		Row D, Seats 1, 2 ▼	
2.	January 16, 7:30 P.M. ▼		Row F, Seats 6, 7 ▼	
3.	January 18, 7:30 P.M. ▼		Row T, Seats 9, 10 ▼	
4.	January 20, 2:00 P.M. ▼		Row B, Seats 15, 16 ▼	

You will receive an e-mail confirmation within 24 hours of submitting this form.

To:	Emi Mizuno <emizuno@purpleworks.com>
From:	Robert Callaway <rcallaway@hartwelltheater.com>
Date:	January 6
Subject:	Ticket exchange
Attachment:	🔗 Tickets

Dear Ms. Mizuno:

We have received your ticket exchange form for the upcoming play, *The Mountain Calls*. I am happy to confirm that tickets for your second choice were still available. Your new tickets are attached to this e-mail. Please print them at home and present them on the evening of the performance. Your old tickets are no longer valid and cannot be used. Because you have selected a comparable seating location, there is no price difference. However, we will be charging your account the $6.25 per ticket exchange fee. You may log in to your account to view the charges.

Thank you for being a season ticket holder. We look forward to seeing you at the show.

Sincerely,

Robert Callaway, Subscription Manager
Hartwell Theater

191. In the first e-mail, what is stated about Ms. Mizuno's tickets?

(A) They cost $6.25 each.
(B) They have already been sent.
(C) They are being held at the box office.
(D) They are for a 1:00 P.M. performance.

192. What is indicated about submitting a ticket exchange request?

(A) It can only be done online.
(B) Only season ticket holders can do it.
(C) People with balcony tickets cannot do it.
(D) It can be done on the day of the original performance.

193. When will Ms. Mizuno most likely attend a performance of *The Mountain Calls*?

(A) On January 15
(B) On January 16
(C) On January 18
(D) On January 20

194. What can be concluded about Ms. Mizuno?

(A) She works in the theater industry.
(B) She cannot find her original tickets.
(C) She has canceled her subscription.
(D) She has exchanged tickets in the past.

195. What is the purpose of the second e-mail?

(A) To provide tickets
(B) To point out an error
(C) To inquire about season tickets
(D) To request a discount

GO ON TO THE NEXT PAGE ▶

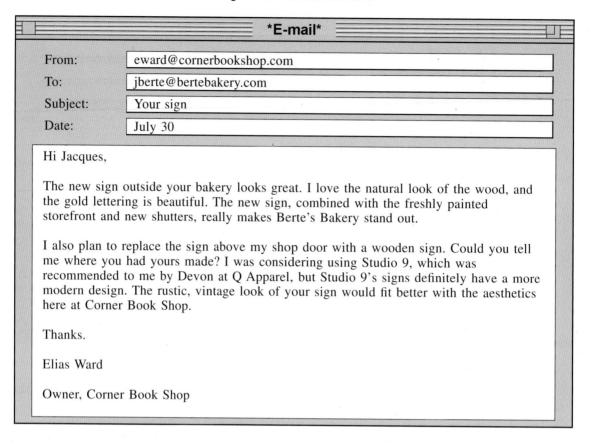

E-mail

From:	eward@cornerbookshop.com
To:	jberte@bertebakery.com
Subject:	Your sign
Date:	July 30

Hi Jacques,

The new sign outside your bakery looks great. I love the natural look of the wood, and the gold lettering is beautiful. The new sign, combined with the freshly painted storefront and new shutters, really makes Berte's Bakery stand out.

I also plan to replace the sign above my shop door with a wooden sign. Could you tell me where you had yours made? I was considering using Studio 9, which was recommended to me by Devon at Q Apparel, but Studio 9's signs definitely have a more modern design. The rustic, vintage look of your sign would fit better with the aesthetics here at Corner Book Shop.

Thanks.

Elias Ward

Owner, Corner Book Shop

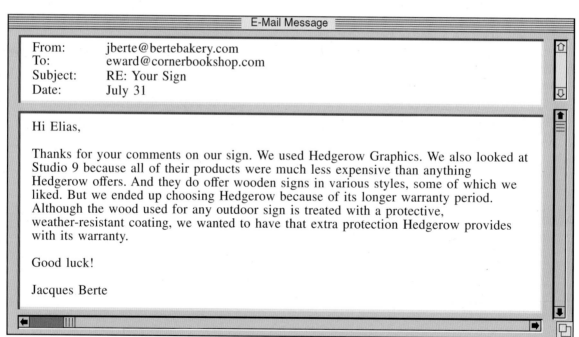

E-Mail Message

From:	jberte@bertebakery.com
To:	eward@cornerbookshop.com
Subject:	RE: Your Sign
Date:	July 31

Hi Elias,

Thanks for your comments on our sign. We used Hedgerow Graphics. We also looked at Studio 9 because all of their products were much less expensive than anything Hedgerow offers. And they do offer wooden signs in various styles, some of which we liked. But we ended up choosing Hedgerow because of its longer warranty period. Although the wood used for any outdoor sign is treated with a protective, weather-resistant coating, we wanted to have that extra protection Hedgerow provides with its warranty.

Good luck!

Jacques Berte

Studio 9

Order Form

Customer: Elias Ward, Corner Book Shop, 8 Main St., Haywood Village

Order Date: August 1

Description of order:
One exterior sign. Oak wood treated with Everlast Coating. Mariner blue wood stain, gold lettering (text to read: Corner Book Shop). 152 centimeters wide by 45 centimeters high. Changes to the order must be made by 5:00 P.M. on August 10.

Price:	$495 (Paid in full, August 5)
Warranty:	1 year
Expected delivery:	August 20

196. What is the purpose of the first e-mail?

(A) To promote a business
(B) To offer a suggestion
(C) To request information
(D) To extend an invitation

197. According to the first e-mail, what was recently replaced at Berte's Bakery?

(A) The shutters
(B) The lighting
(C) The front door
(D) The staff uniforms

198. What is suggested about Q Apparel?

(A) It is next door to Corner Book Shop.
(B) Its interior has been recently remodeled by the owner.
(C) Its sign cost less than signs sold by Hedgerow Graphics.
(D) It is decorated in a rustic, vintage style.

199. What is indicated about the sign Mr. Berte purchased for his bakery?

(A) It is larger than the sign ordered by Mr. Ward.
(B) It is under warranty for more than one year.
(C) It was delivered in August.
(D) It has blue lettering.

200. When will Mr. Ward most likely receive his order?

(A) On August 1
(B) On August 5
(C) On August 10
(D) On August 20

Stop! This is the end of the test. If you finish before time is called, you may go back to Parts 5, 6, and 7 and check your work.

토익 정기시험
예상문제집

실전 TEST

04

READING TEST

In the Reading test, you will read a variety of texts and answer several different types of reading comprehension questions. The entire Reading test will last 75 minutes. There are three parts, and directions are given for each part. You are encouraged to answer as many questions as possible within the time allowed.

You must mark your answers on the separate answer sheet. Do not write your answers in your test book.

PART 5

Directions: A word or phrase is missing in each of the sentences below. Four answer choices are given below each sentence. Select the best answer to complete the sentence. Then mark the letter (A), (B), (C), or (D) on your answer sheet.

101. ------- is currently Ms. Wonderle's first year working as our office's administrative assistant.

(A) This
(B) That
(C) These
(D) Those

102. Riversedge City is ------- to announce new monthly parking discounts for its residents.

(A) pleasing
(B) pleasure
(C) please
(D) pleased

103. Sang-Joon Park is retiring after 25 years of ------- with Dahl Legal Consultants.

(A) service
(B) profession
(C) knowledge
(D) relationship

104. The Trails Store will ------- add a section for hiking equipment.

(A) eventualities
(B) eventual
(C) eventually
(D) eventuality

105. Puraforce Staffing can provide your business ------- temporary employees during the busy holiday season.

(A) from
(B) with
(C) about
(D) into

106. In contrast to the ------- outside, the inside of Taft's Bakery was warm and welcoming.

(A) to weather
(B) weatherability
(C) weathering
(D) weather

107. Berrell Foods, a wholesale distributor of fresh produce, ------- more than 100 grocery stores in northern Scotland.

(A) contracts
(B) affords
(C) supplies
(D) travels

108. Payments to the Wendell Lake Association will be considered late ------- they are received after January 1.

(A) so
(B) by
(C) to
(D) if

109. Although the alternate route was ------- marked, many drivers ended up getting lost.

(A) never
(B) next
(C) clearly
(D) noisily

110. Later today, Mr. Warken ------- interview times for the job applicant finalists.

(A) has been arranging
(B) will be arranging
(C) was arranged
(D) have arranged

111. For one week -------, Penny's Grocery is giving away a free tote bag with every order of 50 dollars or more.

(A) often
(B) only
(C) over
(D) through

112. Because of a recent artwork donation, the Libsing Art Museum will soon be displaying a new -------.

(A) exhibits
(B) exhibition
(C) exhibited
(D) exhibiting

113. Albert Doime oversaw smelting operations in Lydenburg for a ------- time before being reassigned to Johannesburg.

(A) brief
(B) large
(C) slow
(D) proper

114. The agreement ------- states that Amy Dyer will be the general contractor for the Hibley project.

(A) specific
(B) specifically
(C) specifiable
(D) specified

115. Executives at Wess Lumber were praised for addressing employees' concerns in a ------- manner.

(A) constructing
(B) construction
(C) constructive
(D) construct

116. Flu season is here, so take advantage of the free flu shots ------- in the lobby.

(A) being offered
(B) to offer
(C) offering
(D) offers

117. Clarkson Smith Legal Services requires that ------- client files be kept in off-site storage for seven years.

(A) misplaced
(B) inactive
(C) unable
(D) resigned

118. By ------- to digital accounting, your business can save time, space, and money.

(A) advising
(B) proving
(C) resolving
(D) switching

119. Mr. Liu's long list of awards can be attributed to his skills ------- a designer.

(A) on
(B) in
(C) as
(D) at

120. MBR Global Marketing has signed several new client contracts ------- 12 million pounds in annual revenue.

(A) totaled
(B) total
(C) totals
(D) totaling

121. ------- teaching economics at the local university, Ms. Ito also writes a monthly column for a financial magazine.

(A) Besides
(B) Whereas
(C) Either
(D) How

122. The feasibility study for building a new bridge was quite complex and included several -------.

(A) annotate
(B) annotative
(C) annotating
(D) annotations

123. The department mentor instructed the interns to contact her first ------- they had any questions.

(A) in spite of
(B) as a result
(C) whenever
(D) because

124. The number of people working at Yolen Laboratory's two locations keeps increasing, and there are now 452 employees -------.

(A) apart
(B) enough
(C) yet
(D) altogether

125. Highlee Sportswear, ------- popularity is widespread among athletes, will add a line of children's clothes soon.

(A) whose
(B) some
(C) major
(D) which

126. Employees spoke ------- of former CEO Olga Sombroek, emphasizing how well liked she was.

(A) sharply
(B) vaguely
(C) critically
(D) fondly

127. Although the owners made ------- renovations to their hair salon, they did not raise any of their prices.

(A) informative
(B) hesitant
(C) extensive
(D) conversational

128. ------- that Mr. Rey has completed the welding course, he is free to apply for an internal position with increased responsibility.

(A) Otherwise
(B) Rather than
(C) Despite
(D) Considering

129. The play's rehearsal lasted four hours, while the play ------- ran for only three.

(A) themselves
(B) them
(C) itself
(D) it

130. Ms. Sheth has identified the ------- that have prevented Hentig Industries from expanding globally.

(A) registers
(B) summaries
(C) opposites
(D) obstacles

PART 6

Directions: Read the texts that follow. A word, phrase, or sentence is missing in parts of each text. Four answer choices for each question are given below the text. Select the best answer to complete the text. Then mark the letter (A), (B), (C), or (D) on your answer sheet.

Questions 131-134 refer to the following notice.

Hollydale Medical Center

To All Office Staff:

The move to our new medical center building will take place this weekend. ------- , all items in your
                                                                              131.

desks must be packed before the end of the day on Friday. The empty boxes ------- to you by
                                                                             132.

8:00 A.M. on Thursday. When you arrive at our new location on Monday morning, your boxes

should already be in your new office. ------- . If you will be out of the office this Thursday or Friday,
                                       133.

notify me immediately so we can make other arrangements.

We appreciate your cooperation in helping to make this transition to our new location go as -------
                                                                                            134.

as possible.

Jian Tang, Office Manager

---

131. (A) Therefore
    (B) Thirdly
    (C) Regardless
    (D) Instead

132. (A) delivered
    (B) have delivered
    (C) will be delivered
    (D) had been delivered

133. (A) Enjoy dining at the nearby cafeteria.
    (B) You need to check your office mailbox.
    (C) The moving company has positive
        reviews.
    (D) Please begin unpacking right away.

134. (A) directly
    (B) smoothly
    (C) slowly
    (D) actively

GO ON TO THE NEXT PAGE

Questions 135-138 refer to the following flyer.

This year marks the twentieth anniversary of Hispanic Heritage Month. ------- , the food court at the
135.
Swift Business Complex will feature cuisines from Hispanic and Latin American countries. Visit the

food court today to kick off the ------- ! Free tapas (small bites) and drinks will be available for
136.
tasting.

------- , the Swift Business Complex will be hosting a Hispanic Heritage Expo the week of October
137.
10 in the center of the main atrium. International businesses as well as local vendors will be

participating in this one-of-a-kind event. Each afternoon at 3 P.M., two lucky shoppers will win

leather handbags from Cuero Suave, a Colombia-based trading company located on the fourth

floor. ------- .
138.

---

135. (A) To celebrate
(B) It celebrated
(C) By celebrating
(D) The celebration

136. (A) festive
(B) festivities
(C) festively
(D) more festive

137. (A) Rather
(B) However
(C) In addition
(D) On the contrary

138. (A) The main atrium was completely
renovated last spring.
(B) Visit the service desk to get your free
ticket for the drawing.
(C) Try the chicken tacos for a tasty treat.
(D) The food court will be open for breakfast
all week.

To: Hye-Jin Lee
From: Globiance Technologies
Subject: Information
Date: 5 June

Dear Ms. Lee,

Thank you for ------- the Sciorama X200 social science database. Your selection is a preferred one
      139.

among many researchers. We would like to learn about your ------- with this database through a
                                                              140.

five-minute survey. As a token of ------- appreciation, you will be automatically entered into a
                                    141.

drawing to win a $100 gift card from Globiance Technologies. All of your responses will be kept

confidential. ------- .
              142.

The questionnaire is available at www.gt.org/scioramasurvey. Thanks in advance for your

feedback.

Sincerely,

The Survey Team at Globiance Technologies

139. (A) giving
(B) performing
(C) writing
(D) choosing

140. (A) experience
(B) experiencing
(C) experienced
(D) are experienced

141. (A) her
(B) your
(C) our
(D) their

142. (A) They will be used for statistical purposes only.
(B) They will determine which solution will be adopted.
(C) They will reveal what difficulties new hires have reported.
(D) They will be thoroughly reviewed for errors.

GO ON TO THE NEXT PAGE

Armanfax Logistics

Vehicle Inspection Policy

This section deals with completing your ------- vehicle inspection reports. The purpose of these
143.

reports is to ensure proper vehicle maintenance and operation safety.

As an Armanfax Logistics delivery driver, you must complete posttrip checks on your vehicle and

list any defects on special report forms. ------- to report a problem may result in a breakdown of the
144.

vehicle. Note that reports must be completed at the end of each day. ------- .
145.

Pretrip checks are completed by reviewing the previous driver's inspection report. If it notes

any ------- , you must acknowledge that necessary repairs have been performed.
146.

143. (A) regular
(B) regulars
(C) regularly
(D) regulate

144. (A) Continuing
(B) Deciding
(C) Failing
(D) Paying

145. (A) Within the next few days, notifications will
be sent out.
(B) They are required even if no defect is
discovered.
(C) It has been found on a number of
occasions.
(D) Time off may be requested a week in
advance.

146. (A) problems
(B) arguments
(C) increases
(D) delays

Directions: In this part you will read a selection of texts, such as magazine and newspaper articles, e-mails, and instant messages. Each text or set of texts is followed by several questions. Select the best answer for each question and mark the letter (A), (B), (C), or (D) on your answer sheet.

Questions 147-148 refer to the following sign.

HUMINI HARDWARE

Notice to Customers

Following the expansion of our store, and prompted by requests from customers for more products, many of the items between aisles 2 and 20 will now be relocated. Reshelving will occur during the period of April 16 to May 2, at which time we will have additional staff on hand to help you find the products you need. We are confident you will find the new store layout an improvement over the old one.

Thank you for your patience.

Management, Humini Hardware

147. What is the purpose of the sign?

(A) To announce a temporary closure
(B) To advertise a new product line
(C) To explain how shelves are arranged
(D) To prepare customers for an upcoming change

148. Why will extra staff be available?

(A) To take inventory
(B) To help customers locate certain items
(C) To give product demonstrations
(D) To help customers place orders

GO ON TO THE NEXT PAGE

Questions 149-150 refer to the following Web page information.

https://www.rivieracarrental.co.uk/598270

Thank you, Mr. Gregersen!
Your Riviera Car Rental booking is now complete.

Today's date: 3 June
Duration: 7 days
Pickup: 14 June in Bristol
Return: 20 June in Cambridge
Credit card: XXXX-XXXX-XXXX-2891
Amount: £310.00

You have opted to prepay your rental, but your credit card will not be charged until 12 June.
Until then you may cancel your booking at no charge. Should you cancel after that date,
a fee will be charged. Also, if you fail to pick up your car (no-show), you will be charged in full,
and the amount is nonrefundable.

149. What is the purpose of the Web page information?

(A) To verify credit card information
(B) To approve a purchase order
(C) To describe accommodation options
(D) To confirm reservation details

150. What is suggested about Mr. Gregersen?

(A) His credit card needs to be replaced.
(B) His travel expenses will be reimbursed.
(C) He can still cancel at no charge.
(D) He has requested a small car.

Questions 151-152 refer to the following article.

BAKERSVILLE (August 13)—As confirmed by today's vote, the city's building code is getting a shake-up. Among the changes to go into effect on November 3 are stricter fire safety standards for both commercial and residential buildings, enhanced insulation requirements, and, most notably, a requirement that 25 percent of newly constructed residential homes be equipped with solar panels.

The solar initiative has been met with broad support among voters, lawmakers, and home builders. The new rule will increase the total amount of green energy produced and reduce dependency on fossil fuels. Supporters also say that increasing demand for solar panels and hardware will drive prices down, so that this technology will be increasingly affordable. Finally, though the building phase will be more costly than usual, homeowners will save on electricity bills in the long term.

The state will open a phone hotline to answer questions from builders, property owners, contractors, and other affected parties beginning on October 15 and continuing through the end of the year.

151. When does the new code become effective?

(A) On August 13
(B) On October 15
(C) On November 3
(D) On December 31

152. According to the article, what will become more expensive?

(A) Construction costs
(B) The price of solar panels
(C) Home maintenance costs
(D) Household electricity bills

GO ON TO THE NEXT PAGE

Questions 153-154 refer to the following online chat discussion.

Axel Thorne (9:13 A.M.)
Hi everyone. Our staff meeting scheduled for 3 P.M. today has been postponed until next week.

Beryl Smith (9:14 A.M.)
Will it be at the same time next Tuesday?

Axel Thorne (9:15 A.M.)
That's right, and the same place, in the conference room on the first floor.

Deanna Dahl (9:16 A.M.)
I'm going to be on vacation next week. Could you send me the meeting minutes, please?

Axel Thorne (9:17 A.M.)
No problem. I'll take care of that. Enjoy your vacation.

Deanna Dahl (9:19 A.M.)
Thanks! I'll review everything you talked about when I get back.

153. What has changed about the meeting?

(A) The time
(B) The date
(C) The location
(D) The topic

154. At 9:17 A.M., what does Mr. Thorne most likely mean when he writes, "No problem"?

(A) He will send Ms. Dahl a copy of notes about the meeting.
(B) He will ask someone to replace Ms. Dahl at the meeting.
(C) He will give Ms. Dahl a project to work on while she is away.
(D) He will meet with Ms. Dahl when she returns.

Skylight Gardens
Your Neighborhood Garden Center

Plant Care Tips

Effective plant care starts with choosing the right pot for your houseplant. Make sure that there are holes in the bottom of the pot to let water flow out.

Next, purchase soil from your local garden center. Store-bought potting soil typically contains fertilizer to help indoor plants grow. Using dirt from your own outdoor garden is risky. This dirt can be filled with insects, disease, and weeds, all of which can be harmful to indoor plants.

After potting, pour water on the soil and flowers of your plant. Always check the soil before watering. If the soil is still moist, there is no need for more water.

To maintain a healthy plant, pinch or cut off parts of the plant that have turned brown or withered. Doing so helps to facilitate new growth. Each spring, repot your plant in a larger pot to allow room for the root system to grow.

155. Why are readers advised to purchase soil?

(A) To avoid digging up their yards
(B) To promote plant growth
(C) To support local garden centers
(D) To ensure that water is evenly distributed

156. What tip is NOT mentioned in the instructions?

(A) Keep the plant in the sun.
(B) Replace the pot every year.
(C) Feel the soil before adding water.
(D) Use a pot with holes in it.

157. The word "turned" in paragraph 4, line 2, is closest in meaning to

(A) built
(B) rotated
(C) disturbed
(D) become

GO ON TO THE NEXT PAGE

Attention Conference Centre Staff:

The Geylang Conference Centre is hosting the Singapore Banking Conference on 20 April. The welcome desk will be open from 8:00 A.M. to 10:00 A.M. When checking in, conference attendees will need to present a valid form of identification. Acceptable forms of identification include a passport, a driver's license, or a company-issued photo ID. After checking in, attendees will be handed a welcome packet, which includes a conference schedule, a map of the facility, and their ticket to the evening banquet. If attendees arrive after 10:00 A.M., they should be directed to the security desk, where someone will check them in.

Please note that some attendees will be staying at the conference centre's hotel. They should be directed to the hotel lobby, where they can leave their luggage. Hotel personnel will bring the luggage to the appropriate guest rooms when the rooms are ready.

If you have any questions about your duties for the day, please contact Jia-Wei Teo at extension 231.

158. What is the purpose of the notice?

(A) To inform staff about procedures for an event
(B) To provide attendees with a schedule
(C) To ask for volunteers to work at an event
(D) To give information about conference speakers

159. The word "present" in paragraph 1, line 3, is closest in meaning to

(A) introduce
(B) show
(C) attend
(D) gift

160. According to the notice, what will happen at the end of the conference?

(A) Packets will be collected.
(B) Luggage will be put in storage.
(C) An evaluation form will be handed out.
(D) A banquet will be held.

GABORONE (6 May)—Local resident Sophie Shagwa has met a goal many application developers relish. — [1] —. Her app, Dream Sweet, which she created as a participant in the Next Generation Apps programme, has been downloaded more than 10,000 times.

"Simply put, this app helps users attain their dreams and ambitions," Ms. Shagwa said. "The app does this by providing a series of questions to help users identify their goals and break them down into achievable parts."

Recently, she added a much-requested calendar feature. — [2] —. Daily reminders and encouraging text messages are sent around the times when certain parts of the goal should be accomplished.

Additionally, Ms. Shagwa designs calendars, notebooks, and posters with inspirational phrases that can be purchased through the app. — [3] —. "They're lovely to look at and provide visual reminders that your goals are important and that you have the ability to achieve them," she said.

The app is free, but additional features, such as personalized coaching and progress tracking, cost extra. Ms. Shagwa uses some of her profits from the Dream Sweet app to sponsor new app developers who want to join the Next Generation Apps programme. — [4] —.

TEST 4

161. What does the article mainly discuss?

(A) The recruitment of young people for a new program
(B) The profile of the creator of a piece of software
(C) How apps and related products are priced
(D) Recent changes across the software industry

162. What does the Dream Sweet app help users to do?

(A) Reach their goals
(B) Create visual text messages
(C) Design artistic posters
(D) Sponsor new app developers

163. In which of the positions marked [1], [2], [3], and [4] does the following sentence best belong?

"Users can now plan a specific timeline of actions in order to be successful."

(A) [1]
(B) [2]
(C) [3]
(D) [4]

GO ON TO THE NEXT PAGE

To:	elvin.williams@gxtinvestments.com
From:	barry.robledo@gxtinvestments.com
Date:	May 17
Subject:	301 N. Powell
Attachment:	📎 Photos

Elvin,

I walked through the property at 301 N. Powell Avenue today. I was able to see the reception area, the offices, and the kitchen, but the utility closet in the west hallway was locked. I am sure an inspector will be able to verify that the furnace and electrical circuit board in that space are in good working order should we choose to proceed with a purchase.

The building has all the space we need to accommodate our clients, including a large parking area. However, there are some issues that we will need to address if we move forward: the carpet in the reception area is discolored; some floor tiles in the east hallway are cracked; and there is chipped paint in the conference room. The small water stain on the ceiling of the conference room may indicate a leak in the roof. I have attached photographs of the problem areas.

Given the low price of the property, I think we should consider this location. We could update the space and still come in under budget. Our current lease expires in three months, so we will need to make a decision quickly. Let me know what you think.

Sincerely,

Barry Robledo

164. Why did Mr. Robledo send the e-mail?

(A) To request the extension of a lease
(B) To suggest opening a branch office
(C) To support relocating a business
(D) To oppose the sale of a property

165. What was Mr. Robledo NOT able to view?

(A) The reception area
(B) The kitchen
(C) The furnace
(D) The conference room

166. The word "address" in paragraph 2, line 2, is closest in meaning to

(A) attend to
(B) write on
(C) publicize
(D) place

167. What is one of the problems Mr. Robledo mentions?

(A) Some tiles have been broken.
(B) A key has been misplaced.
(C) The parking area is too small.
(D) The location is inconvenient.

Akio Nishi [3:35 P.M.]: Did you both see the e-mail from Barbara with furniture options for the lobby?

Isidora Basque [3:37 P.M.]: Look at the brown leather chairs with wheels. They are so much more stylish than the current chairs.

Akio Nishi [3:38 P.M.]: They are attractive, but they don't seem sturdy. What do you think of the big green ones with the plush seats?

Kriya Patel [3:39 P.M.]: I am opening it now.

Isidora Basque [3:40 P.M.]: They look comfortable. But space is limited, and we need at least four chairs in the lobby. Those green chairs are really big.

Kriya Patel [3:42 P.M.]: Are you still looking at the Premium Office section?

Akio Nishi [3:43 P.M.]: No, we're discussing the Budget Office options now.

Kriya Patel [3:44 P.M.]: Oh, good. Those choices are more affordable.

Akio Nishi [3:46 P.M.]: We should probably select a reception desk before the chairs. Do you like the second one, the yellow desk? I do.

Kriya Patel [3:47 P.M.]: I think it would fit nicely in that space. It is the same size as the current desk.

Isidora Basque [3:48 P.M.]: I think it's perfect. I'll tell Barbara now that we all like that desk. Let's touch base about the chairs after we have had the chance to look at all the choices.

---

168. What is mainly being discussed?

(A) A new office location
(B) A decorating budget
(C) An interior design firm
(D) New furniture choices

169. At 3:39 P.M., what does Ms. Patel most likely mean when she writes, "I am opening it now"?

(A) She is going to read a recent e-mail.
(B) She is looking in a desk drawer.
(C) She is unwrapping a package.
(D) She is preparing to eat lunch.

170. What is suggested about the lobby?

(A) It currently has large furniture.
(B) It does not have a lot of space.
(C) It is located on the second floor.
(D) It is stylishly decorated.

171. What will Ms. Basque most likely do next?

(A) Place an online order
(B) Distribute a catalog
(C) Contact a coworker
(D) Hire a receptionist

GO ON TO THE NEXT PAGE

AFEC Offers Pathway to Success

By Pauline Weston

BRIDGETOWN (29 October)—From 14 to 16 November, the Association of Female Entrepreneurs of the Caribbean (AFEC) will be hosting its fourth biennial forum at the Centre for Labour Force Development in Bridgetown, Barbados. This year's theme, "From Aspiration to Sensation," is centered on the essential skills and tools needed to start, run, and grow a successful business. — [1] —. About 350 women will be interacting with some of the region's most successful women business leaders through a series of presentations. — [2] —.

One presenter will be Serena Telting, owner of Suriname-based children's clothing manufacturer Serenatee. She welcomes the opportunity to share her experience with conference goers. — [3] —. "Specifically," she says, "I will be promoting a set of sound practices that I have adopted over my fifteen years in the apparel industry. Those might shield emerging entrepreneurs from the challenges I faced early on in my career. Because I lacked adequate advice when I started my business, I made some mistakes that nearly ruined it."

Attendees are keen on engaging with their established peers. Madelon Picard, a native of Martinique who plans to open a nursery school on the island, says, "I am eager to learn how my role models dealt with challenges and accomplished their achievements." — [4] —. Ms. Picard also referenced the assistance she has received from the Martinique Business Society (MBS), of which she is a member. "The MBS is fully funding my participation in the AFEC forum, from hotel accommodation and airfare to meals and local transport." She is far from the exception. Organisers say they have seen a significant increase in financial support for attendees since the first AFEC forum.

172. Why was the article written?

(A) To discuss some of the challenges female entrepreneurs face
(B) To highlight the need for more role models in business
(C) To show the importance of business in the Caribbean
(D) To publicize an upcoming business gathering

173. What is suggested about Ms. Telting?

(A) She had a difficult start to her career.
(B) She attended the first AFEC forum.
(C) She distributes her products across the Caribbean.
(D) She has been promoting good business practices for fifteen years.

174. What is NOT true about Ms. Picard?

(A) She received sponsorship from a trade organization.
(B) She wants to start an educational institution.
(C) She is looking forward to the AFEC forum.
(D) She is one of the organizers of the event.

175. In which of the positions marked [1], [2], [3], and [4] does the following sentence best belong?

"They will also have the opportunity to attend one-on-one career coaching sessions."

(A) [1]
(B) [2]
(C) [3]
(D) [4]

TEST 4

GO ON TO THE NEXT PAGE

From:	Carlos Garcia
To:	Grace Wu
Subject:	Employee of the Month
Date:	July 25

Dear Grace:

I am writing to nominate a member of our production team, Dwight Clinton, as a candidate for Franklin Appliances' Employee of the Month. We have been working diligently to complete the design of a more energy-efficient air-conditioning unit by our July 31 deadline, and Mr. Clinton's participation on the team has made it possible for us to meet our challenging targets.

In his eight years at Franklin Appliances, Mr. Clinton has demonstrated the capacity to grow both professionally and personally. He began as an apprentice and has steadily worked his way up to Testing Engineer. Mr. Clinton has been instrumental in helping us realize the company's mission of designing high-quality energy-saving refrigerators, ovens, washing machines, and cooling systems. It would be difficult to envision meeting our product deadlines without his contribution to every project he is assigned to.

Thank you for your consideration.

Carlos

MEMO

To: All employees
From: Grace Wu
Date: August 1
Subject: Employee of the Month

It is my privilege to announce that Dwight Clinton has been chosen to be our July Employee of the Month. Franklin Appliances promotes an environment of creative collaboration, and Mr. Clinton has demonstrated the leadership and support necessary to help make this mission a reality. Thanks in large part to his commendable efforts, we are pleased to announce that our newest product, the Eco-Cool Wave, was successfully launched yesterday.

Mr. Clinton has dedicated a large part of his professional life to rising through the ranks at Franklin Appliances. His story is indicative of the supportive environment that the company offers by promoting internally and providing professional growth as well as development opportunities. Franklin Appliances is honored to present Mr. Clinton with two paid personal days to use at his discretion. The next time you see Dwight, please offer your congratulations!

176. Why did Mr. Garcia send the e-mail?

(A) To recommend an employee for an award
(B) To report a design modification
(C) To ask for extra help with a task
(D) To request that a launch be postponed

177. What most likely is Mr. Garcia's job title?

(A) Human Resources Director
(B) Vice President of Sales
(C) Chief Executive Officer
(D) Production Team Leader

178. What is the Eco-Cool Wave?

(A) A washing machine
(B) A refrigerator
(C) An air conditioner
(D) A ceiling fan

179. What is indicated about Franklin Appliances?

(A) It has a small staff.
(B) It designs energy-efficient products.
(C) It encourages competition among staff.
(D) It has been in business for two decades.

180. What is stated about Mr. Clinton in the memo?

(A) He will be promoted.
(B) He is moving to a larger office.
(C) He will receive extra time off.
(D) His only job has been at Franklin Appliances.

TEST 4

GO ON TO THE NEXT PAGE

http://www.inganirobotics.co.uk ▶

Ingani Robotics

In today's mail-order industry, turnaround time is key. Ingani's machines can take the physical labour out of item retrieval. Our self-navigating, fully rechargeable freight movers can increase your efficiency without the need for extra staff. They function safely in shared environments with people. All machines are equipped with tethering hooks to secure pallets or boxes. See below for measurements and speed of our popular and upcoming models.

Unit Name	Almora Q1	Almora S1	Belma Q1	Belma S1 (under development)
Height	950 mm	930 mm	356 mm	256 mm
Width	530 mm	500 mm	1,150 mm	856 mm
Speed	4.2 km/h	4 km/h	2.5 km/h	2.3 km/h

To:	edwinraster@inganirobotics.co.uk
From:	aalmansouri@vemta.co.uk
Date:	3 April
Subject:	Upcoming order

Dear Mr. Raster,

Thank you for updating me on the status of the Belma S1. Our facilities expansion will not be complete until next month, so I will wait until then to place the order.

As you know, we have been loyal customers for several years, having purchased two of the narrowest Almora units three years ago and an additional four last year. I wanted to inquire whether we might be eligible for a discount on bulk orders similar to the one we received for last year's order. We are planning to buy six of the new units but could be persuaded to purchase more. Please let me know, and thank you again for following up.

Sincerely,

Aliya Almansouri
Senior Purchasing Manager, Vemta Ltd.

181. Where are Ingani Robotics' products intended to be used?

    (A) In call centers
    (B) In warehouses
    (C) In automotive factories
    (D) In research laboratories

182. What is mentioned about Ingani Robotics' machines?

    (A) They are fuel efficient.
    (B) They can travel up to four kilometers.
    (C) They work safely around people.
    (D) They are gaining in popularity.

183. According to the e-mail, when will Vemta Ltd. most likely buy from Ingani Robotics?

    (A) In April
    (B) In May
    (C) In three months
    (D) Next year

184. What product does Vemta Ltd. already use?

    (A) The Almora Q1
    (B) The Almora S1
    (C) The Belma Q1
    (D) The Belma S1

185. What is indicated about Ms. Almansouri?

    (A) She may increase the size of Vemta Ltd.'s next order.
    (B) She may get a bigger discount on Vemta Ltd.'s next order.
    (C) She has referred clients to Mr. Raster.
    (D) She has moved to a new office.

TEST 4

GO ON TO THE NEXT PAGE

```
*E-mail*
```

To:	All Staff
From:	Ken Harrise
Date:	February 8
Subject:	Professional development

Hello,

This spring, I would like to encourage all employees to take up to two full work days to attend professional development workshops. At the conclusion of each workshop, I would like participants to prepare a brief presentation for their department colleagues about what they learned.

Each department will receive a customized list of pertinent workshops for consideration. Please contact your department manager if you would like to pursue an opportunity for professional development that is not on the list. We will do our best to support all requests.

Thank you.

Ken Harrise

Approved workshops for Harrise Systems' Information Technology (IT) Department
Manager: Nancy Welker

Title	Facilitator	Date	Description
Developments in Data Security	Leslie Mehra	March 5	Strategies and exercises for protecting your company's data
Managing Big Data	Janet Sabol	March 8	Overview of software systems used to manage data efficiently
Our Online Presence and Social Media	Terrence Brewster	April 2	The role of IT departments in educating and managing staff regarding workplace computer use
IT Administration	Dan Michaels	April 18	The expanding duties of an IT administrator

```
┌─────────────────────────────────────────────────────────────────┐
│ ▦▦▦▦▦▦▦▦▦▦▦▦▦▦▦▦▦        *E-mail*        ▦▦▦▦▦▦▦▦▦▦▦▦▦ ⊡⊟ │
├─────────────────────────────────────────────────────────────────┤
│  To:       │ Nancy Welker                                       │
│  From:     │ Paul Cheung                                        │
│  Date:     │ April 20                                           │
│  Subject:  │ Workshop completion                                │
├─────────────────────────────────────────────────────────────────┤
```

Dear Nancy,

As per Mr. Harrise's suggestion, I attended the workshop "Our Online Presence and Social Media." I learned about the guidance we can offer employees who use social media, and I am prepared to present a report highlighting the workshop's content. Please let me know a convenient day and time for this activity, and I will schedule one of the conference rooms for our IT team. I have some printed material to distribute as well.

Thanks,

Paul

---

186. In the first e-mail, what are professional development participants asked to do?

(A) Inform their manager of their absence at least two days in advance
(B) Share information about their training with colleagues
(C) Develop their own list of professional contacts
(D) Leave instructions for colleagues so their usual responsibilities are covered

187. What does the first e-mail mention about the workshops?

(A) They have been chosen with particular departments in mind.
(B) They must be attended in sequence.
(C) Their facilitators are department managers at Harrise Systems.
(D) Their topics were suggested by IT staff.

188. Whom can IT staff ask about alternative professional development activities?

(A) Ms. Mehra
(B) Ms. Sabol
(C) Ms. Welker
(D) Mr. Brewster

189. When did Mr. Cheung attend a workshop?

(A) On March 5
(B) On March 8
(C) On April 2
(D) On April 18

190. What does Mr. Cheung still need to do?

(A) Select a presentation topic
(B) Invite a facilitator
(C) Contact Mr. Harrise
(D) Reserve a meeting room

GO ON TO THE NEXT PAGE ▶

To:	All Staff <allstaff@sielendgroup.co.za>
From:	Orson Stanley <ostanley@sielendgroup.co.za>
Date:	1 February
Subject:	Farewell party

Dear Colleagues,

As you may have heard, our friend and colleague Gerard Clegg will be leaving Sielend Group at the end of February after 22 years. During his tenure as CFO, Gerard implemented state-of-the-art budget-management software and presided over a threefold growth in company revenues.

Gerard has expressed mixed feelings about departing but says that he plans to work part-time alongside his brother at the local firm Chartera Consultants. Gerard will also continue to be involved with youth five hours a week at the nonprofit Reach-Out Durban League.

Please join us in attending Gerard's farewell party at 7:00 P.M. on Friday, 28 February, at Longres Ballroom here in Durban. Light refreshments will be served, and the company president will present Gerard with a plaque to show our appreciation for his many contributions to the company.

If you plan to attend, please e-mail my assistant Seojung Lee to let her know. We would like to know in advance how many people to expect. We look forward to seeing you there.

Thanks,

Orson Stanley

http://www.chartera.co.za

Chartera Consultants

Chartera Consultants offers professional financial guidance and expert accounting services.

| Home | About Us | Services | **News** | Contact Us |

Staff News

We are happy to introduce Chartera Consultants' newest team member, Gerard Clegg. Mr. Clegg has a wealth of experience in all aspects of corporate finance. For over two decades he worked as CFO for a successful medical equipment manufacturing firm. Mr. Clegg holds a master of business administration in finance from Stolz Institute.

191. What does the announcement mention about Mr. Clegg?

(A) He is planning to start a new firm.
(B) He is planning to move away from Durban.
(C) He will start working with a family member.
(D) He will consult part-time for Sielend Group.

192. What will happen at Mr. Clegg's farewell party?

(A) Dinner will be served.
(B) Local musicians will perform.
(C) Mr. Clegg will introduce the new CFO.
(D) Mr. Clegg will be presented with a gift.

193. What type of business is Sielend Group?

(A) A medical equipment manufacturer
(B) A construction company
(C) A regional accounting firm
(D) A sporting goods supplier

194. According to the advertisement, what is a goal of Reach-Out Durban League?

(A) To offer educational opportunities
(B) To protect the environment
(C) To promote local health-care services
(D) To provide career counseling

195. What most likely is Mr. Clegg's connection to Reach-Out Durban League?

(A) He is an investor.
(B) He is a volunteer.
(C) He is an employee.
(D) He is a sponsor.

GO ON TO THE NEXT PAGE

CLAREGAL TOURS

Claregal Tours has been showing visitors Western Ireland's most iconic sights for the past fifteen years. Our buses are comfortable, air-conditioned, and include Wi-Fi. Our experienced drivers and guides are well versed in Ireland's history and culture. All excursions are day-long tours and leave from the bus terminal in Galway.

Aran Islands (ARI423)
Spend the day island hopping between these three beautiful islands where you will see ancient ruins, visit a local farm, and have a chance to explore by bicycle. Ferry transportation fees included.
Adult: €30, University Student: €25, Child: €20

Aran Islands and Cliffs of Moher (AIM523)
Take your time exploring one of the scenic Aran Islands, Inisheer, and then take a ferry to get up close to the Cliffs of Moher. Ferry transportation fees included.
Adult: €40, University Student: €35, Child: €30

Connemara (CON234)
See the beautiful national park of Connemara, where nature is at its finest. Choose from several hiking options with varying degrees of difficulty.
Adult: €35, University Student: €30, Child: €25

Galway (GAL324)
Get off the bus and into the city with this walking tour of Galway. Along the way, you will have the chance to hear traditional music, visit a pub, and see an Irish step dancing performance.
Adult: €20, University Student: €18, Child: €15

	E-mail
To:	Alan Trippier; Siobhan Canney
From:	Helen Doyle
Date:	8 July
Subject:	Tomorrow's tour
Attachment:	📎 9 July Trip

Hi Alan and Siobhan,

I have attached the final list of passengers for tomorrow's tour with its itinerary. Alan will be the driver/guide, and Siobhan will be doing passenger check-in. The clients have requested that you drive them to a café to get breakfast before going to Inisheer, which is different from our usual itinerary, but I agreed. It should take one hour. Just a reminder that last month we changed the departure time from 9:30 A.M. to 9:15 A.M. Alan, when you are finished with the tour today, please come by my office. I would like to set your schedule for August.

See you tomorrow,

Helen Doyle
Tour Manager, Claregal Tours

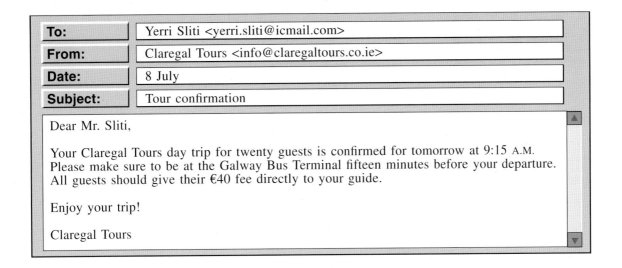

To:	Yerri Sliti <yerri.sliti@icmail.com>
From:	Claregal Tours <info@claregaltours.co.ie>
Date:	8 July
Subject:	Tour confirmation

Dear Mr. Sliti,

Your Claregal Tours day trip for twenty guests is confirmed for tomorrow at 9:15 A.M. Please make sure to be at the Galway Bus Terminal fifteen minutes before your departure. All guests should give their €40 fee directly to your guide.

Enjoy your trip!

Claregal Tours

196. What is true about Claregal Tours?

(A) It specializes in hiking excursions.
(B) It has tours in multiple countries.
(C) Its prices change every year.
(D) It has been in operation for fifteen years.

197. What do the tours have in common?

(A) They include a ferry ride.
(B) They include visits to islands.
(C) They depart from the same location.
(D) They offer free lunch.

198. What is the purpose of the first e-mail?

(A) To provide information for an upcoming tour
(B) To give Mr. Trippier his August schedule
(C) To change an employee's assignment
(D) To introduce a new employee

199. What tour will Mr. Trippier most likely lead on July 9 ?

(A) ARI423
(B) AIM523
(C) CON234
(D) GAL324

200. What is likely true about the guests on Mr. Sliti's trip?

(A) They requested Ms. Canney as their guide.
(B) They are all adults.
(C) They have already paid for the tour.
(D) They will receive a discount.

Stop! This is the end of the test. If you finish before time is called, you may go back to Parts 5, 6, and 7 and check your work.

토익® 정기시험
예상문제집

05

In the Reading test, you will read a variety of texts and answer several different types of reading comprehension questions. The entire Reading test will last 75 minutes. There are three parts, and directions are given for each part. You are encouraged to answer as many questions as possible within the time allowed.

You must mark your answers on the separate answer sheet. Do not write your answers in your test book.

PART 5

Directions: A word or phrase is missing in each of the sentences below. Four answer choices are given below each sentence. Select the best answer to complete the sentence. Then mark the letter (A), (B), (C), or (D) on your answer sheet.

101. Free Internet service ------- available in the lobby but not in the guest rooms.

   (A) being
   (B) to be
   (C) are
   (D) is

102. A third branch ------- Starshorn Hair Salon will open in Georgetown's industrial district.

   (A) up
   (B) of
   (C) along
   (D) in

103. The March shipment to Busan can fit an ------- thirteen containers.

   (A) adding
   (B) additional
   (C) addition
   (D) add

104. Ms. Tran ------- the clients fifteen different apartments in one afternoon.

   (A) made
   (B) opened
   (C) passed
   (D) showed

105. Mr. Sweeney is most pleased when ------- press releases are published unedited.

   (A) he
   (B) him
   (C) his
   (D) himself

106. Whenever company costs ------- significantly, the budget is adjusted.

   (A) rise
   (B) rises
   (C) risen
   (D) rising

107. This is a ------- to all employees to submit expense reports by the end of the month.

   (A) remind
   (B) reminded
   (C) reminding
   (D) reminder

108. Please e-mail Human Resources if you are able to help set up the events room ------- the annual office party.

   (A) since
   (B) before
   (C) into
   (D) except

109. Aita Corporation will hire roughly 50 new employees ------- the next year.

(A) over
(B) while
(C) somewhere
(D) ideally

110. *Dine Out Magazine* will publish an article next month about people who ------- go to the same restaurant.

(A) repeated
(B) repeatedly
(C) repeat
(D) repetition

111. The aircraft's ------- flight had arrived late, so its scheduled 10:15 A.M. departure was delayed.

(A) committed
(B) entitled
(C) previous
(D) spacious

112. Blue Form Company offers its employees ------- in their working location and hours.

(A) flexible
(B) flex
(C) flexibility
(D) flexed

113. The latest sales figures ------- to the vice president that the company was doing well.

(A) reinforcing
(B) reinforcement
(C) reinforces
(D) reinforced

114. Management at the Sidol Factory is researching different ------- to enhancing employee productivity.

(A) instincts
(B) decisions
(C) occasions
(D) approaches

115. Only two percent of the focus group participants reported ------- disliking the new ice-cream flavor.

(A) stronger
(B) strong
(C) strongly
(D) strongest

116. Our line of passenger cars includes the latest ------- technology to protect vehicles and their passengers.

(A) safety
(B) more safely
(C) most safely
(D) saves

117. Jetways Japan and Night Sky Airways have ------- a planned merger, which is under review by government regulators.

(A) treated
(B) flown
(C) announced
(D) spread

118. The old Abita Theater was demolished one week ago, and construction of an office complex at the site is ------- underway.

(A) yet
(B) usually
(C) soon
(D) already

119. Wreen Watch's latest smart watch offers ------- features not found in other products.

(A) similar
(B) multiple
(C) broken
(D) careful

120. Although the conference does not ------- begin until Friday, many participants have informal meetings scheduled for Thursday.

(A) official
(B) officiate
(C) officials
(D) officially

GO ON TO THE NEXT PAGE

121. Each year the Metro Enterprise Association honors a local business that has made a ------- impact on the city.

(A) comfortable
(B) significant
(C) difficult
(D) granted

122. Martaska Technologies requires ------- new employees receive at least two weeks of training before starting work.

(A) that
(B) for
(C) and
(D) when

123. Retailers were given one year to ------- their terminals to accommodate new credit card technology.

(A) upgrade
(B) progress
(C) motivate
(D) describe

124. Marketers find that older consumers respond best to facts and statistics, ------- for teenagers, the best strategy is humor.

(A) such as
(B) whereas
(C) due
(D) almost

125. Because of a processing error, Elmore Distributors ------- shipped cases of frozen fish to a bakery.

(A) equally
(B) illegibly
(C) accidentally
(D) vigorously

126. With ------- from the board of directors, CEO Brian Krieder is aggressively pursuing fresh revenue sources.

(A) authorization
(B) authorizes
(C) authorize
(D) authorized

127. Mr. Itomitsu's recent book on fitness encourages readers to strive for a healthy ------- between physical exertion and rest.

(A) quantity
(B) supply
(C) balance
(D) number

128. ------- an anonymous donation, the Metropolitan Hospital was able to purchase new imaging equipment.

(A) In case
(B) As though
(C) Owing to
(D) If only

129. Employees ------- cars are parked in designated client spaces should move them immediately.

(A) those
(B) other
(C) who
(D) whose

130. The design team considered many possible ------- before settling on the red and black color scheme for the corporate Web site.

(A) functions
(B) combinations
(C) destinations
(D) roles

PART 6

Directions: Read the texts that follow. A word, phrase, or sentence is missing in parts of each text. Four answer choices for each question are given below the text. Select the best answer to complete the text. Then mark the letter (A), (B), (C), or (D) on your answer sheet.

Questions 131-134 refer to the following e-mail.

You are receiving this e-mail ------- you have contacted Brell Home in the past about our
    131.
houseware products or have visited our Web site. If you no longer wish to receive our e-mails,

you can be removed from our list. ------- . But do you really want to miss out on discount offers for
    132.
products that will help you turn your house into an ------- home? We hope you will choose to
    133.
remain a subscriber so that we can continue to send ------- for the most popular new products for
    134.
your home.

131. (A) even
(B) because
(C) during
(D) among

132. (A) Simply reply to this e-mail with the
word "unsubscribe."
(B) The issue has not yet been resolved.
(C) Please provide your order number.
(D) Our products are made by local
artisans using natural materials.

133. (A) invites
(B) invited
(C) inviting
(D) invitation

134. (A) pieces
(B) contracts
(C) samples
(D) coupons

GO ON TO THE NEXT PAGE

Questions 135-138 refer to the following notice.

Please note that the south lobby of the building will be closed from 7:00 P.M. this evening to 7:00 A.M. tomorrow morning. Routine ------- will be performed on the heating and cooling
135.
systems. ------- , the central air conditioning will be turned off between these hours.
136.

We have scheduled any necessary ------- to take place outside of regular business hours.
137.

------- . If you need access to the building during these hours, please use the north lobby or the
138.
basement-level entrances. They will be unlocked and extra lighting will be provided in these two areas.

Thank you,

Building Management

135. (A) maintenance
(B) maintained
(C) maintains
(D) maintainable

136. (A) As a result
(B) Even though
(C) On the contrary
(D) In comparison

137. (A) designs
(B) repairs
(C) meetings
(D) strategies

138. (A) Extra office chairs will be available.
(B) Our goal is to minimize your discomfort while you are in the office.
(C) The thermostat setting needed to be reset.
(D) The employee entrance code is changing again next month.

Questions 139-142 refer to the following e-mail.

To: Kristina Tursi <ktursi@fratellitursi.com>
From: Steven Bracchio <sbracchio@worldsmail.net>
Date: August 24
Subject: Thank you

Dear Ms. Tursi,

Thank you for your time today. I ------ enjoyed meeting and interviewing with your team. It is clear
                                 139.
to me that Fratelli Tursi is a dynamic company ------ for great success.
                                               140.

------ . As we discussed, I am comfortable conducting business in the Italian language, and
141.

beyond that, I believe my marketing skills would strongly support Fratelli Tursi's efforts to grow

internationally.

I understand that the partners will be considering whom to call in to the office for ------ interviews.
                                                                                     142.
Please let me know if you require additional information about me. I very much look forward to

hearing from you.

Steven Bracchio

139. (A) closely
(B) skillfully
(C) quickly
(D) thoroughly

140. (A) positioned
(B) position
(C) positions
(D) positionally

141. (A) My salary has risen with my increased
responsibilities.
(B) The office space is well designed.
(C) I think my skills are a good match for
the needs of your sales team.
(D) Please use my personal e-mail address
to reach me.

142. (A) initial
(B) optional
(C) further
(D) experienced

Dear Small-Business Owner:

Do you change your opening and closing times depending on the season? According to market research, a quarter of all small businesses periodically ------- their operating hours. However,
143.
such changes are not always accurately reflected in the search engine results and on the many Web sites that show your operating hours to your customers. Inaccurate information can lead to customer frustration, which can drive them to do business with your competitors. ------- .
144.

One of our services is designed to help you monitor ------- your operating hours are being shown
145.
on the Web. To learn more about our tools and services, please see the enclosed brochure. We would be happy to work with you ------- your business's opportunities.
146.

Sincerely,

Richard N. Batterman
Account Representative
Muros Solutions

Enclosure

---

143. (A) adjust
(B) report
(C) display
(D) examine

144. (A) Today's search engines are more sophisticated.
(B) Many of them prefer to shop online.
(C) Our competitors face similar issues.
(D) Once lost, they can be hard to bring back.

145. (A) how
(B) until
(C) why
(D) unless

146. (A) maximization
(B) to maximize
(C) maximum
(D) having maximized

PART 7

Directions: In this part you will read a selection of texts, such as magazine and newspaper articles, e-mails, and instant messages. Each text or set of texts is followed by several questions. Select the best answer for each question and mark the letter (A), (B), (C), or (D) on your answer sheet.

Questions 147-148 refer to the following sign.

★ ★ ★ ★ ★ ★ ★ **ATTENTION** ★ ★ ★ ★ ★ ★ ★

As part of our transition to new ownership, the Wesselman Hotel is in the process of making some landscaping improvements, including adding flower beds along the walkways. We apologize for the current unsightly condition of the grounds, but soon we will have an impressive floral display. Thank you for your patience, and we hope you will return to see our grounds once our gardeners have completed their work.

147. What is the purpose of the sign?

(A) To explain why an area is inaccessible
(B) To highlight a new service being offered
(C) To express regret for the hotel's appearance
(D) To promote gardening positions that will soon be available

148. What is mentioned about the Wesselman Hotel?

(A) It has a new owner.
(B) It has more vacancies than usual.
(C) It is offering a seasonal promotion.
(D) It is a popular venue for special events.

GO ON TO THE NEXT PAGE

Questions 149-150 refer to the following text message chain.

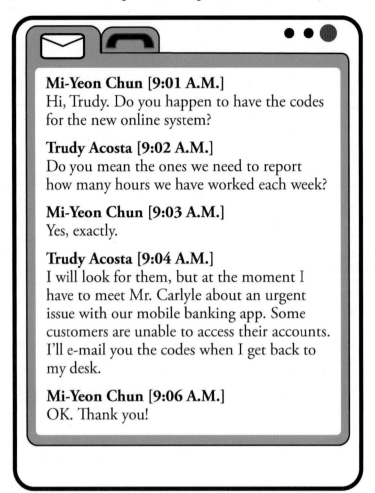

Mi-Yeon Chun [9:01 A.M.]
Hi, Trudy. Do you happen to have the codes for the new online system?

Trudy Acosta [9:02 A.M.]
Do you mean the ones we need to report how many hours we have worked each week?

Mi-Yeon Chun [9:03 A.M.]
Yes, exactly.

Trudy Acosta [9:04 A.M.]
I will look for them, but at the moment I have to meet Mr. Carlyle about an urgent issue with our mobile banking app. Some customers are unable to access their accounts. I'll e-mail you the codes when I get back to my desk.

Mi-Yeon Chun [9:06 A.M.]
OK. Thank you!

149. Where do the writers most likely work?

(A) At a building security company
(B) At an employment agency
(C) At a computer device manufacturer
(D) At a financial institution

150. At 9:03 A.M., why does Ms. Chun write, "Yes, exactly"?

(A) She thinks that a new online system is easy to use.
(B) She is sure that she has recorded her work hours.
(C) She is confirming that Ms. Acosta is correct.
(D) She is reporting that she has worked a full week.

Questions 151-152 refer to the following note card.

> Thank you for sending me another of your company's food blenders in exchange
> for my product feedback. The motor of the Lumtik IB-8900 seems to be a bit
> more powerful than the motors of the two blenders I reviewed previously. This
> one does a great job, especially on the high-speed setting. One thing that is
> disappointing is that the measurement lines were not easy to decipher and
> seem to fade and become less legible after several washings. This may be a
> problem with the imprinting on the device. The measurement lines need to be
> engraved or permanently marked to be clearer. Needless to say, this is
> important for recipes that require precisely measured ingredients.
>
> Hannah Daley

151. What is suggested about Ms. Daley?

(A) She wants to return a defective part.
(B) She needs updated instructions.
(C) She purchased the wrong product.
(D) She was asked for her opinion.

152. What does Ms. Daley mention about measurement lines?

(A) They are hard to read.
(B) They are a minor problem.
(C) They are an issue with several blender models.
(D) They are printed in a dark color.

GO ON TO THE NEXT PAGE

```
┌─────────────────────────────────────────────────────────────────────────┐
│                              *E-mail*                                     │
├─────────────────────────────────────────────────────────────────────────┤
│  From:      │ Tom Martinez <tmartinez@isppm.com>                          │
│  To:        │ Reshmi Singh <rsingh@itresources.ca>                        │
│  Subject:   │ ISPPM Top 20                                                │
│  Date:      │ 3 April                                                     │
├─────────────────────────────────────────────────────────────────────────┤
```

Dear Ms. Singh,

We are currently accepting nominations for *Internet Security and Patent Protection Magazine's* Top 20 list. The ISPPM Top 20 is the preeminent guide for businesses seeking expertise for safeguarding the value of intellectual property. Finalizing the Top 20 list is a challenging task, and we value your contribution to this process.

If you would like to make any nominations for this annual listing, please do so by 17 April. Visit our Web site and enter the details of the consultants you believe should be included in this year's listing, along with a brief explanation for your nominations. Please note that we do not accept self-nominations or nominations from colleagues working in the same company. The final list will be published in June.

We look forward to reviewing your nominations.

Kind regards,

Tom Martinez, Technical Editor

153. What is Mr. Martinez requesting?

(A) Articles for a magazine
(B) Best ideas for using social media
(C) The names of skilled consultants
(D) Strategies for securing computer equipment

154. How is Ms. Singh being asked to respond?

(A) By accessing a Web site
(B) By mailing in a form
(C) By attending a meeting in June
(D) By sending an e-mail to Mr. Martinez

Questions 155-157 refer to the following product description.

Clearhold Coating is a newly developed, transparent waterproofing system that is superior to traditional pigmented coatings. Clearhold is ideal for application to masonry-block constructions—both new and existing—as well as to interior and exterior decorative elements.

Clearhold can also be applied to concrete and masonry subfloors, which is not possible with our competitors' waterproofing materials. Clearhold will stop humidity from seeping up through subfloors and can be applied before installation of adhesive and floor coverings such as carpet, tile, laminate, or hardwood.

Clearhold will be available in stores starting in January. For more information, visit www.clearholdcoating.com.

---

155. What does Clearhold Coating do?

(A) It provides protection from moisture.
(B) It ensures that floors look shiny.
(C) It adds color to brick and stone.
(D) It shields masonry from scratches.

156. What does the description indicate about Clearhold Coating?

(A) It is intended for outdoor use only.
(B) It contains natural pigments.
(C) It is suitable for both new and old masonry.
(D) It requires a single application.

157. How is Clearhold Coating an improvement on products already on the market?

(A) It is resistant to heat.
(B) It can be used on subfloors.
(C) It is made with nontoxic ingredients.
(D) It can be applied to many types of furniture.

GO ON TO THE NEXT PAGE

Questions 158-160 refer to the following instructions.

Caring for your Minot Griddle

Thank you for purchasing the nonstick Minot Griddle. With proper care, you and your family will enjoy cooking pancakes, grilled sandwiches, and much more for years to come. First, it is important to protect the griddle from contact with metal that can scratch the nonstick surface. — [1] —. Also, the nonstick feature of your griddle is sensitive to changes in temperature. Be sure not to immerse the hot griddle in cool water, which can cause warping and peeling. — [2] —. Instead, allow the griddle to cool before washing. Finally, careful handwashing will prolong the life of your Minot Griddle. Do not use harsh scrubbers such as steel wool. Gentle washing with a cloth or soft sponge is preferred. — [3] —.

— [4] —. Should you have any questions about your Minot Griddle, please visit our customer Web site at www.minot.co.uk.

---

158. For whom are the instructions most likely intended?

(A) A product manufacturer
(B) A store employee
(C) A cookware owner
(D) A support professional

159. What method is recommended for washing the item?

(A) Scrubbing it with steel wool
(B) Immersing it in cool water
(C) Wiping it with a soft sponge
(D) Cleaning it without soap

160. In which of the positions marked [1], [2], [3], and [4] does the following sentence best belong?

"Therefore, avoid using metal cooking utensils with the griddle."

(A) [1]
(B) [2]
(C) [3]
(D) [4]

Questions 161-163 refer to the following e-mail.

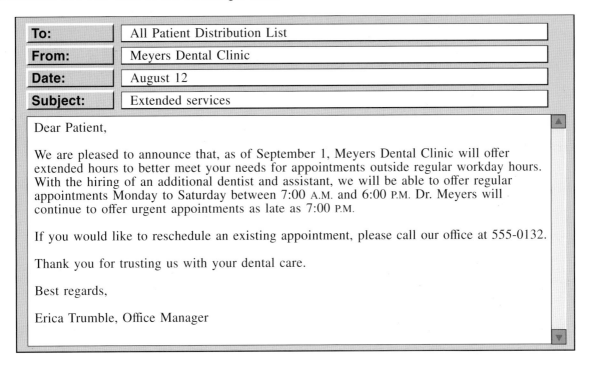

To:	All Patient Distribution List
From:	Meyers Dental Clinic
Date:	August 12
Subject:	Extended services

Dear Patient,

We are pleased to announce that, as of September 1, Meyers Dental Clinic will offer extended hours to better meet your needs for appointments outside regular workday hours. With the hiring of an additional dentist and assistant, we will be able to offer regular appointments Monday to Saturday between 7:00 A.M. and 6:00 P.M. Dr. Meyers will continue to offer urgent appointments as late as 7:00 P.M.

If you would like to reschedule an existing appointment, please call our office at 555-0132.

Thank you for trusting us with your dental care.

Best regards,

Erica Trumble, Office Manager

161. What is the purpose of the e-mail?

(A) To inform customers of schedule changes
(B) To announce a new dental product
(C) To supply information on dental hygiene
(D) To confirm an appointment

162. The word "meet" in paragraph 1, line 2, is closest in meaning to

(A) oppose
(B) experience
(C) gather together
(D) provide for

163. What is indicated about Meyers Dental Clinic?

(A) It is a new business.
(B) It has some new employees.
(C) It will expand to a second location.
(D) It offers only morning appointments.

GO ON TO THE NEXT PAGE

Closing Early on Summer Fridays

HOUSTON (June 3)—Summer just became more relaxing for employees of Aftnax Software, where the company recently instituted a Summer Friday policy. — [1] —. From now until the first week in September, the office closes at 1 P.M. so employees can go home early.

"It's great to have that 1 P.M. cutoff," says Clay Jackson, an Aftnax employee for the past decade. — [2] —. "Some nights I can stay in the office until seven or eight if I have a project I need to finish. But knowing that the office is closing its doors early on Friday frees me up to spend more time with my family."

In addition to boosting workers' morale, studies have found that scheduled downtime actually increases productivity. — [3] —. The number of firms offering this perk has increased by 23 percent in the past five years.

Remmor Tech, one of the first local companies to institute a similar policy, says that ever since it began offering time off on Fridays twelve years ago, it has seen a marked improvement in employee satisfaction. — [4] —.

"Our employees' happiness is important to us," says Alexandra Odoms, the CEO of Remmor. "We know that if we care about our employees, then our employees will care about the work they do for us."

164. What is the purpose of the article?

(A) To detail the results of a study on employee morale
(B) To describe an effective business practice
(C) To announce a change in executive leadership
(D) To profile a company new to the area

165. What is indicated about Mr. Jackson?

(A) He works an overnight shift.
(B) He works from home on Fridays.
(C) He used to work for Remmor Tech.
(D) He has worked for Aftnax Software for ten years.

166. According to Ms. Odoms, what is the rationale for having a Summer Friday policy?

(A) It attracts top talent to Remmor Tech.
(B) It creates a positive work environment.
(C) It allows employees to work later on other days.
(D) It lets employees spend more time with their families.

167. In which of the positions marked [1], [2], [3], and [4] does the following sentence best belong?

"And companies are taking notice."

(A) [1]
(B) [2]
(C) [3]
(D) [4]

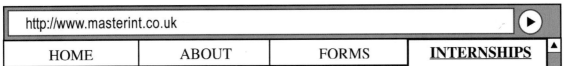

http://www.masterint.co.uk ▶

| HOME | ABOUT | FORMS | **INTERNSHIPS** |

Master International offers internships to university students and recent graduates who are passionate about the software industry and would like to gain real-world experience in coding, product development, marketing, and security. Our products are used by businesses worldwide.

Each unpaid internship position lasts for a period of four months and requires an on-site commitment of at least three full days per week. Applications must be received by 1 November (for the spring program), 1 April (for summer), or 1 July (for autumn). Current university students are encouraged to check with their academic institution to determine whether course credits may be granted. Although a few interns may subsequently be offered permanent full-time employment, a job offer is not guaranteed.

Master International receives hundreds of internship applications throughout the year. After an initial review, a select few will be contacted in advance of each four-month cycle for an in-person or telephone interview.

HOW TO APPLY

To get started, we require the following:
• A completed employment application (located in the Forms tab)
• A letter indicating area of interest and relevant coursework
• Two letters of recommendation

Submit all documents to:
Master International
Personnel Department
34 Crawley Square
London, England SE7 9BQ

168. What most likely is Master International?

(A) An employment agency
(B) An international bank
(C) A software firm
(D) A study-abroad program

169. By what date must an application be submitted for a summer internship?

(A) January 1
(B) April 1
(C) July 1
(D) November 1

170. What is suggested about the Master International internship program?

(A) It is collaborating with a local university.
(B) It was created within the past year.
(C) It offers paid positions to all participants.
(D) It is highly competitive.

171. What is an applicant NOT required to submit?

(A) Employment history
(B) A completed application form
(C) Recommendation letters
(D) A description of relevant courses

Jaya Pillay (9:04 A.M.)
Paul and Kristen—are you two going to the meeting this morning? I need a favor because I'm running late.

Paul Smythe (9:06 A.M.)
I am. What do you need?

Jaya Pillay (9:07 A.M.)
Could you say a few words about last weekend's film festival in Atlanta?

Kristen Tervo (9:07 A.M.)
Wait, what time is the meeting?

Jaya Pillay (9:08 A.M.)
10:30 A.M.

Paul Smythe (9:08 A.M.)
Sure. What do you want me to say?

Kristen Tervo (9:09 A.M.)
Oh right. I won't be there today. I'm busy working on an issue for David in Finance.

Jaya Pillay (9:10 A.M.)
OK. Paul, just say something about how attendance was great, and the team should feel proud of themselves for their hard work.

Paul Smythe (9:11 A.M.)
Sure. When you arrive, will you be saying anything about the expansion into Florida next quarter?

Jaya Pillay (9:12 A.M.)
Yes, but most of the meeting will be about developing strategies to sell more tickets on opening weekends in our existing theaters.

Kristen Tervo (9:14 A.M.)
That's good to know. I'm meeting with the vice president of development tomorrow. I'll be sure to fill her in on what we've been doing.

172. For what type of business do the writers most likely work?

(A) A construction company
(B) A financial services firm
(C) A movie theater chain
(D) A travel agency

173. At 9:09 A.M., what does Ms. Tervo imply when she writes, "Oh right"?

(A) She agrees that the festival was a success.
(B) She now remembers when a meeting will begin.
(C) She thinks that Mr. Smythe is the best person to speak.
(D) She is confirming that she will purchase some tickets.

174. What will be the main focus of the 10:30 A.M. meeting?

(A) Developing a financial report
(B) Expanding into new territories
(C) Planning a future festival
(D) Increasing the number of customers

175. What does Ms. Tervo say that she will do tomorrow?

(A) Provide an update to a supervisor
(B) Lead a discussion on finances
(C) Develop a marketing strategy
(D) Travel to Atlanta for business

GO ON TO THE NEXT PAGE

To:	Hathai Khwan
From:	Jim Frollo
Date:	July 15
Subject:	Possible solution

Dear Ms. Khwan,

Thank you for getting the team together so quickly to deal with the problem recently reported by passengers. The congestion in the departures area, particularly at check-in, has been an ongoing source of customer complaints. Some airlines, such as Sunleaf, have addressed similar problems at their gates by creating additional business-class lines for check-in. I suggest that instead we ask airlines to place more staff at their economy check-in lines. However, this would require more kiosks and counters. Without extensive remodeling, there just is not enough room here at Granite Springs Airport.

We need to put together a proposal for next month's budget meeting. I will let Ms. Pembroke know that we are working on a plan. It can be added to this year's budget.

The other issue we still need to discuss is adding more restaurants. Passengers continue to comment about that on surveys.

Thanks,

Jim Frollo

GSP Puts Travelers First
By Katherine Herncane

(October 10)—Earlier this month, news circulated that the management of Granite Springs Airport (GSP) was considering a big change that would shorten the time passengers wait in line without affecting the price of their ticket.

In a conversation with the *Granite Springs Journal* earlier this week, Airport Operations Chief Claire-Lise Pembroke confirmed that the airport will begin remodeling in the spring to expand the check-in counters for economy travelers. Her team is also planning upgrades to airport dining options.

"We are excited about the expansion, which will improve the experience for all of our passengers," Pembroke said. "The renovations should be completed by the end of next year."

176. According to the e-mail, what has been a consistent problem at Granite Springs Airport?

(A) Flight delays caused by construction
(B) Limited food selections on aircraft
(C) Poorly managed gate areas
(D) Complaints about the high cost of travel

177. In the e-mail, the word "room" in paragraph 1, line 7, is closest in meaning to

(A) space
(B) lodging
(C) chance
(D) location

178. What does the e-mail suggest about travelers at Granite Springs Airport?

(A) They especially like traveling with Sunleaf Airlines.
(B) They are content with the dining options at the airport.
(C) They need to walk a long distance to get to airline gates.
(D) They are regularly asked to provide feedback.

179. According to the article, what will remain the same after the renovations?

(A) Food services
(B) Gate numbers
(C) Ticket prices
(D) Check-in areas

180. What is suggested about Mr. Frollo?

(A) His remodeling experience will be useful in the spring.
(B) His proposal will be implemented by the end of next year.
(C) He recently started his position at the airport.
(D) He will soon be interviewed by the *Granite Springs Journal*.

TEST 5

GO ON TO THE NEXT PAGE

TO:	All employees
FROM:	Sirisha Rao
DATE:	7 May
SUBJECT:	Event photographs
ATTACHMENT:	Order form

Dear Employees:

Photographs from Nitin Kumar's retirement party on 3 April are now available. To see the album, visit Happy Moon Photography's Web site at happymoonphotography.co.in and enter our company name and ID number (933704). You may order individual prints for ₹400 each, or choose from one of the four packages listed below.

• **Basic** (₹1270): Four 10x15 prints
• **Basic Plus** (₹2150): Four 10x15 prints and two 13x18 prints
• **To Share** (₹4120): Eight 10x15 prints and four 13x18 prints
• **For Everyone** (₹7930): Sixteen 10x15 prints and eight 13x18 prints

Enter discount code **10 PERCENT** in the coupon field at checkout when you order online and receive free shipping and a 10 percent discount. Alternatively, you may complete the order form attached to this e-mail and return it to me.

Photographs are available online for 30 days. For purchases after that time, please call Happy Moon's customer support line at 11 2679 5004.

Regards,
Sirisha Rao, Special Events Coordinator

TO:	Gurunath Pandit <gpandit@akrzindustries.co.in>
FROM:	<service@happymoonphotography.co.in>
DATE:	10 May
SUBJECT:	Order number 38919

Dear Mr. Pandit,

Thank you for ordering from Happy Moon Photography! Please review your completed purchase below. Your photographs should arrive in the mail no later than 23 May.

Event: Nitin Kumar Retirement Party, AKRZ Industries

Four 10x15 photographs of image 204: ₹1270

Discount 10 percent: –₹127

Total: ₹1143

Planning an event? Book one of our photographers before 15 June and receive a 20 percent discount.

181. According to the first e-mail, what must employees do to view photographs of the party?

(A) Enter an ID number
(B) Open an attachment
(C) Meet with a photographer
(D) Contact customer support

182. What is NOT true about the photographs of the party?

(A) They can be purchased individually.
(B) They were taken on April 3.
(C) They are organized into four albums.
(D) They will be available online for 30 days.

183. Why was the second e-mail sent?

(A) To provide a tracking number
(B) To request a payment
(C) To confirm a transaction
(D) To promote a new service

184. What package did Mr. Pandit most likely purchase?

(A) Basic
(B) Basic Plus
(C) To Share
(D) For Everyone

185. What is indicated about Mr. Pandit?

(A) He recently retired.
(B) He plans corporate events.
(C) He booked a photographer for June 15.
(D) He entered a discount code online.

GO ON TO THE NEXT PAGE

Questions 186-190 refer to the following article, Web page, and e-mail.

HAMILTON (3 February)—The Ruakura Training Centre (RTC) is relocating to the Springdale Industrial Park. Spokesperson Jax Wu said RTC hopes for a grand opening in May, with only a slight interruption of the usual course schedule.

The new facility, which offers training and accreditation for work in a variety of fields, including roadwork, mining, and construction, is opening at the right time, according to Mr. Wu. "There are numerous job openings now in these specialized fields, especially around Hamilton," Mr. Wu stated.

The new location will be more convenient for people to reach than RTC's current building on Clarkston Road. There is a public transit stop directly in front of the industrial park, and there is free parking as well.

For more information, visit RTC's Web site at www.ruakuratc.co.nz.

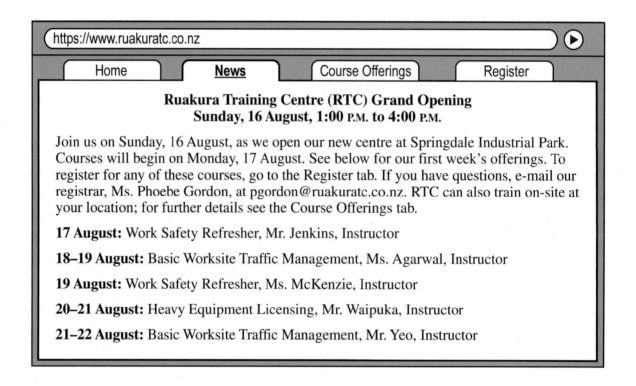

https://www.ruakuratc.co.nz ▶

| Home | **News** | Course Offerings | Register |

Ruakura Training Centre (RTC) Grand Opening
Sunday, 16 August, 1:00 P.M. to 4:00 P.M.

Join us on Sunday, 16 August, as we open our new centre at Springdale Industrial Park. Courses will begin on Monday, 17 August. See below for our first week's offerings. To register for any of these courses, go to the Register tab. If you have questions, e-mail our registrar, Ms. Phoebe Gordon, at pgordon@ruakuratc.co.nz. RTC can also train on-site at your location; for further details see the Course Offerings tab.

17 August: Work Safety Refresher, Mr. Jenkins, Instructor

18–19 August: Basic Worksite Traffic Management, Ms. Agarwal, Instructor

19 August: Work Safety Refresher, Ms. McKenzie, Instructor

20–21 August: Heavy Equipment Licensing, Mr. Waipuka, Instructor

21–22 August: Basic Worksite Traffic Management, Mr. Yeo, Instructor

```
╔══════════════════════════════════════════════════════════╗
║                       *E-mail*                             ║
╠══════════════════════════════════════════════════════════╣
```

To:	Phoebe Gordon <pgordon@ruakuratc.co.nz>
From:	Abraham Lutui <alutui@bluemills.co.nz>
Subject:	Request
Date:	14 August

Dear Ms. Gordon:

I am registered for the 17 August work safety refresher course. However, I am currently in Tonga on business, and my return flight arrives on that date. Would it be possible for you to switch my registration to the 19 August course instead?

Sincerely,

Abraham Lutui

186. What is the main focus of the article?

(A) A company's closing celebration
(B) A road improvement project
(C) Advances in manufacturing technology
(D) The relocation of a training facility

187. What does Mr. Wu mention in the article?

(A) He will be teaching a new course.
(B) Many jobs are available in the area.
(C) Local transportation should be improved.
(D) There is a problem with a parking structure.

188. What is suggested about RTC?

(A) Its tuition fees have increased.
(B) It is hiring new instructors.
(C) The opening of its new location was delayed.
(D) The registration period for classes was extended.

189. What is indicated about RTC's courses?

(A) They are fully booked.
(B) They are all two-day sessions.
(C) They may be offered more than once per month.
(D) They require full payment in advance.

190. What is most likely true about Mr. Lutui?

(A) He is registered for Mr. Jenkins' course.
(B) He previously worked at RTC.
(C) He had to reschedule his flight.
(D) He is interested in a travel career.

GO ON TO THE NEXT PAGE

Gleelan Commercial Cleaning
632 Oakland St., Halifax, NS B3J 3J5
www.gleelancleaning.com.ca
Phone: 902-555-0111

Invoice: 705526

Bill to: Endora Gellis
Jant Advertising
1900 Barrington St., Suite 230
Halifax, NS B3J 1P2

Date: 1 October
Account: 30056JA

Date of service	Description	Price
6 September	Office cleaning	$80
13 September	Office cleaning Rug cleaning	$80 $135
20 September	Office cleaning	$80
27 September	Office cleaning Window washing	$80 $115

Preferred customer discount (10%): −$57
Balance due: $513

For billing questions, please contact our billing manager at billing@gleelancleaning.com.ca.

From:	Endora Gellis <egellis@jantad.com.ca>
To:	Gleelan Commercial Cleaning <billing@gleelancleaning.com.ca>
Subject:	Billing question
Date:	2 October

Hello,

I am writing concerning the invoice we received at Jant Advertising yesterday. It appears there has been a mistake. We had requested that the windows be washed at the end of last month, but you had to cancel that particular service. However, a charge for it is included on the invoice. We would like to schedule the window washing for early this month, if possible, before the weather gets too cold. In the meantime, could you please send us a corrected invoice?

Best,

Endora Gellis
Jant Advertising

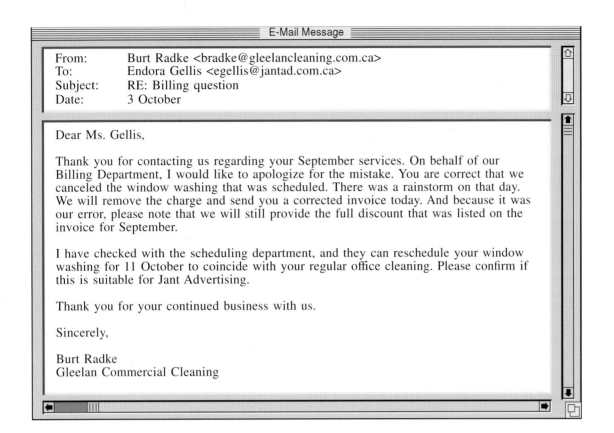

From: Burt Radke <bradke@gleelancleaning.com.ca>
To: Endora Gellis <egellis@jantad.com.ca>
Subject: RE: Billing question
Date: 3 October

Dear Ms. Gellis,

Thank you for contacting us regarding your September services. On behalf of our Billing Department, I would like to apologize for the mistake. You are correct that we canceled the window washing that was scheduled. There was a rainstorm on that day. We will remove the charge and send you a corrected invoice today. And because it was our error, please note that we will still provide the full discount that was listed on the invoice for September.

I have checked with the scheduling department, and they can reschedule your window washing for 11 October to coincide with your regular office cleaning. Please confirm if this is suitable for Jant Advertising.

Thank you for your continued business with us.

Sincerely,

Burt Radke
Gleelan Commercial Cleaning

191. What does the invoice indicate about Jant Advertising?

(A) It has its offices cleaned weekly.
(B) It recently moved to a new location.
(C) It replaced its carpeting in September.
(D) It had some windows repaired.

192. What amount does Ms. Gellis want removed from the invoice?

(A) $80
(B) $115
(C) $135
(D) $513

193. According to Mr. Radke, why was a service canceled?

(A) There were not enough cleaners available.
(B) The equipment was not functioning.
(C) There was a mistake on the schedule.
(D) The weather conditions were poor.

194. What is suggested about Jant Advertising?

(A) It will receive $57 off the full price.
(B) It is currently seeking experienced cleaning staff.
(C) Its offices will close early on October 11.
(D) It has multiple locations throughout the city.

195. Who most likely is Mr. Radke?

(A) A window installer
(B) A billing manager
(C) An office cleaner
(D) A scheduling assistant

GO ON TO THE NEXT PAGE

Listing Type: Single-family properties
Location: Bonatra Acres in Windham County
Last updated: October 28

Bonatra Acres is a lovely residential community in Windham County featuring two-, three-, and four-bedroom single-family homes near schools, public transportation, and beautiful parks.

The Lalique and Grand Barron models feature an eat-in kitchen, a large living area, and a garage. The Andover model, the most affordable home, is a one-story home with a patio in the rear. The Mickala is a uniquely-styled home featuring upstairs bedrooms with oversized windows. The Harrison is a two-story model with modern upgrades.

Properties Currently Available for Sale

Address	Bedrooms	Bathrooms	Model
126 Hickory Drive	Three	Two	Grand Barron
912 Birch Place	Two	One	Andover
21 Lilac Lane	Two	One	Mickala
108 Pine Avenue	Three	One	Lalique

BA
Bonatra Acres

To:	Valerie Sidkoff <v.sidkoff@emikproperties.com>
From:	Chun Lai <chunlai@anymail.com>
Date:	October 30
Subject:	New place to live

Dear Ms. Sidkoff,

EMIK Properties comes highly recommended by my manager, David Mwabili, who worked with you to find his business property.

I am wondering whether you also sell residential properties in the area. My wife and I are looking to move to Windham County with our children to be closer to our jobs. We will need easy access to public transportation. I would be grateful if you could recommend some listings for reasonably priced homes in that area, ideally with two or more bedrooms and at least two bathrooms. I am available to visit homes on Wednesday mornings and Thursday afternoons.

Thank you,

Chun Lai

> **June Preston, October 16**
>
> I recently purchased a home from EMIK Properties and had the pleasure of working with Valerie Sidkoff, the company's owner. She patiently showed me many houses in my preferred area and was attentive to my needs. My only concern about EMIK Properties is that it seems to prioritize commercial clients over residential ones. The agency reserves Thursday and Friday afternoons to show exclusively commercial properties. While this did not affect me, it could be a problem for others looking to buy a home.

196. What does the listing indicate about Bonatra Acres?

(A) It was built recently.
(B) It is located near parks.
(C) It features apartment units for sale.
(D) It is close to a city.

197. What Bonatra Acres model is currently unavailable?

(A) The Lalique
(B) The Grand Barron
(C) The Andover
(D) The Harrison

198. What does the e-mail indicate about Mr. Lai?

(A) He will be getting a new job soon.
(B) He heard about EMIK Properties from his supervisor.
(C) He owns EMIK Properties.
(D) He currently lives in Windham County.

199. What Bonatra Acres property best meets Mr. Lai's needs?

(A) 126 Hickory Drive
(B) 912 Birch Place
(C) 21 Lilac Lane
(D) 108 Pine Avenue

200. When will Mr. Lai most likely visit properties?

(A) On a Wednesday morning
(B) On a Wednesday afternoon
(C) On a Thursday morning
(D) On a Thursday afternoon

Stop! This is the end of the test. If you finish before time is called, you may go back to Parts 5, 6, and 7 and check your work.

ANSWER SHEET

ETS® TOEIC® 토익 정기시험 예상문제집

수험번호

응시일자 : 20   년   월   일

성 명

	한 글
	한 자
	영 자

Test 01 (Part 5~7)

101 ~ 120, 121 ~ 140, 141 ~ 160, 161 ~ 180, 181 ~ 200

Test 02 (Part 5~7)

101 ~ 120, 121 ~ 140, 141 ~ 160, 161 ~ 180, 181 ~ 200

ANSWER SHEET

ETS® TOEIC® 토익® 정기시험 예상문제집

수험번호

응시일자 : 20 년 월 일

성명		
	한 글	
	한 자	
	영 자	

Test 03 (Part 5~7)

101	ⓐ ⓑ ⓒ ⓓ	121	ⓐ ⓑ ⓒ ⓓ	141	ⓐ ⓑ ⓒ ⓓ	161	ⓐ ⓑ ⓒ ⓓ	181	ⓐ ⓑ ⓒ ⓓ
102	ⓐ ⓑ ⓒ ⓓ	122	ⓐ ⓑ ⓒ ⓓ	142	ⓐ ⓑ ⓒ ⓓ	162	ⓐ ⓑ ⓒ ⓓ	182	ⓐ ⓑ ⓒ ⓓ
103	ⓐ ⓑ ⓒ ⓓ	123	ⓐ ⓑ ⓒ ⓓ	143	ⓐ ⓑ ⓒ ⓓ	163	ⓐ ⓑ ⓒ ⓓ	183	ⓐ ⓑ ⓒ ⓓ
104	ⓐ ⓑ ⓒ ⓓ	124	ⓐ ⓑ ⓒ ⓓ	144	ⓐ ⓑ ⓒ ⓓ	164	ⓐ ⓑ ⓒ ⓓ	184	ⓐ ⓑ ⓒ ⓓ
105	ⓐ ⓑ ⓒ ⓓ	125	ⓐ ⓑ ⓒ ⓓ	145	ⓐ ⓑ ⓒ ⓓ	165	ⓐ ⓑ ⓒ ⓓ	185	ⓐ ⓑ ⓒ ⓓ
106	ⓐ ⓑ ⓒ ⓓ	126	ⓐ ⓑ ⓒ ⓓ	146	ⓐ ⓑ ⓒ ⓓ	166	ⓐ ⓑ ⓒ ⓓ	186	ⓐ ⓑ ⓒ ⓓ
107	ⓐ ⓑ ⓒ ⓓ	127	ⓐ ⓑ ⓒ ⓓ	147	ⓐ ⓑ ⓒ ⓓ	167	ⓐ ⓑ ⓒ ⓓ	187	ⓐ ⓑ ⓒ ⓓ
108	ⓐ ⓑ ⓒ ⓓ	128	ⓐ ⓑ ⓒ ⓓ	148	ⓐ ⓑ ⓒ ⓓ	168	ⓐ ⓑ ⓒ ⓓ	188	ⓐ ⓑ ⓒ ⓓ
109	ⓐ ⓑ ⓒ ⓓ	129	ⓐ ⓑ ⓒ ⓓ	149	ⓐ ⓑ ⓒ ⓓ	169	ⓐ ⓑ ⓒ ⓓ	189	ⓐ ⓑ ⓒ ⓓ
110	ⓐ ⓑ ⓒ ⓓ	130	ⓐ ⓑ ⓒ ⓓ	150	ⓐ ⓑ ⓒ ⓓ	170	ⓐ ⓑ ⓒ ⓓ	190	ⓐ ⓑ ⓒ ⓓ
111	ⓐ ⓑ ⓒ ⓓ	131	ⓐ ⓑ ⓒ ⓓ	151	ⓐ ⓑ ⓒ ⓓ	171	ⓐ ⓑ ⓒ ⓓ	191	ⓐ ⓑ ⓒ ⓓ
112	ⓐ ⓑ ⓒ ⓓ	132	ⓐ ⓑ ⓒ ⓓ	152	ⓐ ⓑ ⓒ ⓓ	172	ⓐ ⓑ ⓒ ⓓ	192	ⓐ ⓑ ⓒ ⓓ
113	ⓐ ⓑ ⓒ ⓓ	133	ⓐ ⓑ ⓒ ⓓ	153	ⓐ ⓑ ⓒ ⓓ	173	ⓐ ⓑ ⓒ ⓓ	193	ⓐ ⓑ ⓒ ⓓ
114	ⓐ ⓑ ⓒ ⓓ	134	ⓐ ⓑ ⓒ ⓓ	154	ⓐ ⓑ ⓒ ⓓ	174	ⓐ ⓑ ⓒ ⓓ	194	ⓐ ⓑ ⓒ ⓓ
115	ⓐ ⓑ ⓒ ⓓ	135	ⓐ ⓑ ⓒ ⓓ	155	ⓐ ⓑ ⓒ ⓓ	175	ⓐ ⓑ ⓒ ⓓ	195	ⓐ ⓑ ⓒ ⓓ
116	ⓐ ⓑ ⓒ ⓓ	136	ⓐ ⓑ ⓒ ⓓ	156	ⓐ ⓑ ⓒ ⓓ	176	ⓐ ⓑ ⓒ ⓓ	196	ⓐ ⓑ ⓒ ⓓ
117	ⓐ ⓑ ⓒ ⓓ	137	ⓐ ⓑ ⓒ ⓓ	157	ⓐ ⓑ ⓒ ⓓ	177	ⓐ ⓑ ⓒ ⓓ	197	ⓐ ⓑ ⓒ ⓓ
118	ⓐ ⓑ ⓒ ⓓ	138	ⓐ ⓑ ⓒ ⓓ	158	ⓐ ⓑ ⓒ ⓓ	178	ⓐ ⓑ ⓒ ⓓ	198	ⓐ ⓑ ⓒ ⓓ
119	ⓐ ⓑ ⓒ ⓓ	139	ⓐ ⓑ ⓒ ⓓ	159	ⓐ ⓑ ⓒ ⓓ	179	ⓐ ⓑ ⓒ ⓓ	199	ⓐ ⓑ ⓒ ⓓ
120	ⓐ ⓑ ⓒ ⓓ	140	ⓐ ⓑ ⓒ ⓓ	160	ⓐ ⓑ ⓒ ⓓ	180	ⓐ ⓑ ⓒ ⓓ	200	ⓐ ⓑ ⓒ ⓓ

Test 04 (Part 5~7)

101	ⓐ ⓑ ⓒ ⓓ	121	ⓐ ⓑ ⓒ ⓓ	141	ⓐ ⓑ ⓒ ⓓ	161	ⓐ ⓑ ⓒ ⓓ	181	ⓐ ⓑ ⓒ ⓓ
102	ⓐ ⓑ ⓒ ⓓ	122	ⓐ ⓑ ⓒ ⓓ	142	ⓐ ⓑ ⓒ ⓓ	162	ⓐ ⓑ ⓒ ⓓ	182	ⓐ ⓑ ⓒ ⓓ
103	ⓐ ⓑ ⓒ ⓓ	123	ⓐ ⓑ ⓒ ⓓ	143	ⓐ ⓑ ⓒ ⓓ	163	ⓐ ⓑ ⓒ ⓓ	183	ⓐ ⓑ ⓒ ⓓ
104	ⓐ ⓑ ⓒ ⓓ	124	ⓐ ⓑ ⓒ ⓓ	144	ⓐ ⓑ ⓒ ⓓ	164	ⓐ ⓑ ⓒ ⓓ	184	ⓐ ⓑ ⓒ ⓓ
105	ⓐ ⓑ ⓒ ⓓ	125	ⓐ ⓑ ⓒ ⓓ	145	ⓐ ⓑ ⓒ ⓓ	165	ⓐ ⓑ ⓒ ⓓ	185	ⓐ ⓑ ⓒ ⓓ
106	ⓐ ⓑ ⓒ ⓓ	126	ⓐ ⓑ ⓒ ⓓ	146	ⓐ ⓑ ⓒ ⓓ	166	ⓐ ⓑ ⓒ ⓓ	186	ⓐ ⓑ ⓒ ⓓ
107	ⓐ ⓑ ⓒ ⓓ	127	ⓐ ⓑ ⓒ ⓓ	147	ⓐ ⓑ ⓒ ⓓ	167	ⓐ ⓑ ⓒ ⓓ	187	ⓐ ⓑ ⓒ ⓓ
108	ⓐ ⓑ ⓒ ⓓ	128	ⓐ ⓑ ⓒ ⓓ	148	ⓐ ⓑ ⓒ ⓓ	168	ⓐ ⓑ ⓒ ⓓ	188	ⓐ ⓑ ⓒ ⓓ
109	ⓐ ⓑ ⓒ ⓓ	129	ⓐ ⓑ ⓒ ⓓ	149	ⓐ ⓑ ⓒ ⓓ	169	ⓐ ⓑ ⓒ ⓓ	189	ⓐ ⓑ ⓒ ⓓ
110	ⓐ ⓑ ⓒ ⓓ	130	ⓐ ⓑ ⓒ ⓓ	150	ⓐ ⓑ ⓒ ⓓ	170	ⓐ ⓑ ⓒ ⓓ	190	ⓐ ⓑ ⓒ ⓓ
111	ⓐ ⓑ ⓒ ⓓ	131	ⓐ ⓑ ⓒ ⓓ	151	ⓐ ⓑ ⓒ ⓓ	171	ⓐ ⓑ ⓒ ⓓ	191	ⓐ ⓑ ⓒ ⓓ
112	ⓐ ⓑ ⓒ ⓓ	132	ⓐ ⓑ ⓒ ⓓ	152	ⓐ ⓑ ⓒ ⓓ	172	ⓐ ⓑ ⓒ ⓓ	192	ⓐ ⓑ ⓒ ⓓ
113	ⓐ ⓑ ⓒ ⓓ	133	ⓐ ⓑ ⓒ ⓓ	153	ⓐ ⓑ ⓒ ⓓ	173	ⓐ ⓑ ⓒ ⓓ	193	ⓐ ⓑ ⓒ ⓓ
114	ⓐ ⓑ ⓒ ⓓ	134	ⓐ ⓑ ⓒ ⓓ	154	ⓐ ⓑ ⓒ ⓓ	174	ⓐ ⓑ ⓒ ⓓ	194	ⓐ ⓑ ⓒ ⓓ
115	ⓐ ⓑ ⓒ ⓓ	135	ⓐ ⓑ ⓒ ⓓ	155	ⓐ ⓑ ⓒ ⓓ	175	ⓐ ⓑ ⓒ ⓓ	195	ⓐ ⓑ ⓒ ⓓ
116	ⓐ ⓑ ⓒ ⓓ	136	ⓐ ⓑ ⓒ ⓓ	156	ⓐ ⓑ ⓒ ⓓ	176	ⓐ ⓑ ⓒ ⓓ	196	ⓐ ⓑ ⓒ ⓓ
117	ⓐ ⓑ ⓒ ⓓ	137	ⓐ ⓑ ⓒ ⓓ	157	ⓐ ⓑ ⓒ ⓓ	177	ⓐ ⓑ ⓒ ⓓ	197	ⓐ ⓑ ⓒ ⓓ
118	ⓐ ⓑ ⓒ ⓓ	138	ⓐ ⓑ ⓒ ⓓ	158	ⓐ ⓑ ⓒ ⓓ	178	ⓐ ⓑ ⓒ ⓓ	198	ⓐ ⓑ ⓒ ⓓ
119	ⓐ ⓑ ⓒ ⓓ	139	ⓐ ⓑ ⓒ ⓓ	159	ⓐ ⓑ ⓒ ⓓ	179	ⓐ ⓑ ⓒ ⓓ	199	ⓐ ⓑ ⓒ ⓓ
120	ⓐ ⓑ ⓒ ⓓ	140	ⓐ ⓑ ⓒ ⓓ	160	ⓐ ⓑ ⓒ ⓓ	180	ⓐ ⓑ ⓒ ⓓ	200	ⓐ ⓑ ⓒ ⓓ

ANSWER SHEET

ETS® TOEIC® 토익® 정기시험 예상문제집

수험번호

응시일자 : 20   년   월   일

성	한 글	
	한 자	
명	영 자	

Test 05 (Part 5~7)

101	ⓐⓑⓒⓓ	121	ⓐⓑⓒⓓ	141	ⓐⓑⓒⓓ	161	ⓐⓑⓒⓓ	181	ⓐⓑⓒⓓ
102	ⓐⓑⓒⓓ	122	ⓐⓑⓒⓓ	142	ⓐⓑⓒⓓ	162	ⓐⓑⓒⓓ	182	ⓐⓑⓒⓓ
103	ⓐⓑⓒⓓ	123	ⓐⓑⓒⓓ	143	ⓐⓑⓒⓓ	163	ⓐⓑⓒⓓ	183	ⓐⓑⓒⓓ
104	ⓐⓑⓒⓓ	124	ⓐⓑⓒⓓ	144	ⓐⓑⓒⓓ	164	ⓐⓑⓒⓓ	184	ⓐⓑⓒⓓ
105	ⓐⓑⓒⓓ	125	ⓐⓑⓒⓓ	145	ⓐⓑⓒⓓ	165	ⓐⓑⓒⓓ	185	ⓐⓑⓒⓓ
106	ⓐⓑⓒⓓ	126	ⓐⓑⓒⓓ	146	ⓐⓑⓒⓓ	166	ⓐⓑⓒⓓ	186	ⓐⓑⓒⓓ
107	ⓐⓑⓒⓓ	127	ⓐⓑⓒⓓ	147	ⓐⓑⓒⓓ	167	ⓐⓑⓒⓓ	187	ⓐⓑⓒⓓ
108	ⓐⓑⓒⓓ	128	ⓐⓑⓒⓓ	148	ⓐⓑⓒⓓ	168	ⓐⓑⓒⓓ	188	ⓐⓑⓒⓓ
109	ⓐⓑⓒⓓ	129	ⓐⓑⓒⓓ	149	ⓐⓑⓒⓓ	169	ⓐⓑⓒⓓ	189	ⓐⓑⓒⓓ
110	ⓐⓑⓒⓓ	130	ⓐⓑⓒⓓ	150	ⓐⓑⓒⓓ	170	ⓐⓑⓒⓓ	190	ⓐⓑⓒⓓ
111	ⓐⓑⓒⓓ	131	ⓐⓑⓒⓓ	151	ⓐⓑⓒⓓ	171	ⓐⓑⓒⓓ	191	ⓐⓑⓒⓓ
112	ⓐⓑⓒⓓ	132	ⓐⓑⓒⓓ	152	ⓐⓑⓒⓓ	172	ⓐⓑⓒⓓ	192	ⓐⓑⓒⓓ
113	ⓐⓑⓒⓓ	133	ⓐⓑⓒⓓ	153	ⓐⓑⓒⓓ	173	ⓐⓑⓒⓓ	193	ⓐⓑⓒⓓ
114	ⓐⓑⓒⓓ	134	ⓐⓑⓒⓓ	154	ⓐⓑⓒⓓ	174	ⓐⓑⓒⓓ	194	ⓐⓑⓒⓓ
115	ⓐⓑⓒⓓ	135	ⓐⓑⓒⓓ	155	ⓐⓑⓒⓓ	175	ⓐⓑⓒⓓ	195	ⓐⓑⓒⓓ
116	ⓐⓑⓒⓓ	136	ⓐⓑⓒⓓ	156	ⓐⓑⓒⓓ	176	ⓐⓑⓒⓓ	196	ⓐⓑⓒⓓ
117	ⓐⓑⓒⓓ	137	ⓐⓑⓒⓓ	157	ⓐⓑⓒⓓ	177	ⓐⓑⓒⓓ	197	ⓐⓑⓒⓓ
118	ⓐⓑⓒⓓ	138	ⓐⓑⓒⓓ	158	ⓐⓑⓒⓓ	178	ⓐⓑⓒⓓ	198	ⓐⓑⓒⓓ
119	ⓐⓑⓒⓓ	139	ⓐⓑⓒⓓ	159	ⓐⓑⓒⓓ	179	ⓐⓑⓒⓓ	199	ⓐⓑⓒⓓ
120	ⓐⓑⓒⓓ	140	ⓐⓑⓒⓓ	160	ⓐⓑⓒⓓ	180	ⓐⓑⓒⓓ	200	ⓐⓑⓒⓓ

Test 06 (Part 5~7)

101	ⓐⓑⓒⓓ	121	ⓐⓑⓒⓓ	141	ⓐⓑⓒⓓ	161	ⓐⓑⓒⓓ	181	ⓐⓑⓒⓓ
102	ⓐⓑⓒⓓ	122	ⓐⓑⓒⓓ	142	ⓐⓑⓒⓓ	162	ⓐⓑⓒⓓ	182	ⓐⓑⓒⓓ
103	ⓐⓑⓒⓓ	123	ⓐⓑⓒⓓ	143	ⓐⓑⓒⓓ	163	ⓐⓑⓒⓓ	183	ⓐⓑⓒⓓ
104	ⓐⓑⓒⓓ	124	ⓐⓑⓒⓓ	144	ⓐⓑⓒⓓ	164	ⓐⓑⓒⓓ	184	ⓐⓑⓒⓓ
105	ⓐⓑⓒⓓ	125	ⓐⓑⓒⓓ	145	ⓐⓑⓒⓓ	165	ⓐⓑⓒⓓ	185	ⓐⓑⓒⓓ
106	ⓐⓑⓒⓓ	126	ⓐⓑⓒⓓ	146	ⓐⓑⓒⓓ	166	ⓐⓑⓒⓓ	186	ⓐⓑⓒⓓ
107	ⓐⓑⓒⓓ	127	ⓐⓑⓒⓓ	147	ⓐⓑⓒⓓ	167	ⓐⓑⓒⓓ	187	ⓐⓑⓒⓓ
108	ⓐⓑⓒⓓ	128	ⓐⓑⓒⓓ	148	ⓐⓑⓒⓓ	168	ⓐⓑⓒⓓ	188	ⓐⓑⓒⓓ
109	ⓐⓑⓒⓓ	129	ⓐⓑⓒⓓ	149	ⓐⓑⓒⓓ	169	ⓐⓑⓒⓓ	189	ⓐⓑⓒⓓ
110	ⓐⓑⓒⓓ	130	ⓐⓑⓒⓓ	150	ⓐⓑⓒⓓ	170	ⓐⓑⓒⓓ	190	ⓐⓑⓒⓓ
111	ⓐⓑⓒⓓ	131	ⓐⓑⓒⓓ	151	ⓐⓑⓒⓓ	171	ⓐⓑⓒⓓ	191	ⓐⓑⓒⓓ
112	ⓐⓑⓒⓓ	132	ⓐⓑⓒⓓ	152	ⓐⓑⓒⓓ	172	ⓐⓑⓒⓓ	192	ⓐⓑⓒⓓ
113	ⓐⓑⓒⓓ	133	ⓐⓑⓒⓓ	153	ⓐⓑⓒⓓ	173	ⓐⓑⓒⓓ	193	ⓐⓑⓒⓓ
114	ⓐⓑⓒⓓ	134	ⓐⓑⓒⓓ	154	ⓐⓑⓒⓓ	174	ⓐⓑⓒⓓ	194	ⓐⓑⓒⓓ
115	ⓐⓑⓒⓓ	135	ⓐⓑⓒⓓ	155	ⓐⓑⓒⓓ	175	ⓐⓑⓒⓓ	195	ⓐⓑⓒⓓ
116	ⓐⓑⓒⓓ	136	ⓐⓑⓒⓓ	156	ⓐⓑⓒⓓ	176	ⓐⓑⓒⓓ	196	ⓐⓑⓒⓓ
117	ⓐⓑⓒⓓ	137	ⓐⓑⓒⓓ	157	ⓐⓑⓒⓓ	177	ⓐⓑⓒⓓ	197	ⓐⓑⓒⓓ
118	ⓐⓑⓒⓓ	138	ⓐⓑⓒⓓ	158	ⓐⓑⓒⓓ	178	ⓐⓑⓒⓓ	198	ⓐⓑⓒⓓ
119	ⓐⓑⓒⓓ	139	ⓐⓑⓒⓓ	159	ⓐⓑⓒⓓ	179	ⓐⓑⓒⓓ	199	ⓐⓑⓒⓓ
120	ⓐⓑⓒⓓ	140	ⓐⓑⓒⓓ	160	ⓐⓑⓒⓓ	180	ⓐⓑⓒⓓ	200	ⓐⓑⓒⓓ

ETS® TOEIC®

토익 정기시험
예상문제집

실전 5세트

정답 및 해설

실전 TEST 1

101 (B)	102 (B)	103 (C)	104 (A)	105 (A)
106 (D)	107 (A)	108 (C)	109 (D)	110 (C)
111 (C)	112 (A)	113 (D)	114 (A)	115 (A)
116 (D)	117 (A)	118 (C)	119 (B)	120 (C)
121 (A)	122 (B)	123 (C)	124 (D)	125 (B)
126 (D)	127 (A)	128 (B)	129 (D)	130 (A)
131 (A)	132 (C)	133 (D)	134 (A)	135 (A)
136 (B)	137 (C)	138 (D)	139 (C)	140 (D)
141 (B)	142 (A)	143 (A)	144 (B)	145 (C)
146 (D)	147 (D)	148 (D)	149 (C)	150 (A)
151 (C)	152 (A)	153 (D)	154 (A)	155 (D)
156 (C)	157 (C)	158 (D)	159 (B)	160 (C)
161 (C)	162 (D)	163 (A)	164 (D)	165 (A)
166 (C)	167 (D)	168 (B)	169 (A)	170 (A)
171 (C)	172 (A)	173 (B)	174 (B)	175 (C)
176 (B)	177 (C)	178 (A)	179 (C)	180 (D)
181 (B)	182 (D)	183 (A)	184 (B)	185 (B)
186 (B)	187 (D)	188 (A)	189 (C)	190 (C)
191 (A)	192 (B)	193 (B)	194 (C)	195 (A)
196 (A)	197 (C)	198 (B)	199 (A)	200 (D)

PART 5

101 동사 어형 _ 수 일치 _ 태

해설 빈칸은 사람 주어 뒤 동사 자리이며 행위자인 주어가 후기를 썼다는 능동태가 맞으므로 (B)가 정답이다. (A)는 3인칭 단수 주어에 대한 수 일치가 맞지 않으며 (D)는 태가 맞지 않으므로 오답이다.

번역 소콜로프 씨는 올라나 호텔에서의 체류에 대해 긍정적인 후기를 썼다.

어휘 positive 긍정적인   stay 체류; 머물다

102 인칭대명사의 격 _ 재귀대명사

해설 빈칸은 완전한 문장 뒤에 오는 수식어 자리이며, 주어인 The manager를 강조해 주면서 부사처럼 생략해도 문장이 성립하는 강조 용법의 재귀대명사 (B)가 정답이다.

번역 관리자는 종종 신입 사원들에게 안전 수칙을 직접 지도한다.

어휘 lead ~을 이끌다   safety procedure 안전 수칙

103 전치사 어휘

해설 빈칸 앞의 is equipped와 어울리는 전치사를 고르는 문제이다. be equipped with은 '~을 갖추고 있다'라는 의미의 숙어이며 문맥상 내용도 알맞기 때문에 정답은 (C)이다.

번역 사내에 있는 헬스클럽은 14대의 실내용 자전거 운동 기구를 갖추고 있다.

어휘 corporate 회사의   equip 장비를 갖추다   stationary 고정된

104 명사 자리 _ 복합명사

해설 빈칸은 the laboratory와 결합하여 전치사 of의 목적어 역할을 하는 명사 자리로, '실험실 기구'라는 복합명사를 이루는 (A)가 정답이다. (C)는 '방법을 써서'라는 뜻의 부사이므로 의미상 적합하지 않다.

번역 푸엉 교수는 다음 주에 인턴사원들에게 실험실 기구의 사용에 대해 알려 줄 것이다.

어휘 go over 훑어보다   laboratory 실험실   instrument 기구

105 동사 어휘

해설 빈칸 뒤의 목적어 £25.00와 의미가 가장 잘 통하는 동사를 선택해야 한다. 문맥상 '서비스 중단이 있은 이후 인터넷 가입자 모두에게 25파운드를 환불해 주었다'라는 의미가 자연스러우므로 (A)가 정답이다. (B) accepted(수락했다), (C) divided(나눴다), (D) deposited(예금했다)는 문맥상 적합하지 않다.

번역 안비 케이블사는 일주일 간의 서비스 중단이 있은 이후 인터넷 가입자 모두에게 25파운드를 환불해 주었다.

어휘 subscriber 구독자, 가입자   weeklong 일주일 간의   interruption 중단

106 명사 자리 _ 복합명사

해설 빈칸 앞의 명사 hiring과 결합하여 복합명사를 이루는 명사 자리로, '고용 정책'이라는 의미를 완성하는 (D)가 정답이다. (A) purpose(목적), (B) intent(의도), (C) assembly(모임, 조립)는 의미가 연결되지 않는다.

번역 이사회는 다음 주 월요일에 만나서 현재의 고용 정책을 검토할 것이다.

어휘 board of directors 이사회   current 현재의   hiring 고용   policy 정책

107 부사절 접속사

해설 빈칸 앞뒤로 주어와 동사가 포함된 완전한 절이 왔으므로 빈칸은 부사절 접속사 자리이다. 문맥상 '승무원이 허락하지 않는 한'이라는 의미가 자연스러우므로 (A)가 정답이다. (B), (C), (D)는 모두 부사이므로 품사상 적합하지 않다.

번역 승무원이 허락하지 않는 한 승객들은 자리를 떠나서는 안 된다.

어휘 passenger 승객   flight attendant 승무원   permission 허락   rather 꽤   instead 대신에   otherwise 그렇지 않으면

108 명사 어휘

해설 빈칸은 동사 offer의 목적어 자리로, 빈칸 뒤의 전치사구 for improvement의 수식을 받는다. 문맥상 '개선을 위한 권고안을 제안하는 것'이라는 의미가 자연스러우므로 (C)가 정답이다.

번역 위원회의 목표는 회사 내규를 평가하고 개선을 위한 권고안을 제안하는 것이다.

어휘 committee 위원회 evaluate 평가하다 bylaw 규칙 renewal 갱신 registration 등록 recommendation 권고 reimbursement 상환

109 부사 자리 _ 비교급

해설 빈칸은 완전한 문장 뒤에 나오는 부사 자리이며, 보기에서 부사의 원급인 (C) evenly(고르게)와 비교급인 (D) more evenly 중 하나를 선택해야 한다. 빈칸 앞에 비교급을 강조하는 much가 있으므로 비교급인 (D) more evenly가 정답이다. 형용사의 원급인 (A) even과 최상급인 (B) most even은 품사상 빈칸에 들어갈 수 없다.

번역 건물의 새로운 환기 시설은 전보다 훨씬 더 고르게 열을 순환시킨다.

어휘 ventilation system 환기 시설 circulate 순환시키다 even 고른; ~조차(도) evenly 고르게

110 부사절 접속사

해설 빈칸은 앞뒤 완전한 절을 연결해 주는 접속사 자리이다. '고객이 구입품에 만족하지 못하면 환불을 약속한다'라는 내용이 되어야 자연스러우므로 정답은 (C)이다. 부사절 접속사인 (A)와 등위접속사인 (B)는 문맥상 맞지 않고, (D) then은 부사이므로 품사상 적합하지 않다.

번역 글로우드 가전제품은 고객께서 구입품에 만족하시지 못할 경우 환불을 약속드립니다.

어휘 appliance 가전제품 satisfied 만족하는 purchase 구입(품)

111 형용사 어휘

해설 빈칸은 to부정사인 to be의 보어 자리이며 '정확히 8시에 시작하니 시간을 엄수해 달라'라는 문맥이 자연스러우므로 (C)가 적합하다. (A)는 '속도나 움직임 등이 빠른'이라는 의미이므로 적절하지 않다.

번역 정확히 저녁 8시에 극장 문이 닫히고 공연이 시작되므로 관객들은 시간을 엄수해 주시기 바랍니다.

어휘 precisely 정확히 punctual 시간을 엄수하는 instant 즉각적인

112 전치사 어휘

해설 빈칸은 the requested date(요청된 날짜)를 목적어로 취하는 전치사 자리로 (A)와 (B)가 가능하다. 문맥상 '요청된 날짜 이전에'가 적절하므로 '~ 전에'라는 의미의 (A) prior to가 정답이다. (C) previously(이전에)는 부사, (D)는 부사절 접속사이므로 품사상 적합하지 않다.

번역 모든 휴가 신청은 요청된 날짜 이전에 해당 관리자에게 이루어져야 한다.

어휘 vacation 휴가 supervisor 관리자

113 전치사 어휘

해설 빈칸 앞의 electronically와 대등하게 수단을 나타내는 전치사가 필요한 자리로, '우편으로'라는 뜻의 (D)가 적절하다.

번역 요즘 대부분의 은행들은 명세서를 컴퓨터로 받을지 우편으로 받을지에 대해 고객에게 선택권을 제공한다.

어휘 option 선택권 statement 명세서 electronically 전자상으로

114 명사 어휘

해설 빈칸 뒤 명사 date와 함께 복합명사를 이루는 명사를 고르는 문제로, 문맥에 맞는 어휘를 골라야 한다. '건설이 매우 순조롭게 진행되고 있다'고 했으므로 '완공 예정일 이전에 문을 열 수 있다'라고 연결되어야 문맥이 자연스럽다. 따라서 정답은 (A)이다.

번역 랭홀 플라자의 건설이 매우 순조롭게 진행되고 있어 상점들이 완공 예정일 이전에 문을 열 수도 있다.

어휘 construction 건설 completion 완료 selection 선택 decision 결정

115 전치사 어휘

해설 빈칸은 명사구를 연결하는 전치사 자리이며, suitable은 전치사 for와 함께 사용되어 '~에 적절한'이라는 의미를 이루므로 정답은 (A)이다.

번역 코멕사는 전자 기기 공장을 건설하기에 적절한 부지를 찾고 있다.

어휘 suitable 적절한 site 장소, 부지 electronics 전자 기기

116 명사 자리

해설 빈칸은 소유격인 its와 전치사구인 of the speaker의 수식을 받는 명사 자리로 (D)가 정답이다.

번역 연구에 따르면 일반적인 청중들은 발표가 시작되고 몇 초 이내에 강연자에 대한 인상을 형성한다.

어휘 study 연구 average 평균의, 보통의 audience 청중 form 형성하다

117 동사 어휘

해설 문맥상 '국내 판매를 감독하라는 요청을 받았다'가 적절하므로 정답은 (A)이다. (C) succeed(성공하다)와 (D) persist(끈질기게 계속하다)는 자동사이기 때문에 목적어를 바로 취할 수 없다. (B) possess(소유하다)는 문맥상 자연스럽지 못하다.

번역 커틀러 씨는 저칼로리 음료의 국내 판매를 감독하라고 요청받았다.

어휘 domestic 국내의 beverage 음료 oversee 감독하다

118 형용사 자리 _ 분사

해설 빈칸은 명사 chefs를 수식하는 형용사 자리이므로, 형태상 분사인 (C)가 정답이다. to부정사인 (D)는 전치사의 목적어 자리에 올 수 없으므로 오답이다.

번역 크랜포드 요리 학원은 요리사 지망생들에게 35개의 다른 수업을 제공한다.

어휘 culinary 요리의 aspire 열망하다 aspiration 열망 aspiring 장차 ~가 되려는

119 부사 어휘

해설 문맥상 '박람회에서 판매되는 물품들은 보통 독특하면서도 품질이 좋다'가 자연스러우므로 '보통, 통상적으로'를 의미하는 (B)가 정답이다. (A) Fairly(꽤)와 (D) Entirely(전적으로)는 의미상 적절하지 않고, (C) Simply는 '간단히, 그저'로 주로 간단함을 강조할 때 사용하는 부사이므로 문맥상 부자연스럽다.

번역 스콧빌 공예품 박람회에서 판매되는 물품들은 보통 독특하면서도 품질이 아주 좋다.

어휘 craft (수)공예 fair 박람회

120 동사 어형 _ 시제

해설 빈칸 뒤에 과거 얼마간의 기간을 나타내는 전치사구 for more than a century가 있으므로, 현재완료 시제인 (C)가 정답이다. 주어인 Mamton Home Furnishings는 고유명사이고 단수 취급하므로 has manufactured와 수 일치도 올바르다.

번역 맘튼 홈 퍼니싱즈에서는 펜실베이니아에서 한 세기가 넘는 기간 동안 주문 제작된 가구를 생산해 왔다.

어휘 furnishing 가구 customized 주문 제작된

121 접속사 자리

해설 빈칸 앞뒤로 완전한 절이 나오고 있으므로, 빈칸은 부사절을 이끄는 접속사 as와 등위접속사 but이 가능한 자리이다. 문맥상 '~이니, ~이니까'라는 뜻이 되어야 자연스러우므로 (A)가 정답이다. (C) despite는 전치사, (D) similarly(마찬가지로)는 부사이므로 품사상 적합하지 않다.

번역 다나카 씨는 하루 종일 회의에 참석할 예정이니 전화 통화를 보류해 주십시오.

122 부사 자리

해설 빈칸은 완전한 문장 다음에 나올 수 있는 부사 자리이다. 관계대명사절 내에서 목적격 보어로 쓰인 타동사 manage를 수식하는 부사 (B)가 정답이다.

번역 돌로레스 구티아레즈 씨는 고객들이 자산을 효과적으로 관리하도록 돕는 데 뛰어난 유산 계획 변호사이다.

어휘 excel 뛰어나다 estate planning 토지 계획 attorney 변호사 asset 자산

123 형용사 어휘

해설 빈칸 뒤의 전치사 about과 어울리며 의미상 자연스럽게 연결되는 것은 '낙관하는'이라는 뜻의 (C)이다. (A) extensive(광범위한), (B) distinct(뚜렷한), (D) superior(우수한)는 문맥상 적절하지 않다.

번역 싱 씨는 고객 포커스 집단의 1차 반응 이후 향수 판매에 대해 낙관했다.

어휘 fragrance 향수 round (장기적으로 진행되는 일의) 한 차례 focus group 포커스 집단

124 부사 어휘

해설 to부정사구인 to predict를 적절히 수식하는 부사를 선택하는 문제이다. 부사 well의 비교급으로 쓰인 better(더 잘)가 빈칸에 들어가야 '비용을 더 잘 예측하기 위해'라는 의미로 자연스럽게 연결되므로 (D)가 정답이다. (A) either(둘 중 어느 하나), (B) ever(언젠가)와 (C) yet(아직)은 의미상 적절하지 않다.

번역 회사의 향후 비용을 더 잘 예측하기 위해 재무 부서의 자료가 사용되었다.

어휘 finance 재무, 자금 predict 예측하다 expense 비용

125 인칭대명사의 격 _ 주격

해설 빈칸은 명사절 내에서 동사 would impact의 주어 자리에 들어갈 대명사이다. 콤마 앞에 나온 the decrease in production을 가리키므로 3인칭 단수 주어인 (B) it이 정답이다. (C) theirs와 (D) yours는 소유대명사로 주어 자리에 가능하지만 '그들의 것'과 '여러분의 것'이 지칭하는 구체적인 대상이 없으므로 적절하지 않다.

번역 생산 감축이 발표된 직후, 그것이 작업 일정에 어떻게 영향을 미칠지에 대해 모두가 논의하기 시작했다.

어휘 immediately 즉시 decrease 감소 announce 발표하다 impact 영향을 미치다; 영향

126 형용사 어휘

해설 빈칸에는 명사 amount를 적절하게 수식하는 형용사가 필요하므로, 양의 정도를 나타내는 (D) substantial(상당한)이 정답이다.

번역 애로우 제분소는 매년 상당한 양의 곡물을 가공 처리한다.

어휘 process 가공(처리)하다 grain 곡물 durable 내구성이 있는 direct 직접적인 resolute 단호한 substantial 상당한

127 동사 어형 _ 분사

해설 빈칸 뒤 명사 maintenance를 수식하는 형용사 자리이다. require 의 분사인 required와 requiring이 명사를 수식할 수 있지만, 의미 상 과거분사인 (A) required(필수의)가 정답이다.

번역 내일 오전 필수 점검을 수행하기 위해 점포 내 에스컬레이터 두 곳 모 두 주기적으로 작동이 중단될 것이다.

어휘 periodically 주기적으로 perform (일 등을) 행하다
maintenance 유지 보수, 관리

128 동사 어형 _ 태

해설 빈칸은 주어 Those(사람들)의 동사 자리이다. Those who는 '~하는 사람들'이며, 그 뒤에 위치한 동사 wish는 관계사절 내 의 동사이다. Those를 주어로 하여 이와 연결되는 동사가 필요한 데 ask는 「ask+목적어+to부정사(…에게 ~하도록 요청하다)」라 는 구조를 이루지만 여기서는 빈칸 뒤에 목적어가 없으므로 수동태 인 「be+asked+to부정사」 구조로 써야 한다. 따라서 복수 주어인 Those와 수 일치가 되면서 수동태인 (B) are asked가 정답이다.

번역 이번 주 토요일 세바스찬 공원의 연례 화초 심기 행사에 자원 봉사를 원하는 사람은 일찍 도착하도록 요청된다.

어휘 volunteer 자원 봉사하다 annual 연례의 plant (나무 등을) 심다

129 부사 어휘

해설 문맥상 controversial(논란이 많은)을 꾸미는 부사로 '분명히'의 의미 를 가진 (D)가 적합하다. (A) neatly(깔끔하게), (B) urgently(급히), (C) gracefully(우아하게)는 모두 문맥상 적절하지 않다.

번역 야나무라 씨의 학설이 분명 논란이 되고 있긴 하지만, 시장의 최근 변 화를 설명하는 데 확실히 도움이 된다.

어휘 theory 이론, 학설 controversial 논란이 많은 latest 최신의

130 명사 자리 _ 주어

해설 빈칸은 문장의 동사인 found의 주어 자리이며 A recent의 수식을 받아 명사구를 이루는 명사 (A)가 정답이다.

번역 최근 평가에 따르면 어게이트 밸리 지역의 부동산 가치는 1월과 6월 사이에 3퍼센트만큼 증가하였다.

어휘 recent 최근의 property 부동산 value 가치 region 지역 increase 증가하다 assessment 평가

PART 6

131-134 정보문

디자인 프레즌트 콘퍼런스는 그래픽 디자인 전문가들을 위해 멜버른에 서 개최되는 연례 행사입니다. 이 회의는 인기가 꾸준히 상승하고 있습 니다. 작년에는 호주를 비롯한 세계 각지에서 3천 명 이상의 참가자를 [131]**끌어모았습니다.** 다음 디자인 프레즌트 콘퍼런스는 3월 20일부터 23일까지 개최되는데, 100개 이상의 워크숍과 더불어 기조 연설과 총 회가 있을 예정입니다. 올해에는 전문가들 간 인맥을 쌓을 수 있는 여 러 기회가 추가될 것입니다. 참가자들은 여러 업종의 회사에 [132]**자신을 홍보할** 기회를 가질 것입니다. 인맥 형성을 위한 시간도 각 행사일마다 [133]**일정에** 포함될 것입니다. 당신이 디자인 애호가이건 학생, 프리랜스 디자이너, 혹은 사업가이건, 디자인 프레즌트는 당신을 위한 것입니다. [134]**등록은 2월 3일에 시작해서 3월 18일까지 계속됩니다.**

어휘 annual 연례의 professional 전문가; 전문적인 steadily 꾸준하게 attendee 참가자 keynote speech 기조 연설 plenary session 총회 opportunity 기회 market 광고하다 industry 산업 period 기간 enthusiast 애호가

131 동사 어휘

해설 빈칸은 3천 명 이상의 참가자(more than 3,000 attendees) 를 목적어로 취하는 동사 자리이다. 주어인 it이 앞에서 언급한 the conference를 가리키므로 콘퍼런스가 많은 참석자를 끌어모았 다는 의미인 (A) attracted가 정답이다. (B) entered(입력했다), (C) awarded(수여했다), (D) promoted(홍보했다)는 의미상 맞지 않다.

132 인칭대명사 격 _ 재귀대명사 _ 목적어

해설 준동사인 to market의 목적어 자리이다. 목적격 인칭대명사인 (B) them, 재귀대명사인 (C) themselves, 소유대명사인 (D) theirs 중 하나를 선택해야 한다. 의미상 빈칸에는 to market의 주체인 attendees가 목적어로 나와 '본인들 스스로를 홍보하다'라는 뜻이 되 어야 하므로 재귀대명사 (C) themselves가 정답이다.

133 명사 어휘

해설 문맥상 '인맥 형성 시간이 행사일마다 일정에 포함될 것이다'가 자연스 러우므로 (D)가 정답이다. (A) location(위치), (B) situation(상황) 은 문맥상 적합하지 않다.

134 문맥에 맞는 문장 고르기

번역 (A) 등록은 2월 3일에 시작해서 3월 18일까지 계속됩니다.
(B) 이 연설자는 업계 전반에 잘 알려져 있습니다.
(C) 그 회의는 지난 몇 년간 뉴질랜드에서 개최되었습니다.
(D) 우리는 작년 회의에 대한 피드백을 받고 싶습니다.

해설 앞으로 개최될 콘퍼런스를 소개하는 글의 맺음말이므로 콘퍼런스 등록 시기를 알리는 (A)가 들어가는 것이 적합하다. (B)는 바로 앞 문장에서 연설자에 대한 언급을 하지 않았으므로 This speaker라고 지칭할 수 없고, (C)는 과거 개최지에 대한 내용으로 콘퍼런스의 주요 내용을 설명하는 앞 문장에 이어지지 않으며, (D)는 곧 개최될 콘퍼런스가 아니라 작년 콘퍼런스에 대한 내용이므로 맞지 않다.

135-138 광고

주택 전문가 구함

월리스 앤 프렌스 부동산에서는 현재 해외 고객을 담당할 주택 전문가를 구하고 있습니다. 우리는 토론토 지역에서 단기간만 근무하게 되는 ¹³⁵**사람들**을 위해 적절한 단기 임대 주택을 확보하는 업무를 주로 하고 있습니다. 주택 전문가는 고객 관리 부서의 일원으로서, 일시적인 이주를 준비하는 고객들에게 안내를 ¹³⁶**제공합니다.** ¹³⁷**업무에는 또한 고객이 도착한 이후에 그들을 돕는 것도 포함됩니다.** 합격자는 토론토 지역의 부동산 중개 및 임대업에 대한 지식을 갖추고 있어야 합니다. 최소 2년의 고객 서비스 경력 또한 필수입니다. 필수적인 ¹³⁸**자격 조건**을 갖춘 이들은 recruitment@wallaceprence.ca로 연락 주시기 바랍니다.

어휘 housing 주택 specialist 전문가 realty 부동산 currently 현재 specialize 전문적으로 다루다 secure 확보하다 appropriate 적절한 individual 개인; 개인의 guidance 지침[안내] temporary 일시적인 relocation 이동 candidate 후보자 knowledge 지식 real estate 부동산 encourage 격려하다

135 관계대명사 _ 주격

해설 빈칸은 주어가 없는 불완전한 문장을 이끌며 빈칸 앞의 individuals를 수식하는 주격 관계대명사 자리이다. We specialize in ~이라는 절이 있고, 빈칸 뒤 will be라는 또 다른 동사가 있으므로 접속사가 필요하다. will be의 주어 역할을 하며 빈칸 앞 사람 명사인 individuals를 수식하면서 두 절을 이어 주는 접속사는 주격 관계대명사인 who이므로 (A)가 정답이다. (B) accordingly(따라서)와 (C) recently(최근에)는 부사이므로 오답이다. (D) where도 접속사이지만 장소 명사를 선행사로 취하며 뒤에 완전한 문장이 오는 관계부사이므로 오답이다.

136 동사 어형 _ 시제

해설 빈칸은 주어 the housing specialist와 연결되는 동사 자리이다. 구인 광고의 특성상 미래 시제인 (B)가 정답이다. 미래완료인 (C)는 '~즈음에는 …이 되어 있을 것이다'의 문맥으로, 이와 어울리는 미래의 특정 시점이 있어야 하므로 오답이다. (D)의 현재진행 시제도 미래를 나타낼 수 있지만, 정해져 있는 일정이나 가까운 미래에서 사용되기 때문에 적절하지 않다.

137 문맥에 맞는 문장 고르기

번역 (A) 출장 비용은 월리스 앤 프렌스가 지급합니다.
(B) 우리는 세계 각지의 아파트에 고객을 입주시킵니다.
(C) 업무에는 또한 고객이 도착한 이후에 그들을 돕는 것도 포함됩니다.
(D) 불완전한 지원서는 검토 대상이 아닙니다.

해설 주택 전문가를 구하는 구인 광고이며, 앞 문장에서 담당 업무 내용을 설명하고 있으므로 추가 업무를 덧붙이는 (C)가 적합하다. 문맥에 맞는 문장 고르기 유형에서는 also(또한)와 같이 앞뒤 문장의 내용을 연결해 주는 접속부사들이 좋은 힌트가 될 수 있다. (A)는 출장에 대한 언급이 없으므로 적절하지 않고, (B)는 토론토에 단기 근무하는 사람들을 위해 주택을 확보한다고 했으므로 오답이다. (D)는 지원 시 주의할 내용으로 문맥상 적절하지 않다.

138 명사 어휘

해설 앞 문장에 최소 2년 경력이라는 자격 요건이 나오고, 빈칸 앞 '필수적인'이라는 형용사의 수식을 받고 있으므로 '필수적인 자격 요건을 갖춘 사람은 이메일로 연락해 달라'는 문맥으로 연결되는 (D)가 정답이다. (B) documents(서류), (C) references(추천서)는 문맥상 적절하지 않다.

139-142 신문 기사

로웰 (3월 3일)—개점한 지 불과 1년 만에 파크 가에 있는 비고스 제과점은 당을 충족하고 싶은 주민들의 성지가 되었다. "재방문하는 고객들은 친구와 친척들을 데려와서 가게가 항상 ¹³⁹**붐빕니다.**"라고 제과점의 주인인 비고 맹누손 씨는 말한다. 맹누손 씨는 사업의 성공을 10여 년 전에 자신의 할머니로부터 물려받은 조리법 덕이라고 여긴다. ¹⁴⁰**그의 소셜 미디어 활동 또한 판매를 높였다.**

하지만 제과점의 인기는 맹누손 씨에게 매장 공간의 부족이라는 예상하지 못한 문제를 ¹⁴¹**남겼다.** 그래서 옆에 있던 신발 가게가 최근에 문을 닫았을 때, 그는 자신의 가게 ¹⁴²**확장**이 가능하도록 해당 매장을 사들였다. 보수 공사는 4월에 시작될 예정이다.

어휘 resident 주민 satisfy 만족시키다 sugary 설탕이 든 craving 갈망 relative 친척 credit ~ to … ~을 …의 공으로 돌리다 inherit 물려받다 decade 10년 unanticipated 예상하지 않은 lack 부족 property 부동산, 건물 allow for ~을 가능하게 하다, ~을 감안하다 renovation 수리

139 형용사 어휘

해설 빈칸은 주어 the shop과 어울리는 형용사 자리이다. 문맥상 고객들이 친구와 친척들을 데려와서 가게가 항상 붐빈다고 해야 자연스러우므로 (C) crowded(붐비는)가 정답이다. (B) estimated(견적의), (D) organized(정리된)는 문맥상 적절하지 않다.

140 문맥에 맞는 문장 고르기

번역 (A) 그녀는 평소 그것들을 따뜻한 상태로 제공한다.
(B) 그녀는 그 식당을 시작했을 때 과자를 처음 만들었다.
(C) 그의 가족들은 건강한 식사를 선호한다.
(D) 그의 소셜 미디어 활동 또한 판매를 높였다.

해설 빈칸 앞에서 맹누손 씨 사업의 성공 비결을 설명하고 있으므로 또 다른 성공 원인인 (D)가 적합하다. (A)는 them이 지칭하는 것이 앞 문장의 recipes가 되므로 의미적으로 맞지 않고, (B)는 식당을 언급한 적이 없으므로 the restaurant가 맞지 않아 오답이다.

141 동사 어형 _ 시제

해설 동사 leave가 빈칸 뒤의 '예상하지 못한 문제(an unanticipated problem)'와 결합되어 '남기다'의 의미로 해석되며, 옆에 있던 신발 가게가 최근에 문을 닫았을 때 그 매장을 사들였다는 내용과 연결되므로 과거 시제가 적절하다. 따라서 (B)가 정답이다. 현재완료 시제인 (D)는 주어 popularity와 수 일치가 이루어지고 있지 않으므로 오답이다.

142 명사 어휘

해설 공간이 부족하여 옆 매장을 사들였다는 내용과 연결되므로 가게의 '확장'이라는 의미를 이루는 (A)가 정답이다. (B) supervision(감독), (C) submission(제출), (D) division(부서) 모두 의미상 적절하지 않다.

143-146 회람

수신: 전 직원
발신: 제니퍼 프라사드
제목: 최신 비밀번호 방침
날짜: 2월 8일 화요일

직원 여러분께,

강화된 보안 조치의 일환으로, 여러분은 이제 회사 네트워크에 접속하기 위해 사용하는 비밀번호를 매달 첫 근무일마다 변경해야 합니다. ¹⁴³**하지만** 로그인 아이디는 동일하게 유지됩니다.

각각의 비밀번호는 최소한 12자 길이로 대문자 1개, 소문자 1개, 숫자 1개와 특수 문자 1개를 포함해야 합니다.

매달 마지막 근무일마다 다음날 새 비밀번호를 설정하라고 알리는 이메일이 ¹⁴⁴**발송될 것입니다**. ¹⁴⁵**이를 지키지 못할 경우** 여러분은 자신의 계정에 접속할 수 없게 되며, 플랫폼 제공자인 시큐리티 서비스에 연락해 도움을 요청해야 할 것입니다.

우리는 직원 및 고객들에게 가능한 최고 수준의 보안을 보장하고자 최선을 다하고 있습니다. ¹⁴⁶**협조해 주셔서 감사합니다.**

CEO 제니퍼 프라사드

어휘 updated 최신의 enhanced 강화한 security 보안 measure 조치 access 접속하다 at least 최소한 character 글자 capital 대문자의; 대문자 lowercase 소문자의; 소문자 provider 제공자 assistance 도움 ensure 보장하다

143 접속부사

해설 빈칸은 앞뒤 문장의 내용을 연결하는 접속부사 자리이다. 앞 문장에서 보안 조치의 일환으로 비밀번호를 매달 첫 근무일마다 변경해야 한다고 했고, 빈칸 뒤 '로그인 아이디는 동일하게 유지된다(your log-in ID will remain the same)'라며 변경되지 않는 내용을 언급하고 있으므로 (A) However(하지만)가 정답이다. (B) Therefore(그러므로)와 (C) In addition(게다가), (D) For example(예를 들면)은 문맥상 맞지 않다.

144 동사 어형 _ 시제 _ 태

해설 빈칸은 주어 An e-mail과 연결되는 문장의 동사 자리이다. 빈칸 뒤 전치사구가 있는 것을 보면 타동사인 send가 수동태로 쓰였다는 점을 알 수 있다. 문맥상 비밀번호 재설정을 알리는 이메일이 발송될 것이고, 이를 지키지 못할 경우 자신의 계정에 접속할 수 없게 되며, 플랫폼 제공자에게 연락해 도움을 요청해야 할 것이다(will result in your being locked out of your account, and you will have to contact our platform provider)라는 미래 일에 대한 문장과 연결되므로, 미래 시제이면서 수동태인 (B)가 정답이다.

145 명사 어휘

해설 새로운 비밀번호를 설정하라는 앞 문장과 여러 가지의 불편 사항이 발생할 수 있다는 뒤 문장을 볼 때, 빈칸 뒤의 to do so의 수식을 받으며 앞뒤 문장의 문맥을 이어 줄 수 있는 (C) Failure(실패, 불이행)가 정답이다. (A) Support(지원), (B) Absence(결근, 부재), (D) Approval(승인)은 문맥상 적절하지 않다.

146 문맥에 맞는 문장 고르기

번역 (A) 회의에서 만납시다.
(B) 새로운 로그인 아이디를 적어 주십시오.
(C) 이 일이 완수되면 알려 주십시오.
(D) 협조해 주셔서 감사합니다.

해설 비밀번호 설정과 관련된 직원 협조 사항을 공지하고 있으므로 '협조해 주셔서 감사하다(Thank you for your cooperation)'는 문구로 공지를 마무리하는 것이 적절하다. 따라서 (D)가 정답이다. (A)는 회의와 관련된 언급이 없고, (B)는 공지 사항 마무리 문구로 적절하지 않으며, (C)는 this가 나타내는 대상이 앞 문장에 없으므로 모두 오답이다.

PART 7

147-148 공지

애셔턴 가든 축제

애셔턴 시가 애셔턴 영지에서 가든 축제를 자랑스럽게 선보입니다.

6월 10일 토요일

오전 11시부터 오후 5시까지

무료 입장에 어린이 게임, 수공예, 현지 밴드 공연 포함
¹⁴⁷인근의 애셔튼 기차역과 버스 정류장에서 셔틀 버스 이용

식물 및 종자 판매
따뜻하고 시원한 음료, 케이크, 샌드위치 등의 먹거리도 판매

애셔튼 영지 견학은 소정의 수수료로 이용 가능
¹⁴⁸영지 내 주차는 차량당 10달러에 이용 가능

추가 정보 문의: 416-555-0187

어휘 proudly 자랑스럽게 present 소개하다, 제시하다
ground 구내 manor 영지 admission 입장(료) craft (수)공예
nearby 근처의 seed 씨앗 refreshment 가벼운 식사, 음료
beverage 음료 available 이용할 수 있는 vehicle 차량

---

147 사실 확인

번역 애셔턴 영지에 대해 알 수 있는 것은?

(A) 개인 파티에 사용할 수 있다.
(B) 매일 오전 11시에서 오후 5시까지 열려 있다.
(C) 안내인 동반 투어를 항상 제공한다.
(D) 기차역에서 가깝다.

해설 인근에 있는 기차역과 버스 정류장에서 셔틀 버스가 오간다(Shuttle buses from nearby Asherton Train and Bus Station)고 했으므로 (D)가 정답이다.

148 세부 사항

번역 축제에서 무료가 아닌 것은?

(A) 게임
(B) 음악
(C) 셔틀 버스 승차
(D) 현지 주차

해설 영지 내 주차는 차량당 10달러에 이용 가능하다(Parking available at the manor for $10 per vehicle)고 명시되어 있으므로 (D)가 정답이다.

▸▸ Paraphrasing   지문의 **Parking available at the manor**
→ 정답의 **On-site parking**

149-150 광고

일리노어스 케이터링

잊지 못할 이벤트를 만드세요.

특별한 행사를 위해 음식 공급 업체를 구하고 계시나요? 더 이상 찾지 마세요! 일리노어스 케이터링이 ¹⁴⁹**작고 오붓한 모임에서부터 대규모의 공식 행사까지** 각종 모임에 도움이 되어 드립니다. 일리노어스는 모든 행사에 맞는 고품질의 맛있는 음식을 제공합니다. 풀 서비스 음식 공급 서비스에는 음료를 비롯해 테이블, 리넨 제품, 접시 및 식기 대여가 포함됩니다. 저희 직원들은 귀하의 특별한 행사를 성공적으로 만들기 위해 모든 노력을 다할 것입니다. 귀하가 필요로 하는 모든 것을 배달하고 설치한 다음, 추후에 그것을 치워드립니다.

비용 견적을 받아 보시려면, 저희 웹사이트인 www.eleanorscatering.com에서 케이터링 신청서를 작성해 주세요. ¹⁵⁰**요청 시 메뉴 시식도 가능합니다.**

어휘 catering 음식 공급 unforgettable 잊지 못할 caterer (행사의) 음식 공급자 occasion 행사 gathering 모임 intimate 친밀한 formal 공식적인 include 포함하다 rental 대여
linen 리넨 제품 cutlery (식탁용) 날붙이류(나이프·포크·숟가락 등)
afterward 나중에 estimate 견적서

---

149 주제 / 목적

번역 광고의 목적은?

(A) 신규 고객에게 할인을 제공하려고
(B) 새로운 메뉴를 발표하려고
(C) 업체의 서비스를 설명하려고
(D) 배송 요건을 설명하려고

해설 지문에서 행사의 규모와 테이블 세팅에 필요한 식기류와 잡화 대여 등 출장 음식 업체가 하는 서비스를 설명하고 있으므로 (C)가 정답이다.

150 세부 사항

번역 광고에 따르면, 특별 요청에 의해 가능한 것은?

(A) 시식
(B) 채식 식단
(C) 명세서
(D) 장식

해설 마지막 단락에 요청 시 메뉴 시식도 가능하다(Tasting of menu items is available upon request)고 했으므로 정답은 (A)이다.

▸▸ Paraphrasing   지문의 **Tasting of menu items**
→ 정답의 **Food sampling**

151-152 이메일

수신: rwiest@lupinecityhall.com
발신: dbryant@acrospartners.com
날짜: 4월 12일
제목: 현장 조사
첨부: ⬙ 조사

위스트 씨께,

제가 월요일에 현장 답사 서류를 이메일로 보내 드렸는데, 못 보셨다니 이상하군요. **151아마도 제가 업무용 이메일이 아니라 개인 이메일 계정으로 보내서, 그쪽 서버가 인식을 못하고 스팸 메일 폴더로 보내진 것 같네요.** 어쨌든 여기에 서류를 다시 첨부해 드립니다.

다음 주까지 부지가 승인되면, **152저희 팀이 최종 설계도를 신속히 마무리지을 것입니다.** 부동산 소유주는 이달 말 이전에 전체적인 건설 프로젝트를 인가받아서 건설 팀이 6월에 기초 공사를 시작할 수 있게 되기를 원합니다.

다니엘라 브라이언트

어휘 site 현장[부지] recognize 인정[인식]하다 route 보내다[전송하다] junk-mail 스팸 메일 reattach 다시 달다 expedite 신속히 처리하다 completion 완성 blueprint 설계도 property 부동산 lay 놓다, 깔다 foundation 토대[기초]

151 세부 사항

번역 브라이언트 씨에 따르면, 위스트 씨가 서류를 받아 보지 못한 이유는?

(A) 이메일에 서류를 첨부하는 걸 깜빡해서
(B) 서류를 다른 사람에게 보내서
(C) 잘못된 이메일 폴더로 보내졌을 수 있어서
(D) 그 안에 있는 파일의 용량이 너무 커서

해설 첫 번째 단락에서 개인 이메일 계정으로 보내서, 서버가 인식을 못하고 스팸 메일 폴더로 보내진 것 같다(Perhaps because I sent it from my personal e-mail rather than my work e-mail, your server didn't recognize it and routed it to your junk-mail folder instead)고 했으므로 (C)가 정답이다.

▸▸ Paraphrasing 지문의 routed it to your junk-mail folder → 정답의 have gone to the wrong e-mail folder

152 추론 / 암시

번역 브라이언트 씨는 누구일 것 같은가?

(A) 건축가
(B) 아파트 관리인
(C) 은행가
(D) 부동산 소유주

해설 두 번째 단락에서 자신의 팀이 최종 설계도를 신속히 마무리지을 것이다(my team will expedite the completion of the final blueprints)라고 했으므로 (A)가 정답이다.

153-154 온라인 채팅

만디 가라펠리 [오후 3시 32분]: 안녕하세요. 픽추로스 카메라 고객 서비스로 연락 주셔서 감사합니다. 무엇을 도와 드릴까요?

테오 우바리 [오후 3시 33분]: 안녕하세요. 최근에 제가 픽추로스 3000 모델을 구입했는데요. 카메라에서 제 컴퓨터로 사진을 다운로드하는 게 잘 안 돼요.

만디 가라펠리 [오후 3시 35분]: 알겠습니다. 다음 단계를 해 보셨나요? 1. 카메라와 컴퓨터 사이의 연결을 확인한다. 2. 카메라를 껐다 다시 켠다. **1533. 카메라가 연결된 상태로 컴퓨터를 재작동한다.**

테오 우바리 [오후 3시 38분]: **153**1번과 2번 단계를 해 봤지만 나아지지 않았어요.

만디 가라펠리 [오후 3시 41분]: **153, 154**3번 단계를 시도하기 전에 "애플리케이션" 폴더로 가셔서 "픽추로스 3000" 아이콘을 찾아 보십시오. 아이콘이 보이십니까?

테오 우바리 [오후 3시 42분]: **154**네, 여기 있네요.

만디 가라펠리 [오후 3시 43분]: 아이콘을 더블 클릭하세요. 사진이 자동으로 뜰 겁니다.

테오 우바리 [오후 3시 44분]: 되네요! 도와주셔서 감사합니다!

만디 가라펠리 [오후 3시 45분]: 당연한걸요.

어휘 connection 연결 reboot 재작동하다 automatically 자동적으로 appear 나타나다

153 세부 사항

번역 우바리 씨가 해 보지 않은 것은?

(A) 새 카메라 구입하기
(B) 카메라 컴퓨터에 연결하기
(C) 카메라 재작동하기
(D) 컴퓨터 재작동하기

해설 가라펠리 씨가 오후 3시 35분 메시지에서 세 가지 단계를 제시했고, 그에 답한 우바리 씨의 답변에서 '1번과 2번 단계를 해 봤지만 나아지지 않았다(I tried steps 1 and 2. Nothing improved)', 그리고 이어지는 3시 41분 메시지에서 가라펠리 씨가 '3번 단계를 시도하기 전에(Before you try step 3)'라고 했으므로 우바리 씨가 아직 3번 단계를 해 보지 않았음을 알 수 있다. 따라서 (D)가 정답이다.

154 의도 파악

번역 오후 3시 42분에 우바리 씨가 "네, 여기 있네요"라고 쓴 의도는?

(A) 아이콘을 찾았다.
(B) 카메라를 옮겼다.
(C) 사진을 업로드했다.
(D) 설명서가 보인다.

해설 가라펠리 씨가 3시 41분 메시지에서 픽추로스 3000 아이콘이 보이는지 묻는 질문에 우바리 씨가 '네, 여기 있네요(Yes, it's there)'라고 응답하고 있으므로 (A)가 정답이다.

155-157 회람

> **회람**
>
> 수신: 전 직원
> 발신: 다미안 페레즈
> 날짜: 9월 3일
> 내용: 안전 점검
>
> 9월 4일인 내일 당사는 이곳 공장에서 안전 점검을 받습니다. ¹⁵⁵조사관인 한나 랭건 씨는 오전 8시 30분에 도착해 오후 3시 30분 전에 떠날 예정입니다. 안전 점검 전에 사전 회의가 있음을 유념해 주십시오. 일정은 아래와 같습니다.
>
> | 시간 | 활동 | 필수 참석자 | 장소 |
> |---|---|---|---|
> | 오전 9시 | 개회식 | 전 직원 | 구내식당 |
> | 오전 10시 | ¹⁵⁵총괄 매니저와 조사관 만남 | ¹⁵⁵다미안 페레즈 | C 회의실 |
> | 오전 11시 30분 | 점심 식사 | 다미안 페레즈 | 구내식당 |
> | ¹⁵⁶오후 12시 30분 | ¹⁵⁶작업 점검 | 전 직원 | 공장 |
>
> 개회식을 제외하고는 공장 근로자들은 종일 평상시의 위치를 지켜야 합니다. ¹⁵⁷작업 점검 중에 조사관이 작업 장소를 방문해 기계에 대해 질문할 수도 있습니다. 신속하고 솔직하게 답변하신 후, 조사관이 이동하자마자 작업을 지속하시기 바랍니다.
>
> 어휘   inspection 점검   inspector 조사관   preliminary 예비의   cafeteria 구내식당   operation 작업, 운용   exception 예외   regular 보통의, 평상시의   station (업무 등을 위한) 위치   workstation 작업 장소   directly 곧장

155 추론 / 암시

번역   페레즈 씨는 누구일 것 같은가?

(A) 공장 근로자
(B) 음식 서비스 근로자
(C) 안전 조사관
(D) 총괄 매니저

해설   일정표를 보면 오전 10시, '필수 참석자(Required Attendees)'에 페레즈 씨(Damian Perez)의 이름이 있고 '활동(Activity)'에 '총괄 매니저와 조사관 만남(Inspector meets with General Manager)'이라고 명시되어 있으므로 페레즈 씨가 총괄 매니저이거나 조사관임을 알 수 있다. 첫 번째 단락에 '조사관인 한나 랭건 씨(The inspector, Ms. Hannah Langan)'라는 말이 있으므로 (D)가 정답이다.

156 세부 사항

번역   언제 점검이 시작되는가?

(A) 오전 8시 30분
(B) 오전 10시
(C) 오후 12시 30분
(D) 오후 3시 30분

해설   일정표 하단에서 '작업 점검(Operations inspection)'은 오후 12시 30분에 있다고 했으므로 정답은 (C)이다.

157 추론 / 암시

번역   공장 근로자들에 대해 회람이 암시하는 것은?

(A) 서면 보고서를 준비해야 한다.
(B) 일찍 퇴근할 수 있을 것이다.
(C) 오후 작업이 방해받을 수 있다.
(D) 업무 장소를 이용하지 못할 수 있다.

해설   마지막 단락에 작업 점검 중에 조사관이 방문해 질문할 수 있으니 답변 후에 바로 작업을 계속하라(During the operations inspection, ~ and then continue working as soon as the inspector moves on)고 명시된 것을 보면 직원들은 조사관과 대화하기 위해 근무 중 하던 일을 멈추어야 한다는 것을 알 수 있다. 따라서 (C)가 정답이다.

158-160 이메일

> 발신: 헬스홈 〈healthhome-noreply@healthhome.net.uk〉
> ¹⁵⁸수신: 스티브 메이어 〈smayer@rmail.co.uk〉
> 날짜: 7월 3일 금요일
> 제목: 우리의 새 웹사이트
>
> 안녕하세요,
>
> ¹⁵⁸우리 웹사이트를 열성적으로 이용해 주셔서 감사합니다. 가능한 한 빨리 healthhome.net.uk를 재방문해 보실 것을 권해 드립니다! 새로운 ¹⁵⁹모습을 발견하게 되실 것입니다. 참신하고 흥미로우며 둘러보기 쉬운 웹사이트를 만들었거든요. 우리 팀의 웹 개발자, 작가, 디자이너들이 수개월 간 작업한 결과 웹사이트를 정확히 여러분이 필요로 하는 모습으로 만들었습니다.
>
> 새로운 디자인에는 보다 원활한 접근성을 갖도록 웹페이지 상단에 소셜 미디어 버튼이 포함되었습니다. ¹⁶⁰태블릿 피시와 휴대폰에서 사이트의 콘텐츠를 보는 것이 이전보다 훨씬 더 쉬워졌습니다. 또한, 온라인 스토어도 둘러보기가 상당히 더 간편해졌습니다. 마지막으로, 우리는 건강과 영양에 대한 이해력을 높이기 위해 고안된 퀴즈 기능을 추가함으로써 사이트의 교육 센터를 개선했습니다.
>
> 새로워진 웹사이트가 훨씬 더 이해하기 쉽고 둘러보기 즐거워졌다고 느끼시길 바랍니다.
>
> 헬스홈
>
> 어휘   grateful 감사하는   committed 헌신적인   subscriber 구독자, 이용자   encourage 격려하다   appealing 흥미로운, 매력적인   navigate (인터넷 등을) 돌아다니다   improved 개선된   access 접근   significantly 상당히   enhance 향상시키다   feature 기능, 특징   facilitate 가능하게 하다   nutrition 영양   intuitive 이해하기 쉬운, 직관적인   pleasant 즐거운

158 추론 / 암시

번역   메이어 씨는 누구일 것 같은가?

(A) 건강 전문가
(B) 헬스홈 웹사이트 이용자
(C) 웹사이트 디자이너
(D) 헬스홈의 글 기고자

해설 이메일의 수신인이 스티브 메이어(Steve Mayer)이며 첫 번째 단락의 첫 문장에서 웹사이트를 열성적으로 이용해 주는 것에 감사하다(We are grateful that you have been a committed subscriber to our Web site)고 했으므로 (B)가 정답이다.

159 동의어 찾기

번역 첫 번째 단락 2행의 "look"과 의미상 가장 가까운 것은?

(A) 검색
(B) 외관
(C) 사진
(D) 흘깃 봄

해설 "look"이 포함된 부분은 웹사이트가 새로운 모습을 갖추었고, 둘러보기 쉽다(You will discover a new look, ~ easy-to-navigate Web site)는 의미로 해석되는데, 여기서 look은 웹사이트의 외관(appearance)을 뜻하므로 (B)가 정답이다.

160 추론 / 암시

번역 이메일이 이전의 웹사이트에 대해 암시하는 것은?

(A) 온라인 스토어가 없었다.
(B) 매일 방문하는 사람들이 있었다.
(C) 일부 장치에서 사이트를 보기가 힘들었다.
(D) 영양 관련 대화식 퀴즈를 포함하고 있었다.

해설 두 번째 단락의 '태블릿 피시와 휴대폰에서 사이트의 콘텐트를 보는 것이 이전보다 훨씬 더 쉬워졌다(The site's content is much easier to view on tablets and mobile phones than it used to be)'를 통해 모바일 장치 이용이 불편했던 웹사이트가 개선되었다는 것을 짐작할 수 있으므로 (C)가 정답이다.

161-163 기사

15년이 지나도 여전히 건재한 웹마치

(11월 20일)—^{161, 163}처음 인터넷 스트리밍 서비스를 시작했을 때 웹마치는 비디오 소비에 혁신을 일으켰다. — [1] —. 월정 요금으로 고객들은 온라인으로 원하는 만큼 영화를 볼 수 있었다. ¹⁶¹15년이 지난 지금, 회사는 계속 성장하며 확장하고 있다. 웹마치는 현재 영화 및 텔레비전 쇼를 스트리밍 제공할 뿐 아니라 비평가들에게 극찬 받는 콘텐트도 제작하고 있다. — [2] —.

유사한 사업 모델을 가진 무비리버 같은 다른 서비스 업체들도 있지만, 웹마치를 유일무이하게 만드는 것은 국제적인 사업 범위이다. — [3] —. ^{161, 162}현재 40개국에서 이용 가능하지만, 웹마치는 2월 8일까지 46개국에 추가로 서비스를 확대할 것이라고 발표했다. — [4] —. ¹⁶²서비스의 콘텐트는 전세계 사람들이 같은 프로그램을 즐길 수 있도록 16개 언어로 이용할 수 있으며 추가 14개 언어로 자막이 제공된다.

어휘 revolutionize 변혁시키다 consumption 소비 launch 시작하다 fee 요금 expand 확장하다 acclaimed 호평을 받는 unique 독특한 reach 거리, 범위 currently 현재 available 이용할 수 있는 announce 발표하다 subtitle 자막

161 주제 / 목적

번역 기사의 목적은?

(A) 웹마치의 새로운 온라인 스트리밍 서비스를 홍보하려고
(B) 웹마치와 무비리버의 합병을 상세히 설명하려고
(C) 웹마치의 이력 및 미래에 대해 알리려고
(D) 웹마치의 가격 변경에 대해 알리려고

해설 첫 단락에서 처음 서비스를 시작했을 때와 15년이 지난 지금 어떤 사업을 하고 있는지 언급했고, 두 번째 단락에서 서비스를 여러 나라에 더 추가할 것이라는 앞으로의 계획을 제시했으므로 (C)가 정답이다.

162 사실 확인

번역 웹마치에 대해 사실인 것은?

(A) 경쟁사들이 제공하는 쇼의 수가 더 적다.
(B) 2년 만에 고객이 3배 증가했다.
(C) 현재 46개국에서 이용 가능하다.
(D) 여러 언어로 비디오를 제공한다.

해설 두 번째 단락 '서비스의 콘텐트는 전세계 사람들이 같은 프로그램을 즐길 수 있도록 16개 언어로 이용할 수 있으며 추가 14개 언어로 자막이 제공된다(The service has content available in sixteen languages, ~ all over the world can enjoy the same programs)'를 통하여 여러 언어로 이미 서비스되고 있다는 점을 알 수 있다. 따라서 (D)가 정답이다. 현재 40개국에서 이용 가능하다(currently available in 40 countries)고 했으므로 (C)는 오답이다.

▸▸ Paraphrasing 지문의 available in sixteen languages → 정답의 offers videos in many languages

163 문장 삽입

번역 [1], [2], [3], [4]로 표시된 곳 중에서 다음 문장이 들어갈 위치로 가장 적합한 곳은?

"그 일은 즉각적으로 성공을 거두었다."

(A) [1]
(B) [2]
(C) [3]
(D) [4]

해설 주어진 문장의 It이 가리키는 대상과 '즉각적인 성공(immediate success)'으로 이어지는 내용을 지문에서 찾는 것이 핵심이다. 첫 번째 단락의 '처음 인터넷 스트리밍 서비스를 시작했을 때 웹마치는 비디오 소비에 혁신을 일으켰다(Webmarch revolutionized video consumption when it first launched its Internet streaming service)'를 통하여 It이 혁신을 일으킨 상황을 나타내며 그 상황이 성공적이었다고 연결되는 위치인 (A)가 정답이다.

164-167 지시문

> **조브테크**
>
> 조브테크 고객들은 제품의 사용법을 완전히 이해했을 때 가장 만족하며 제품을 최대한 활용합니다. [165]조브테크의 제품들은 세탁기의 자동 타이머와 전자레인지의 조절 가능한 조도와 같이 수많은 혁신적인 기술을 제공하기 때문에, [164]사용자 설명서에 이러한 특징들을 명확히 열거하고 설명하는 것이 중요합니다. 설명서에 들어갈 글을 작성할 때, 사용자의 입장에서 어떤 특징에 대해 더 상세한 설명이 필요할지를 생각하십시오. [166]도표나 사진과 같은 시각적인 자료는 과정을 서술하는 데 특히 유용할 수 있고, 말로 하는 설명의 길이와 복잡함을 최소화하는 효과도 낳을 수 있습니다. 구체적인 예시를 드는 것 또한 사용자가 복잡한 개념을 좀 더 빠르게 [167]이해하고, 제대로 작동되지 않는 부분이 있는지 여부를 초기 단계에 알아내는 데 도움이 될 수 있습니다.

> **어휘** satisfied 만족하는 offer 제공하다 innovative 혁신적인 variable 변경 가능한 microwave oven 전자레인지 feature 특징 manual 설명서 detailed 상세한 aid 도움 diagram 도표, 도해 outline 개요를 서술하다 process 과정 serve (특정한) 효과를 낳다 minimize 최소화하다 complexity 복잡성 verbal (글이 아니라) 말로 된 instruction 설명 specific 구체적인 grasp 완전히 이해하다 complex 복잡한 determine 알아내다

164 추론 / 암시

번역 지시문의 대상은 누구일 것 같은가?
(A) 조브테크 제품 이용자들
(B) 조브테크 매장 판매사원들
(C) 조브테크 제품 디자이너들
(D) 조브테크 제품 설명서 작성자들

해설 사용자 설명서에 제품의 특징을 명확히 열거하고 설명하는 것이 중요하다(it is important to list and explain these features clearly in the user manuals)며, 설명서에 들어갈 글을 작성할 때 사용자의 입장에서 생각하라(When writing the text ~ in the user's position)고 했으므로 (D)가 정답이다.

165 추론 / 암시

번역 조브테크는 무엇을 생산하는가?
(A) 가전제품
(B) 자동차
(C) 청소용품
(D) 사진용 장비

해설 '조브테크의 제품들은 세탁기의 자동 타이머와 전자레인지의 조절 가능한 조도와 같이 수많은 혁신적인 기술을 제공하기 때문에(Because Zovtech's products offer many innovative technology features, such as auto-timers on washing machines and variable light settings on microwave ovens)'에서 조브테크가 세탁기, 전자레인지 등의 가전제품을 생산한다는 점을 짐작할 수 있으므로 (A)가 정답이다.

> **▸▸ Paraphrasing** 지문의 washing machines, microwave ovens → 정답의 Appliances

166 세부 사항

번역 지시문에 따르면, 그림이 유용한 이유는?
(A) 다른 나라의 사람이 이해할 수 있으므로
(B) 언제 제대로 작동이 안 되는지를 분명히 보여 주므로
(C) 필요한 글의 분량을 줄여 주므로
(D) 더 많은 사람들을 웹사이트로 끌어들이므로

해설 도표나 사진과 같은 시각적인 자료는 설명의 길이와 복잡함을 최소화하는 효과가 있다(Visual aids such as diagrams ~ minimize the length and complexity of verbal instructions)고 제시하고 있으므로 (C)가 정답이다.

> **▸▸ Paraphrasing** 지문의 minimize the length and complexity of verbal instructions
> → 정답의 reduce the amount of written text

167 동의어 찾기

번역 첫 번째 단락 10행의 "grasp"와 의미상 가장 가까운 것은?
(A) 잡다
(B) 조이다
(C) 성취하다
(D) 이해하다

해설 "grasp"이 포함된 문장은 개념을 좀 더 빠르게 이해하는 데 도움이 될 수 있다(Including specific examples can also help users grasp complex concepts more quickly)는 의미로 해석되는데, 여기서 grasp은 '개념(concepts)'이라는 목적어와 함께 쓰여 문맥상 '개념을 이해하다'라는 의미가 자연스럽다. 따라서 (D)가 정답이다.

168-171 후기

> http://www.softwareopinion.com
>
> | 홈 | 후기 | 연락처 |
> |---|---|---|
>
> S-토르 애플리케이션
> ★★☆☆☆
> *"고객 서비스를 받아 보고 실망했습니다."*
>
> [168]제 직업은 무역 박람회 및 회의 같은 큰 규모의 기업 행사를 조직하는 일과 관련된 일입니다. ― [1] ―. [169]저는 길 위에서 많은 시간을 보내기 때문에, 판매사 명단, 프로그램 일정 및 제가 어디에 있든 디지털 방식으로 봐야 하는 기타 중요한 서류들을 보관하는 용도로 S-토르가 완벽하다고 생각했습니다. ― [2] ―. 사실, S-토르에 너무 의존하게 되어 언젠가 접속할 수 없는 경우가 생기면 무엇을 할지에 대한 생각조차 하지 않았습니다.
>
> 하지만 결국 그날은 왔고, 제가 받은 고객 서비스는 실망스러웠습니다. [170]업무 지원 센터에 연락해서 로그인이 안 된다고 문의했을 때,

171저는 이 상담원에서 저 상담원으로 전화 연결이 되었고 모두 똑같은 고장 수리 절차에 대해서 반복할 뿐이었습니다. — [3] —. 결국 애플리케이션에 다시 접속하기는 했습니다만, 170그 전에 수많은 시행착오를 반복해야 했습니다. 그럼에도 불구하고, 저와 이야기했던 사람들은 모두 친절하고 정중했습니다.

요컨대, 저는 S-토르 애플리케이션을 좋아하지만, 무엇인가가 잘못될 경우 신속하게 다시 실행할 수 있다는 확신이 필요합니다. — [4] —. S-토르 기술 지원 센터와의 이번 경험 이후, 저는 비슷한 제품들을 살펴보고 비교해 보기로 했습니다.

아델 몰만

어휘 involve 수반하다 coordinate 조직화[편성]하다 corporate 기업의 convention 대회 store 저장하다 vendor 판매 회사 access 접근[접속]하다 reliant 의존하는 help desk 기술 지원 센터 transfer 이동[이전]하다, 넘겨주다 representative 대표, 대리인 troubleshooting 고장 수리 procedure 절차[방법] eventually 결국 in short 요컨대

168 추론 / 암시

번역 몰만 씨는 누구일 것 같은가?

(A) 제품 테스터
(B) 행사 기획자
(C) 기업 교육 강사
(D) 판매 사원

해설 몰만 씨는 첫 문장에서 본인의 직업이 무역 박람회 및 회의 같은 큰 규모의 기업 행사를 조직하는 일과 관련된 일(My job involves coordinating large-scale corporate events like trade shows and conventions)이라고 언급하고 있으므로 그녀가 행사 기획자라고 짐작할 수 있다. 따라서 (B)가 정답이다.

169 사실 확인

번역 몰만 씨에 대해 알 수 있는 것은?

(A) 직업상 자주 출장을 다닌다.
(B) 종이 문서를 선호한다.
(C) 소프트웨어를 무료로 받는다.
(D) 발표를 자주 한다.

해설 첫 번째 단락에서 자신이 길 위에서 많은 시간을 보내기 때문에, 판매사 명단, 프로그램 일정 및 기타 중요한 서류들을 보관하는 용도로 S-토르가 완벽하다고 생각했다(Because I am on the road a lot, ~ I need to access digitally wherever I happen to be)고 언급하고 있으므로 (A)가 정답이다.

170 세부 사항

번역 몰만 씨는 왜 S-토르의 고객 서비스에 불만이 있었는가?

(A) 자신의 문제를 해결하는 데 너무 오래 걸려서
(B) 주어진 설명이 명확하지 않아서
(C) 기술 지원 센터 직원들이 불친절해서
(D) 구매를 강요당한 느낌이라서

해설 두 번째 단락에서 몰만 씨는 업무 지원 센터에 연락해서 로그인이 안 된다고 문의했을 때, 이 상담원에서 저 상담원으로 전화 연결이 되었고 모두 똑같은 고장 수리 방법에 대해서 반복할 뿐이었다(When I contacted the help desk ~ through the same trouble-shooting procedure)고 했고, 그 다음 문장에서, 접속은 했지만 그 전에 수많은 시행착오를 반복해야 했다(I was eventually ~ after much trial and error)고 언급했으므로 (A)가 정답이다.

171 문장 삽입

번역 [1], [2], [3], [4]로 표시된 곳 중에서 다음 문장이 들어갈 위치로 가장 적합한 곳은?

"저에게 같은 단계를 계속 반복해서 알려 주는 것은 의미가 없어 보였습니다."

(A) [1]
(B) [2]
(C) [3]
(D) [4]

해설 해당 문장은 같은 단계를 계속 반복하라고 알려 준 것(Instructing me to repeat the same steps)이 무의미해 보였다(seemed pointless)고 언급한 점에서 문제 해결 방식이 도움이 되지 않았다는 것을 짐작할 수 있다. 따라서 업무 지원 센터의 서비스에 대한 문제점을 명시하는 문장 뒤인 (C)가 정답이다.

172-175 문자 메시지

파이퍼 맥네어 (오후 12시 15분) 안녕하세요. 마커스 씨 그리고 카라 씨. 일은 어떻게 진행되고 있나요?
마커스 데이비슨 (오후 12시 17분) 172나무는 다 잘랐고, 나뭇가지와 나무 몸통을 트럭에 싣는 중이에요. 여기 존스 씨 집 일은 거의 마무리되어 갑니다.
파이퍼 맥네어 (오후 12시 18분) 172신규 고객인 머조얀 씨에게서 전화를 받았어요. 그녀의 마당에 나무 한 그루가 쓰러져서 즉시 치워 줬으면 한답니다. 173부동산 중개업자와 예비 구매자들이 내일 아침에 자신의 집을 방문한다고요.
카라 브룩스 (오후 12시 19분) 스미스 씨 집 일은 한 시간 정도 후면 끝날 겁니다. 머조얀 씨 주소가 어떻게 되죠?
파이퍼 맥네어 (오후 12시 19분) 174레이크사이드 가 234번지요. 약 두 시간 후에 당신이 그곳에 갈 수 있다고 전할게요.
카라 브룩스 (오후 12시 20분) 가능해요.
파이퍼 맥네어 (오후 12시 20분) 작업이 아마 3시간 정도 걸릴 겁니다. 나무 크기로 봤을 때, 추가 도움이 필요할 것 같아서 그레디 씨를 불렀어요.

마커스 데이비슨 (오후 12시 21분)
¹⁷⁵토요일인데요.

파이퍼 맥네어 (오후 12시 22분)
¹⁷⁵알지만, 마일스 씨가 지난 4일간 병가로 나오질 않아서 어쩔 수 없었어요.

마커스 데이비슨 (오후 12시 22분)
¹⁷⁵그가 휴일인데도 도와준다고 했다니 다행입니다. 이번 봄에는 평소보다 일이 많네요. 태우러 가야 하나요?

파이퍼 맥네어 (오후 12시 23분)
아니요. 머조얀 씨 집에 도착하면 그래디 씨에게 알려만 주세요. 머조얀 씨에게 오늘 오후에 여러분 셋이 갈 거라고 이야기해 놓겠습니다.

어휘 limb (큰) 나뭇가지 trunk 나무의 몸통 load 싣다; 짐 property 부동산, 건물 yard 마당 real estate 부동산 중개업 prospective 장래의, 유망한 hand 손, 도움 reach ~에 이르다 residence 거주지

172 추론 / 암시

번역 메시지 작성자들이 일하는 곳은 어디일 것 같은가?
(A) 나무 서비스 회사
(B) 부동산 중개소
(C) 건설 회사
(D) 자동차 정비소

해설 오후 12시 17분에 마커스 데이비슨이 '나무는 다 잘랐고, 나뭇가지와 나무 몸통을 트럭에 싣는 중이다(The trees have been cut down, and the limbs and trunks are being loaded into the truck)', 12시 18분에 파이퍼 맥네어가 '새로운 고객인 머조얀 씨에게서 전화를 받았으며 그녀의 마당에 나무 한 그루가 쓰러져서 즉시 치워 줬으면 한다(I just got a call from a new client, ~ and she needs it removed right away)'라고 언급하고 있으므로 그들이 나무 관련 서비스 업무에 종사한다는 것을 추론할 수 있다. 따라서 정답은 (A)이다.

173 사실 확인

번역 머조얀 씨가 내일 할 일로 예상하는 것은?
(A) 부동산 구입하기
(B) 방문객 맞이하기
(C) 새로운 이삿짐 센터 고용하기
(D) 맥네어 씨의 업체 다시 고용하기

해설 12시 18분 메시지에서 머조얀 씨가 신규 고객임을 알 수 있고, 부동산 중개업자와 예비 구매자들이 내일 아침에 그녀의 집을 방문한다(A real estate agent is stopping by her house tomorrow morning with some prospective buyers)고 했으므로 정답은 (B)이다.

▶▶ Paraphrasing 지문의 stopping by her house
→ 정답의 Have visitors at her home

174 세부 사항

번역 메시지 작성자들은 언제 234 레이크사이드 가에서 만날 것 같은가?
(A) 1시간 뒤
(B) 2시간 뒤
(C) 3시간 뒤
(D) 4시간 뒤

해설 오후 12시 19분 카라 브룩스의 질문과 파이퍼 맥네어의 응답에서 234 Lakeside Avenue가 머조얀 씨의 주소임을 알 수 있고 '두 시간쯤 후에 그곳에 갈 수 있다고 전하겠다(I'll tell her you can be there in a couple of hours)'라고 했으므로 a couple of의 의미인 two가 있는 (B)가 정답이다.

175 의도 파악

번역 오후 12시 21분에 데이비슨 씨가 "토요일인데요"라고 쓴 의도는 무엇이겠는가?
(A) 여분의 시간이 없다.
(B) 추가 작업을 받지 말아야 한다고 생각한다.
(C) 그래디 씨는 보통 그날 일하지 않는다.
(D) 마일스 씨가 좋은 결정을 내리지 않았다.

해설 '토요일인데요(It's Saturday)'는 그래디를 업무에 배정했다는 메시지에 대한 응답이다. 오후 12시 22분 맥네어는 다른 직원의 부재로 어쩔 수 없이 그래디가 필요하다고 언급하고 12시 22분 데이비슨은 답변에서 '그가 휴일인데도 도와준다고 했다니 다행이다(I'm glad he agreed to help out on his day off)'라고 하고 있다. 따라서 그래디가 토요일에는 출근하지 않는다는 것을 알 수 있으므로 (C)가 정답이다.

176-180 기사 + 초대장

코왈릭 시장 버스 기사 감사의 날을 공표하다

프레코스타 (4월 2일)—에드 코왈릭 시장이 4월 21일을 시의 첫 버스 기사 감사의 날로 선포했다. ¹⁷⁶버스 승객들은 따뜻한 인사말과 함께 시에서 특별히 제작된 감사 카드 한 장을 가지고 기사들에게 인사하도록 요청된다. 감사 카드는 www.frecosta.gov/transitappreciation에서 출력 가능하다. 추가적인 감사의 표현으로, 코왈릭 시장은 다음 달에 있을 스포츠 행사에 버스 기사들을 무료 초청할 예정이다.

¹⁷⁷지난 2년간 시의 인구가 증가했기 때문에, 프레코스타의 버스 기사들은 버스 경로의 잦은 변경을 감수해야 했다. 하지만, 오랫동안 기다려 온 내년에 있을 프레코스타 지하철의 개통은 많은 일자리를 창출하면서도 기사들이 받는 스트레스를 일부 완화할 것으로 기대된다. 지하철 노선은 시의 서부 끝자락에 위치한 바겐 타운 쇼핑 센터와 ¹⁷⁸동부 끝자락의 프레코스타 경기장을 연결할 예정이다.

어휘 appreciation 감사 declare 선언하다 greet 반기다
gesture 표현 gratitude 감사 free of charge 무료로
cope with ~에 대처하다, 감수하다 frequent 빈번한 long-
anticipated 오래 기다린 alleviate 완화하다

초대합니다!

¹⁸⁰**대상: 프레코스타 대중교통 서비스 직원**

행사: 프레코스타 키커스 축구 경기

장소: 프레코스타 경기장

일시: ¹⁷⁸**5월 7일 오후 2시**

¹⁷⁸시를 위한 귀하의 노고를 기리고자, 5월 7일에 있을 프레코스타 키커스 축구 경기의 무료 입장권을 제공하게 되어 기쁩니다.

¹⁸⁰e - 티켓을 다운로드하시려면, www.frecostakickers.com/tickets를 방문하셔서 계산하실 때 할인 코드 "FPTS OFFER"를 입력하십시오. 귀하는 이 코드로 한 장의 무료 티켓을 이용하실 수 있습니다. 또한 가족 및 친구들을 위한 게스트 티켓을 7달러에 최대 다섯 장까지 구매하실 수 있습니다.

¹⁷⁹경기 시작 전 오후 1시에 경기장 클럽하우스에서 가벼운 다과를 즐기시기 바랍니다. (주의: 운송 직원 및 동반 손님들에게만 해당됩니다.)

어휘 public transit 대중교통 in honor of ~을 기념하여
checkout 계산대 access 이용하다 purchase 구입하다

176 사실 확인

번역 시장이 버스 기사들에게 감사하기 위해 사람들에게 제안한 일은?

(A) 기금에 기부하기
(B) 기사들에게 카드 전달하기
(C) 기사들에게 온라인 인사말 게시하기
(D) 지역 신문에 편지 쓰기

해설 기사 첫 번째 단락에서 버스 승객들은 따뜻한 인사말과 함께 시에서 특별히 제작된 감사 카드 한 장을 가지고 기사들에게 인사하도록 요청된다(Bus riders are asked to greet drivers ~ from www.frecosta.gov/transitappreciation)고 했으므로 (B)가 정답이다.

177 세부 사항

번역 기사에 따르면, 최근에 규모가 커진 집단은 무엇인가?

(A) 축구 팬
(B) 기차 탑승객
(C) 프레코스타 주민
(D) 쇼핑 센터 고객

해설 기사 두 번째 단락 첫 문장에 '지난 2년간 시의 인구가 증가했기 때문에(Because the city's population has increased over the past two years)'라고 나와 있고 기사 전반에 걸쳐 the city가 Frecosta인 것을 알 수 있으므로 (C)가 정답이다.

178 연계

번역 5월 7일에 축구 경기에 참석할 사람들 중 일부에 대해 사실인 것은?

(A) 프레코스타 동부 끝자락까지 갈 것이다.
(B) 프레코스타 시에 거주해야 한다.
(C) 시장으로부터 온 이메일에 답장을 해야 한다.
(D) 경기에 세 명의 손님만 동반할 수 있다.

해설 기사 마지막 단락에 '동부 끝자락의 프레코스타 경기장(Frecosta Stadium, which is located on the eastern end)'이라고 나와 있고, 초대장에서 5월 7일에 포레코스타 경기장에서 있을 축구 경기에 운송 직원들이 초대되었으므로 이들이 동부 끝자락까지 갈 것임을 알 수 있다. 따라서 (A)가 정답이다.

179 세부 사항

번역 5월 7일 오후 1시에 일어날 일은?

(A) 경기장이 개장한다.
(B) 축구 경기가 시작된다.
(C) 다과가 제공된다.
(D) 시상식이 열린다.

해설 초대장 마지막 단락에서 경기 시작 전 오후 1시에 경기장 클럽하우스에서 가벼운 다과를 즐기라(Please join us in the stadium clubhouse at 1:00 P.M. for a light snack before the game)고 했으므로 (C)가 정답이다.

▸▸ **Paraphrasing** 지문의 **a light snack** → 정답의 **Refreshments**

180 세부 사항

번역 초대장에 따르면, 운송 직원들은 어떻게 입장권을 획득할 수 있는가?

(A) 버스 정류장을 방문한다.
(B) 시장의 사무실로 전화한다.
(C) 경기에 일찍 도착한다.
(D) 웹사이트에서 주문한다.

해설 초대장에 '대상: 프레코스타 대중교통 서비스 직원(Who: Frecosta Public Transit Services Employees)'이라고 명시되어 있으므로 운송 직원들을 대상으로 한다는 점을 알 수 있고, 두 번째 단락에서 웹사이트를 방문해 할인 코드를 입력하면 무료 티켓을 받을 수 있다(To download your e-tickets, ~ allow you to access one free ticket)고 언급하고 있으므로 (D)가 정답이다.

181-185 회람 + 이메일

수신: 번리 창고 팀

발신: 제인 페랄타

날짜: 12월 1일

주제: 곧 있을 변경 사항

우리 회사는 최근 현재 사용 중인 RERQ 세트를 대체하기 위해 JLX 소프트웨어 세트를 구입했습니다. ¹⁸¹새로운 소프트웨어와 함께 절차도 새로워질 예정입니다. 예전에는, 주소 라벨을 만들기 위해 선적 구역의 근로자들이 고객 이름을 서류에서 확인하여 데이터베이스에 있는 회사

주소를 검색했습니다. ¹⁸¹새로운 절차에서는, 보급 팀이 각각의 주문을 처리하고 ¹⁸²바코드 스티커를 상자에 부착한 뒤 선적 구역으로 상자를 배달합니다. 선적 구역에서는 ¹⁸²새로운 소프트웨어에 맞춰진 바코드 스캐너를 사용해 바코드를 찍으면 자동으로 주소 라벨이 인쇄되도록 할 것입니다. 데이터베이스에 없는 회사의 주소는 이전에 사용하던 RERQ 소프트웨어에서 찾아야 할 것입니다. ¹⁸²우리는 문서에 표시되는 배송 속도를 계속 주시할 것입니다. 예를 들어, 일부 주문은 다음날 아침 8시까지 도착해야 합니다. ^{182, 183}이러한 우선 배송 주소는 계속 노란색으로 강조 표시한 다음에 "우선"이라고 표시된 선반에 상자들을 두시기 바랍니다.

12월 5일부터 변경된 선적 절차를 회사 전반에 걸쳐 사용하기 시작할 계획입니다. 한 개 팀이 12월 첫째 주 동안 새로운 소프트웨어, 장비 및 절차를 테스트해 보고 피드백을 제공하기 위해 선택되었습니다. 이러한 시험 사용 단계에서 문제가 발견될 경우, 새로운 절차의 전면적인 시행을 연기해야 할 수도 있습니다.

어휘 warehouse 창고 upcoming 곧 있을 suite (관련 프로그램들의) 묶음 process 절차 previously 이전에 shipping 선적 supply 물자; 공급하다 affix 부착하다 in sync with ~와 동시에 진행되는, 조화를 이루는 observe 주시하다 indicated 표시된 highlight 강조 표시하다 priority 우선 (사항) shelf 선반 company-wide 회사 전반에 걸쳐서 procedure 절차[방법] trial 시험[실험] postpone 연기하다 all-round 전면적인 implementation 시행

수신: 제인 페랄타
발신: 아람 만수리
날짜: 12월 7일
제목: 회신: JLX와의 조율 작업

안녕하세요 페랄타 씨,

¹⁸⁴피드백을 요청하신 데 대해, JLX 시스템이 전반적으로 잘 돌아가고 있다고 말씀드릴 수 있습니다. 그런데, ¹⁸³튜링 포토그래피처럼 전체 주문에 대해 우선 배송을 요청한 회사로 가는 주문들을 처리하기 위해서는 더 나은 방법을 강구해야 합니다. 이번 주 튜링 포토그래피의 주문량 중 일부가 오전 8시까지 배송지에 도착하지 않았습니다. 우리 팀원 일부가 요청 배송 속도 라벨을 확인하는 것을 잊은 것 같습니다. 또한 ¹⁸⁵소형 스캐너의 배터리가 너무 빨리 소모된다는 이야기를 들었습니다. 확인해 주시겠습니까?

감사합니다.
아람 만수리

어휘 aspect 측면 handle 처리하다 premises 부지, 구내 handheld 손에 들고 쓰는, 소형의 run out 다 떨어지다 look into 검토하다

181 주제 / 목적

번역 회람의 목적은?
(A) 회사의 조직 개편을 발표하려고
(B) 새로운 절차를 설명하려고

(C) 능률 전문가를 소개하려고
(D) 문제에 관심을 불러일으키려고

해설 회람 첫 단락에서 새로운 소프트웨어와 함께 절차도 새로워질 예정(With the new software will come a new process)이라고 했고 이전의 절차와 비교하면서 새로운 절차를 언급하고 있으므로 (B)가 정답이다.

▶▶ Paraphrasing 지문의 a new process
→ 정답의 new procedures

182 사실 확인

번역 선적 절차 중 바뀌지 않을 단계는?
(A) 소프트웨어를 사용해 주소 찾기
(B) 바코드 스캐너 사용하기
(C) 모든 주문에 대해 바코드 스티커 만들기
(D) 특정 선반에 우선 물품 배치하기

해설 회람 첫 단락에서, 이전과 비교해 변경되는 새로운 절차를 설명하면서 문서에 표시되는 배송 속도를 계속 주시할 것(We will continue to observe the delivery speed indicated on the paperwork)이라고 하며 continue를 사용하여 변경되지 않는 사항을 알리고 있다. 뒤이어 우선 배송 주소는 계속 노란색으로 강조 표시한 뒤 "우선"이라고 표시된 선반에 상자들을 두라(Please continue to highlight ~ on the shelves marked "priority")고 했으므로 (D)가 정답이다.

▶▶ Paraphrasing 지문의 place those boxes on the shelves marked "priority" → 정답의 Putting priority items on a specific shelf

183 연계

번역 튜링 포토그래피에 대해 알 수 있는 것은?
(A) 주소 라벨이 노란색으로 강조 표시되어야 한다.
(B) 할인된 가격에 소프트웨어를 구입했다.
(C) 창고에 물품을 제공한다.
(D) 스캐너에 대해 불만을 제기받았다.

해설 이메일에서 튜링 포토그래피는 우선 배송을 요청한 회사라고 나와 있고, 회람에서 변경되지 않은 절차 설명 중, 우선 배송 주소는 계속 노란색으로 강조 표시하라(Please continue to highlight the address of such priority deliveries in yellow)는 요청 사항이 있으므로 (A)가 정답이다.

184 추론 / 암시

번역 무엇이 만수리 씨에 대해 사실이겠는가?
(A) 오전 8시에 근무를 시작한다.
(B) 그의 팀이 JLX 소프트웨어를 테스트해 보는 중이다.
(C) RERQ 시스템 사용을 선호한다.
(D) 우선 배송 주문 전체를 담당한다.

해설 이메일 첫 단락에 '피드백을 요청하신 데 대해, JLX 시스템이 전반적으로 잘 돌아가고 있다고 말할 수 있다(In reply to your request for feedback, I can say that most aspects of the JLX system are working well)'라고 평가하고 있으므로 (B)가 정답이다.

185 추론 / 암시

번역 이메일을 읽고 페랄타 씨가 할 일은 무엇이겠는가?
(A) 분실된 물품 찾기
(B) 수명이 긴 배터리 알아보기
(C) 마감일 조정하기
(D) 주소 수정하기

해설 만수리가 페랄타에게 쓴 이메일에서 소형 스캐너의 배터리가 너무 빨리 소모된다는 이야기를 들었으니 그것을 확인해 달라(I was informed our handheld scanners run out ~ Could you look into it?)고 요청하고 있으므로 (B)가 정답이다.

186-190 웹페이지 + 이메일 + 이메일

http://www.ohayonmarketing.com/clients

| 홈 | 고객 | 작업 견본 | 연락처 |

지난 5년 동안 우리는 계속 늘고 있는 고객층을 상대로 마케팅 해법을 제공해 왔습니다:

186전문 식품점　　**186의류**　　**186기술**
· 블루 베이 베이커리　· 사쿠라이 스포츠웨어　187 · 크래프트스페이스
· 베리 디렉터블　· 어반 액티브웨어사　· 진지 테크
· 오버-더-문-티즈　· 시크 랩스　· 뉴 팀즈 오피스 시스템즈
　　　　· 슈어파이어 러닝사

어휘 solution 해법 ever-growing 계속 늘어나는 specialty 전문 음식[요리] delectable 아주 맛있는 urban 도시의 chic 세련된 surefire 확실한

수신: 수닐 메타 〈sunil.mehta@gomail.co.in〉
발신: 마크 오하욘 〈mohayon@ohayonmarketing.com〉
날짜: 5월 3일
제목: 안녕하세요

수닐 씨께,

별일 없이 잘 지내고 계시기를 바랍니다. 제 가족과 제가 가을에 뉴욕에서 마라케시로 이주하려고 준비 중이라는 소식을 아마 들으셨을 겁니다. 이주하면서 제 마케팅 회사인 오하욘 마케팅도 그 지역으로 옮기려고 합니다.

188제가 샤프 스마트를 그만두면서 뉴델리를 떠난 뒤 크래프트스페이스에서 프리랜서로 일했던 일을 기억하실 겁니다. 187크래프트스페이스는 제 회사의 첫 고객이 되었지요. 좀 더 최근에는 제 회사가 커져서 관련 없는 업계의 상당수 업체들을 위해 상담을 하게 되었습니다.

저는 마라케시에서도 고객층을 확보하여 이 일을 계속하고 싶습니다. 그 지역 업계에 갖고 계신 인맥 때문에 연락 드렸습니다. 190제가

제공하는 서비스에 혹시 관심을 가질 만한 사람을 아신다면, 제게 알려 주시는 친절을 베풀어 주시겠습니까?

성공을 기원하며,
마크

어휘 process 과정 freelance 프리랜서로 일하다 branch out 진출하다 consult 상담하다 unrelated 관련 없는 industry 산업 establish 설립하다, 확고히 하다 business community 업계, 재계

수신: 마크 오하욘 〈mohayon@ohayonmarketing.com〉
발신: 수닐 메타 〈sunil.mehta@gomail.co.in〉
날짜: 5월 6일
제목: 마라케시 인맥

안녕하세요 마크 씨,

소식을 듣게 되어 기뻤습니다. 정확히 기억하시네요. 저는 마라케시에 인맥이 좀 있습니다. 189샤프 스마트에서 우리가 함께 근무하기 전에, 저는 마라케시에 사무실이 있는 회사에서 일했고 그곳으로 자주 출장을 다녔죠. 원하신다면 호텔과 식당 몇 곳과 심지어 여행사도 추천해 드릴 수 있습니다.

190문의 주신 것과 관련해서는, 살마 카다르 씨에게 이메일을 통해 당신을 소개하겠습니다. 그녀는 그 지역에서 식견이 꽤 있으시고, 당신에게 도움을 주실 거라고 확신합니다.

안부를 전하며,
수닐

어휘 pleasure 기쁨 frequently 자주 recommend 추천하다 in response to ~에 답하여 inquiry 문의 knowledgeable 많이 아는

186 추론 / 암시

번역 오하욘 마케팅에 대해 알 수 있는 것은?
(A) 가족에 의해 운영되는 기업들을 전문으로 한다.
(B) 다양한 고객층을 보유하고 있다.
(C) 주로 수출 회사를 지원한다.
(D) 의류 회사로부터 대부분의 수익을 낸다.

해설 웹페이지 고객 탭에서 소개하는 고객들의 분야는 전문 식품점(Speciality Foods), 의류(Apparel), 기술(Technology)로 다양하므로 (B)가 정답이다.

187 연계

번역 오하욘 마케팅이 처음으로 상담을 맡은 업계는 무엇인가?
(A) 온라인 교육
(B) 전문 식품점
(C) 의류
(D) 기술

해설 첫 번째 이메일에서 오하윤 씨가 크래프트스페이스가 회사의 첫 고객이 되었다(I freelanced for Craftspace, which went on to become my company's first client)고 언급했고, 크래프트스페이스는 웹 페이지에서 기술 분야에 속해 있으므로 (D)가 정답이다.

188 추론 / 암시

번역 샤프 스마트에 대해 알 수 있는 것은?

(A) 뉴델리에 오피스가 있다.
(B) 최근에 신입 직원 몇 명을 채용했다.
(C) 새로운 경영진 하에 있다.
(D) 최근에 더 큰 회사에 합병되었다.

해설 첫 번째 이메일 두 번째 단락에 '내가 샤프 스마트를 그만두면서 뉴델리를 떠난 뒤(after I left Sharp Smart—and moved out of New Delhi)'라고 제시된 내용에서 샤프 스마트는 뉴델리에 지점이 있다는 것을 추론할 수 있으므로 (A)가 정답이다.

189 세부 사항

번역 메타 씨는 누구인가?

(A) 여행사 직원
(B) 간부 채용 담당자
(C) 오하윤 씨의 이전 동료
(D) 오하윤 마케팅의 동업자

해설 두 번째 이메일 첫 단락에서 메타 씨가 '샤프 스마트에서 우리가 함께 근무하기 전에(Before we worked together at Sharp Smart)'라고 했으므로 (C)가 정답이다.

▸▸ Paraphrasing　　지문의 we worked together
　　　　　　　　　　→ 정답의 A former colleague

190 연계

번역 오하윤 씨가 카다르 씨에게 연락할 이유는 무엇이겠는가?

(A) 여행 일정표를 보낼 것을 상기시키려고
(B) 새로운 사무실을 임대하려고
(C) 사업 기회를 모색하려고
(D) 관광 관련 추천을 받으려고

해설 오하윤 씨 이메일에서, 메타 씨에게 '제가 제공하는 서비스에 혹시 관심을 가질 만한 사람을 아신다면(If you know anyone who might be interested in the services I offer)'이라며 소개해 달라는 요청을 하고 있고, 그에 대한 응답으로 메타 씨 이메일에 그 지역을 잘 아는 살마 카다르 씨에게 오하윤 씨를 소개하겠다(In response to your inquiry, I will introduce you by e-mail to Ms. Salma Kader)고 했으므로 오하윤 씨는 자신의 사업을 알릴 만한 기회나 고객 유치를 위해 카다르 씨에게 연락할 것을 짐작할 수 있다. 따라서 (C)가 정답이다.

191-195　전단지 + 송장 + 온라인 후기

스틸 휠즈 자동차 보험

최고급 차에는 최고급 보장이 필요합니다. [191]**귀하의 요구 사항에 가장 적합한 보험을 선택하세요.**

· 유지 보험: 연간 점검, 검사 및 월간 오일 교환 포함
· [192]**수리 보험**: 엔진 및 전기, 배기관, 냉각을 비롯한 기타 주요 시스템에 필요한 수리 포함, 모든 교체 부품 포함
· 세차 보험: 필요 시 바닥 매트 교체 포함해 매 3개월마다 내부와 외부 전체 세차
· 종합 보험: 상기 세 가지 보험의 혜택 전부 포함

차량 모델에 따라 한 달 이용료가 다릅니다.
[191]**planinfo@steelwheelsins.com**으로 이메일을 보내시면 구체적인 가격 및 보험 정보를 알려드립니다.

어휘　vehicle 차량　insurance 보험　top-of-the-line 최고급의　suit ~에 맞다　maintenance 유지　inspection 점검　repair 수리; 수리하다　electrical 전기의　exhaust 배기관　cooling 냉각　exterior 외부의　vary 다르다

럼 모터스 세일즈 앤 서비스

고객: 밍 시옹	[193]**날짜: 12월 13일**	
보험: 스틸 휠즈		

이용 서비스	보험사 비용 처리	고객 부담금
라디에이터 호스 및 클램프 교체	$120	$0
[192]새 바닥 매트	[192]$0	[192]$250
총	$120	$250

[193]**교체가 이루어진 부품을 점검하거나 보관하기를 원하시면, 차량을 가지러 오실 때 정비사와의 상담을 요청하십시오. 서비스 날짜 이후에는 부품을 보관하지 않습니다.**

추천 제품:　부드러운 엔진 기능을 위한 골딩즈 합성 오일
　　　　　　　엔진을 보호하기 위한 하몬 에어 필터
　　　　　　　[194]**직물 시트 커버를 보호하기 위한 리프트-브라이트 섬유 처리제**
　　　　　　　내부 냄새를 상쾌하게 유지하기 위한 에버스위트 스프레이

어휘　billable 청구할 수 있는　examine 점검하다　mechanic 정비공　synthetic 합성한　smooth 매끄러운　functioning 기능　fabric 직물　upholstery 덮개[커버]

---

www.jkarcare.com/forum/auto-maintenence/interior

오토 포럼

훌륭한 제품
작성: 밍 시옹/12월 29일 오후 7시 43분

이름은 기억나지 않지만 [194]**제 자동차 중개인의 서비스 부서에서 추천을 받아 이 제품을 구입했는데, 아주 훌륭합니다.** 노란색 글씨가 있는 파란색 병에 담긴 액체입니다. [194]**세 아이의 아빠로서, 저는 차량 내부**

를 깨끗하게 유지하는 데 어려움이 있습니다. 많은 제품이 얼룩을 방지해 준다고 주장하지만 이 제품은 실질적으로 효과가 있습니다. **194흘린 액체는 모두 곧바로 닦입니다.** **195더 놀라운 것은 가격인데요.** 다른 브랜드 제품들과 가격은 거의 같지만 효과는 훨씬 더 좋습니다.

어휘 recall 기억하다 dealer 중개인 liquid 액체
claim 주장하다 stain 얼룩; 얼룩지다 spill 흘린 액체; 흘리다
wipe 닦다

---

191 세부 사항

번역 전단지에 따르면, 전단지를 읽은 사람이 스틸 휠즈 자동차 보험에 이메일을 보내야 하는 이유는?
(A) 보험 보상 범위에 대해 문의하려고
(B) 수리비 견적을 받아 보려고
(C) 약속을 잡으려고
(D) 참여하는 서비스 센터를 알아보려고

해설 전단지 시작 부분에 자신의 요구 사항에 가장 적합한 보험을 선택하라(Choose whichever plan best suits your needs)는 광고의 목적이 나와 있고, 전단지 마지막에 구체적인 금액과 보험 정보를 위해 이메일을 보내라(E-mail us ~ for specific cost and plan information)는 내용이 있으므로 (A)가 정답이다.

192 연계

번역 시옹 씨의 보험은 무엇일 것 같은가?
(A) 유지 보험
(B) 수리 보험
(C) 세차 보험
(D) 종합 보험

해설 전단지에 수리 보험은 모든 교체 부품을 포함한다(Includes all replacement parts)고 나와 있고, 송장에 의하면 교체 품목인 '라디에이터 호스 및 클램프 교체(Replaced split radiator hose and clamps)'가 보험사에 의해 비용 처리가 되었기 때문에 시옹 씨는 수리 보험(Repair Plan)에 가입한 것임을 알 수 있다. 또한 시옹 씨가 받은 서비스 품목으로 New floor mats(새 바닥 매트) 교체가 송장에 나와 있지만 이는 본인 부담으로 처리되었기 때문에, 매트 교체를 포함하는 세차 보험(Cleaning Plan)과 종합 보험(Combination Plan)은 정답이 될 수 없다. 따라서 정답은 (B)이다.

193 추론 / 암시

번역 송장에 따르면, 시옹 씨가 12월 13일에 요청했을 가능성이 있는 것은?
(A) 정비사의 작업 내역서
(B) 자신의 차의 이전 부품
(C) 가득 채운 연료
(D) 대체 자동차

해설 송장의 처리 날짜가 12월 13일이고, 교체받은 부품을 점검하거나 보관하기를 원하면 차량을 가지러 올 때 정비사와의 상담을 요청하고 서비스 날짜 이후로는 부품을 보관하지 않는다(If you wish to examine ~ will not be kept after the service date)고 송장에 명시되어 있기 때문에 차의 이전 부품을 요청했을 가능성이 있다. 따라서 (B)가 정답이다.

194 연계

번역 시옹 씨가 구입한 것은 무엇이겠는가?
(A) 골딩즈 합성 오일
(B) 하몬 에어 필터
(C) 리프트-브라이트 섬유 처리제
(D) 에버스위트 스프레이

해설 온라인 후기에서 자동차 중개인의 서비스 부서에서 추천을 받아 제품을 구입했다고 언급했기 때문에 송장에서의 추천 제품과 연계된 문제임을 알 수 있다. 후기에서 시옹 씨는 세 아이의 아빠로서 차량 내부를 깨끗하게 유지하는 데 어려움이 있다(As a father of three, I have a hard time keeping the interior of my car clean)고 했고, 흘린 액체는 모두 곧바로 닦인다(All our spills wipe right off)고 언급한 부분에서 그가 구입한 제품은 '직물 시트 커버를 보호하기 위한 리프트-브라이트 섬유 처리제(Lift-brite fabric treatment to protect cloth seat upholstery)'임을 알 수 있다. 따라서 (C)가 정답이다.

195 세부 사항

번역 온라인 후기에 따르면, 시옹 씨가 제품에 대해 인상 깊었던 것은?
(A) 합리적인 가격
(B) 기분 좋은 향기
(C) 획기적인 포장
(D) 갑작스러운 인기

해설 후기에서 가격에 대해 언급하며 다른 브랜드 제품들과 가격은 거의 같지만 효과는 훨씬 더 좋다(Even more impressive is the price ~ the same as other brands but works much better)고 했으므로 (A)가 정답이다.

196-200 강령 + 안내문 + 공고

강령

훌라니 항만 주민 연합(HHNA)은 모두를 위해 안전하고 활기차며 즐길 수 있는 공동체를 도모하고자 노력하는 **196자치 단체**이다. 회원들은 훌라니 항만 지역에 거주하며 다음과 같은 목표에 헌신한다:

1. 훌라니 항만 지역이 다양한 주택 유형과 가격 수준을 유지하도록 한다.
1982. 고택의 건축학적 특징을 보존한다.
3. 주기적인 주민 모임 및 행사를 기획한다.
4. 지역 문제 및 계획에 대해 자유 토론을 장려한다.

어휘 harbor 항만 association 연합 self-governing 자치의
organization 조직 strive 분투하다 promote 고취하다
vibrant 활기찬 community 지역 사회 committed 헌신하는
a range of 다양한 preserve 보존하다 architectural
건축학의 character 특징 seasonal 계절에 따른, 주기적인
resident 주민 initiative 계획

홀라니 항만 주민 연합 분기 회의
¹⁹⁹4월 20일 목요일 저녁 7시

의사일정에 추가된 신규 안건

• ^{197, 198}셰노사는 1909년에 지어진 주거용 건물이 위치한 3912 베넷 가의 토지 용도 변경을 원한다. 회사는 해당 건물이 상업적인 용도로 쓰일 수 있도록 승인을 요청하고 있으며, 승인이 나면 주택은 완전히 개조될 예정이다. ¹⁹⁷우리는 주민들이 4월 17일 월요일에 있을 시 의회 회의에 참석해 회사의 요구 사항에 대해 좀 더 알고 목요일 저녁 HHNA 회의에서 있을 추가적인 논의에 대비할 것을 요청한다.

• ¹⁹⁹브라조리아 크릭 구역의 지도자 위원회에 공석이 있음을 알린다. 업무는 주민들의 연락을 담당하는 일, 월간 소식지를 배포하는 일, HHNA의 다른 지도자들과 정보를 공유하는 일을 포함한다. 브라조리아 크릭을 대표하는 일에 관심 있는 사람들은 투표가 열리기 전에 각자 짧게 연설하도록 요청받게 된다.

어휘 agenda 의사일정, 안건 rezoning 구역 재조정 residential 주택지의 structure 건축물 property 부동산 commercial 상업적인 city council 시 의회 committee 위원회 sector 부문 opening 공석 duty 의무, 직무 distribute 배부하다 individual 개인 represent 대표하다 briefly 짧게 vote 투표

---

¹⁹⁹HHNA는 엘레나 레드맨이 HHNA의 브라조리아 크릭 구역 차기 대표로 선정되었음을 알리게 되어 기쁩니다. ²⁰⁰레드맨 씨는 현지 공익 단체에서 다양한 역할을 수행해 왔습니다. "비록 직업적으로는 은퇴한 상태이지만, 제 경력은 주로 변호와 교육을 통해 지역 사회와 주민들을 지원하는 일이었습니다. 제가 25년이 넘게 거주해 온 지역사회에 도움이 되기를 기대합니다"라고 그녀는 말했다.

어휘 select 선택하다 representative 대표 various 다양한 state 말하다 retired 은퇴한 support 지원하다 advocacy 지지, 변호 education 교육

196 세부 사항

번역 HHNA가 강령에서 명시한 것은?
(A) 독립적으로 운영되는 단체이다.
(B) 최근에 조직되었다.
(C) 시 공무원의 자문을 받는다.
(D) 회비를 청구한다.

해설 강령에서 HHNA는 자치 단체(self-governing organization)라고 명시되어 있으며, 이는 독립적으로 운영되는 단체(independently run group)와 같은 의미이므로 정답은 (A)이다.

▶▶ Paraphrasing   지문의 **self-governing organization**
→ 정답의 **an independently run group**

197 세부 사항

번역 주민들이 4월 17일 월요일에 회의에 참석할 것을 권고받는 이유는?
(A) 공개 연설에 대한 훈련을 받으라고
(B) 일부 시 정치인들에 대한 지지를 보여 주라고
(C) 토지 구획 제안에 대한 정보를 얻으라고
(D) 새로운 이웃들을 만나 보라고

해설 안내문 첫 안건에서 셰노사가 주거용 건물을 개조 후 상업적인 용도로 사용하기 위해 토지 용도 변경을 요청하고 있다(The Chenaux Company seeks rezoning for 3912 Bennett Avenue, ~ the house would be completely remodeled)고 했으며, 주민들에게 4월 17일 월요일에 있을 시 의회 회의에 참석해 회사의 요구 사항에 대해 좀 더 알아보자(We invite residents to attend the city council meeting on Monday, April 17, to learn more about the company's request)고 했으므로 (C)가 정답이다.

▶▶ Paraphrasing   지문의 **learn more about**
→ 정답의 **get information**

198 연계

번역 HHNA의 목표 중 어떤 것이 셰노사의 요구와 상충될 것 같은가?
(A) 목표 1
(B) 목표 2
(C) 목표 3
(D) 목표 4

해설 HHNA의 강령 중 '고택의 건축학적 특징을 보존한다(Preserving the architectural character of historic homes)'라는 2번 목표는 안내문에서의 '셰노사는 1909년에 지어진 주거용 건물이 상업적인 용도로 쓰일 수 있도록 승인을 요청하고, 승인이 나면 주택은 완전히 개조될 예정이다(The Chenaux Company seeks rezoning for 3912 Bennett Avenue, ~ the house would be completely remodeled)'라는 점과 상충하고 있으므로 (B)가 정답이다.

199 연계

번역 레드맨 씨에 대해 알 수 있는 것은?
(A) 4월에 회의에서 연설을 했다.
(B) 홀라니 항만에서 회사를 소유하고 있었다.
(C) 회의 안건을 배부하는 일을 맡고 있다.
(D) 소식지를 위해 기사를 작성한다.

해설 안내문 두 번째 안건에서, 공석에 관심 있는 사람은 투표 전에 짧게 연설을 하도록 요청된다(Individuals who are interested ~ before a vote will take place)고 했고, 공고에서 엘레나 레드맨이 대표로 선정되었음을 알리게 되어 기쁘다(The HHNA is pleased ~ for the Brazoria Creek sector)고 했으므로 그녀가 공석의 후보자로서 연설을 했음을 짐작할 수 있다. 따라서 정답은 (A)이다.

200 추론 / 암시

번역 레드맨 씨가 대표직에 자격이 되는 이유로 제시한 것은?

(A) 학사 학위

(B) 참신한 리더십 아이디어

(C) 국가적인 사안에 대한 의식

(D) 현지 단체를 지원했던 경력

해설 공고는 레드맨 씨의 말을 직접 인용하고 있으며, 레드맨 씨는 자신이 비록 은퇴했지만 변호와 교육을 통해 지역 사회와 주민들을 지원하는 일을 했다(Although I am retired professionally, the focus of my career has been supporting people and communities through advocacy and education)고 했으므로 (D)가 정답이다.

실전 TEST 2

101 (D)	**102** (B)	**103** (C)	**104** (A)	**105** (D)
106 (A)	**107** (C)	**108** (C)	**109** (A)	**110** (C)
111 (A)	**112** (C)	**113** (D)	**114** (B)	**115** (B)
116 (B)	**117** (C)	**118** (D)	**119** (D)	**120** (A)
121 (D)	**122** (C)	**123** (B)	**124** (A)	**125** (A)
126 (C)	**127** (A)	**128** (B)	**129** (D)	**130** (C)
131 (A)	**132** (D)	**133** (B)	**134** (B)	**135** (D)
136 (C)	**137** (A)	**138** (C)	**139** (C)	**140** (B)
141 (A)	**142** (B)	**143** (D)	**144** (C)	**145** (D)
146 (A)	**147** (A)	**148** (D)	**149** (C)	**150** (C)
151 (B)	**152** (C)	**153** (B)	**154** (D)	**155** (C)
156 (B)	**157** (D)	**158** (A)	**159** (B)	**160** (C)
161 (D)	**162** (B)	**163** (A)	**164** (D)	**165** (C)
166 (A)	**167** (A)	**168** (A)	**169** (D)	**170** (B)
171 (B)	**172** (B)	**173** (A)	**174** (B)	**175** (D)
176 (A)	**177** (B)	**178** (D)	**179** (C)	**180** (B)
181 (B)	**182** (C)	**183** (B)	**184** (A)	**185** (C)
186 (B)	**187** (A)	**188** (C)	**189** (D)	**190** (B)
191 (D)	**192** (C)	**193** (A)	**194** (B)	**195** (D)
196 (C)	**197** (B)	**198** (A)	**199** (D)	**200** (D)

PART 5

101 인칭대명사의 격 _ 목적격

해설 빈칸은 4형식 동사 send의 간접목적어 자리이므로 (D)가 정답이다. 목적어 자리에 가능한 재귀대명사 (B)와 (C)는 주어와 일치하지 않기 때문에 오답이다.

번역 판게아사는 지원서를 받았음을 알리는 이메일을 귀하에게 보낼 것입니다.

어휘 confirm 확인하다, 확정하다 receipt 영수증, 수령 application 지원(서)

102 동사 어휘

해설 빈칸은 주어인 farewell party(송별회)와 어울리는 동사의 수동태 자리이다. 빈칸 뒤에 장소와 시간의 전치사구가 나와 있으므로 '열리다(be held)'가 자연스럽다. 따라서 (B)가 정답이다. (A) meant(의도된), (C) taken(취해진), (D) built(지어진)는 문맥상 오답이다.

번역 야마모토 씨의 송별회가 화요일에 구내식당에서 열렸다.

어휘 farewell party 송별회 cafeteria 구내식당

103 형용사 자리

해설 there may be(~이 있을 수 있다)와 연결되는 명사 availability를 수식하는 형용사 자리이므로 (C)가 정답이다.

번역 견학은 매일 시행되지만, 주말에는 이용이 제한적일 수도 있습니다.

어휘 availability 가능성

104 부사절 접속사

해설 빈칸은 두 개의 완전한 절을 이어 주는 접속사 자리이므로, '~ 때문에'라는 의미의 부사절 접속사 (A) because가 정답이다. (B) rather (오히려) (C) not only(~뿐만 아니라) (D) as well(또한)은 모두 부사이므로 두 개의 절을 연결할 수 없다.

번역 벤톡 슈즈는 수준 높은 서비스를 제공하기 때문에 단골 고객층을 보유하고 있다.

어휘 loyal 충성스러운 customer base 고객층 high-quality 고품질의

105 부사 자리

해설 빈칸은 주어와 동사 사이에 위치하여 바로 뒤의 동사를 수식하는 부사 자리이므로 (D) respectfully가 정답이다.

번역 건물 운영진은 직원들에게 로비에서 대화하는 행위를 삼가 달라고 정중하게 요청한다.

어휘 avoid 피하다 socialize 어울리다 respectful 공손한 respectfully 정중하게

106 전치사 어휘

해설 빈칸 뒤 walking distance와 관용적으로 함께 쓰여 '도보 거리 이내에'라는 의미를 이루는 전치사는 within이다. 따라서 (A)가 정답이다.

번역 극장 지구는 야페 호텔에서 도보 거리 이내에 위치해 있다.

어휘 district 구역 distance 거리

107 to부정사

해설 주절의 동사인 are finding이 있으므로 빈칸은 준동사 자리이다. 빈칸 앞 명사 ways를 수식하여 '~하는, ~할'이라는 의미를 이루는 to부정사 (C)가 정답이다. (A) have delivered, (B) are delivering, (D) delivers는 시제와 수 일치의 모습을 갖춘 본동사이므로 빈칸에 들어갈 수 없다.

번역 소비자들이 온라인으로 더 많은 제품들을 구매함에 따라, 소매업자들은 주문품을 더 빨리 배송하기 위한 방법을 모색하고 있다.

어휘 consumer 소비자 retailer 소매업자 order 주문(품)

108 동사 어휘

해설 빈칸 뒤의 that절(~한다는 점)과 어울리는 동사는 '~에 유념하다'라는 의미의 (C) note이다. (A) proceed(진행하다), (B) secure(확보하다), (D) keep(유지하다)은 that절을 목적어로 취하지 않으므로 오답이다.

번역 환경 조사관들은 자격 증명을 매년 갱신해야 한다는 점을 유념하십시오.

어휘   environmental 환경의   inspector 조사관   renew 갱신하다
      certification 증명

109   부사 자리

해설   빈칸은 동사 is와 형용사 open 사이에서 뒤에 위치한 형용사를 수식
      하는 부사 자리이다. 따라서 (A) usually가 정답이다. (B) during은
      전치사이고 (C) several은 복수명사와 함께 쓰이는 수량 형용사, (D)
      longer는 형용사의 비교급으로 품사상 적절하지 않다.

번역   이 씨의 일정표는 보통 매주 화요일 오후 3시에서 5시 사이에 면접을
      위해 비워져 있다.

어휘   calendar 달력, 일정표   interview 면접

110   전치사 어휘

해설   빈칸은 뒤에 있는 the film(영화)과 결합하여 빈칸 앞 role(역할)을
      수식하는 전치사 자리이며, role이 '~에서의 역할'로 쓰인 문맥에서
      는 전치사 in과 함께 사용된다. 따라서 (C)가 정답이다.

번역   영화 '썬포켓'의 주인공 역할은 아베베 씨를 위해 특별히 만들어졌다.

어휘   lead role 주인공 역할

111   동사 자리

해설   banking session이 주어이고 이에 맞는 동사가 필요한 자리이므로
      (A)가 정답이다. 등위접속사 so는 앞뒤로 완전한 문장을 연결하므로
      so 앞에는 완전한 문장이 들어가야 한다. (B)와 (D)는 준동사이므로
      문장을 만들 수 없다.

번역   현재 온라인 뱅킹 세션이 만료되었으니, 계정에 다시 로그인해 주시기
      바랍니다.

어휘   current 현재의   session 시간[기간]   account 계좌   expire
      만료되다   expiration 만료

112   형용사 어휘

해설   빈칸 뒤 intervals를 수식하는 형용사 자리이다. 빈칸 앞 at과 함께
      전치사구를 이루며 checking your vehicle's oil과 어울려 '차량의
      오일을 규칙적인 간격으로 점검할 것'이라는 문맥으로 이어지므로 (C)
      regular가 정답이다.

번역   XAG 모터스는 차량의 오일을 규칙적인 주기로 점검할 것을 추천합
      니다.

어휘   recommend 추천하다   vehicle 차량   interval 간격
      genuine 진짜의   immediate 즉각적인

113   명사 자리 _ 복합명사

해설   빈칸은 the latest design과 어울려 전치사 for의 목적어 역할을 하
      는 명사 자리이므로 (D)가 정답이다. 빈칸 앞 문장이 문법적으로 완
      전한 형태를 이루어 부사가 들어갈 것 같지만 문맥이 맞지 않아 (B)

innovatively는 적절하지 않고 형용사인 (A) innovative와 동사인
(C) innovate는 품사상 적합하지 않다.

번역   우 씨는 슈 포셋사에서 최신 디자인 혁신을 책임지고 있다.

어휘   latest 최신의   innovative 혁신적인   innovation 혁신

114   부사 어휘

해설   빈칸 뒤 형용사의 비교급을 수식하는 부사 자리로 '상당히 더 ~한'
      의 의미를 이루는 (B) significantly가 정답이다. (A) expertly(전문
      적으로), (D) historically(역사적으로)는 문맥상 적절하지 않고, (C)
      prominently는 '현저히'라고 해석하지만, '물리적으로 눈에 띄게'라
      는 의미를 가지고 있어 정도를 나타내는 비교급 수식에는 어울리지 않
      는다.

번역   린콘 데이터는 이전보다 상당히 더 큰 새 시설을 개관했다.

어휘   facility 시설   previous 이전의

115   인칭대명사의 격 _ 소유격

해설   빈칸은 전치사 of의 목적어 역할을 하는 health를 한정 수식하는 자
      리이므로 소유격 인칭대명사 (B) their가 정답이다.

번역   매년, 사람들이 섭취하는 것과 그들의 건강 상태의 관계에 대한 이해가
      더 깊어지고 있다.

어휘   relationship 관계   state 상태   fully 완전히

116   명사 어휘

해설   빈칸은 전치사구 from customers의 수식을 받으며 문장의 주어 역
      할을 하는 명사 자리이다. '고객들의 피드백'이 문맥상 자연스러우므로
      (B)가 정답이다. (A) Inventory(재고), (C) Possibility(가능성), (D)
      Distribution(분배)은 의미상 적절하지 않다.

번역   고객들의 피드백은 우리가 어느 부분을 개선해야 할지를 알아내는 데
      귀중한 자료가 된다.

어휘   valuable 귀중한   determine 알아내다

117   형용사 자리 _ 분사

해설   빈칸은 her latest와 함께 뒤에 오는 collection을 수식하는 형용
      사 자리이다. 따라서 과거분사인 (C) published(출판된)가 정답이다.
      (B) publish, (D) publishes는 동사이므로 품사상 맞지 않고, (A)
      publisher는 명사이므로 뒤에 명사와 만나 복합명사를 이룰 수 있지
      만, 의미가 어색하므로 오답이다.

번역   요시노 나가오 시인은 금요일에 아가일 도서관에서 자신의 최신 작품
      모음집을 낭독할 예정이다.

어휘   poet 시인   latest 최신의   collection (시·노래 등의) 모음집

118 형용사 어휘

해설 빈칸은 defects를 수식하는 형용사 자리이며 문맥상 '구조상 결함이 발견되었다'가 자연스러우므로 (D)가 정답이다. (A) private는 '사적인', (B) instructional은 '교육용의' (C) complimentary는 '무료의'라는 의미이므로 문맥상 어색하다.

번역 콜티에 빌딩에 대한 검사는 몇 군데 구조 결함을 밝혀냈다.

어휘 inspection 검사 identify 발견하다 defect 결함

119 부사 자리

해설 빈칸은 have been reporting의 목적어로 온 명사구 strong sales에서 형용사인 strong을 수식하는 자리이므로 부사 (D)가 정답이다.

번역 소매업자들은 이번 시즌 놀라울 정도로 높은 수영복 판매 결과를 보고했다.

어휘 retailer 소매업자 swimwear 수영복

120 명사 어휘

해설 주어인 고유명사(Curitour Travel)가 여행사이고 동사가 offers이므로 빈칸에 들어가는 목적어는 여행사가 제공할 수 있는 것이어야 하며 관계대명사절의 수식을 받고 있으므로 기간, 비용, 단체 인원수가 다양하다는 해석과도 어울려야 한다. 따라서 두 가지를 모두 충족시키는 명사인 (A) excursions(여행)가 정답이다. (B) refreshments(다과), (C) improvements(향상), (D) institutions(기관, 제도)는 문맥상 적절하지 않다.

번역 큐리투어 트레블은 아시아 전역에 걸쳐 기간, 비용, 단체 인원수에 있어 다양한 여행을 제공합니다.

어휘 vary 다르다, 달라지다 length 길이, 기간

121 명사 자리

해설 빈칸은 전치사 As의 목적격이며 the city's largest에 의해 수식을 받는 명사 자리이다. 콤마 뒤 내용인 '일자리를 제공한다'와 '시의 최대 고용주로서'로 이어져야 자연스러우므로 (D)가 정답이다. (A) 또한 명사이지만 '고용'이라는 의미이므로 문맥상 적절하지 않다.

번역 시의 최대 고용 사업체로서, 바이린 병원은 서쪽 병동에서만 천 개 이상의 일자리를 제공한다.

122 대명사 어휘

해설 빈칸 뒤 관계대명사 who가 이끄는 절에 의해 수식을 받고 빈칸 앞 not과 결합하여 will be able to attend의 주어 역할을 하는 대명사 자리이다. not은 every, all 등과 결합하여 '모두가 ~한 것은 아니다'라는 부분 부정의 의미를 만드는데, '신청하는 사람 모두가 입장할 수는 없다'라는 의미가 자연스러우므로 (C)가 정답이다.

번역 장소가 협소하여 연극의 입장권을 신청하는 사람 모두가 입장할 수는 없을 것입니다.

어휘 venue 장소 play 연극

123 부사절 접속사 어휘

해설 빈칸 앞뒤로 '상당한 독자층을 보유한다'와 '각기 다른 인구층을 겨냥한다'는 서로 대조되는 내용이 나오므로 '비록 ~이지만'을 의미하는 부사절 접속사 (B)가 정답이다. (A) unless(~하지 않는 한), (C) once(일단 ~하면), (D) whether(~이든 아니든)는 부사절 접속사이지만 문맥상 어색하다.

번역 〈앳킨슨 타임즈〉와 〈맥밀란 레코드〉는 둘 다 상당한 독자층을 보유하고 있지만, 각기 다른 인구층을 겨냥하고 있다.

어휘 sizable 상당한 크기의 readership 독자 수, 독자층 target 목표로 삼다 demographic 인구 (통계)

124 전치사 자리

해설 빈칸은 명사구 앞 전치사 자리이며, 의미상 '경쟁사를 인수하면서'가 자연스러우므로 동시 상황을 연결해 주는 (A)가 정답이다. (D) Above(~보다 위에)도 전치사지만 의미상 적합하지 않고, (B) Wherever는 부사절 접속사, (C) Together는 부사이므로 품사상 맞지 않다.

번역 경쟁사를 인수하면서 플로트너 일렉트릭은 시에서 가장 큰 가전제품 소매 업체가 되었다.

어휘 acquisition 인수 competitor 경쟁자 appliance 가전제품

125 부사 어휘

해설 빈칸은 앞뒤의 was와 caused를 수식하는 부사 자리이며, '지연은 주로 소통 문제로 인해 발생되었다'는 의미를 이루는 것이 자연스러우므로 (A)가 정답이다. (B) eventually(마침내), (C) hastily(급히), (D) reluctantly(마지못해)는 문맥상 적절하지 않다.

번역 배송 지연은 주로 우리 부서 내에서의 의사 소통 문제로 인해 발생되었다.

어휘 shipment 배송 delay 지연 miscommunication 의사 소통 오류

126 명사 자리

해설 빈칸은 동사 received의 목적어 자리이며 관사 an 뒤에 위치하므로 명사 (C)가 정답이다.

번역 주문 오류 때문에, 바이벌 마켓은 쌀 200포대의 초과 물량을 수령했다.

어휘 exceed 초과하다 exceedingly 극도로 excess 초과량 excessive 과도한

127 부사절 접속사

해설 앞뒤 완전한 절을 연결하는 접속사 자리이며, 문맥상 '업데이트가 잘 되면 소프트웨어가 잘 작동된다'라는 의미가 자연스러우므로 if를 대신할 수 있는 부사절 접속사 (A)가 정답이다. (B) no sooner는 부사, (C) so as to는 '~하기 위해'의 의미로 동사원형과 써야 하고, (D) in view of(~을 고려하여)는 전치사이므로 오답이다.

번역 최 씨는 컴퓨터의 운영 체제가 최신화될 경우 새 회계 소프트웨어가 원활히 운용될 것이라고 보고한다.

어휘 accounting 회계   operating system 운영 체제

128 동명사

해설 빈칸은 전치사 upon의 목적격이며 바로 뒤의 명사구 the Briston Literary Archive를 목적어로 취하는 동명사 자리이므로 (B)가 정답이다. (C)는 명사이므로 전치사의 목적격은 될 수 있지만, 뒤의 명사구와 연결될 수 없기 때문에 오답이다.

번역 연구원들은 브리스톤 도서관 기록실에 들어오자마자 방문객 등록 테이블에서 이름을 기록해야 한다.

어휘 researcher 연구원   sign in 서명하다   registration 등록

129 부사 어휘

해설 문맥상 '적극적으로 지원해 왔다'는 의미로 has supported와 어울리는 (D)가 적합하다. (A) currently는 '지금'이라는 뜻으로 현재 또는 현재진행 시제와 사용되는 부사이므로 현재완료 시제와 맞지 않고, (B) upwardly(위쪽을 향해), (C) severely(심하게)는 의미상 적합하지 않다.

번역 가넷 광고사는 수년 동안 자선 단체를 위한 직원들의 자원 봉사 활동을 적극적으로 지원했다.

어휘 support 지원하다   volunteer 자원 봉사자   charitable 자선의   organization 단체

130 형용사 어휘

해설 빈칸 뒤 명사 architecture를 수식하는 형용사 자리로, 문맥상 '오피스 타워는 현대 건축의 정수로 인정받을 것이다'라는 의미가 자연스러우므로 (C)가 정답이다.

번역 라켈 씨의 새로운 스톡홀름 오피스 타워는 분명히 현대 건축의 정수로 인정받을 것이다.

어휘 recognize 인정하다   architecture 건축(술)   instant 즉각적인   associated 관련된   contemporary 현대의   simultaneous 동시의

PART 6

131-134 구인 광고

베레스토프사는 회사 내의 전 부서에서 입찰 및 조달 과정을 감독하는 전문적인 조달 책임자를 ¹³¹**찾고 있습니다.** 해당 직원은 광고 초안 작성, 계약서 준비, 입찰 진행 ¹³²**및** 회사 직원들에게 규정 및 절차에 대한 교육을 제공하게 될 것입니다.

본 직위는 경영학 또는 관련 분야에서 2년 과정의 학위를 필요로 합니다. ¹³³**지원자**는 조달 관련 최근 경력을 포함해 기업에서 관리자로서 최소 3년의 경력을 소지하고 있어야 합니다. ¹³⁴**더욱이, 우수한 조직력 또한 필수 요소입니다.**

어휘 procurement 조달   oversee 감독하다   bidding 입찰   process 과정; 처리하다   draft 초안을 작성하다; 초안   contract 계약   procedure 절차[방법]   personnel 직원들   degree 학위   business administration 경영학   related 관련된   field 분야   corporate 기업의

131 동사 어휘

해설 지문이 구인 광고이므로 문맥상 '베레스토프사가 책임자를 찾고 있다'는 의미의 (A)가 정답이다. 보기의 동사는 모두 현재 시제이고, (B) hire(고용하다)는 현재 시제와 사용될 때 보통 현재의 고용 상태를 나타내므로 알맞지 않다.

132 등위접속사

해설 빈칸은 앞뒤 같은 구조를 연결하는 등위접속사 자리이다. 빈칸 앞에 조동사 will이 쓰여 동사원형인 draft, prepare, process가 나열되어 있고 빈칸 뒤에도 동사원형 provide가 있으므로 이를 대등하게 이어 줄 수 있는 (D)가 정답이다. (A) so도 등위접속사지만 완전한 두 문장을 연결하는 구조일 때 사용할 수 있고, (C) nor는 「neither A nor B」 구조로 쓰이므로 오답이다. (B) while은 앞뒤 완전한 두 문장을 연결하는 부사절 접속사이므로 적절하지 않다.

133 명사 자리

해설 빈칸은 관사 The와 함께 쓰여 주어 역할을 하는 명사 자리이다. (A)와 (B) 모두 명사지만, 빈칸 뒤 특정 자격 사항을 반드시 갖추어야 한다는 내용과 연결되는 주체는 사람이므로 (B) applicant가 정답이다.

134 문맥에 맞는 문장 고르기

번역 (A) 마찬가지로, 회사 소유의 차량은 우리와 같은 회사들에게는 주요 비용 항목입니다.
　　　(B) 더욱이, 우수한 조직력 또한 필수 요소입니다.
　　　(C) 해당 직위에 대한 최우수 후보자는 1년 계약을 제안받았습니다.
　　　(D) 전 직원이 규정 변경에 대해 공지를 받았습니다.

해설　앞 문장에서 지원 자격에 대해 설명하고 있으므로 추가적인 자격 요건을 제시하는 (B)가 가장 자연스럽게 연결된다. (A)는 접속부사 Likewise(마찬가지로)가 있으므로 앞뒤 유사한 내용이 나와야 하는데 제시된 문장은 지문 내용과의 유사성이 없으며, (C)는 현재완료가 쓰여 이미 고용이 된 경우를 나타내기 때문에 구인 광고에 적합하지 않고, (D)는 정책 변경에 대한 언급이 없으므로 오답이다.

135-138 이메일

수신: 홍콩 사무실 직원
발신: 웨이-룬 영
날짜: 1월 4일 월요일
제목: 인턴사원

동료분들께,

다음 주에 두 명의 대학생이 홍콩 사무실을 방문해 6주간의 인턴사원 근무를 시작할 예정임을 ¹³⁵**알려 드리고자** 글을 씁니다. 그들의 직무는 ¹³⁶**주로** 기업의 사회 책임 팀이 내년 계획을 준비하는 일을 돕는 것으로 구성될 것입니다. 두 인턴사원 모두 책임 있는 비즈니스 관행에 대한 탄탄한 배경 지식을 갖고 있습니다. 따라서, 그들은 본인들의 ¹³⁷**역할**에 아주 적합할 것입니다.

인턴사원들은 동쪽 별관에 있는 빈 사무실을 사용할 예정입니다. ¹³⁸**그 사무실은 6주 동안 인턴사원들의 공간이 될 것입니다.**

질문이나 우려 사항이 있으시면 저에게 알려 주십시오.

웨이-룬 영

어휘　colleague 동료　duty 직무　consist of ~로 구성되다 organise 조직[준비]하다　background 배경　practice 실무, 관행　suited 적당한　vacant 비어 있는　wing 부속 건물 concern 우려

135 to부정사

해설　이메일 도입부에서 글을 쓴 목적을 밝힐 때 주로 쓰는 표현으로 '~하기 위해서 글을 쓴다'라는 뜻을 만드는 to부정사 (D)가 정답이다. 빈칸 뒤 you가 to부정사의 목적어로 쓰인 구조이다.

136 부사 어휘

해설　동사 consist를 수식하는 부사 자리이며, 문맥상 '그들의 직무는 주로 ~로 구성되어 있다'라고 해야 자연스러우므로 (C)가 정답이다. (A) cautiously(조심스럽게), (B) patiently(참을성 있게), (D) quietly (조용하게)는 의미상 적절하지 않다

137 명사 어휘

해설　앞 문장에서 새로운 인턴사원들의 이력을 높이 평가하고 있으므로 '본인들의 역할에 아주 적합할 것이다'라는 문맥이 자연스럽다. 따라서 (A)가 정답이다.

138 문맥에 맞는 문장 고르기

번역　(A) 그들은 우리 사무실에서 멀리 있었습니다.
　　　(B) 그 시간은 보통 우리 업무에 매우 중요합니다.
　　　(C) 그 사무실은 6주 동안 인턴사원들의 공간이 될 것입니다.
　　　(D) 그것은 새 구내식당에서 판매될 것입니다.

해설　빈칸 앞에서 '인턴사원들은 동쪽 별관에 있는 빈 사무실을 사용할 예정이다'라고 언급하고 있으므로, 빈 사무실을 그대로 지칭하며 추가 내용을 덧붙이는 (C)가 정답이다. (A)는 복수명사 They가 앞 문장의 the interns를 받으므로 내용이 맞지 않고, (B)는 That time이 나타내는 대상이 앞 문장에 없으며, (D)의 대명사 It은 앞 문장의 the vacant office나 the east wing을 지칭하게 되므로 내용이 맞지 않는다.

139-142 회람

수신: 전 직원
발신: 경영진
날짜: 10월 10일
주제: 새 사무실로의 이전

다음 주 목요일과 금요일에 새 사무실로의 이전을 준비할 예정입니다. 이에 필요한 ¹³⁹**물품들**이 각 사원들의 업무 공간으로 미리 배부될 것입니다.

상자, 테이프, 그리고 마커는 수요일 오후에 ¹⁴⁰**제공될 것입니다.** 소지품을 포장하면서 본인의 이름과 사원 번호를 각 상자의 상단 및 측면에 기입해 주시기 바랍니다. ¹⁴¹**본인 물건의 총 수량을 적어 놓으십시오.** 여러분이 자신의 상자 모두를 확실히 돌려받도록 하기 위해 인사과 직원이 다니면서 이 수치를 기록할 것입니다.

수요일까지 귀중품들은 모두 집으로 가져가 주시기 바랍니다. 회사는 이사하는 동안 발생하는 어떠한 물품에 대한 분실도 책임지지 않습니다. 개봉된 식품은 포장되어서는 안 됩니다. ¹⁴²**하지만,** 사탕이나 과자와 같은 개봉되지 않은 포장 식품은 상자에 담아도 됩니다.

협조해 주셔서 감사합니다.

어휘　preparation 준비　scheduled 예정된　take place 발생하다　distribute 배부하다　cubicle (칸막이로 구분한) 좁은 구획　in advance 미리　belongings 소지품　valuables 귀중품　loss 분실

139 명사 어휘

해설　빈칸은 뒤에 오는 for this와 함께 주어가 되는 명사이다. this는 사무실 이전이 있을 것이라는 앞 문장의 내용을 가리키며 두 번째 단락에서 이사 준비에 필요한 물품에 속하는 '상자, 테이프, 마커'가 언급되었으므로 (C) Materials가 정답이다. (A) Itineraries(여행 일정), (B) Proposals(제안서), (D) Licenses(면허)는 문맥상 적합하지 않다.

140 동사 어형 _ 태 _ 시제

해설 주어 'Boxes, tape, and markers'와 이어지는 동사 자리이다. provide는 타동사인데 빈칸 뒤에 목적어가 없으므로 수동태가 와야 하며, 이사 일정과 이에 따른 공지 사항을 알리는 지문이므로 문맥상 미래 시제가 적절하다. 따라서 (B)가 정답이다.

141 문맥에 맞는 문장 고르기

번역 (A) 본인 물건의 총 수량을 적어 놓으십시오.
(B) 그는 여러분이 각각을 얼마나 많이 갖고 있는지를 알고 싶어 할 것입니다.
(C) 상자는 회사의 비용으로 배송될 것입니다.
(D) 추가 상자와 테이프는 정문 로비에서 찾으실 수 있습니다.

해설 빈칸 앞에는 본인 소지품 포장 시 주의할 사항을 언급하고 있고, 빈칸 뒤에는 '인사과 직원이 이 수치를 기록할 것(A human resources employee will come around and record this number)'이라고 했기 때문에 this number가 가리키는 수와 관련된 표현이 문장에 있어야 한다. 따라서 총 수량(total count)을 적어 두라고 언급한 (A)가 정답이다.

142 접속부사

해설 빈칸 앞 문장에서는 허용되지 않는 사항들, 빈칸 뒤에는 그와 반대인 수용이 되는 부분을 제시해 주고 있으므로 대조를 보여 주는 접속부사 (B) However가 정답이다. (A) Moreover(게다가), (C) Similarly(유사하게), (D) Previously(이전에)는 문맥상 빈칸에 적절하지 않다.

143-146 이메일

수신: 루돌프 크로울리 〈rcrowley@crowley.com.au〉
발신: 다피나 은다쉬 〈dndashe@milview-australia.com.au〉
제목: 제안에 대한 결정
날짜: 8월 12일

크로울리 씨께,

화요일 밤 회의에서 시 의회가 디킨슨 가 17번지에 숙박 시설을 건설하자는 귀하의 제안을 승인하였음을 알리게 되어 기쁩니다. 이번 주에 공식 인가서를 ¹⁴³받으실 겁니다.

¹⁴⁴아시다시피, 인근 주민들로부터 일부 반대가 있었습니다. 구체적으로 말하면, 그들은 소음과 노상 주차를 염려했습니다. 하지만, 숙박 시설이 투숙객들에게 오직 아침 식사만을 제공할 것이며 일반 대중들에게는 식당을 개방하지 않겠다는 귀하의 ¹⁴⁵약속이 주민들을 설득하는 데 도움이 되었습니다. ¹⁴⁶게다가, 그들은 건물 뒤쪽으로 소규모 주차 공간이 따로 마련되어 길가 주차에 영향을 미치지 않을 것이라는 점을 반겼습니다.

궁금한 점 있으시면 알려 주십시오.

다피나 은다쉬
서기, 밀뷰 시 의회

어휘 proposal 제안 city council 시 의회 approve 승인하다 inn 여관, (작은) 호텔 formal 공식적인 approval 승인 specifically 구체적으로 concerned 걱정하는 serve 제공하다 persuade 설득하다 tuck 끼워 넣다 curbside 차도 가장자리 affect 영향을 미치다

143 동사 어형 _ 시제

해설 빈칸은 주어 You와 이어지는 문장의 동사 자리이다. 시 의회가 제안을 승인하였다는 것을 알리는 이메일이므로, '공식 인가서를 받을 것이다'라는 미래 시제가 자연스럽게 연결된다. 조동사 should는 '~해야 한다' 외에 '~일 것이다'라는 미래에 대한 추측의 의미가 있으므로 (D)가 정답이다. (C)는 과거보다 더 이전을 나타내는 과거완료 시제로, 이번 주에 크로울리가 공식 인가서를 받는 일은 시 의회가 크로울리의 제안을 승인한 일(approved)보다 앞서 일어난 일이 될 수 없으므로 오답이다.

144 문맥에 맞는 문장 고르기

번역 (A) 시 의회 선거가 빠르게 다가오고 있습니다.
(B) 반론의 여지없이, 디킨슨 가는 시에서 가장 매력적인 거리 중 한 곳입니다.
(C) 아시다시피, 인근 주민들로부터 일부 반대가 있었습니다.
(D) 많은 소규모 호텔이 투숙객들에게 아침 식사를 무료로 제공합니다.

해설 빈칸 뒤에 '구체적으로 말하면 그들은 소음과 노상 주차를 염려했다(Specifically, they were concerned about noise and on-street parking)'고 했으므로 이전 문장에서 언급된 어떠한 문제점에 대해 구체적인 설명을 하고 있다는 것을 알 수 있다. 또한, 대명사 they는 concerned(걱정하는)와 연결되는 주어이므로 앞 문장에서 사람명사가 복수형으로 쓰여야 한다. 따라서 (C)가 정답이다. (A)와 (B) 모두 they의 대상이 될 수 있는 사람명사가 없으므로 오답이고, (D)는 their guests가 있지만 문맥상 적절하지 않다.

145 명사 자리

해설 빈칸은 소유격 your 다음에 위치하는 명사 자리이므로 (D)가 정답이다. 빈칸 뒤 that절은 동격을 나타내는 명사절이며, 앞에 위치한 명사를 that절이 설명하는 구조이다.

146 부사 어휘

해설 빈칸은 앞뒤 문장을 연결하는 접속부사 자리이다. 빈칸 앞에서는 주민들의 걱정을 덜어주는 약속으로 주민들을 설득했다는 점을 언급했고, 빈칸 뒤에서는 주차와 관련된 또 다른 걱정 해소에 대한 내용이 이어지므로 내용 추가를 나타내는 접속부사 (A) In addition(게다가)이 정답이다. (B) In contrast(그에 반해), (C) Unfortunately(유감스럽게도), (D) Normally(보통)는 문맥상 빈칸에 적절하지 않다.

PART 7

147-148 공지

147 추론 / 암시

번역 공지문이 있을 것 같은 장소는?
(A) 실험실
(B) 식당
(C) 옷 가게
(D) 법률 사무소

해설 화학 물질을 취급하는 직원들은 또한 특정 보호 장비를 착용해야 한다(Employees who work with chemicals are also required to wear masks and safety gloves)고 했으므로 실험실에 있을 법한 공지이다. 따라서 (A)가 정답이다.

148 주제 / 목적

번역 공지문에서 다루고 있는 주제는?
(A) 작업장 위생
(B) 점심 시간
(C) 주간 일정
(D) 작업장 안전

해설 본 건물의 모든 직원은 긴 바지, 긴 소매, 양말과 안전화를 착용해야 하며, 화학 물질을 취급하는 직원들은 또한 마스크와 보호 장갑을 착용해야 한다(all employees at this facility are required to wear long pants ~ who work with chemicals are also required to wear masks and safety gloves)고 작업장 안전 규정에 관해 언급하고 있으므로 (D)가 정답이다.

149-150 이메일

149 세부 사항

번역 타르노스키 씨가 온라인 서식을 이용한 이유는?
(A) 제품 교체를 요구하려고
(B) 배송 선택 사항에 대해 문의하려고
(C) 서비스 예약을 신청하려고
(D) 고객 후기를 게시하려고

해설 타르노스키 씨는 이 이메일을 받는 고객이며, 두 번째 단락의 Thank you for using our online communication form을 통해 그가 온라인 서식을 이용했다는 것을 알 수 있다. 첫 번째 단락에서 수리 요청이 접수되었다(Your repair request has been received)고 언급하였으므로 (C)가 정답이다.

150 세부 사항

번역 타르노스키 씨가 하라고 요청받은 것은?
(A) 제품 등록
(B) 집 주소 제공
(C) 구매 증명 제시
(D) 일렉트리맥스 매장 방문

해설 첫 번째 단락에서 기기 구입 시 받은 원본 영수증 확인을 요청할 것(our technician will ask to see the original receipt given to you when you purchased the machine)이라고 하였으므로 정답은 (C)이다.

▸▸ Paraphrasing 지문의 the original receipt
→ 정답의 proof of his purchase

151-152 정보문

어휘 remote 먼, 원격의 participation 참여 adopt 채택하다
committee 위원회 board 이사회 operate 운용되다
organization 조직 under ~ umbrella 산하에
authorize 권한을 부여하다 chairperson 의장 particular
특정한 videoconference 화상 회의 physically 물리적으로
procedure 절차 take advantage of ~을 이용하다

151 주제 / 목적

번역 정보문은 주로 무엇에 관한 것인가?
　(A) 자선 단체의 여러 사무실
　(B) 회의 참석
　(C) 기술적 향상
　(D) 회의 일정

해설 지문 제목에 '원격 참여에 대한 새로운 규정(New Policy for Remote Participation)'이라고 제시되어 있고, 회의에 직접 참여하기 힘든 경우 전화나 화상 회의로 참석하도록 할 것(the board of directors ~ when the member cannot physically attend the meeting)이라는 내용이 나오므로 (B)가 정답이다.

152 세부 사항

번역 정보문에 따르면, 사람들이 정보를 더 알 수 있는 방법은?
　(A) 온라인에 접속함으로써
　(B) 의장과 대화함으로써
　(C) 화상 회의에 참석함으로써
　(D) 설명서를 읽음으로써

해설 새로운 규정을 이용하는 방법에 대한 세부 사항을 웹사이트에서 확인하기 바란다(check the Web site for details on how to take advantage of this new policy)고 명시했으므로 (A)가 정답이다.

▸▸ Paraphrasing　지문의 Web site → 정답의 online

153-154 문자 메시지

파비앙 발레 (오전 8시 43분)
시타 씨, 아직 창고에 계세요?

시타 싱 (오전 8시 46분)
네. 필요한 게 있으신가요?

파비앙 발레 (오전 8시 47분)
154중간 사이즈 종이 선물 상자를 좀 가져다주실 수 있을까요? 2층에 있는 수납실에 두시면 돼요.

시타 싱 (오전 8시 48분)
몇 개나요?

파비앙 발레 (오전 8시 49분)
12개 정도요.

시타 싱 (오전 8시 52분)
여기에 대략 그 정도 남아 있네요.

153파비앙 발레 (오전 8시 54분)
재고를 다시 채워야 할 것 같네요. 제가 이메일을 보낼게요.

어휘 warehouse 창고 cardboard 판지 closet 벽장, 수납실
dozen 12개짜리 한 묶음 replenish 다시 채우다 inventory
재고 (목록)

153 의도 파악

번역 오전 8시 54분에 발레 씨가 "제가 이메일을 보낼게요"라고 쓴 의도는?
　(A) 창고 직원에게 싱 씨를 도와 달라고 요청할 것이다.
　(B) 추가 상자에 대한 주문을 할 것이다.
　(C) 동료에게 새로운 규정에 대해 알릴 것이다.
　(D) 일이 잘된 것에 대해 싱 씨에게 감사할 것이다.

해설 주어진 문장 이전에 '재고를 다시 채워야 할 것 같네요(I guess it's time to replenish the inventory)'라고 언급했으므로 추가 주문을 하겠다는 의미로 볼 수 있다. 따라서 (B)가 정답이다.

▸▸ Paraphrasing　지문의 replenish the inventory
　　　　　　　　　 → 정답의 place an order for more boxes

154 추론 / 암시

번역 싱 씨는 다음에 무슨 일을 하겠는가?
　(A) 상자에 대한 재고 조사
　(B) 발레 씨를 위한 선물 준비
　(C) 지저분한 수납실 정리
　(D) 상자들을 2층으로 가져가기

해설 오전 8시 47분에 상자를 2층 수납실에 갖다 넣어 달라(Could you bring over some medium-sized cardboard gift boxes ~ put them in the closet on the second floor)는 발레 씨의 요청에 대해 싱 씨는 몇 개의 상자를 원하는지 물어보며 현재 재고 상태를 확인시켜 주었다. 이로써 싱 씨가 발레 씨의 요청 사항을 이행할 것으로 추론할 수 있으므로 (D)가 정답이다.

155-157 공지

전 직원에게 알립니다

155오늘 오전 7시 30분에, 정기 보안 점검 도중 메인 서버 시설의 전기가 나갔습니다. ㅡ [1] ㅡ. 전력은 한 시간이 안 되어 복구되었고, 회사 웹사이트는 현재 완전히 정상 가동되고 있습니다. ㅡ [2] ㅡ. 하지만, 156많은 서비스가 여전히 불능 상태입니다. 이 중에는 주요 데이터베이스와 음성 메시지를 포함한 사무용 전화 서비스 전체도 해당됩니다. 현재 휴대 장치에서는 이메일에 접속할 수 있으나 사무실에 있는 여러분의 컴퓨터에서는 불가합니다. ㅡ [3] ㅡ.

기술자들이 모든 시스템을 온라인으로 복구되도록 작업 중입니다. 하지만, 157모든 것이 정상적으로 작동 재개되려면 오늘 오후까지 걸릴 수도 있습니다. ㅡ [4] ㅡ.

우리는 여러분의 업무에 있어서 이 서비스들의 중요성을 잘 인지하고 있으며, 추가 정보가 나오는 대로 최신 정보를 알려 드릴 것입니다.

155 주제 / 목적

번역 공지의 목적은?

(A) 웹사이트에 접속하는 방법을 설명하려고

(B) 음성 메시지 이용에 대한 설명을 제공하려고

(C) 직원들에게 기술상의 문제에 대해 알리려고

(D) 직원들에게 데이터베이스의 변경 사항에 대해 알리려고

해설 첫 번째 단락에서 정기 보안 점검 도중 메인 서버 시설의 전기가 나갔다(the main server facility lost power during regular security testing)고 언급하고 있으므로 기술상의 문제가 있음을 알 수 있다. 따라서 (C)가 정답이다.

▶ Paraphrasing 지문의 lost power
→ 정답의 a technology issue

156 사실 확인

번역 회사 이메일에 대해 알 수 있는 것은?

(A) 사무실 컴퓨터에서만 이용 가능하다.

(B) 휴대 장치에서 접속 가능하다.

(C) 현재 사무실 기술자들만 사용할 수 있다.

(D) 추가적인 보안을 제공하기 위해 변경되었다.

해설 첫 번째 단락에서 현재 휴대 장치에서는 이메일에 접속할 수 있으나 사무실에 있는 직원들의 컴퓨터에서는 불가하다(At this time, you can access e-mail from mobile devices but not from your office computers)고 했으므로 (B)가 정답이다.

157 문장 삽입

번역 [1], [2], [3], [4]로 표시된 곳 중에서 다음 문장이 들어갈 위치로 가장 적합한 곳은?

"그때까지 인내심을 갖고 기다려 주실 것을 정중히 부탁드립니다."

(A) [1]

(B) [2]

(C) [3]

(D) [4]

해설 주어진 문장의 until that time이 가리키는 시간 표현이 앞 문장에 있어야 한다. 두 번째 단락의 '오늘 오후까지(until this afternoon)'가 언급된 뒤인 [4]가 가장 적합하므로 (D)가 정답이다. [1] 앞 문장에서도 At 7:30 A.M. today라는 시간 표현이 나오지만, 과거 시제(lost)가 쓰였으므로 인내심을 갖고 그때까지 기다려 달라는 요청과는 맞지 않는다.

158-160 편지

피크 페인팅 • 375 폭스 로드 • 토론토, ON M5B 2C1 • 416-555-0101

6월 8일

관리자 프리티 파레크 씨

이글 포인트 아파트

23 콩코르디아 로

토론토, ON M5H 1A1

파레크 씨께:

이 편지는 6월 6일 통화 내용에 대한 후속 조치입니다. 그때 말씀드렸던 대로, 158본사는 지난 15년간 토론토 지역에 있는 여러 아파트 단지에서 성공적으로 작업해 왔습니다. 기꺼이 참고 자료를 제공해 드리겠습니다.

158저는 또한 우리의 서비스 계약에서 제공하는 다양한 혜택에 대해 귀하와 논의했습니다. 여기에는 159예약 우선권, 예방 정비, 서비스 할인 및 우리의 전문 도장공들이 제공하는 자문이 포함됩니다. 우리의 서비스 계약은 또한 세입자가 나간 아파트의 재도장과 페인트 및 작업에 대한 보증 기간 일 년을 포함합니다.

160우리의 표준 계약서 사본을 동봉해 드리며, 계약서는 귀하의 특정 요구 사항과 요건에 맞게 수정될 수 있습니다. 추가 정보가 필요하시면 알려 주십시오.

곧 연락 주시기를 고대합니다.

사업주 누르딘 압둘라히

피크 페인팅

동봉물

158 주제 / 목적

번역 압둘라히 씨가 파레크 씨에게 편지를 쓴 이유는?

(A) 자신의 회사에 대한 정보를 제공하려고

(B) 입주 가능한 아파트에 대해 설명하려고

(C) 제공되는 서비스에 대해 문의하려고

(D) 참고 자료를 요청하려고

해설 첫 단락에서 지난 15년간 토론토 지역에 있는 여러 아파트 단지에서 성공적으로 작업해 왔다(we have been successfully serving ~ for the past fifteen years)며 회사의 사업 분야와 성과를 언급하고 있다. 두 번째 단락에서도 자신의 회사가 제공하는 서비스를 제시하고 있으므로 (A)가 정답이다.

159 사실 확인

번역 서비스 계약에 포함된 특징으로 언급되지 않은 것은?

(A) 가격 할인
(B) 연간 평가
(C) 전문가의 추천
(D) 주기적으로 수행되는 유지 보수

해설 두 번째 단락에서 서비스의 혜택을 소개하며 예약 우선권, 예방 정비, 서비스 할인 및 전문 도장공들이 제공하는 자문이 포함된다(These include priority scheduling, preventive maintenance, service discounts, and advice from our expert painters)고 했고, 세입자가 나간 아파트를 다시 페인트칠한다(Our service agreement also covers the repainting of apartments vacated by tenants)고 하였으므로 보수가 정기적으로 이루어진다는 것을 알 수 있다. 따라서 언급되지 않은 (B)가 정답이다.

> **Paraphrasing** 지문의 service discounts
> → 정답의 Price reductions
> 지문의 advice from our expert painters
> → 정답의 Recommendations by specialists

160 세부 사항

번역 압둘라히 씨가 편지와 함께 보낸 것은?

(A) 세입자를 위한 정보
(B) 서비스에 대한 청구서
(C) 견본 계약서
(D) 비용 견적서

해설 세 번째 단락에서 표준 계약서 사본을 동봉한다(Enclosed is a copy of our standard contract)고 했으므로 (C)가 정답이다.

161-163 보고서

웹사이트 방문율 보고서

작성: 타카니 애널리틱스

대상: www.hejmo.com

다음 보고서는 www.hejmo.com의 방문객들이 귀사의 웹사이트를 알게 된 경로를 분류해서 보여 줍니다. 결과를 토대로, ¹⁶¹저희는 귀사가 소셜 미디어 활동을 더 활발히 할 것을 권해 드립니다. 소셜 미디어에서 귀사의 웹사이트로의 방문율은 유사 웹사이트 방문율에 비해 거의 20퍼센트 정도 낮습니다.

방문 경로

직접 방문: 17%
▸ 해당 방문객들은 귀사의 웹 주소를 입력했거나 즐겨찾기에 주소를 등록했습니다.

간접 방문: 53%
▸ ¹⁶³타사의 웹사이트에서 본 광고의 링크를 따라간 방문객들입니다.
▸ 인기 추천 사이트: gardensandhomes.com, modernhousehold.com

검색 엔진 방문: 22%
▸ 해당 방문객들은 특정 정보나 제품을 찾기 위해 검색 엔진을 이용했습니다.

▸ 인기 검색 엔진: Locala, River
▸ ¹⁶²인기 검색어: 의자, 조명등, 탁자, 책장, 책상

소셜 미디어 방문: 8%
▸ 소셜 미디어에 게시된 광고의 링크를 따라간 방문객들입니다.
▸ 인기 매체: myfold, grouple

홈페이지에서 판매로의 연결

총 이용객의 32%는 홈페이지에서 이동하지 않음
48%는 품목을 구입하지 않고 개별 제품 페이지를 방문함
20%는 품목을 구입함

어휘 analytics 분석 break down (구분해서) 보여 주다 result 결과 boost 신장시키다 presence 존재, 입지 approximately 거의 type in 입력하다 referral 소개, 추천 specific 특정한 bookshelf 책장 post 게시하다 individual 각각의

161 세부 사항

번역 타카니 애널리틱스는 어느 웹사이트 방문 경로를 늘릴 것을 추천하는가?

(A) 직접 방문
(B) 간접 방문
(C) 검색 엔진 방문
(D) 소셜 미디어 방문

해설 첫 단락에서 소셜 미디어 활동을 더 활발히 할 것을 권한다(we advise you to boost your social media presence)고 했으므로 (D)가 정답이다.

162 세부 사항

번역 www.hejmo.com에서는 어떤 제품 유형을 판매하겠는가?

(A) 책
(B) 가구
(C) 광고
(D) 원예 장비

해설 Search Engine Traffic의 세 번째 항목에서 '인기 검색어: 의자, 조명등, 탁자, 책장, 책상'을 나열하고 있는 점을 보아 이 온라인 매장에서는 가구 관련 용품을 판매하는 것을 알 수 있다. 따라서 (B)가 정답이다.

> **Paraphrasing** 지문의 chair, lamp, table, bookshelf, desk
> → 정답의 Furniture

163 추론 / 암시

번역 www.hejmo.com에 대해 알 수 있는 것은?

(A) 다른 웹사이트에 광고를 한다.
(B) 유사한 웹사이트들보다 직접 방문율이 더 높다.
(C) 홈페이지를 다시 디자인했다.
(D) 인터넷 판매가 증가했다.

해설 방문 경로(Traffic Sources)에서 Redirected Traffic: 53%에 해당하는 방문객들은 타사의 웹사이트에서 본 광고의 링크를 따라갔다(These are visitors who followed a link from an advertisement found on another company's Web site)고 언급한 것으로 보아 (A)가 정답이다.

164-167 기사

케이프타운(5월 18일)—**164, 167케이프타운 미술관은 6월 1일부로 심피위 니암비 씨를 미술관의 디지털 미디어 부서 책임자로 임명한다고 발표했다.** — [1] —. 해당 부서는 미술관 소장품의 문서화 및 해설을 위한 디지털 콘텐트를 관리하는 일을 담당하고 있다. 최고 디지털 책임자로서의 역할 속에서, 니암비 씨는 미술관을 위해 새로운 디지털 기회를 모색할 예정이다.

165니암비 씨는 남아프리카와 스코틀랜드에서 저널리즘을 공부했다. — [2] —. 최근까지 그녀는 케냐의 나이로비에 거주했고, 그곳에서 〈아프리카 예술과 문화 계간지〉의 디지털 편집자로 일했다. — [3] —. 잡지사에서 일하기 전, 그녀는 미국과 캐나다의 대학 몇 군데에서 저널리즘을 가르쳤다.

"고향에 돌아오게 되어 정말 기쁩니다"라고 본 출판물과의 최근 인터뷰에서 니암비 씨는 말했다. — [4] —. "이런 멋진 미술관을 위해서 일할 기회를 갖게 된 건 행운입니다. 이 미술관은 어린 시절 제 가슴 속에 특별하게 자리잡고 있습니다. 이제 2주 전부터는 **166제 아파트에서 미술관 건물이 뚜렷이 보입니다.** 디지털 매체를 통해 미술관의 멋진 소장품을 세상과 공유하기를 고대합니다."

어휘 announce 발표하다 appointment 임명 effective 시행되는 documentation 문서화 interpretation 설명 chief 주된; 최고위자 explore 탐구하다 journalism 저널리즘 editor 편집자 quarterly 계간지; 분기별의 delighted 아주 즐거워하는 publication 출판물 blessed 축복받은 date back to ~까지 거슬러 올라가다

164 주제 / 목적

번역 기사의 목적은?
(A) 새 출판물 소개
(B) 미술관과 대학들 간의 협력 관계 설명
(C) 새로운 문서화 방법 논의
(D) 미디어 전문가의 고용 발표

해설 첫 번째 단락에서 케이프타운 미술관이 6월 1일부로 심피위 니암비 씨를 미술관의 디지털 미디어 부서 책임자로 임명한다고 발표했다(The Cape Town Museum of Art has announced the appointment of ~ effective on 1 June)고 했으므로 (D)가 정답이다.

▶▶ Paraphrasing 지문의 **appointment of ~ head of the museum's Digital Media Department** → 정답의 **hiring of a media specialist**

165 세부 사항

번역 기사에 따르면, 니암비 씨가 공부했던 곳은 어디인가?
(A) 캐나다
(B) 케냐
(C) 스코틀랜드
(D) 미국

해설 두 번째 단락의 첫 문장에 니암비 씨는 남아프리카와 스코틀랜드에서 저널리즘을 공부했다(Ms. Nyambi studied journalism in South Africa and Scotland)고 언급했으므로 (C)가 정답이다. (B) 케냐는 니암비 씨가 거주하는 나라이고, (A) 캐나다와 (D) 미국은 그녀가 저널리즘을 가르쳤던 곳이라고 했으므로 오답이다.

166 사실 확인

번역 니암비 씨에 대해 사실인 것은?
(A) 자택에서 미술관을 볼 수 있다.
(B) 나이로비 근처에서 자랐다.
(C) 컴퓨터 공학에 학위가 있다.
(D) 방대한 미술 소장품을 소유하고 있다.

해설 세 번째 단락에서 '제 아파트에서 미술관 건물이 뚜렷이 보입니다(I have a clear view of the building from my apartment)'라고 언급했으므로 (A)가 정답이다.

▶▶ Paraphrasing 지문의 **have a clear view of the building from my apartment** → 정답의 **can see the museum from her home**

167 문장 삽입

번역 [1], [2], [3], [4]로 표시된 곳 중에서 다음 문장이 들어갈 위치로 가장 적합한 곳은?

"그녀는 3월에 사임한 아서 마세코 씨의 후임이다."

(A) [1]
(B) [2]
(C) [3]
(D) [4]

해설 주어진 문장은 새로 임명된 직원을 소개하면서 쓸 수 있는 문장이다. [1] 앞에서 미디어 전문가로 니암비 씨를 임명한다고 발표했다는 언급이 있으므로 그 뒤에 주어진 문장이 이어지는 것이 가장 자연스럽다. 따라서 (A)가 정답이다.

168-171 온라인 채팅

사라 데이비스 [오전 9시 40분]
오늘 ¹⁶⁸아이디어 회의가 1시 30분에 143호에서 있다는 걸 잊지 마세요. 앨더 발표에 대한 제안을 준비해 오세요.

론 슈 [오전 9시 41분]
그럴게요, 사라 씨. 회의 후에 시설 작업 요청에 대해 논의할 시간이 있으신가요?

사라 데이비스 [오전 9시 41분]
그럼요. 회의 후 곧바로 제 사무실에서 이야기하기로 하죠.

타니아 왓슨 [오전 9시 42분]
¹⁷⁰회의에 패트릭 마틴 씨를 합류시켜도 될까요? 그가 신규 고객들과의 의사 소통에 대해 좋은 아이디어가 있다고 해서요.

에이단 레이놀즈 [오전 9시 43분]
¹⁶⁹저는 광고와 홍보 콘셉트에 대해 몇 가지 구상을 해 보았는데요. 그것들을 가지고 가겠습니다.

사라 데이비스 [오전 9시 44분]
¹⁷⁰됐어요. 좋은 생각이네요, 타니아 씨.

론 슈 [오전 9시 45분]
좋아요. 그것들을 보길 기대하고 있었어요, 에이단 씨.

타니아 왓슨 [오전 9시 46분]
회의가 얼마나 오래 지속될 것 같은가요? ¹⁷¹스캇 케네디 씨께 2시 30분에 블랙우드 발표 결과에 대해 보고하기로 되어 있거든요.

사라 데이비스 [오전 9시 47분]
그 방에서 1시간 반 동안 머물 예정이지만, 필요하면 언제든지 나가시면 됩니다.

어휘 brainstorming 창조적 집단 사고 suggestion 제안 available 시간이 되는 facility 시설 absolutely 전적으로 immediately 즉시 afterwards 그 뒤에 promotional 홍보의 draft 초안을 작성하다 be supposed to ~하기로 되어 있다 brief ~에게 보고하다 scheduled 예정된

168 세부 사항

번역 데이비스 씨가 메시지 작성자들을 오후 회의에 초대한 이유는?
(A) 새 아이디어를 내려고
(B) 고객 설문 조사를 검토하려고
(C) 업무 요청에 대해 논의하려고
(D) 앨더 발표를 마무리지으려고

해설 데이비스 씨가 9시 40분 메시지에서 1시 30분에 있을 아이디어 회의(brainstorming meeting)를 언급하며, 제안을 준비해 오라(Please bring your suggestions)고 했으므로 (A)가 정답이다.

▸▸ Paraphrasing 지문의 brainstorming
→ 정답의 generate new ideas

169 세부 사항

번역 레이놀즈 씨는 오후 회의에 무엇을 준비할 것인가?
(A) 일정 정보
(B) 학회 프로젝트
(C) 고객 전략
(D) 마케팅 계획안

해설 오전 9시 43분에 레이놀즈 씨가 자신이 직접 구상한 광고와 홍보 콘셉트를 가지고 회의에 참석한다(I have some advertising and promotional concepts that I've drafted)고 하였으므로 (D)가 정답이다.

▸▸ Paraphrasing 지문의 advertising and promotional concepts → 정답의 Marketing plans

170 의도 파악

번역 오전 9시 44분에 데이비스 씨가 "됐어요"라고 쓴 의도는 무엇이겠는가?
(A) 블랙우드 발표를 완료했다.
(B) 마틴 씨에게 회의 초대 메시지를 보냈다.
(C) 회의를 위해 시간을 냈다.
(D) 당일 근무를 마쳤다.

해설 오전 9시 42분 메시지에서 타니아 왓슨이 '회의에 패트릭 마틴 씨를 합류시켜도 될까요?(Can you include Patrick Martin in the meeting?)'라고 데이비스 씨에게 제안을 하자, 9시 44분에 데이비스 씨가 좋은 생각이라며 타니아 왓슨의 제안에 호응했으므로, 마틴 씨를 회의에 초대했다는 의미로 받아들일 수 있다. 따라서 (B)가 정답이다.

171 세부 사항

번역 왓슨 씨가 오후 회의를 일찍 떠나야 하는 이유는?
(A) 출장을 떠날 예정이다.
(B) 동료에게 정보를 제공해야 한다.
(C) 발표 준비를 해야 한다.
(D) 신규 고객을 맞이하기로 예정되어 있다.

해설 오전 9시 46분 메시지에서 왓슨 씨는 회의가 얼마나 걸릴 것 같은지(How long do you think the meeting will last?) 문의하며, 블랙우드 발표 결과를 다른 직원인 스캇 케네디 씨에게 보고하기로 되어 있다(I'm supposed to brief Scott Kennedy at 2:30 on the results of the Blackwood presentation)고 이유를 언급하고 있다. 따라서 (B)가 정답이다.

▸▸ Paraphrasing 지문의 brief Scott Kennedy ~ on the results → 정답의 provide information to a colleague

172-175 기사

퀘스터, 시장을 확장하다

더블린 (7월 23일) — [172]**구직자와 고용주를 위한 획기적인 퀘스터 웹사이트를 운영하는 회사인 퀘스터사가 자사의 시장 영역에 기술 관련 직종을 포함시킬 것이라고 발표했다.**

5년 남짓 전에 웹사이트를 개시한 이래로, 퀘스터는 건강 관리 분야의 조직을 위한 인력 채용에만 집중해 왔다. 건강 관리 분야와 마찬가지로, 기술 분야 또한 적합한 기량을 갖추고 빠른 성장에 따른 수요를 [173]**충족시키는 데** 도움이 될 수 있는 직원들을 구하려고 고군분투 중이다.

"기술 전문가들의 고용률은 이미 꽤 높습니다만, 해당 업계의 일자리는 향후 10년 동안 매년 상당히 증가할 것으로 예상됩니다"라고 [174]**퀘스터의 창업 파트너인 래들리 미스라 씨**가 말했다.

퀘스터는 구직자와 모집자, 고용 담당자들을 한데 모이도록 함으로써 운영된다. 기업이 퀘스터와 계약을 맺게 되면 그 기업의 모집 직위에 대한 상세 정보와 함께 일자리 목록이 만들어진다. 구직자들은 역량 프로필을 작성하고 관심이 가는 기회를 찾는다. 구직 후보자들과 고용주들은 퀘스터 사이트에 등록된 역량과 일자리 사이에서 관련성과 연결고리를 찾으면서 서로 교류한다.

퀘스터의 특허받은 알고리즘은 서로 적합한 고용주와 구직자를 연결시키고 양측 모두에 이를 통지한다. 간단한 메시지 보내기와 일정 잡기 도구를 이용해, 구직자들은 일자리에 대한 자신들의 관심을 내비칠 수 있고 고용주들은 면접 요청을 보낼 수 있다. 고용주들은 개인 가이드를 배정받아 절차에 대한 설명을 듣고 그로부터 최대의 혜택을 보장받는다. [175]**구직자들에게 드는 비용은 없다.**

"고용 시장의 양측 모두에게 좋은 일입니다, 구직자들은 가장 적절한 기회를 쉽게 찾을 수 있고 고용주들은 수요가 많은 인재를 보통 한 달 안에 효율적으로 구하는 데 필요한 정보를 얻을 수 있으니 말이죠."라고 미스라 씨가 말했다.

어휘 **expand** 확장하다, 확대시키다 **marketplace** 시장 **groundbreaking** 획기적인 **occupation** 직업 **launch** 시작; 시작하다 **solely** 오로지 **staffing** 인력 채용 **organisation** 조직 **sector** 분야 **struggle** 고군분투하다 **demand** 수요 **project** 예상하다 **significantly** 상당히 **decade** 10년 **founding** 창업 **recruiter** 모집자 **interact** 교류하다 **proprietary** 전매 상표가 붙은 **tool** 도구 **assign** 배정하다 **process** 절차 **ensure** 보장하다 **acquire** 얻다 **in-demand** 수요가 많은 **talent** 인재

---

172 추론 / 암시

번역 이 기사는 어디에서 볼 수 있겠는가?
(A) 의학 잡지
(B) 비즈니스 잡지
(C) 기술 회사의 소식지
(D) 병원 웹사이트

해설 기사 제목에서 퀘스터라는 회사의 시장 확장과 관련된 기사임을 알 수 있으며 지문 전반에서 퀘스터의 사업 분야에 대해 언급하고 있으므로 (B)가 정답이다.

173 동의어 찾기

번역 두 번째 단락 7행의 "meet"과 의미상 가장 가까운 것은?
(A) 충족시키다
(B) 합류하다
(C) 찾다
(D) 연락하다

해설 해당 문장은 빠른 성장에 따른 수요를 충족시킨다(meet the demands created by high growth)는 의미이므로 (A)가 정답이다.

174 사실 확인

번역 미스라 씨에 대해 알 수 있는 것은?
(A) 과거에 의학 전문가로 일했다.
(B) 퀘스터를 창립하는 것을 도왔다.
(C) 퀘스터에서 고용을 책임지고 있다.
(D) 건강 관리 분야의 수익이 증가할 것으로 예상한다.

해설 세 번째 단락에서 '퀘스터의 창업 파트너인 래들리 미스라 씨(Ladli Misra, a founding partner of Quester)'라고 언급했으므로 (B)가 정답이다.

> ▸▸ Paraphrasing 지문의 **a founding partner of Quester**
> → 정답의 **helped to create Quester**

175 추론 / 암시

번역 퀘스터의 시스템에 대해 암시된 것은?
(A) 기술이 최신화될 필요가 있다.
(B) 구직자들에게 30일 이내에 맞는 일자리를 찾도록 보장한다.
(C) 다양한 업계에 일자리를 제공한다.
(D) 고용주 측에서 비용을 지불한다.

해설 다섯 번째 단락 마지막 문장 '구직자들에게 드는 비용은 없다(There is no cost to job seekers)'에서 고용주만이 서비스 이용에 비용을 지불해야 한다는 것을 알 수 있으므로 (D)가 정답이다. 마지막 단락에 '한 달 안에(in less than a month)'라는 표현이 있어 (B)도 가능하다고 여길 수 있으나, 고용주 측에서 보통 한 달 안에 인재를 구한다는 것이지 구직자가 일자리를 보장받는다는 것이 아니므로 오답이다. (C)는 첫 번째와 두 번째 단락에서 퀘스터사가 건강 관리와 기술 두 가지 분야에서만 서비스를 제공한다고 했으므로 오답이다.

> ▸▸ Paraphrasing 지문의 **There is no cost to job seekers**
> → 정답의 **costs are covered by employers**

176-180 기사 + 이메일

런던 (5월 20일)—프랑스 르아브르에 기반을 둔 해운 회사인 나르발리스가 지난주에 다시 한번 자사의 화물 선단을 늘렸다고 발표했다. [177]**코펜하겐 기반의 회사로부터 인수한,** [176]**'엡실론'이라고 불리는 덴마크의 선박**은 이제 나르발리스에서 가장 큰 배이다. [180]**엡실론은 르아브르에서 공식적으로 서비스를 시작하기 전에 청소 및 점검을 위해 별도의 장소에 정박될 것이다.**

나르발리스는 국외 행선지를 오가며 주로 곡물과 철광석을 운송하는 스무 대의 중대형 선박으로 이루어진 선단을 유지하고 있다. "우리 이사회는 당사의 사업을 확장하기 위해 이 중고 선박에 투자하기로 만장일치로 결의했습니다. 우리는 상당한 ¹⁷⁸규모의 이 선박으로 우리가 특정 수송품을 좀 더 효율적으로 배송할 수 있게 되리라 믿습니다."라고 회사 사장인 엠마누엘 브로더 씨가 말했다.

어휘 marine 해양의 transport 수송 based in ~에 기반을 둔 cargo 화물 fleet 선단 Danish 덴마크의 vessel 선박[배] dub 별명을 붙이다 dock 정박하다 separate 분리된 grain 곡물 iron ore 철광석 destination 행선지 unanimously 만장일치로 invest 투자하다 secondhand 중고의 expand 확장하다 substantial 상당한 scale 규모

발신: zbernard@narvalis.fr
수신: asharma@daruunco.co.in
날짜: 5월 22일
제목: ¹⁷⁹귀사의 수송 요청

샤르마 씨께,

연락 주셔서 감사합니다. ¹⁷⁹저는 '엡실론'이 귀사의 요구에 적합한 최고의 선택이 될 것으로 생각합니다. 엡실론의 크기를 고려해 볼 때, 뭄바이에 도착하는 데 당사의 여타 선박들보다는 더 오래 걸릴 것입니다. 그러나 엡실론은 다른 선박에 비할 데 없는 화물 적재 공간을 제공하므로 귀사의 물품을 단일 수송으로 운송할 수 있을 것입니다. 이는 화물을 받는 쪽의 물류 작업을 크게 간소화해 줄 것입니다.

¹⁸⁰코펜하겐에서 구입이 이루어진 이후, '엡실론'은 며칠 동안 네덜란드의 암스테르담으로 항해를 했습니다. 향후, 르아브르에 있는 우리 본사로 향할 계획이지만, 화물 적재를 할 수 있도록 스페인의 빌바오로 곧장 배를 보낼 수 있습니다. 어떻게 진행하면 좋을지 저에게 알려 주십시오.

자카리아 버나드
나르발리스 고객 담당 부서

어휘 option 선택권 given ~을 고려해 볼 때 unparalleled 비할 데 없는 greatly 대단히 simplify 간소화하다 logistics 실행 계획, 물류 end 한쪽 편 route 보내다 head 향하다 headquarters 본사 proceed 진행하다

176 세부 사항

번역 '엡실론'은 무엇인가?
(A) 컨테이너 선박
(B) 운송 트럭
(C) 화물 열차
(D) 화물 수송기

해설 기사 첫 단락에 '엡실론이라고 불리는 덴마크의 선박(A Danish vessel, dubbed the *Epsilon*)'이라고 나와 있으므로 (A)가 정답이다.

▸▸ Paraphrasing 지문의 vessel → 정답의 ship

177 사실 확인

번역 '엡실론'에 대해 언급된 것은?
(A) 나르발리스가 만들었다.
(B) 이전 소유주가 있다.
(C) 자주 사용된다.
(D) 검사를 통과했다.

해설 기사 첫 단락에서 '코펜하겐 기반의 회사로부터 인수한(purchased from a Copenhagen-based company)'이라고 언급되어 있으므로 선박의 소유주가 바뀐 것을 알 수 있다. 따라서 (B)가 정답이다.

178 동의어 찾기

번역 기사 두 번째 단락 8행의 "scale"과 의미상 가장 가까운 것은?
(A) 부분
(B) 수준
(C) 정도
(D) 크기

해설 주어진 지문에서 'scale'은 이 선박의 상당한 규모로 더 효율적인 배송을 할 수 있다(the substantial scale of this vessel will allow us to deliver certain shipments more efficiently)는 문맥으로 이어지므로, size의 의미로 사용된 것을 알 수 있다. 따라서 (D)가 정답이다.

179 주제 / 목적

번역 버나드 씨가 이메일을 쓴 이유는?
(A) 구입을 확정하려고
(B) 지연에 대해 사과하려고
(C) 고객에게 정보를 주려고
(D) 동료에게 답장하려고

해설 이메일 제목 '귀사의 수송 요청(Your transport needs)'에서 버나드 씨가 샤르마 씨의 요청에 대한 답변을 하고 있다는 것을 알 수 있다. 또한 첫 단락에서 '엡실론'이 귀사의 요구에 적합한 최고의 선택이 될 것으로 생각한다(I think that the Epsilon would be the best option for your company's needs)며 엡실론을 소개하고 있으므로 샤르마 씨에게 정보를 주고 있음을 알 수 있다. 따라서 (C)가 정답이다.

180 연계

번역 '엡실론'이 점검을 받은 장소는 어디이겠는가?
(A) 코펜하겐
(B) 암스테르담
(C) 르아브르
(D) 빌바오

해설 기사 첫 번째 단락에서 르아브르에서 서비스를 시작하기 전 점검을 위해 별도의 장소에 정박할 것(It will be docked in a separate location ~ out of Le Havre)이라고 했다. 또한 이메일 두 번째 단락에서 엡실론 선박은 암스테르담에서 르아브르에 있는 본사로 향할 계획(the *Epsilon* was routed to Amsterdam ~ head to our headquarters in Le Havre)이라고 했으므로 정답은 (B)이다.

수신: 파눌라 그래픽 직원들

발신: 회계 부서

주제: 경비 상환 양식

날짜: 12월 15일

1811월 2일부로, 파눌라 그래픽은 출장 경비의 상환에 있어 새로운 절차를 시행할 예정입니다. 새로운 절차는 따르기가 더 쉽고, 직원들은 현 시스템에서보다 훨씬 더 빨리 상환을 받게 될 수 있을 것입니다.

직원들은 더 이상 자신의 비행기와 호텔을 예약하지 않게 됩니다. 모든 출장 준비는 사업부의 앨리슨 웨버 씨와 그녀의 팀이 대신하게 될 것입니다. 직원들은 출장 첫날로부터 최소 2주 전에 웨버 씨의 팀에 **182전자 신청서를 제출해야 합니다.** 출장 계획에 대해 더 미리 알게 될 경우, 제출 마감일보다 **183훨씬** 앞서 신청서를 제출하는 것이 더 좋습니다. 신청서는 회사 웹사이트의 직원용 포털에서 찾으실 수 있습니다.

출장 이후에 직원들은 식사, 봉사료, 자동차 대여 또는 택시 이용, 주유, 호텔 세탁 서비스 및 웹사이트의 직원용 포털에 나와 있는 기타 경비를 포함한 상환을 받을 수 있는 모든 경비에 대해 전자 상환 양식을 제출해야 합니다. **184복사는 더 이상 상환 가능한 경비로 간주되지 않는다는 점을 유의하십시오.** 우리는 직원들이 출장 전에 회사의 사무 장비를 이용해 복사를 준비할 것을 요청합니다.

규정을 준수해 주셔서 감사합니다. 궁금한 내용은 모두 웨버 씨에게 문의하시기 바랍니다.

어휘 expense 경비 reimbursement 상환 form 양식 implement 시행하다 process 절차 procedure 절차 arrangement 준비 operations 사업, 운영 electronic 전자의 in advance 미리 preferable 더 좋은 submission 제출 portal 포털 (사이트) reimbursable 상환할 수 있는 outline 개요를 서술하다 photocopying 복사 compliance 준수 refer 회부하다

파눌라 그래픽 경비 상환 양식

이름 및 부서: 마틴 산토스, 영업부

제출일: 1월 29일

출장 목적: 매사추세츠 주 웰플릿에 있는 메이퍼로우사의 고객 방문

지출일	수취인	목적	금액
1월 3일	**184복사**	고객 회의	**184$12.74**
1월 3일	**185매리스 레스토랑**	저녁 식사	$45.93
1월 3-4일	렌스 렌터카	교통비	$78.24
1월 4일	**185웰플릿 다이너**	아침 식사	$13.35
1월 4일	주유	교통비	$18.42
		총액:	$168.68

185모든 영수증 및 신용 카드 명세서를 스캔하고 첨부하십시오.

어휘 payee 수취인 transportation 교통비 statement 명세서

---

181 세부 사항

번역 회람에 따르면, 1월 2일에 일어날 일은?

(A) 웹사이트가 업데이트될 것이다.

(B) 새로운 절차가 실시될 것이다.

(C) 새로운 사업부 이사가 고용될 것이다.

(D) 출장 규정에 대한 회의가 열릴 것이다.

해설 회람 첫 번째 단락에서, 1월 2일부로 파눌라 그래픽은 출장 경비의 상환에 있어 새로운 절차를 시행할 예정(Beginning on January 2, Fanoula Graphics will implement a new process for reimbursement of business-travel expenses)이라고 했으므로 (B)가 정답이다.

> ▶▶ Paraphrasing 지문의 will implement a new process
> → 정답의 **A new procedure will go into effect**

182 사실 확인

번역 상환 양식에 대해 알 수 있는 것은?

(A) 웨버 씨의 사무실에 구비되어 있다.

(B) 관리자의 서명이 필요하다.

(C) 컴퓨터로 제출되어야 한다.

(D) 매월 제출되어야 한다.

해설 회람 두 번째 단락에서 새로운 절차에 대해 설명하고 있고 직원들은 전자 신청서를 제출해야 한다(Employees should submit an electronic request form)고 명시되어 있으므로 (C)가 정답이다.

183 동의어 찾기

번역 회람 두 번째 단락 5행의 "well"과 의미상 가장 가까운 것은?

(A) 즉시

(B) 훨씬

(C) 가까이

(D) 성공적으로

해설 'well'이 포함된 문장에서 well은 전치사구 before the submission deadline과 함께 쓰여 '훨씬, 많이'의 의미를 가지고 있다. 제출 마감일보다 훨씬 앞서 신청서를 제출하라는 내용으로, 보기 중 much와 의미가 가장 가깝다. 따라서 (B)가 정답이다.

184 연계

번역 산토스 씨에게 상환되지 않을 금액은?

(A) $12.74

(B) $18.42

(C) $45.93

(D) $78.24

해설 회람 세 번째 단락에서 복사는 더 이상 상환 가능한 경비로 간주되지 않는다는 점을 유의하라(Please note that photocopying is no longer considered a reimbursable expense)고 명시되어 있어, 서식에서 1월 3일 복사 비용인 12.74달러가 상환되지 않을 것임을 알 수 있다. 따라서 (A)가 정답이다.

185 추론 / 암시

번역 산토스 씨가 한 일은 무엇이겠는가?

(A) 고객에게 점심 식사를 대접했다.
(B) 택시를 타고 이동했다.
(C) 식당의 영수증을 첨부했다.
(D) 파눌라 그래픽 사무실에서 고객을 맞았다.

해설 서식 마지막 문장에 모든 영수증을 첨부하라(attach all receipts)
고 명시되어 있고 산토스 씨가 식당을 이용한 내역이 있으므로 (C)가
정답이다. 서식의 정보를 보면, 저녁 식사와 아침 식사를 했다는 점을
알 수 있지만, 점심 식사는 목록에 없으므로 (A)는 맞지 않은 정보이
고, (B)도 렌터카를 이용한 것에 대한 정보는 있지만 택시 이용에 대
한 내용은 없으므로 맞지 않으며, (D) 또한 산토스 씨가 메이퍼로우사
의 고객을 방문했다(To visit a client from Mayfurrow, Inc., in
Wellfleet, MA)는 방문 목적이 나오기 때문에 오답이다.

186-190 웹페이지 + 공지 + 이메일

---

http://www.jacintobusinessinstitute.com

재신토 비즈니스 연구소 (JBI)

여러분이 이제 막 사업을 시작하는 단계이든 사업을 확장할 방법을 찾
고 있든, **186JBI는 지역의 일류 기업 출신의 성공한 기업가들이 가르치
는 저렴한 금액의 다양한 세미나를 제공합니다.** 2월에 매주 열리는 곧
있을 세미나를 확인해 보세요!

소규모 기업을 위한 자금 조달 입문
본 세미나는 여러분의 사업에 자금을 조달하기 위한 전통적이면서도 현
실적인 방법을 검토합니다.
토요일, 오후 12시 30분부터 오후 3시까지

지도자 첫걸음
경영진에 입문하는 사람들을 위해, 본 세미나는 생산성과 긍정적인 직
원 동기 부여에 중점을 둔 필수적인 기술을 살펴봅니다.
화요일과 목요일, 오후 7시부터 오후 9시 30분까지

회사 홍보
여러분의 회사를 효율적으로 **188광고하고 확장하기 위한 전략**을 모색합
니다.
월요일, 오후 6시부터 오후 9시까지

성공적인 창업 준비
사업을 시작하기 전에, 유구한 전략들을 이용하여 여러분의 사업 구상
에 대해 상세한 계획을 준비하세요.
화요일, 오후 5시부터 오후 8시까지

어휘 institute 기관 expand 확장하다 operation 사업
a variety of 다양한 entrepreneur 기업가 upcoming 곧 있을
financing 자금 조달 traditional 전통적인 practical 현실적인
finance 자금을 대다; 재정 essential 필수적인 productivity
생산성 workforce 직원[노동자] motivation 동기 부여
strategy 전략 effectively 효율적으로 detailed 상세한
time-honored 유구한, 오랜

공지
187팅 양 씨가 JBI 세미나를 이끕니다

팅 양 씨가 2월에 우리와 합류하게 되어 아주 기쁩니다. 그녀는 줄렘 대
학에서 마케팅 석사 학위를 받았으며 **190위스터 포인트사에서 일을 시
작해 마케팅 이사 직위까지 승진했습니다.** 양 씨의 임기 동안 회사의 수
익은 크게 증가했습니다. 위스터 포인트에서 15년간 근무한 뒤, **188양
씨는 마빈 앤 로즈 어드바이저스라는 유수의 광고 컨설팅 회사에 합류했
습니다.** **187그녀의 상당한 전문 지식으로부터 혜택을 볼 수 있는 이 기
회를 이용하시고 오늘 그녀의 세미나에 등록하세요!**

어휘 delighted 아주 기뻐하는 earn 얻다[받다]
master's degree 석사 학위 revenue 수익 greatly 크게
tenure 임기 consulting 자문; 자문의 take advantage of
~을 이용하다 benefit 이득을 보다 considerable 상당한
expertise 전문 지식 sign up for ~에 등록하다

수신: 재신토 비즈니스 연구소 〈contactus@jacintobusinessinstitute.com〉
발신: 가브리엘라 토레스 〈gtorres@flowersbygabriela.com〉
날짜: 3월 3일
제목: 2월 세미나

안녕하세요,

189제가 참석했던 세미나는 정말 훌륭했습니다. 저는 양 선생님을 오랫
동안 존경해 왔습니다. 사실, **190그녀는 제가 대학 졸업 이후 처음 근무
했던 회사의 이사님이셨습니다.** 저는 최근에 시작한 사업을 키울 방도를
찾고 있어서 그녀의 통찰력을 통해 배울 수 있는 기회가 **189정말 유익
했습니다.** 그녀가 귀 연구소에서 다른 세미나들을 이끌기 위해 다시 오
시길 희망합니다.

수고하세요.

가브리엘라 토레스

어휘 prove 판명되다 valuable 소중한 admire 존경하다
insight 통찰력

---

186 추론 / 암시

번역 JBI에 대해 알 수 있는 것은?

(A) 세미나가 무료로 제공된다.
(B) 강사들이 사업 경력을 갖고 있다.
(C) 소매업을 전문으로 한다.
(D) 수년 전에 설립되었다.

해설 웹페이지 첫 번째 단락에서 JBI는 지역의 일류 기업 출신의 성공
한 기업가들이 가르치는 저렴한 금액의 다양한 세미나를 제공한다
(JBI offers a variety of low-priced seminars ~ from top
businesses in the region)고 하였으므로 (B)가 정답이다. 저렴한
금액이라고 언급한 것으로 보아 무료 세미나가 아닌 것을 알 수 있으
므로 (A)는 오답이다.

187 추론 / 암시

번역 공지가 주로 의도한 대상은 누구인가?

(A) 예비 JBI 수강생들
(B) 현 JBI 강사진
(C) 줄렘 대학의 졸업생들
(D) 자문 회사의 고객들

해설 공지는 JBI에 새롭게 합류하는 세미나 강사 팀 양 씨에 대한 소개를 하고 있고, 공지 마지막 문장에서 그녀의 세미나에 등록하라(sign up for her seminar today)고 나와 있으므로 (A)가 정답이다.

188 연계

번역 양 씨는 어떤 세미나를 가르쳤겠는가?

(A) 소규모 기업을 위한 자금 조달 입문
(B) 지도자 첫걸음
(C) 회사 홍보
(D) 성공적인 창업 준비

해설 웹페이지의 네 번째 단락인 회사 홍보(Promoting Your Business)에서 광고와 확장을 위한 전략을 모색한다(Explore strategies for effectively advertising and expanding your business)고 세미나의 주제를 소개하고 있고, 양 씨가 이끌 세미나를 소개하는 공지에서 양 씨는 유수의 광고 컨설팅 회사에 합류했다(Ms. Yang joined the successful advertising consulting firm)고 명시하고 있으므로 (C)가 정답이다.

> ▶▶ Paraphrasing 지문의 advertising and expanding your business → 정답의 Promoting Your Business

189 세부 사항

번역 토레스 씨가 이메일을 쓴 이유는?

(A) 기회에 응하려고
(B) 세미나 등록에 대해 문의하려고
(C) 사업에 대해 자문을 구하려고
(D) 세미나에 대해 피드백을 제공하려고

해설 토레스가 쓴 이메일에서, 자신이 참석했던 세미나가 정말 훌륭했다(The seminar I attended proved valuable)며, 양 씨의 세미나가 도움이 되었다(the chance to learn from her insights has been very helpful)고 언급했으므로 (D)가 정답이다.

190 연계

번역 토레스 씨에 대해 무엇이 사실이겠는가?

(A) 재무 분야 학위를 갖고 있다.
(B) 위스터 포인트사에서 근무했다.
(C) JBI에서 곧 세미나를 가르칠 것이다.
(D) 최근에 새로운 도시로 이사했다.

해설 이메일에서 토레스는 양 씨가 자신의 이전 직장의 이사였다고 언급하고 있고, 공지에서 양 씨의 이력에 대해 위스터 포인트사에서 일을 시작해 마케팅 이사 직위까지 승진했다(started out at Wister Point, Inc., where she rose to the position of marketing director)

고 나와 있으므로 (B)가 정답이다.

191-195 웹페이지 + 온라인 양식 + 검색 결과

https://www.copychaser.com

| 홈 | 서비스 | 프로젝트 설명 양식 | 고객 후기 | 연락처 |

자사 서비스

¹⁹¹카피체이서는 솜씨 있게 쓰여진 콘텐츠가 회사의 번영에 필수적이라는 점을 잘 알고 있습니다. 그래서 지난 삼십여 년간 우리는 다양한 전문 지식을 대표하는 숙련된 직원 및 프리랜서 작가 가용 인력을 지속적으로 늘려 왔습니다. ¹⁹²이제 우리는 귀사의 문구를 우리의 그래픽 아티스트 팀이 개발한 삽화로 보완할 수 있는 기회도 제공합니다. 카피체이서에게 귀사의 소통에 필요한 모든 것을 맡겨 주십시오.

- 서비스 1: 마케팅 카피. 귀사의 제품 및 서비스를 홍보할 수 있도록 완벽한 메시지를 작성해 귀사가 경쟁 업체보다 우위에 있도록 해 드립니다.
- 서비스 2: 콘텐츠 개발. 귀사가 필요로 하는 것이 일반적인 정보성 글이든 ¹⁹⁴전문적인 글이든 간에, 우리는 ¹⁹⁴귀사가 원하는 전문 작가와 귀사를 연결시켜 드립니다.
- 서비스 3: 번역. 우리는 국제적인 번역 대행사와 함께 일해 다양한 시장과 사람들을 대상으로 영업할 수 있도록 귀사의 웹사이트 콘텐츠에 귀사가 요구하는 지역의 정취를 불어넣어 드립니다.
- 서비스 4: 작문 훈련. 우리는 일반 작문 기술에 대한 오프라인 워크숍과 웨비나뿐 아니라 특정 유형의 작문 및 프로젝트에 대해 개인 혹은 소규모 그룹을 위한 개별 교습도 제공합니다.

프로젝트 설명 양식을 작성하시면 귀사의 요구에 맞춘 서비스 제안서와 함께 24시간 이내에 연락 드리겠습니다.

어휘 description 설명 skillfully 솜씨 있게 essential 필수적인 thriving 번영하는 decade 10년 pool 가용 인력 skilled 숙련된 represent 대표하다 expertise 전문 지식 complement 보완하다 text 글 artwork 삽화 craft 만들다 promote 홍보하다 ahead of ~ 앞에 competition 경쟁 상대 general 일반적인 match 연결시키다 expert 전문적인; 전문가 translation 번역 flavor 맛, 분위기 diverse 다양한 in-person 직접, 대면하는 webinar 웨비나(인터넷상의 세미나) individual 개인; 개인의 specific 특정한 suit ~에게 적합하다

프로젝트 설명 양식

이름: 유나 다카하시
날짜: 1월 11일
프로젝트 설명:

저는 석유 사업과 관련된 기사를 쓸 수 있는 전문가를 찾고 있습니다. ¹⁹³제가 편집과 출판을 하고 있는 온라인 정기 간행물을 위한 것입니다. 간행물이 국제 석유 시장과 연관이 있기 때문에 ^{194, 195}석유 화학 제품이나 경제 분야에 확실한 배경 지식을 갖춘 작가가 이상적입니다. 화석 연료나 경제 관련 분야에 학위가 있으면 더 좋습니다. 과학적인 정확도를 유지하면서도 복잡한 주제를 명확하게 설명할 수 있는 사람이 필요합니다.

어휘 related to ~와 관련 있는 petroleum 석유 periodical 정기 간행물 established 확실히 자리를 잡은 background 배경 지식 petrochemicals 석유 화학 제품 degree 학위 field 분야 fossil fuel 화석 연료 complex 복잡한 accuracy 정확도

프로젝트 981에 대한 카피체이서 검색 결과:

이름	학위 및 전문성
아날리아 알메이다	경영학 석사. 농산품 가격 책정 관련 경력. 식품 포장 분야 컨설턴트.
카라 폰티	물리학 박사. 아원자 입자 이론 및 원거리 물체의 광선 스펙트럼 분석 전문가.
아르망 므칼리피	기계 공학 석사. 항공기 설계 및 품질 관리 관련 경력. 항공기 조립에 이용되는 접착제 분야 전문가.
웨인 브라이필드	¹⁹⁵화학 공학 박사. 연료 및 윤활유 제조 전문가. 석유 및 가스 산업과 관련된 주제 발표자.

어휘 master 석사 학위 agricultural 농업의 commodity 상품 pricing 가격 책정 doctorate 박사 학위 physics 물리학 subatomic particle 아원자 입자 theory 이론 analysis 분석 mechanical engineering 기계 공학 aircraft 항공기 adhesives 접착제 assembly 조립 chemical engineering 화학 공학 lubricant 윤활유 formulation 제조

191 사실 확인

번역 웹페이지가 카피체이서에 대해 암시하는 것은?
(A) 비교적 신생 기업이다.
(B) 영상 콘텐트 개발을 제공한다.
(C) 프리랜서와만 작업을 한다.
(D) 작가 팀을 늘려 왔다.

해설 웹페이지 첫 번째 단락에서 직원 및 프리랜서 작가 가용 인력을 늘려 왔다(we have continued to increase our pool of skilled staff and freelance writers)고 언급하였으므로 (D)가 정답이다. (A)는 지난 삼십여 년간(over the past three decades) 사업을 해 왔다고 한 데서 신생 기업으로 볼 수 없고, (C)는 프리랜서뿐 아니라 숙련된 직원들을 보유하고 있다고 언급하고 있으므로 오답이다.

▸▸ Paraphrasing   지문의 increase our pool of skilled staff and freelance writers → 정답의 expanded its team of writers

192 세부 사항

번역 카피체이서가 최근에 추가한 것은?
(A) 웹사이트 호스팅
(B) 인쇄
(C) 그래픽 디자인
(D) 데이터 저장

해설 웹페이지 첫 번째 단락에서 이제는 귀사의 문구를 그래픽 아티스트 팀이 개발한 삽화로 보완할 수 있는 기회도 제공한다(now we offer you the opportunity to complement your text with artwork developed by our team of graphic artists)고 하였으므로 (C)가 정답이다.

193 사실 확인

번역 다카하시 씨에 대해 알 수 있는 것은?
(A) 웹 기반 출판물을 간행한다.
(B) 석유 회사에서 일한다.
(C) 과거에 카피체이서를 이용한 적이 있다.
(D) 일부 업무를 빨리 끝내야 한다.

해설 온라인 양식에서 본인이 편집과 출판을 하고 있는 온라인 정기 간행물(an online periodical that I edit and publish)을 언급했으므로 (A)가 정답이다.

▸▸ Paraphrasing   지문의 an online periodical → 정답의 a Web-based publication

194 연계

번역 다카하시 씨가 필요로 하는 카피체이서 서비스는?
(A) 서비스 1
(B) 서비스 2
(C) 서비스 3
(D) 서비스 4

해설 온라인 양식에서 다카하시 씨는 확실한 배경 지식과 전문 지식이 있는 작가를 요청하고 있고, 웹페이지에서 이에 부합되는 서비스는 전문적인 글(technical articles)이 필요한 경우 원하는 전문 작가와 연결해 주겠다(we will match you with the expert writer you need)고 명시한 서비스 2이다. 따라서 (B)가 정답이다.

195 연계

번역 다카하시 씨의 기준에 가장 부합하는 사람은?
(A) 알메이다 씨
(B) 폰티 박사
(C) 므칼리피 씨
(D) 브라이필드 박사

해설 온라인 양식에서 다카하시 씨는 석유 화학 제품이나 경제 분야에 확실한 배경 지식을 갖춘 작가가 이상적이며, 화석 연료나 경제 관련 분야에 학위가 있으면 더 좋고, 복잡한 주제를 명확하게 설명할 수 있는 사람이 필요하다(The ideal writer has an established background ~ someone who can communicate complex topics)고 언급했다. 검색 결과의 인물 중 브라이필드 박사가 '화학 공학 박사(Doctorate in Chemical Engineering)', '연료 및 윤활유 제조 전문가(Expert in fuel and lubricant formulation)', '석유 및 가스 산업과 관련된 주제 발표자(Presenter on topics related to the oil and gas industries)'라고 나와 있으므로 (D)가 정답이다.

196-200 전단지 + 이메일 + 이메일

그린펠 조경

¹⁹⁶귀사의 자연적인 특색이 최고의 모습을 선보일 수 있도록 하세요. 깔끔한 첫 인상은 중요합니다. 그린펠 조경은 귀사의 화초가 푸르름을 유지할 수 있도록 도와 드립니다. 우리는 ¹⁹⁶기업 고객들을 위해 특별히 고안된 여러 단계의 서비스를 보유하고 있습니다.

- ¹⁹⁸에코 키퍼 스탠다드: 매주 진행되는 보도와 건물 주변 잔디 깎기 및 섬세한 다듬기
- 에코 키퍼 플러스: 매주 진행되는 잔디 깎기 및 다듬기, 유기농 비료 도포 및 잡초 제거. 가장 인기 있는 서비스.
- 마스터 그린 골드: 에코 키퍼 플러스의 잔디 관리 서비스 전체에 계절별 꽃 심기와 화단 관리 혜택 추가
- 마스터 그린 플래티넘: 마스터 그린 골드의 서비스 전체에 작은 나무와 관목에 대한 관리 추가. 연 2회의 가지치기 및 다듬기. 해충 관리. 심지어 귀사의 입구가 환하게 보일 수 있도록 장식용 분재도 배치 가능.

service@greenfell.com으로 연락하셔서 견적서를 요청하세요. 비용은 서비스 단계, 잔디 규모와 재식 유형을 토대로 합니다.

어휘 landscaping 조경 feature 특색 tidy 깔끔한 impression 인상 greenery 화초 tier 단계 keeper 관리자 lawn 잔디 mow 깎다 trim 다듬다 organic 유기농의 fertilizer 비료 weed 잡초 removal 제거 seasonal 계절에 따른 planting 심기 maintenance 유지 (보수) shrub 관목 pruning 가지치기 insect 곤충 ornamental 장식용의 brighten 밝게 보이게 하다 entryway 입구 estimate 견적서

발신: 다프네 미즈노 〈d.mizuno@pamaturn.com〉
수신: 그린펠 조경 서비스 〈service@greenfell.com〉
날짜: 6월 10일
제목: 문의

안녕하세요,

우리 회사가 최근 회사 부지 두 군데에 대한 잔디 관리를 외부 업체에 위탁하기로 결정하여, 저는 해당 업무 계약 건의 입찰을 받아 보라는 요청을 받았습니다. 그린펠 조경의 전단지를 보고 연락을 드리고 싶었는데요. 왜냐하면 ¹⁹⁷우리는 대형 체인점보다는 지역 소유의 회사와 일하기를 선호하기 때문입니다.

우리는 넓은 잔디가 딸린 두 개의 건물이 있습니다. 본사는 크로스로드 쇼핑 플라자 인근의 랭글리 대로에 위치하고 있고, ²⁰⁰운송 창고는 본사에서 5킬로미터 떨어진 ²⁰⁰켐튼 로드에 있습니다. 우리의 요구는 꽤나 단순합니다. 우리는 ¹⁹⁸오직 저렴하면서도 합당한 비용으로 잔디가 짧게 유지되는 것만을 요청합니다. 화단이나 울타리가 없어서 잔디 깎는 일이 매우 간단할 것입니다.

입찰에 응하는 데 관심 있으시면 제게 알려 주십시오.

다프네 미즈노, 시설 관리자
파마턴 프로덕츠, LLC

어휘 outsource 외부에 위탁하다 solicit 요청하다 bid 입찰(가) flyer 전단지 reach out 연락을 취하다 property 부동산 boulevard 대로 shipping 운송 warehouse 창고 fairly 상당히 fair 타당한 hedge 생울타리 straightforward 간단한

발신: 그린펠 조경 서비스 〈service@greenfell.com〉
수신: 다프네 미즈노 〈d.mizuno@pamaturn.com〉
날짜: 6월 11일
제목: 회신: 문의
첨부: ⬡ 추천인

미즈노 씨께,

이번 기회와 관련해 그린펠 조경에 연락 주셔서 감사드립니다. 이번 입찰에 응하고 싶습니다. ¹⁹⁹상세 작업 내역서를 보내 주시면, 입찰 작업에 착수하겠습니다.

입찰 절차에 추천인이 필요하시다면, ²⁰⁰귀사의 창고에서 바로 길 아래쪽에 위치한 다이나모 머신 샵 운영자인 프레드 슈톨츠 씨께 연락하시면 됩니다. 프레드 씨는 8년이 넘는 기간 동안 그린펠 조경의 고객이셨습니다. 프레드 씨의 연락처를 첨부했습니다.

그린펠 조경은 면허를 소지하고 있으며 보험에 가입되어 있습니다. 저희가 우수하고 믿을 만한 서비스를 제공해 드릴 것을 믿으셔도 됩니다.

기업주, 브라이언 카르피아크
그린펠 조경

어휘 reference 추천서, 추천인 specification 작업 설명서 details 세부 사항 licensed 면허를 소지한 insured 보험을 든 count on ~를 믿다 reliable 믿을 만한

196 세부 사항

번역 전단지는 구체적으로 누구를 대상으로 하는가?
(A) 가정집 주인
(B) 시간제 근무 정원사
(C) 기업주
(D) 환경 연구원

해설 전단지 첫 단락에서 귀사(your company)의 조경을 도와주겠다고 했으며, 기업 고객들을 위해 특별히 고안된 여러 서비스를 보유하고 있다(We have multiple tiers of service designed especially for our commercial clients)고 하였으므로 (C)가 정답이다.

197 세부 사항

번역 미즈노 씨가 그린펠 조경에 특별히 연락한 이유는?
(A) 할인 제안을 봤기 때문에
(B) 지역 기업이기 때문에
(C) 최근에 기업주를 만났기 때문에
(D) 고도로 전문화된 장비를 이용하기 때문에

해설 첫 번째 이메일 첫 단락에서 대형 체인점보다는 지역 소유의 회사와 일하기를 선호한다(we would prefer to work with a locally owned company rather than a large franchise)는 언급이 나오므로 (B)가 정답이다.

198 연계

번역 미즈노 씨는 어떤 서비스 단계를 선택하겠는가?
(A) 에코 키퍼 스탠다드
(B) 에코 키퍼 플러스
(C) 마스터 그린 골드
(D) 마스터 그린 플래티넘

해설 첫 번째 이메일에서 미즈노 씨는 저렴한 비용에 잔디가 짧게 유지되는 것만 필요하며 화단이나 울타리가 없어서 잔디 깎는 일이 매우 간단할 것(Our needs are fairly simple ~ so the mowing is very straightforward)이라고 하였고, Eco Keeper Standard가 잔디 깎기 및 섬세한 다듬기(lawn mowing with detailed grass trimming)의 가장 기본 서비스를 제공하고 있으므로 (A)가 정답이다. Eco Keeper Plus부터 기본 서비스에 추가 사항이 들어가므로 (B), (C), (D) 모두 답이 될 수 없다.

199 세부 사항

번역 두 번째 이메일에 따르면, 미즈노 씨가 해야 할 일은?
(A) 경쟁 입찰을 제시한다.
(B) 추천인의 이름을 제공한다.
(C) 카르피아크 씨와 회의를 잡는다.
(D) 카르피아크 씨에게 작업에 대한 세부 정보를 보낸다.

해설 두 번째 이메일 첫 번째 단락에서 카르피아크 씨는 미즈노 씨에게 상세 작업 내역서를 보내 달라(Please forward the specifications)고 요청하였으므로 (D)가 정답이다.

▸▸ Paraphrasing   지문의 forward the specifications
→ 정답의 Send ~ the details of a job

200 연계

번역 슈톨츠 씨에 대해 무엇이 사실이겠는가?
(A) 파마턴 프로덕츠에서 일했었다.
(B) 최근 보험료까지 납부된 상태이다.
(C) 크로스로드 쇼핑 플라자 근처에 산다.
(D) 그의 가게는 켐튼 로드에 위치해 있다.

해설 두 번째 이메일에서 슈톨츠 씨는 카르피아크 씨의 추천인으로 그린펠 조경의 오랜 고객이라는 점이 제시되고 있다. 두 번째 단락에서 슈톨츠 씨의 매장이 미즈노 씨의 창고에서 바로 길 아래쪽에 위치해 있다(which is located just down the street from your warehouse)고 나와 있고, 첫 번째 이메일 두 번째 단락에서 운송 창고는 본사에서 5킬로미터 떨어진 켐튼 로드에 있다(our shipping warehouse is five kilometers from the main offices, on Kempton Road)고 하였으므로 그의 매장이 미즈노 씨 회사의 창고가 있는 캠튼 로드에 있다는 것을 알 수 있다. 따라서 (D)가 정답이다.

101 (C)	**102** (C)	**103** (D)	**104** (B)	**105** (B)
106 (A)	**107** (B)	**108** (A)	**109** (D)	**110** (C)
111 (A)	**112** (D)	**113** (A)	**114** (C)	**115** (B)
116 (D)	**117** (D)	**118** (B)	**119** (C)	**120** (D)
121 (A)	**122** (A)	**123** (C)	**124** (D)	**125** (C)
126 (A)	**127** (D)	**128** (C)	**129** (A)	**130** (B)
131 (B)	**132** (D)	**133** (B)	**134** (C)	**135** (D)
136 (C)	**137** (A)	**138** (C)	**139** (B)	**140** (A)
141 (A)	**142** (C)	**143** (D)	**144** (B)	**145** (D)
146 (B)	**147** (D)	**148** (A)	**149** (A)	**150** (C)
151 (B)	**152** (D)	**153** (A)	**154** (D)	**155** (C)
156 (B)	**157** (D)	**158** (C)	**159** (C)	**160** (D)
161 (B)	**162** (A)	**163** (D)	**164** (A)	**165** (B)
166 (B)	**167** (C)	**168** (C)	**169** (C)	**170** (D)
171 (A)	**172** (D)	**173** (A)	**174** (B)	**175** (C)
176 (D)	**177** (B)	**178** (A)	**179** (C)	**180** (D)
181 (A)	**182** (D)	**183** (B)	**184** (C)	**185** (D)
186 (A)	**187** (D)	**188** (B)	**189** (B)	**190** (A)
191 (B)	**192** (B)	**193** (B)	**194** (D)	**195** (A)
196 (C)	**197** (A)	**198** (C)	**199** (B)	**200** (D)

PART 5

101 인칭대명사의 격 _ 소유격

해설 빈칸은 전치사 about의 목적어인 new book을 수식하는 인칭대명사의 소유격 자리이다. 따라서 (C)가 정답이다.

번역 작가 티토 플로레스 씨와 그의 새 책에 대해 나눈 이야기가 오늘밤 방송될 것이다.

어휘 author 작가 broadcast 방송하다

102 등위접속사

해설 빈칸에는 brown과 black 두 형용사를 연결할 수 있는 접속사가 들어가야 하므로, 문맥상 등위접속사 (C) and가 정답이다. (A) nor (~도 아니다), (B) yet(그러나)은 문맥상 맞지 않으며, (D) so는 완전한 문장을 연결하는 등위접속사이므로 오답이다.

번역 페렌드 트레일의 새 등산화는 갈색과 검정색 가죽으로 구입 가능할 것이다.

어휘 hiking boots 등산화 leather 가죽

103 명사 자리 _ 주어

해설 소유격인 Mr. Ruotolo's 뒤 주어 자리이므로 명사인 (D)가 정답이다.

번역 새로운 과세 변경에 대한 루오톨로 씨의 발표가 오전 10시로 예정되어 있다.

어휘 scheduled 예정된

104 전치사 어휘

해설 빈칸 뒤의 around the world와 결합하여 앞의 명사 foods를 수식하는 전치사 자리로, 문맥상 '전 세계로부터 들여오는 음식들', 즉 '수입 식품'이라는 의미가 자연스러우므로 (B)가 정답이다.

번역 보이드 스트리트 마켓은 메이플턴에서 가장 큰 수입 식품 소매 업체이다.

어휘 retailer 소매 업체

105 부사 자리 _ 동사 수식

해설 빈칸은 주어와 동사 accepted 사이에 위치해 동사를 수식하는 부사 자리이므로 (B)가 정답이다.

번역 요한손 씨는 사코 바이크 워크스로부터 받은 일자리 제의를 신속하게 수락했다.

어휘 job offer 일자리 제의

106 부사 어휘

해설 동사가 미래 시제이므로 미래 시제와 어울리는 부사인 (A) soon이 정답이다. (C) recently는 과거나 현재완료 시제와 함께 쓰이며, (B) almost, (D) already는 문맥상 맞지 않아 오답이다.

번역 국제적인 사업 범위를 확장하기 위해, 아미티 스파스는 곧 가맹 사업 기회를 국외 후보들에게 줄 것이다.

어휘 expand 확장하다 reach 거리[범위]; ~에 이르다 franchise 가맹점 prospect 가능성, 전망, 후보

107 형용사 자리 _ 보어

해설 빈칸은 be동사 뒤에 주격 보어가 들어갈 자리이며, 빈칸 뒤의 전치사 to와 함께 쓰여 '~와 동일한'이라는 뜻을 이루는 형용사 (B)가 정답이다.

번역 차세대 XR1280은 줄어든 무게를 제외하고는 이전 모델과 동일하다.

어휘 second-generation 제2세대의 predecessor 이전 것[모델] reduced 감소한 weight 무게

108 형용사 어휘 _ 분사

해설 빈칸은 명사인 site(장소)를 수식하는 형용사 자리이며, 의미상 '제안된 장소'라는 뜻이 되어야 자연스러우므로 (A)가 정답이다. (B) structured(조직적인), (C) unlimited(무제한의), (D) educated(학식 있는)는 문맥상 맞지 않다.

번역 자르메니 마이닝은 제안된 장소에 광산을 건설하는 것에 대한 이득을 평가해 왔다.

어휘 mining 채굴, 광업 evaluate 평가하다 benefit 이득 mine 광산

109 한정사

해설 빈칸은 뒤에 오는 복수명사 decisions를 수식하는 자리로, not과 함께 쓰여 '어떤 ~도 아니다'라는 의미를 이루는 (D)가 정답이다. (A) whether와 (B) what은 문장을 이끄는 접속사인데 until이 접속사 역할을 하고 있으므로 둘 다 올 수 없고, (C) over는 부사, 전치사로 쓰일 때는 품사상 맞지 않고 형용사로 올 수 있지만 의미가 맞지 않다.

번역 라모스 부사장은 피드백이 더 많이 모일 때까지 어떠한 결정도 내리지 않을 것이다.

어휘 vice president 부사장 gather 모으다

110 명사 어휘

해설 문맥상 '두 가지 이상의 품목을 주문했으면, 제품이 별개의 포장으로 배송될 수도 있다'라는 의미가 자연스러우므로 (C) packages(소포, 포장)가 정답이다. (A) payments(지불), (B) sequences(일련의 순서), (D) receipts(영수증)은 모두 문맥상 맞지 않다.

번역 두 가지 이상의 품목을 주문했으면, 제품이 별개의 포장으로 배송될 수도 있다는 점을 알고 계십시오.

어휘 aware 알고 있는 separate 분리된

111 명사 자리

해설 빈칸은 동사 have의 목적어 자리이며, working with clients의 수식을 받는 자리이다. 또한 등위접속사 and 앞뒤는 같은 품사나 구조를 취하므로 skills와 동등한 품사인 명사 (A)가 정답이다.

번역 일자리에 지원하는 후보자는 대인 관계에 능숙해야 하고 고객들과 함께 일한 경험이 있어야 한다.

어휘 candidate 후보자 interpersonal 대인 관계에 관련된

112 부사 어휘

해설 빈칸은 recommended를 수식하여 '매우 추천되는'을 의미하는 (D)가 정답이다. (A) thickly(두껍게)와 (C) securely(안전하게)는 문맥상 어울리지 않고, (B) currently(현재)는 현재 또는 현재진행 시제와 어울리는 부사이므로 오답이다.

번역 총 킴 씨가 코빈 가구점의 상품 관리자 자리에 적극 추천되었다.

어휘 recommend 추천하다 merchandise 상품 highly 매우

113 전치사 어휘

해설 빈칸은 명사구 앞 전치사 자리이며 five business days가 기간의 표현이므로 기간 앞에 쓸 수 있는 전치사를 선택해야 한다. 문맥상 '5일 이내에 표시될 것이다'가 되어야 하므로 (A) within이 정답이다. (B) during 또한 기간 표현과 쓸 수 있지만, 숫자가 바로 오지는 못하므로 오답이다. (C) since는 시점과 함께 쓰여야 하고, (D) when은 접속사이므로 문법상 적합하지 않다.

번역 반송된 제품이 도착하자마자, 영업일 기준으로 5일 이내에 귀하의 신용 카드 명세서에 환불액이 표시될 것입니다.

어휘 once 일단 ~하면, ~하자마자; 한 번 returned 반송된 refund 환불(금) appear 나타나다 statement 명세서

114 명사 어휘

해설 빈칸은 전치사 out of와 함께 쓰이는 명사 자리이며, out of service가 '고장 난, 사용할 수 없는'의 의미로 문맥상 자연스러우므로 (C)가 정답이다.

번역 2층에 있는 인쇄기는 금요일에 기사가 올 때까지 사용할 수 없을 것입니다.

어휘 technician 기술자 purpose 목적 variety 다양성

115 형용사 자리 _ 비교급

해설 빈칸은 주어인 sales for our mobile applications를 보충 설명하는 보어 자리이므로 형용사가 올 수 있으며, 빈칸 앞 even이 비교급을 수식하는 부사이므로 정답은 (B) stronger이다.

번역 지난 분기에 우리 컴퓨터 소프트웨어의 판매도 좋았지만, 모바일 앱 판매는 훨씬 더 좋았다.

어휘 quarter 분기 even 훨씬

116 전치사 어휘

해설 의미상 '무료 주차를 위한 쿠폰'이 자연스러우므로 목적, 용도를 나타내는 (D) for가 정답이다. 참고로 provide와 함께 어울리는 전치사 with는 provide A with B(A에게 B를 제공하다)로 쓰이며, 수동태로 쓰이는 경우 A is provided with B 형태로 쓴다.

번역 요청 시 올레인 호텔의 투숙객들은 무료 주차권을 제공받을 것이다.

어휘 voucher 할인권, 쿠폰

117 동사 어형 _ 수동태

해설 주격 관계대명사 that 뒤 동사 자리이며, 선행사 the spreadsheets와 수 일치가 맞아야 한다. 또한 빈칸 뒤에 전치사 to가 있는 것으로 보아, 타동사 attach가 수동태로 쓰인 것을 알 수 있다. 따라서 (D)가 정답이다.

번역 이메일에 첨부된 스프레드시트의 예상 판매 수치를 확인하십시오.

어휘 projected 예상된 figure 수치 spreadsheet 스프레드시트

118 형용사 어휘

해설 빈칸은 명사 source(원천)를 수식하는 형용사 자리이므로, 의미상 '믿을 만한 수입원'이라는 뜻을 이루는 (B)가 적합하다. (A) contented(만족해하는)와 (D) patient(참을성 있는)는 사람을 수식하는 형용사이며, (C) flavorful(맛 좋은)은 문맥상 적합하지 않다.

번역 관광 시즌에 수공예품을 판매하는 것은 지역 주민들에게 믿을 만한 수입원이다.

어휘 handmade 손으로 만든 craft 공예(품) source 원천 income 수입 resident 주민

119 형용사 자리

해설 빈칸은 주어인 Everyone을 보충 설명하며 2형식 동사 seemed 다음에 오는 주격 보어 자리이다. 주어가 사람명사이고 excite(흥분시키다)는 감정을 나타내는 동사이므로, 과거분사인 excited(들뜬, 신나는)가 와야 '모두가 들뜬 것처럼 보였다'라는 의미를 만든다. 따라서 (C)가 정답이다.

번역 티르나코 연례 박람회의 모든 사람이 전시되고 있는 신제품들에 들뜬 것처럼 보였다.

어휘 annual 연례의 exposition 박람회 on display 전시된

120 명사 어휘

해설 의미상 '다양한 제품들'이 자연스러우므로 (B)가 정답이다. 참고로 a selection of는 a variety of, a range of, an array of와 함께 '다양한'을 뜻하는 빈출 표현이다.

번역 이번 주 토요일에, 라이트센스 고객들은 다양한 헬스 바 제품들을 시식할 기회를 가지게 될 것이다.

어휘 opportunity 기회 sample 시식하다 nutrition 영양 placement 배치 management 관리

121 명사 자리

해설 빈칸은 동사 expressed의 목적어 자리이므로 명사인 (A) interest와 (B) interests가 가능하다. interest는 불가산명사일 경우 '관심' 또는 '이자'의 의미이고, 가산명사일 때는 '관심사, 취미'로 사용된다. 빈칸 뒤 전치사 in과 어울려 '~에 대해 관심을 표했다'라는 의미가 자연스러우므로 '관심'을 뜻하는 불가산명사 (A) interest가 정답이다.

번역 웡 씨는 시에서 기획한 미화 프로젝트를 이끄는 것에 대해 관심을 표했다.

어휘 express 표현하다 lead 이끌다 beautification 미화

122 형용사 어휘

해설 빈칸은 pool(가용 인력)을 수식하는 형용사 자리이며, 보기 중 '상당한 수의 가용 인력'이라는 뜻을 이루는 (A) sizable이 정답이다. (B) practiced(숙련된), (C) consecutive(연속적인), (D) missing(빠진)은 모두 문맥상 적절하지 않다.

번역 상당히 많은 후보자군 중에서 추 씨가 소비자 보호 위원회를 이끌도록 선택되었다.

어휘 head 이끌다 committee 위원회 protection 보호 pool 가용 인력 candidate 후보자

123 동사 어형 _ 동명사 _ 수동태

해설 전치사 from의 목적격으로 쓰이는 동사의 어형 문제로, 동명사인 (C)와 (D)가 가능하다. 빈칸 뒤 목적어가 없으므로 타동사인 lose는 수동태로 와야 한다. 따라서 (C)가 정답이다.

번역 데이터가 손실되는 것을 방지하기 위해 스프레드시트를 업데이트할 때는 주기적으로 저장하십시오.

어휘 spreadsheet 스프레드시트 periodically 주기적으로 prevent 방지하다

124 전치사 자리

해설 빈칸은 명사구 앞 전치사 자리이며, 문맥상 '기오 컴퍼니의 마케팅 노력에도 불구하고'라는 의미가 자연스러우므로 (D) Despite가 정답이다. (A) As가 전치사일 때는 주로 자격을 나타내는 '~로서'로 쓰이므로 문맥상 적절하지 않고, (B) If는 접속사, (C) However는 접속사 및 부사이기 때문에 품사상 맞지 않다.

번역 기오 컴퍼니의 마케팅 노력에도 불구하고, 금전 등록기에 대한 새로운 주문은 3분기에 약간 감소했다.

어휘 push 노력, 분투 cash register 금전 등록기 decrease 감소하다 slightly 약간

125 대명사 어휘

해설 빈칸은 부사절 접속사 so that 뒤 주어 자리이다. 보기 모두 대명사이며 문장의 주어로 쓰일 수 있지만, 주절의 All members ~ must attend와 내용상 연결되어야 하므로 (C) everyone이 정답이다. (A) one(하나, 한 사람), (B) someone(누군가)은 문맥상 맞지 않고, (D) either one(둘 중 아무나)은 두 사람을 언급한 내용이 없으므로 오답이다.

번역 모두가 판매 예측 발표를 볼 수 있도록 판매 팀원 전원은 다음 주 목요일 회의에 참석해야 한다.

어휘 attend 참석하다 forecast 예측 presentation 발표

126 동사 어휘

해설 빈칸 뒤 that절을 목적어로 취하며 'that 이하 내용을 보장하다'로 이어져야 자연스러우므로 (A) ensure가 정답이다. (B) allow가 뜻이 통하기 위해서는 「allow＋목적어＋to부정사」 형태로 써야 하며, (C) accept(인정하다), (D) provide(규정하다)는 문맥상 어색하다.

번역 최신 의료 기록 시스템은 환자와 의사가 정확한 정보에 쉽게 접근할 수 있도록 해 줄 것이다.

어휘 updated 최신의 patient 환자 access 접근하다, 이용하다 accurate 정확한

127 부사 자리

해설 빈칸은 완전한 문장 구조 뒤에 오며 빈칸 뒤의 전치사구 through our online partner, Yoder Tech를 수식하는 자리이므로 부사인 (D)가 정답이다. 이때 exclusively는 only의 의미로 쓰였다.

번역 작년까지, 우리는 온라인 협력사인 요데르 테크를 통해서만 우리 서비스를 광고했다.

어휘 up until ~까지 market (상품을) 광고하다 exclusive 전용의 exclusively 오로지, 독점적으로

128 동사 어휘

해설 빈칸은 '…에게 ~을 알게 해 주다'라는 의미의 숙어 표현 bring ~ to one's attention이 의미상 적합하므로 (C)가 정답이다.

번역 그리모 사장은 라벨 오류 문제를 자신이 알도록 해 준 데 대해 마케팅 부서에 감사하고 싶어 한다.

어휘 mislabel ~에 라벨을 잘못 붙이다   issue 문제   attention 주목, 관심

129 to부정사

해설 부사절 접속사 as 뒤에 주어와 자동사인 works가 나와서 완전한 문장이므로 '~하기 위해서'라는 의미의 목적을 나타내는 to부정사가 올 수 있다. 따라서 (A)가 정답이다.

번역 IT 부서에서 여러분의 비즈니스 응용 프로그램에 대한 서비스를 복구하기 위해 작업하고 있으므로 인내심을 갖고 기다려 주십시오.

어휘 patient 참을성 있는   application 응용 프로그램

130 전치사 어휘

해설 빈칸 뒤 the stock market(주식 시장)은 변화가 일어나는 공간을 의미하므로 '주식 시장에서'라는 의미를 완성하는 (B) in이 정답이다. (A) about(~에 관한), (C) through(~을 통해), (D) onto(~ 위로)는 문맥상 오답이다.

번역 마클리 기업의 수익은 주식 시장에서의 상당한 변동에도 불구하고 꾸준히 상승해 왔다.

어휘 earning 수익   rise 오르다   steadily 꾸준히   significant 상당한   fluctuation 변동   stock 주식

PART 6

131-134 공지

본 공지는 3월 5일 일요일에 체크인해서 3월 9일 목요일에 체크아웃하는 일정으로 두 개의 2인실에 대한 귀하의 예약을 ¹³¹**확인해 드립니다.** 여기 보니 각 방에 담요 한 세트와 베개 두 개씩을 추가로 요청하셨는데, 요청하신 물품은 각 방의 화장대 위에 놓여 있을 것이니 ¹³²**확인 바랍니다.** 이 요청에 대해서는 추가 요금이 청구되지 않을 것입니다.

¹³³**한 가지 말씀드리자면,** 체크인은 오후 3시이고 체크아웃은 정오입니다. 더 이른 시간에 체크인하시거나 더 늦은 시간에 체크아웃하시길 원하시는 분들도 계십니다. ¹³⁴**이에 해당하면, 도착 24시간 전에 미리 저희에게 전화해 주시기 바랍니다.** 그러면 저희가 귀하의 일정 요구 사항을 확실히 맞춰드리는 데 도움이 될 것입니다. 귀하를 모시기를 기대합니다.

어휘 reservation 예약   blanket 담요   pillow 베개   dresser 화장대   charge 요금   ensure 보장하다   accommodate 수용하다   scheduling 일정 관리

131 동사 어형 _ 시제

해설 주어인 This notice(이 공지)와 결합되는 동사 자리이며, 숙박 상품에 예약되어 있는 상태를 확인해 주는 현재 시제가 적합하다. 따라서 단수 주어인 This notice와 수 일치가 이루어진 (B)가 정답이다. (A) will be confirmed는 미래 시제 수동태이므로 뒤에 목적어인 your reservation이 올 수 없고, (C) is a confirmation은 명사구인 a confirmation이 또 다른 명사구인 your reservation과 연결될 수 없으며, (D) confirm은 주어와 수 일치가 맞지 않아 오답이다.

132 명사절 접속사

해설 빈칸 앞에 동사 note(주목하다)가 있고 빈칸 뒤에 완전한 절이 있으므로 이 절이 note의 목적어 자리에 오는 명사절임을 알 수 있다. 보기에서 완전한 문장 구조의 명사절을 이끄는 접속사는 that이므로 (D)가 정답이다. (A) which와 (B) what도 명사절 접속사지만 주어나 목적어가 빠져 있는 불완전한 문장 구조가 와야 하므로 오답이며, (C) these는 지시 형용사, 또는 대명사이므로 접속사 역할을 할 수 없다.

133 접속부사

해설 숙박 예약 관련 공지문에서 체크인 시간을 상기시켜 주는 내용이 뒤따르므로 '한 가지 말씀드리자면, 체크인은 오후 3시이고 체크아웃은 정오입니다'로 연결해 주는 것이 자연스럽다. 따라서 (B)가 정답이다. (A) Apparently(보아하니), (C) In an emergency(비상 시에), (D) However(그러나)는 문맥상 맞지 않으므로 오답이다.

134 문맥에 맞는 문장 고르기

번역 (A) 이 날짜가 괜찮으시면, 저희가 셔틀을 예약할 수 있도록 알려 주시기 바랍니다.
(B) 예를 들어, 어떤 분들은 식사가 전부 포함된 예약을 필요로 하십니다.
(C) 이런 경우에는, 도착 24시간 전에 미리 저희에게 전화해 주시기 바랍니다.
(D) 접속 담당자에게 연락하시면 항상 모닝콜을 요청하실 수 있습니다.

해설 빈칸 앞에 '더 이른 시간에 체크인하거나 더 늦은 시간에 체크아웃하길 원하는 분들도 있다'라고 했고, 빈칸 뒤에서 '그러면 일정을 맞추는 데 도움이 될 것이다'라고 했으므로, 예약 일정과 관련된 내용이 오는 것이 자연스럽다. 보기 중 (C)가 '이에 해당하면(If this is your case)'으로 이전 상황과 이어지며, '도착 24시간 전에 미리 저희에게 전화해 주시기 바랍니다'라며 앞의 문장과 내용 연결이 되고 있다. 이런 당부의 말은 빈칸 뒤의 this와도 호응한다. 따라서 (C)가 정답이다. (A)는 날짜 관련 내용이 앞 문장에 없으므로 these days로 받을 수 없고, (B)는 식사 제공에 대한 언급이 없으며, (D)의 wake-up call은 모닝콜에 대한 요청이므로 호텔 체크인/체크아웃과는 관련이 없어 적합하지 않다.

135-138 이메일

수신: claimscenter@cheapsure.com
발신: lgreenberg@cheapsure.com
날짜: 11월 15일
제목: 사무실 배치에 대한 최신 정보

보상 전문가 여러분께:

1월 1일에 칩슈어는 자동차 보험뿐 아니라 주택 소유자 보험도 제공하기 시작할 예정입니다. 이 흥미로운 ¹³⁵**추가 사안**으로 직원 채용이 갑자기 늘어나 사무 공간의 배치에도 조정이 필요할 것입니다. 내일, 저는 주회의실에서 오후 2시에 회의를 열어 ¹³⁶**필요한** 변화에 대해 논의하고자 합니다. 사무실 배치에 ¹³⁷**어느 정도** 융통성을 가지고 여러분의 조언을 듣고 싶습니다. ¹³⁸**그러므로 여러분의 참석을 강력히 당부드립니다.**

시설 관리자, 리 그린버그 드림

어휘 layout 배치 claim (보상금 등에 대한) 청구[신청] specialist 전문가 insurance 보험 automobile 자동차 surge 급증 hiring 고용 adjustment 수정[조정] space 공간 flexibility 융통성 floor plan 평면도 input 조언, 의견

135 명사 어휘

해설 빈칸은 This exciting의 수식을 받는 명사 자리이다. This가 '새로운 보험을 제공할 것'이라는 앞 문장의 내용을 가리키므로 이를 받는 명사 (D) addition(추가 사안)이 정답이다. (A) performance(실적), (B) merger(합병), (C) relocation(이전)은 의미상 적합하지 않다.

136 형용사 자리

해설 빈칸은 명사 changes를 수식하는 형용사 자리이므로 '필요한 변화'라는 의미를 완성하는 (C)가 정답이다.

137 한정사

해설 빈칸은 타동사 have의 목적어인 명사 flexibility를 수식하는 자리이므로 보기 중 한정사인 (A) some과 (B) each 중에서 선택한다. (B) each는 가산명사의 단수 형태와 쓰일 수 있는데, flexibility가 불가산명사이므로 적합하지 않다. 따라서 정답은 (A)이다. (C) overly(너무, 지나치게)와 (D) very는 부사이므로 맞지 않다.

138 문맥에 맞는 문장 고르기

번역 (A) 일부 직원들은 부서를 옮길 예정입니다.
(B) 새 책상 배치도를 첨부했습니다.
(C) 그러므로 여러분의 참석을 강력히 당부드립니다.
(D) 그 이후에 생산성은 두 배가 될 것으로 예상됩니다.

해설 빈칸 앞 문장에서 '여러분의 조언을 듣고 싶다(would like your input)'고 했으므로, 다음 문장에는 조언과 아이디어 공유 관련 내용이 나와야 자연스럽다. 또한 thus가 '앞서 말한 이유 때문에'라는 의

미이므로 논리적으로 적합하다. 따라서 회의 참석을 요청하는 (C)가 정답이다.

139-142 지시 사항

사플레 은행의 모든 직원은 출장 준비를 하기 전에 결재를 ¹³⁹**받아야 합니다.** 승인을 받은 이후에만 출장 계획을 세울 수 있습니다. 결재를 요청하려면, 출장 환급 양식의 첫 번째 면을 작성하십시오. 이곳에 본인의 ¹⁴⁰**출장** 사유를 적어 주시면 됩니다. 다음으로, 목적지까지의 출장 지출 계획서와 ¹⁴¹**함께** 양식서를 제출하십시오. 출장에서 돌아오자마자, 양식의 두 번째 면을 작성할 것을 잊지 말아야 하며, 이곳에 주행 거리와 경비를 보고하면 됩니다. 영수증 첨부는 필수입니다. 주차 요금과 봉사료처럼 영수증을 제시할 수 없는 경비에 대해서도 환급받으실 수 있습니다. ¹⁴²**이러한 경비들은 서면으로 된 내역서로 입증되어야 합니다.**

어휘 arrangement 준비 authorization 허가 approval 승인 grant 승인[허락]하다 reimbursement 상환 form 양식 estimate 추정(치), 견적서 destination 목적지 mileage 주행 거리 expense 경비 inclusion 포함 receipt 영수증 parking meter 주차 요금 징수기 reimbursable 상환할 수 있는

139 동사 어형 _ 시제

해설 출장을 준비할 때 직원들이 숙지해야 하는 행동 절차들을 설명하는 지문이다. 지시 사항을 나타낼 때는 '~해야 한다'가 쓰이는 것이 일반적이며, 빈칸에서도 주어 all Saffler Bank employees가 결재를 받아야 한다는 내용이 적절하므로 (B) must receive가 정답이다.

140 명사 어휘

해설 이전 문장에서 '출장 환급 양식(Travel Reimbursement Form)'이 언급되었으므로, 이어지는 빈칸은 '출장'의 사유를 언급하라는 내용이 오는 것이 자연스럽다. 따라서 (A) trip이 정답이다.

141 전치사 어휘

해설 문맥상 '견적서와 함께 양식을 제출하라'가 적합하므로 (A) along with(~와 함께)가 정답이다. (B) taken from(~로부터 가져온), (C) according to(~에 따르면), (D) in the event of(~하는 경우에는) 모두 의미상 적합하지 않다.

142 문맥에 맞는 문장 고르기

번역 (A) 봉사료를 남겨 두는 것이 관례입니다.
(B) 주차가 제한적이므로 일찍 도착하십시오.
(C) 이러한 경비들은 서면으로 된 내역서로 입증되어야 합니다.
(D) 하지만 일상적인 출장은 결재가 필요하지 않습니다.

해설 빈칸 앞 문장에서 주차 요금과 봉사료처럼 영수증을 제시할 수 없는 경비에 대해서도 환급받을 수 있다(Expenses for which you cannot show ~ also reimbursable)고 했으므로, 경비 환급에

대한 내용이 이어져야 문맥상 자연스럽다. (C)의 These expenses
는 앞 문장의 Expenses for which you cannot show a receipt
를 지칭하므로 (C)가 정답이다.

143-146 발표문

메이슨 브라더스가 중대한 조직 개편을 합니다

메이슨 브라더스는 당사의 기업 운영에 상당한 변화를 주고 있습니다.
고객의 요구에 더 귀기울일 수 있도록 우리는 지역 사무실을 이용하는
조직 체계를 채택했습니다. 이 새로운 체계로 우리는 고객의 ¹⁴³**위치를**
토대로 그들의 요구를 분석할 수 있게 될 것입니다. 그 결과, 우리는 가
장 수요가 많은 국가 지역에 건축 및 유지 보수 물품을 좀 더 신속하게
공급할 수 ¹⁴⁴**있을 것입니다.** 이 변화는 또한 우리 관리자들이 자신이
감독하는 개별 매장들의 운영을 개선하고자 할 때 우리가 그들을 더 잘
지원할 수 있도록 도움을 줄 것입니다.

저는 우리 사업 계획의 ¹⁴⁵**실행**이 더 큰 고객 만족으로 이어질 것이라
고 확신합니다. 30년 이상 동안, 고객의 소리를 듣는 것은 우리 기업 전
략의 핵심 요소였습니다. ¹⁴⁶**고객이 변함없이 우리의 최우선 순위임을**
약속드립니다.

사장 겸 최고경영자, 맥스 메이슨

어휘 major 중대한 organizational 조직(상)의 significant
상당한 corporate 기업 operation 운영 focus 초점[중심]
adopt 채택하다 employ 고용하다, 이용하다 regional 지역의
analyze 분석하다 demand 요구 consequently 그 결과
supply 공급하다 in demand 수요가 많은 oversee 감독하다
satisfaction 만족 integral 필수적인 component 요소
strategy 전략

143 명사 어휘

해설 앞 문장에서 지역 사무실을 이용하는 조직 체계를 채택했다(we have
adopted an organizational system that employs regional
offices)고 했고 This new system은 '지역 사무실을 이용하는 것'
을 가리키므로, 고객의 '위치'를 기반으로 한다는 내용으로 연결되는
것이 자연스럽다. 따라서 (D) location이 정답이다.

144 동사 어형 _ 시제

해설 Consequently 앞에 나오는 문장에서 새로운 체계가 가져올 변화를
언급하고 있고, 이러한 변화에 따른 예상 결과를 나타내는 문장이 이
어지고 있으므로 미래 시제가 와야 한다. 따라서 (B)가 정답이다.

145 명사 자리

해설 빈칸은 명사절인 that절의 주어 자리이므로 (B) an implement(도
구)와 (D) the implementation(실행) 중에서 선택해야 한다. 문맥
상 '우리 사업 계획의 실행'이 자연스러우므로 (D)가 정답이다. 동명사
인 (A) implementing은 주어 자리에 들어갈 수 있지만 목적어를 취
해야 하는 타동사이므로 오답이다.

146 문맥에 맞는 문장 고르기

번역 (A) 메이슨 브라더스는 40년보다 더 오래 전에 창립되었습니다.
(B) 고객이 변함없이 우리의 최우선 순위임을 약속드립니다.
(C) 우리는 각 지역에 대해 마케팅 예산 또한 늘렸습니다.
(D) 고객들은 더 많은 지불 옵션을 갖게 될 것입니다.

해설 빈칸 앞 문장에서 고객의 소리를 듣는 것은 우리 기업 전략의 핵심
요소였다(listening to our customers has been an integral
component of our corporate strategy)고 했으므로, 빈칸에도
고객 서비스와 관련된 내용이 이어져야 문맥상 자연스럽다. 따라서 고
객이 최우선 순위(customers will remain our top priority)라고
언급한 (B)가 정답이다.

PART 7

147-148 계약서

피나클 스포츠 클럽 회원 약정서

회원명: 메리 스완손
¹⁴⁷**회원 유형: 12개월**
시작일: 9월 5일
입회비: 25달러
월 회비: 매월 32달러
결제 수단: 신용 카드

피나클 스포츠 클럽에 가입해 주셔서 감사합니다. 클럽 회원으로서, 회
원님은 모든 운동 장비, 피트니스 수업 및 수영장에 대해 무제한의 이용
권을 가집니다. 입장 시 안내 데스크 직원에게 회원 카드를 제시해 주십
시오. 어떠한 이유로든 ^{147, 148}**12개월 계약 기간이 만료되기 전에 회원**
권을 해지해야 할 경우, 캘리포니아 95913, 저먼타운, 아쿠아 로 171,
피나클 스포츠 클럽으로 우편으로 서신을 보내셔야 합니다. 위약금이 적
용될 것입니다.

서명: 메리 스완손

어휘 enrollment fee 입회비 dues 회비 method 수단
unlimited 무제한의 present 제시하다 attendant 안내원
entry 입장 discontinue 중단하다 period 기간 expire
만료되다 penalty 위약금 apply 적용되다

147 사실 확인

번역 스완손 씨에 대해 알 수 있는 것은?
(A) 최근에 캘리포니아로 이사했다.
(B) 입회비를 지불하지 않았다.
(C) 피트니스 수업의 강사이다.
(D) 1년 계약에 등록했다.

해설 회원 정보에서 '회원 유형: 12개월(Membership Type: 12
months)'이고, '12개월 계약 기간이 만료되기 전에 회원권을 해지
해야 할 경우(If for any reason you need to discontinue your
membership before the 12-month contract period has
expired)'라고 지문에 언급되어 있으므로 (D)가 정답이다.

148 세부 사항

번역　스완슨 씨가 서신을 보내야 할 수도 있는 이유는?

   (A) 회원권을 취소하려고
   (B) 특별 장비를 이용하려고
   (C) 다른 신용 카드로 지불하려고
   (D) 교체 회원 카드를 받으려고

해설　계약서 하단에 계약 기간 만료 전에 회원권을 해지해야 할 경우, 우편으로 서신을 보내 달라(If for any reason you need to discontinue your membership ~ you must write a letter and send it by mail)고 명시하고 있으므로 (A)가 정답이다.

▸▸ Paraphrasing　지문의 **discontinue** → 정답의 **cancel**

149-150 문자 메시지

해리 매튜즈 (오전 11시 19분) 안녕하세요, 린한 씨. ¹⁴⁹제게 이번 주 송장 목록을 이미 이메일로 보내셨나요?
린한 수 (오전 11시 24분) 네. 영업 상담 기록과 함께 좀 전에 보냈어요.
해리 매튜즈 (오전 11시 25분) ¹⁵⁰정말요? 제가 삭제한 건 아니길 바랍니다. 혹시 하비 맷슨 씨에게 이메일을 잘못 보내셨나요?
린한 수 (오전 11시 28분) 오, 잠시만요. ¹⁵⁰제가 목록을 첨부하는 걸 깜빡한 것 같아요. 지금 다시 보낼게요.
해리 매튜즈 (오전 11시 30분) 방금 받았어요. 고맙습니다!

어휘　invoice 송장　sales-call 영업 상담　delete 삭제하다　accidently 잘못하여　attach 첨부하다

149 주제 / 목적

번역　문자 메시지의 목적은?

   (A) 정보가 전송되었는지를 확인하기 위해
   (B) 결정이 변경된 이유를 알기 위해
   (C) 파일 삭제하는 방법을 가르쳐주기 위해
   (D) 누가 발표할지를 결정하기 위해

해설　오전 11시 19분에 매튜즈 씨는 수 씨에게 이번 주 송장 목록을 이메일로 보냈는지(Did you already e-mail me the list of this week's invoices?) 묻고 있다. 이를 통해 이메일 전송 확인을 위한 문자 메시지임을 알 수 있으므로 (A)가 정답이다.

150 의도 파악

번역　오전 11시 25분에 매튜즈 씨가 "정말요?"라고 쓴 의도는?

   (A) 서류가 당장 필요하다.
   (B) 영업 상담 기록을 삭제했다.
   (C) 첨부 파일을 찾을 수 없다.
   (D) 맷슨 씨에게 실수로 첨부 파일을 보냈다.

해설　수 씨의 오전 11시 24분 메시지 '영업 상담 기록과 함께 좀 전에 보냈다(I sent it over earlier today with the sales-calls records)'에 대해 매튜즈 씨가 본인이 이메일을 삭제한 건 아니길 바란다며 혹시 하비 맷슨 씨에게 이메일을 잘못 보냈는지(I hope I didn't delete ~ send the e-mail to Harvey Mattson?) 묻고 있다. 이에 대해 수 씨는 '목록을 첨부하는 것을 깜빡한 것 같다(it looks like I forgot to attach it)'라고 응답하고 있으므로, 이를 통해 매튜즈 씨는 수 씨가 보낸 이메일의 첨부 파일을 받지 못했다는 것을 짐작할 수 있다. 따라서 (C)가 정답이다.

151-152 이메일

발신: jovanie.blum@messickfmc.com 수신: asvoboda@nyzcomputing.com 날짜: 5월 5일 제목: ¹⁵²재정 자문 스바보다 씨께: 제 이름은 조바니 블럼이고, 저는 메식 금융 관리 회사의 상담가입니다. ¹⁵²**당사는 국제 자금을 전문으로 하며, 프랑스와 독일에 세법 전문가들을 보유하고 있습니다.** 귀하의 컴퓨터 회사가 독일로 사업을 확장할 때, ¹⁵¹**당사의 전문가들이 베를린으로 파견될** ¹⁵²**귀사의 직원들에게 유용한 조언을 제공해 드릴 수 있습니다.** 귀사의 직원들을 위해 저희가 해 드릴 수 있는 일에 대해 더 알아보시려면, 가급적 빨리 1-267-555-0184로 저에게 연락 주십시오. 조바니 블럼

어휘　financial 재정의　consulting 상담　specialize in ~을 전문으로 하다　fund 자금　expert 전문가　expand 확장하다　operation 사업　valuable 귀중한　convenience 편리

151 추론 / 암시

번역　블럼 씨는 왜 스바보다 씨를 만나고 싶어 하겠는가?

   (A) 베를린의 일자리에 지원하기 위해
   (B) 회사의 서비스를 판매하기 위해
   (C) 아시아에서의 사업 기회를 논의하기 위해
   (D) 도시의 세법 변경에 대해 검토하기 위해

해설　이메일 초반에 자신의 회사가 국제 자금 및 프랑스와 독일의 세법을 전문으로 하는 기업(My company specializes in international funds, ~ Germany)이라고 소개하고 있고, 바로 귀하의 컴퓨터 회사가 독일로 사업을 확장할 때, 당사의 전문가들이 귀사의 직원들에게 유용한 조언을 제공할 수 있다(As your computer firm expands its operations into Germany, our experts can provide valuable advice to your employees)며 본인 회사가 제공하는 서비스를 고객에게 제안하고 있다. 따라서 (B)가 정답이다.

152 세부 사항

번역 메식 금융 관리 회사가 스바보다 씨의 회사를 도울 수 있는 방법은?
　(A) 독일의 컴퓨터 산업에 대해 정보를 제공함으로써
　(B) 유럽에서 근무할 직원들을 모집함으로써
　(C) 국제 출장 서비스를 추천함으로써
　(D) 그의 회사 직원들에게 재정 관련 조언을 해 줌으로써

해설 이메일 제목이 '재정 자문(Financial consulting)'이고, 국제 자금을 전문으로 하며 프랑스와 독일에 세법 전문가들을 보유하고 있다(My company specializes in international funds, and we have experts on tax law in France and Germany)고 회사를 소개하고 있어, 해당 업체가 재정 관련 컨설팅 회사라는 것을 알 수 있다. 이어서 귀사의 직원들에게 유용한 조언을 제공할 수 있다(our experts can provide valuable advice to your employees)고 했으므로 이 조언이 재정 관련 조언임을 알 수 있다. 따라서 (D)가 정답이다.

153-155 고객 후기

https://www.therightvenue.com.au/customer_reviews
고객 후기

★★★★☆
4월 12일
엘레나 패터슨

우리 회사는 최근에 칼라 코트야드에서 연회를 열었는데, 그곳은 우리 행사에 완벽한 장소였습니다. ¹⁵³**그곳이 최근에 대중에게 개방돼서** 고객 후기가 아직 없었기 때문에 저는 처음에는 그곳을 예약하기를 주저했습니다. — [1] —. 어쨌든 한번 시도해 보기로 결정했습니다.

약간 비싸긴 했지만, ¹⁵⁴**장소는 매우 멋졌습니다.** — [2] —. ¹⁵⁴**칼라 코트야드는 만의 전망이 아주 아름답습니다.** 직원들이 복도에 좌석을 마련해 손님들이 커다란 유리창으로 일몰을 감상할 수 있도록 했습니다.

한 가지 주목할 점은 ¹⁵⁵**그 시설에 이용 가능한 주방이 있기는 하지만 아주 협소하고 물품이 충분히 갖춰져 있지는 않다는 점입니다.** — [3] —.

대체로, 저는 제 결정에 만족하며 향후 행사에도 틀림없이 이 장소를 다시 고려할 것 같습니다. — [4] —.

어휘 banquet 연회 venue 장소 initially 처음에 be hesitant to ~하는 것을 망설이다 space 공간[장소] give it a try 시도하다 setting 장소, 설정[세팅] absolutely 전적으로 stunning 굉장히 멋진 magnificent 아주 아름다운 bay 만 arrange 마련하다 sunset 일몰 facility 시설 available 이용 가능한 well-stocked 물품이 충분히 갖춰진 all in all 대체로 definitely 분명히

153 추론 / 암시

번역 칼라 코트야드에 대해 알 수 있는 것은?
　(A) 비교적 새로운 임대 공간이다.
　(B) 최근에 보수 공사를 했다.
　(C) 비즈니스 행사에 인기가 많은 장소이다.
　(D) 야외 좌석 구역을 특색으로 한다.

해설 첫 번째 단락에서 최근에야 대중에게 개방되었다(it had only recently opened to the public)고 언급했으므로 (A)가 정답이다.

▸▸ Paraphrasing　지문의 recently opened → 정답의 new

154 세부 사항

번역 패터슨 씨가 특히 감동받은 것은?
　(A) 직원들의 친절
　(B) 낮은 임대료
　(C) 복도의 좌석 수
　(D) 아름다운 주변 경관

해설 두 번째 단락에서 장소가 매우 멋지다(the setting was absolutely stunning)며 감동을 표현했고 이어서, 칼라 코트야드 만의 전망이 아주 아름답다(The Calla Courtyard has a magnificent view of the bay)고 했으므로 (D)가 정답이다.

155 문장 삽입

번역 [1], [2], [3], [4]로 표시된 곳 중에서 다음 문장이 들어갈 위치로 가장 적합한 곳은?

"이러한 이유로, 풀서비스 출장 연회 업체를 고용하는 것이 현명할 것입니다."
　(A) [1]
　(B) [2]
　(C) [3]
　(D) [4]

해설 주어진 문장의 For this reason(이러한 이유로)이 가리키는 것을 지문에서 찾아야 한다. [3] 앞 문장에서 이용 가능한 주방이 있기는 하지만 아주 협소하고 물품이 갖춰져 있지는 않다(while the facility does have a kitchen available for use, it is quite small and not well-stocked)고 언급하며 음식 준비를 하기에는 불편하다는 점을 암시하고 있다. 따라서 이를 만회하기 위해 출장 음식 업체의 도움을 받는 것이 좋을 것 같다는 내용으로 연결되는 것이 자연스러우므로 (C)가 정답이다.

156-158 엽서

하트리지 경영 대학

우 씨께:

하트리지 경영 대학은 ¹⁵⁷**동문 안내책자**의 100주년 기념판을 준비하면서, ¹⁵⁷**우리가 보관하고 있는 모든 정규 과정 졸업생에 대한 정보를 확인하는 중입니다.** ¹⁵⁶**우리가 갖고 있는 귀하의 기록이 정확한지 확인하는 데 도움이 필요합니다.** 귀하의 이력, 약력 및 연락처가 최신 정보인지 확인하고자 합니다.

월요일부터 금요일까지 오전 9시에서 저녁 9시 사이에 207-555-0125로 전화 주시기 바랍니다. ¹⁵⁸**음성 안내에 따라 이 고유 번호 <u>293883</u>을 입력해 주십시오.** 그러면 직원이 귀하와 함께 귀하의 파일을 점검하고 귀하가 알려 주는 수정 사항이나 최신 정보를 기록할 것입니다.

3월 31일까지 꼭 연락 주시기를 당부드립니다. 시간과 관심에 감사합니다.

주타 버호벤
동문 관리 이사

어휘 anniversary 기념일 edition (시리즈 간행물 등의) 판, 호 alumni 졸업생들 directory 안내책자 graduate 졸업생 assistance 도움 accuracy 정확도 biography 전기, 이력 up-to-date (정보가) 최근의 voice prompt 음성 안내 unique 고유의 representative 대표, 대리인 go over ~을 점검하다 correction 수정 attention 주목, 관심

156 주제 / 목적

번역 버호벤 씨가 우 씨에게 연락한 이유는?
(A) 기념 행사의 초대장을 보내려고
(B) 일부 정보의 확인을 요청하려고
(C) 일자리 기회에 대해 조언하려고
(D) 출판물에 대해 할인을 제공하려고

해설 첫 단락에서 우리가 갖고 있는 동문 기록이 정확한지 확인하는 데 귀하의 도움이 필요하다(We need your assistance in checking the accuracy of the records we have for you)고 하였으므로 (B)가 정답이다.

▸▸ Paraphrasing 지문의 checking → 정답의 verification

157 추론 / 암시

번역 엽서가 우 씨에 대해 알려 주는 것은?
(A) 하트리지 대학에서 가르친다.
(B) 기업가의 전기를 쓰고 있다.
(C) 동창회에 기부를 할 계획이다.
(D) 하트리지 경영 대학의 졸업생이다.

해설 첫 번째 단락에서 하트리지 대학의 경영 대학(Hartridge University School of Business)의 동문 안내책자(Alumni Directory)를 위해 졸업생들의 정보를 확인 중이며 우 씨의 기록이

정확한지 확인해 달라(we are reviewing the information ~ in checking the accuracy of the records we have for you)는 요청을 하고 있으므로 우 씨가 하트리지 학교의 졸업생인 것을 알 수 있다. 따라서 (D)가 정답이다.

158 세부 사항

번역 엽서에 따르면, 우 씨가 전화 통화 초반에 제공해야 하는 것은?
(A) 새 전화번호
(B) 구 계좌 비밀번호
(C) 개인 식별 번호
(D) 지불 확인 코드

해설 두 번째 단락에서 전화번호를 알려 준 후, 음성 안내에 따라 고유 번호 293883을 입력해 달라(At the voice prompt, enter this unique number: 293883)고 요청하고 있으므로 (C)가 정답이다.

▸▸ Paraphrasing 지문의 unique number
→ 정답의 personal identification number

159-162 온라인 채팅

마리오 리자르디 [오전 11시 09분]: 팀 여러분, ¹⁶¹**월요일** 일찍부터 이 이야기를 꺼내서 미안합니다만, 연말 보고서를 제출해야 하는 마감일이 다가오고 있습니다. 우리는 금요일 마감 전에 모든 것을 취합할 수 있도록 수요일까지 각 부문을 완료한다는 것을 목표로 해야 합니다. ¹⁵⁹**저는 기술 부문에 대한 정보를 거의 끝냈습니다.**

카식 듀라브 [오전 11시 14분]: 저는 프로그램의 주요 성과에 대한 설명을 이미 썼습니다. 각 프로그램에 관련된 참가자와 주최측의 숫자만 추가하면 됩니다. 오래 걸리지는 않을 겁니다.

페이올라 로시 [오전 11시 15분]: 저는 미래 목표 부문을 완료했습니다. 아직 예상 예산 요청 부문을 끝내야 하지만, 여러분 중 몇 분과 먼저 의논을 하고 싶습니다.

마리오 리자르디 [오전 11시 15분]: 그 부분에 대해서는 저는 도울 수가 없네요. ¹⁶⁰**그 정보에는 접근 권한이 없습니다.** 오직 당신과 인사 부문만이 참가자 목록을 볼 수 있습니다.

카식 듀라브 [오전 11시 17분]: 걱정 마세요, 마리오 씨. 페이올라 씨, 제가 ¹⁶¹**내일 예산 개요 작성하는 것을 도울 수 있을 겁니다.** ¹⁶²**다른 건요?**

페이올라 로시 [오전 11시 18분]: ¹⁶²**그게 전부예요.** 우리가 얼마만큼 끝낼지에 따라, 이번 주에 보고서를 마무리짓기 위한 세부 일정을 짤 수 있습니다.

어휘 bring up (화제를) 꺼내다 due date 마감일 section 부분 description 서술 accomplishment 업적 major 주요한 participant 참가자 organizer 조직자 involved in ~에 관련된 predicted 예상되는 access 접근(권) human resources 인사부 outline 개요를 서술하다 depending on ~에 따라 timeline 세부 일정

50

159 세부 사항

번역 리자르디 씨는 프로젝트의 어떤 부분을 맡고 있을 것 같은가?
  (A) 생산
  (B) 예산
  (C) 기술
  (D) 인사

해설 오전 11시 09분 메시지에서 리자르디 씨가 '기술 부문에 대한 정보는 거의 끝냈다(I am almost done with the information for the technology section)'라고 언급했으므로 (C)가 정답이다.

160 세부 사항

번역 리자르디 씨가 돕기를 거절한 이유는?
  (A) 로시 씨와 일할 시간이 없다.
  (B) 기술 회의에 참석해야 한다.
  (C) 예산에 접근 권한이 없다.
  (D) 참가자에 대한 정보를 갖고 있지 않다.

해설 로시 씨는 오전 11시 15분에 '여러분 중 몇 분과 먼저 의논하고 싶다(I'd like to consult with some of you first)'라며 도움을 요청하고 있다. 그에 대한 응답으로 리자르디 씨가 자신은 도울 수 없다(I can't help you with that)고 거절한 후 자신이 참가자를 볼 수 있는 권한이 없다(I don't have access to that information—only you and Human Resources have access to the participant lists)고 거절 이유를 밝히고 있으므로 (D)가 정답이다.

▶▶ Paraphrasing 지문의 can't help you
        → 질문의 decline to help out

161 세부 사항

번역 듀라브 씨가 만나기를 제안한 때는 언제인가?
  (A) 월요일
  (B) 화요일
  (C) 수요일
  (D) 목요일

해설 듀라브 씨는 오전 11시 17분 메시지에서 '페이올라 씨, 제가 내일 예산 개요 작성하는 것을 도울 수 있을 겁니다(Paola, I could help to outline budget needs with you tomorrow)'라며 만나기를 제안하고 있다. 채팅 시작 부분인 11시 09분 메시지에서 리자르디 씨는 '월요일(Monday)'부터 기한에 대한 이야기를 꺼내 미안하다는 말로 오늘이 월요일임을 나타내고 있다. 따라서 듀라브 씨가 언급한 내일(Tomorrow)은 화요일이므로 (B)가 정답이다.

162 의도 파악

번역 오전 11시 18분에 로시 씨가 "그게 전부예요"라고 쓴 의도는?
  (A) 다른 도움은 필요 없다.
  (B) 필요한 파일을 찾았다.
  (C) 새로운 팀 로고를 선택했다.
  (D) 연말 보고서를 끝냈다.

해설 듀라브 씨는 오전 11시 17분 메시지에서 예산 개요 작성을 도와 주겠다고 한 후, '다른 건요?(Anything else?)'라고 묻고 있다. 그에 대해 '그게 전부예요(That's it)'라고 로시 씨가 응답하고 있으므로, 또 다른 도움은 필요 없다는 의미로 볼 수 있다. 따라서 (A)가 정답이다.

163-166 기사

아이워니 미디어 소식

토론토 (5월 1일)—[163]출판사 아이워니 미디어가 금요일 아침에 〈에너지 런〉 새 간행물이 정기적인 월간 출판 일정에 따라 출간되지 않을 것이라고 발표했다. — [1] —.

출판사의 결정은 이 전설적인 만화책이 인쇄되는 [166]지금은 구식이 되어 버린 기기들을 교체함으로써 인쇄 설비를 현대화하려는 계획과 맞물려 있다. — [2] —.

금요일에 출판을 중단한다는 결정에 대한 소문이 퍼지자, [164]팬들은 많은 이들이 마지막 간행물이 될지도 모른다며 우려하는 이 책을 서둘러 구입했다. — [3] —. 전하는 바에 따르면 아이워니 미디어의 온라인 매장이 이 책을 아직 구입할 수 있는 유일한 장소이다.

아이워니 미디어의 대변인인 존 에마누엘은 새로운 인쇄 설비가 4개월 안에 가동될 것이고, [165]〈에너지 런〉의 다음 간행물은 그 후 곧 신문 판매대에 비치될 것이라고 말했다. — [4] —.

"팬들은 걱정하지 않으셔도 됩니다, 그들이 좋아하는 등장인물들이 곧 돌아올 거니까요"라고 에마누엘 씨는 덧붙였다.

어휘 publisher 출판사 announce 발표하다 issue 호 release 공개[발표]하다 modernize 현대화하다 facility 설비 now-obsolete 지금은 구식인 legendary 전설적인 comic book 만화책 spread 퍼지다 halt 중단하다 fear 염려하다 reportedly 소문에 의하면 spokesperson 대변인 state 말하다 newsstand 신문·잡지 판매대

163 주제 / 목적

번역 기사의 목적은?
  (A) 인기 있는 만화책의 줄거리 요약
  (B) 온라인 매장의 개점 홍보
  (C) 회사의 최근 수익에 대한 보도
  (D) 회사 운영상의 변화 설명

해설 기사 첫 단락에서 기존의 정기 출판일에 맞춰 새 간행물이 출판되지 않을 것(Publisher Iwoni Media announced ~ according to the book's regular monthly publishing schedule)이라는 회사 운영 방침의 변동 사항을 언급하고 있으므로 (D)가 정답임을 알 수 있다.

164 추론 / 암시

번역 〈에너지 런〉의 판매에 대해 알 수 있는 것은?
(A) 갑자기 증가했다.
(B) 온라인으로 발표될 것이다.
(C) 낮을 것으로 예상되었다.
(D) 잘못 계산되었다.

해설 세 번째 단락에서 팬들은 많은 이들이 마지막 간행물이 될지 모른다고 염려하는 이 책을 서둘러 구입했다(fans rushed to buy what many feared might be the last issue)고 했고, 아이워니 미디어의 온라인 매장이 책을 아직 구입할 수 있는 유일한 장소(Iwoni Media's online store is ~ still available)라고 했으므로 책의 판매가 갑자기 증가했음을 짐작할 수 있다. 따라서 (A)가 정답이다.

165 세부 사항

번역 에마누엘 씨가 발표한 것은?
(A) 새로운 등장인물이 소개될 것이다.
(B) 출판물을 다시 구입할 수 있게 될 것이다.
(C) 일부 신문 판매대가 문을 닫을 것이다.
(D) 일부 서적의 가격이 낮아질 것이다.

해설 기사 네 번째 단락에서 에마누엘 씨는 간행물은 새로운 인쇄 시설의 구비 후 신문 가판대에 비치될 것(the next issue of *Energy Run* will arrive on newsstands shortly after that)이라고 말했으므로 출판물 구입이 조만간 가능할 것이라는 점을 보여 준다. 따라서 (B)가 정답이다.

> ▸▸ Paraphrasing   지문의 **will arrive on newsstands**
> → 정답의 **will become available**

166 문장 삽입

번역 [1], [2], [3], [4]로 표시된 곳 중에서 다음 문장이 들어갈 위치로 가장 적합한 곳은?

"그러한 목적을 달성하기 위해, 회사는 신규 장비에 10만 달러를 투자했다."

(A) [1]
(B) [2]
(C) [3]
(D) [4]

해설 주어진 문장의 To that end(그러한 목적을 달성하기 위해)가 가리킬 만한 대상을 지문에서 찾는 것이 핵심이다. 두 번째 단락에서 언급된 '지금은 구식이 되어 버린 기기들을 교체함으로써 인쇄 설비를 현대화하려는 계획(plans to modernize its printing facility by replacing the now-obsolete machinery)'이 To that end와 어울리고, 신규 장비에 비용을 들일 회사의 계획과 내용이 이어지므로 [2]가 적합하다. 따라서 (B)가 정답이다.

167-169 공지

고객님들께,

1월 10일 토요일에 게아레이 원예용품점이 사업을 시작한 지 45년만에 완전히 문을 닫았습니다. 많은 분들이 아시다시피, 저는 몇 년 전에 시골에 농장을 구입했고, 가게로 오가느라 매일 세 시간씩을 운전해 왔습니다. 가게를 그만두게 되어 슬프지만, ¹⁶⁷저로서는 더 이상 운전하는 데 그렇게 많은 시간을 쓰는 일을 계속할 수가 없습니다.

¹⁶⁸제 조부님이신 티모시 게아레이는 제게 가게를 넘겨주시기 거의 60년 전에 이 사업을 시작하셨는데, 가게를 운영하시면서 가장 마음에 드는 부분이 지역 사회에 필요한 것을 제공한다는 점이라고 항상 말씀하셨습니다. 저는 이 말씀에 공감합니다. 제가 여러분 모두와 소통하면서 얻은 즐거움이 얼마나 큰지 말로 다 표현할 수는 없지만, 제가 수년 동안 받아온 여러분의 헌신적인 지지를 얼마나 소중하게 생각하는지를 알아주셨으면 합니다.

이 결정이 얼마나 어려운 것이었는지를 이해해 주셔서 감사드립니다. 오프라인 게아레이 원예용품점은 문을 닫지만, ¹⁶⁹ghearygardengoods.com은 여전히 웹사이트를 통해 가정 원예를 하시는 분들을 위한 자원으로 남을 것입니다. 시간이 있을 때는 교육용 블로그 게시물도 계속 올리겠습니다.

여러분의 후원에 감사드립니다!
제리 샌더슨
게아레이 원예용품

어휘 sadden 슬프게 하다   sustainable 지속 가능한   hand 넘겨주다   run 운영하다   retail store 소매점   serve 제공하다, 도움이 되다   community 지역 사회   echo (사상 등에) 공명하다   sentiment 정서   interact 소통[교류]하다   value 소중히 여기다   dedicated 헌신적인   support 지지; 지원하다   physical 물리[물질]적인   resource 자원   educational 교육적인

167 사실 확인

번역 게아레이 원예용품점이 문을 닫은 이유는?
(A) 건물이 보수 공사 중이라서
(B) 임대료가 너무 비싸져서
(C) 사업주 출퇴근 시간이 너무 길어져서
(D) 관리자 자리에 사람을 구할 수 없어서

해설 첫 번째 단락에 가게에 오가느라 많은 시간이 드는데, 그렇게 많은 시간을 출퇴근에 쓰는 일을 계속할 수가 없다(it is just no longer sustainable for me to spend so much time in transit)고 언급하고 있으므로 (C)가 정답이다.

> ▸▸ Paraphrasing   지문의 **spend so much time in transit**
> → 정답의 **commute was too long**

168 세부 사항

번역 샌더슨 씨가 공지에서 시사한 점은?

(A) 새로운 경쟁 업체들이 시장에 진입했다.
(B) 가족이 사업체를 설립했다.
(C) 매장의 직원들이 믿을 만하다.
(D) 원예용품의 수요가 증가했다.

해설 두 번째 단락 도입부에 '이 사업을 시작한 나의 조부(My grandfather, ~ who built the business)'라고 언급하였으므로 (B)가 정답이다.

> ▸▸ Paraphrasing 지문의 **My grandfather**
> → 정답의 **a family member**
> 지문의 **built the business**
> → 정답의 **The business was founded**

169 세부 사항

번역 사람들이 웹사이트에서 계속 찾을 수 있는 것은?

(A) 농장의 사진
(B) 할인 쿠폰
(C) 원예를 하는 사람들을 위한 가르침
(D) 가게 추천 목록

해설 마지막 단락에서 웹사이트를 통해 가정 원예에 대한 정보를 주고 교육용 블로그 게시물도 계속 올리겠다(I will keep adding educational blog posts and articles)고 했으므로 (C)가 정답이다.

> ▸▸ Paraphrasing 지문의 **educational blog posts and articles**
> → 정답의 **Instructions**

170-171 기사

> 시카고 (1월 8일)—일리노이 주의 열두 개 매장에서 의류, 가정용품 및 기타 물품을 판매하는 현지 소매 업체인 ¹⁷⁰**더비셔 컴퍼니가 인기 서점인 릴라드사를 인수한다고 오늘 발표했다.** 두 회사는 책과 음악, 기타 미디어 등의 릴라드 제품들이 전부 더비셔 컴퍼니의 매장으로 옮겨지는 4월 30일까지 독자적으로 운영될 것이다.
>
> 더비셔 컴퍼니의 최고 경영자인 신시아 슐만 씨는 그녀의 회사가 "릴라드사와의 이번 합병을 통해 확대된 제품군을 고객들에게 선보일 수 있게 되어 더없이 기쁘다"라고 말했다.
>
> 한편, 릴라드의 사장인 스티븐 폴슨 씨는 "우리의 관점에서, 이번 합병은 공동 작업을 위한 완벽한 기회였다"라고 말했다. ¹⁷¹**폴슨 씨는 합병 후에도 회사에 남을 것이며 직위는 아직 발표되지 않았다.** 양측 회사는 자신들이 11개월 전에 논의를 시작했으나 소식을 발표하기 위해 새해가 될 때까지 기다렸다고 밝혔다.

> 어휘 retailer 소매 업체 household goods 가정용품
> independent 독립적인 merchandise 상품 transfer 옮기다
> expanded 확대된 selection 선택, 선택된 것들 merger 합병
> collaboration 공동 작업 acquisition 인수

170 주제 / 목적

번역 기사의 목적은?

(A) 더비셔 컴퍼니의 새 최고 경영자 발표
(B) 매장 기념일 행사 설명
(C) 회사 인수의 공식 발표
(D) 일자리에 지원자 끌어모으기

해설 기사 첫 번째 단락에서 더비셔 컴퍼니가 인기 서점인 릴라드사를 인수한다고 발표했다(Local retailer Derbyshire Company ~ announced today that it will be buying the popular bookseller Lillard, Inc.)고 했으므로 (C)가 정답이다.

> ▸▸ Paraphrasing 지문의 **announced today that it will be buying the popular bookseller** → 정답의 **notify the public of a business acquisition**

171 추론 / 암시

번역 폴슨 씨에 대해 알 수 있는 것은?

(A) 더비셔 컴퍼니에서 일을 맡을 것이다.
(B) 릴라드사에서 사퇴할 것이다.
(C) 새로운 회사를 창립할 것이다.
(D) 시카고로 이사할 것이다.

해설 세 번째 단락에서 릴라드의 사장인 폴슨 씨는 합병 후에도 회사에 남을 것(Paulson will stay on after the acquisition)이라고 한 데서 합병된 더비셔 컴퍼니에서 폴슨 씨가 업무를 이어갈 것임을 짐작할 수 있으므로 (A)가 정답이다.

172-175 이메일

> 수신: teamleaders@carfield.co.uk
> 발신: fjacobs@carfield.co.uk
> 제목: 워크숍
> 날짜: 11월 13일
>
> 팀 리더들께,
>
> 지난주에 있었던 월간 워크숍에 참석해 주셔서 여러분과 여러분의 팀원들께 감사드립니다. ¹⁷²**이 워크숍은 우리의 직원 교육 프로그램의 핵심 특징입니다.** 우리는 직원들이 지속적으로 새로운 기술을 배우고 기존의 기술을 완벽하게 연마하는 것이 필수라고 생각하기 때문입니다.
>
> 모두가 ¹⁷³**이미 워크숍 평가를 완료했다**는 것을 알지만, 우리는 흥미롭고 유익한 워크숍이 계속 제공될 수 있도록 좀 더 구체적인 피드백을 받고 싶습니다. 다음 질문들에 답변 부탁드립니다.
>
> • 워크숍에서 제시된 훈련들은 직원들의 직무와 관련이 있었습니까? 당신의 팀원들은 제시된 개념들을 활용하고 있습니까?
> • 향후 워크숍에서 혹시라도 없앴으면 하는 것이 있었나요? 개선되어야 할 점은 무엇인가요?
> • 워크숍 진행자는 지식을 잘 갖추고 있고 호감이 갔나요? 당신의 팀이 다른 워크숍에서도 같은 진행자에게 반응이 좋을까요?

워크숍에 대한 여러분의 관점은 매우 중요합니다. **174다음 주 화요일에 있을 우리의 다음번 175간부 회의에서 여러분이 제공한 정보를 논의할 계획이므로 이번 주말까지 답변 주시면 감사하겠습니다.**

협조해 주셔서 감사합니다.
프랭크 제이콥스

어휘 feature 특징 fundamental 필수적인 perfect 완벽한; 완벽하게 하다 existing 기존의 evaluation 평가 obtain 얻다 specific 구체적인 instructive 유익한 exercise 운동, 연습[훈련] leave out 생략하다 facilitator 진행자 knowledgeable 아는 것이 많은 engaging 호감이 가는 perspective 관점 invaluable 매우 중요한 appreciate 고마워하다 response 대답

172 사실 확인

번역 워크숍에 대해 언급된 것은?
(A) 매년 개최된다.
(B) 유명한 발표자들로 구성된다.
(C) 새 업체에 의해 제공되고 있다.
(D) 직원 발전을 위해 중요하다.

해설 첫 번째 단락에서 워크숍은 직원 교육 프로그램의 핵심 특징이며, 직원들이 새로운 기술을 배우고 기존의 기술을 완벽하게 연마하는 것이 필수라고 생각한다(we consider it fundamental that our employees continue to learn new skills and perfect existing ones)고 했으므로 (D)가 정답이다.

173 추론 / 암시

번역 완료된 워크숍 평가에 대해 암시된 것은?
(A) 구체적인 정보를 모으지 않았다.
(B) 아직 분석이 이루어지지 않았다.
(C) 잘못된 직원들에게 주어졌다.
(D) 발표의 주제였다.

해설 두 번째 문단에서 워크숍 평가는 끝났지만 구체적인 피드백을 받고 싶다(everyone has already completed their workshop evaluations, but we would like to obtain some more specific feedback)고 언급했으므로, 평가에서 구체적인 사항이 없었음을 추론할 수 있다. 따라서 (A)가 정답이다.

▸ Paraphrasing 지문의 would like to obtain some more specific feedback
→ 정답의 did not gather specific details

174 세부 사항

번역 신속한 답변이 요구되는 이유는?
(A) 참가자 명단을 마무리지어야 한다.
(B) 답변 내용이 곧 논의될 예정이다.
(C) 계약이 성사될 예정이다.
(D) 직원 업무 평가가 예정되어 있다.

해설 이메일 마지막 단락에서 다음번 경영 회의에서 여러분이 제공한 정보를 논의할 계획이므로 이번 주말까지 답변 주면 감사하겠다(We would appreciate a response ~ as we are planning to discuss any information you can provide at our next management meeting)고 언급하고 있으므로 (B)가 정답이다.

175 추론 / 암시

번역 제이콥스 씨는 누구일 것 같은가?
(A) 워크숍 진행자
(B) 팀 리더
(C) 임원
(D) 소프트웨어 개발자

해설 제이콥스 씨는 이메일의 발신인이며, 마지막 문단에서 우리의 다음번 간부 회의에서 여러분이 제공한 정보를 논의할 계획(we are planning to discuss any information you can provide at our next management meeting)이라며 본인이 간부임을 시사했다. 따라서 (C)가 정답이다.

176-180 기사 + 상표

리 폴트리의 새로운 모습

리즈 (2월 17일)—신선 및 냉동 가금류 공급 업체인 리 폴트리가 월요일에 자사의 176, 179포장 관행에 변화를 준다고 발표했다. 10월 31일부터, 소매로 판매되는 179닭, 오리, 거위와 칠면조의 모든 포장에는 고기 원산지가 상표에 표기될 것이다.

회사 대변인 김인숙 씨에 따르면, 리는 179생산, 포장 및 배송 시설을 변경할 예정이며, 8개월의 이행 기간 동안 40만 파운드로 추정되는 비용이 소요될 예정이다.

"176우리 고객들이 리 폴트리 제품에 대해 항상 가져온 신뢰를 유지하기 위해 높은 비용은 그 이상의 가치가 있습니다"라고 김 씨는 덧붙였다.

리의 발표는 177슈프라굿과 챠르 보 린사와 같이 영국에서 영업을 하는 다른 육류 포장 대기업들을 겨냥한 원산지 표기 관행의 투명성과 관련된 비판이 나온 이후 이루어졌다.

"우리는 이 178사안에 대해 적극 대처하는 것이 우리 고객을 위한 최선이라고 생각했습니다"라고 김 씨가 말했다.

어휘 poultry 가금류 supplier 공급자 frozen 냉동된 practice 실행, 관행 turkey 칠면조 at retail 소매로 label 상표를 붙이다; 상표[라벨] source (특정한 곳에서 무엇을) 얻다 spokesperson 대변인 modification 수정 an estimated (숫자와 함께) 추산치 transition 이행[과도] criticism 비판 transparency 투명성 level 겨누다 conglomerate 대기업 proactive 주도적인

리 폴트리

뼈 없는 오리 가슴살

1.5kg

¹⁷⁹폴란드 제슈프에서 사육됨

폴란드 크라쿠프에서 포장됨

오직, 언제나 최고의 가금류!

¹⁸⁰우리 제품의 포장에 변화를 눈치채셨나요? 웹사이트 www.rhee.co.uk에 방문하셔서 우리의 최근 변화에 대해 읽어 보세요.

어휘   raise 기르다   notice 인지하다

176 세부 사항

번역   기사에 따르면, 리 폴트리가 변화를 준 이유는?

(A) 생산 비용을 낮추려고

(B) 더 많은 고객을 끌어모으려고

(C) 신제품 라인을 홍보하려고

(D) 고객 신뢰를 유지하려고

해설   기사 첫 단락에서 리 폴트리사가 포장 관행을 바꾼다고 발표했다(Rhee Poultry, ~ a change to its packaging practices)고 했고, 세 번째 단락에서 고객들이 리 폴트리 제품에 대해 항상 가져온 신뢰를 유지하기 위해 높은 비용은 그 이상의 가치가 있다(The high price tag is more than worth it to maintain the trust our customers have always had in Rhee Poultry products)는 김 씨의 인용글을 통해 고객의 신뢰 유지를 위해 많은 비용이 드는 이 변화를 감내하려는 것을 알 수 있다. 따라서 (D)가 정답이다.

▸▸ Paraphrasing   지문의 **to maintain the trust our customers have always had**
→ 정답의 **To retain consumer confidence**

177 추론 / 암시

번역   슈프라굿에 대해 알 수 있는 것은?

(A) 가금류를 수출하지 않는다.

(B) 고객들이 만족해하지 않는다.

(C) 리즈에 본사가 있다.

(D) 신규 고객에게 할인을 제공한다.

해설   기사 네 번째 단락에서, '슈프라굿과 같은 육류 포장 대기업들을 겨냥한 원산지 표기 관행의 투명성과 관련된 비판이 나온 후(following criticism regarding transparency in sourcing practices ~ such as Supragood)'라고 언급한 것으로 보아 슈프라굿이 소비자의 비판을 받은 기업 중 하나라는 점을 알 수 있다. 따라서 (B)가 정답이다.

▸▸ Paraphrasing   지문의 **criticism** → 정답의 **not pleased**

178 동의어 찾기

번역   기사 다섯 번째 단락 2행의 "matter"와 의미상 가장 가까운 것은?

(A) 상황

(B) 인쇄

(C) 중요성

(D) 물질

해설   "matter"가 포함된 문장은 '우리는 이 사안에 대해 적극 대처하는 것이 우리 고객을 위한 최선이라고 생각했다(We felt it was in the best interests of our customers to be proactive in this matter)'라는 의미로 해석되는데, 여기서 matter는 문맥상 '사안' 또는 '상황'이라는 의미가 자연스러우므로 (A)가 정답이다.

179 연계

번역   상표를 근거로, 포장에 대해 어떤 판단을 내릴 수 있는가?

(A) 약간의 뼈가 포함되어 있을 수도 있다.

(B) 폴란드로 수출되었다.

(C) 최신화된 시설에서 포장되었다.

(D) 무게가 잘못 표기되어 있다.

해설   기사 첫 단락에, 리 폴트리가 포장 관행에 변화(a change to its packaging practices)를 준다고 발표했고, 모든 포장에는 고기 원산지가 상표에 표기될 것(every package of chicken, duck, goose ~ labeled with the city and country where the meat was sourced)이라고 명시되어 있다. 상표에는 오리의 원산지가 표기되어 있으므로, 상표는 포장 변화가 적용된 후에 인쇄된 것임을 알 수 있다. 기사 두 번째 단락, 김인숙 씨의 인용글에서 이 포장의 변화를 위해 생산, 포장 및 배송 시설을 변경할 예정(Rhee will make modifications to its production, packing, and shipping facilities)이라는 언급을 통해 이 포장이 변경된 시설에서 이루어졌다고 판단할 수 있으므로 (C)가 정답이다.

180 세부 사항

번역   상표에 따르면, 고객들이 웹사이트에서 찾을 수 있는 것은?

(A) 할인 쿠폰

(B) 리의 본사로 가는 길

(C) 운송 담당자들의 이름

(D) 새로운 포장에 대한 정보

해설   상표 하단에, '우리 제품의 포장에 뭔가 변화를 눈치채셨나요? 웹사이트 www.rhee.co.uk에 방문하셔서 우리의 최근 변화에 대해 읽어 보세요(Notice something different about our packaging? Go to our Web site, www.rhee.co.uk, to read about our recent changes)'라고 했으므로 (D)가 정답이다.

181-185 웹페이지 + 웹페이지

https://www.akikohirota.co.jp/english

| 전기 | 책 | 블로그 | 행사 |

지바 현에서 태어나고 자란 아키코 히로타 씨는 ¹⁸¹**고등학교 시절 영어로 짧은 이야기를 쓰기 시작했다.** 지바 언어학 연구소에서 영문학 학위를 수료하는 동안에도 그녀는 계속 짧은 소설을 썼다.

2년 전, 히로타 씨는 제5회 연례 뉴욕 작가 축하 행사에서 ¹⁸²〈마링가를 그리며〉라는 제목의 짧은 소설로 '최고 단편 소설' 상을 수상했다. 그녀는 30개가 넘는 작가 워크숍에 참석했고, 그중 다수의 워크숍을 이끌었으며, 작가 연합 토론회의 ¹⁸³정기 초청 연사로 활동해 왔다. ¹⁸²〈마링가를 그리며〉를 포함해 지금까지 쓰여진 그녀의 단편 소설 모음집이 젠슨 출판사에 의해 출간되었다.

¹⁸⁵**히로타 씨의 첫 장편 소설인 〈얽매인 삶〉은 두 해양 생물학자의 딸로 자란 경험에서 영감을 얻었다.** 소설은 지금까지 알려지지 않은 종의 상어를 발견하면서 삶이 뒤죽박죽되어 버린 아마추어 잠수단에 대해 이야기한다. 9월 중순까지 출간될 예정인 이 소설은 폭넓은 독자층에게 인기를 끌 것이 분명하다.

어휘 biography 전기 raise 키우다 fiction 소설 degree 학위 English literature 영문학 institute 기관 linguistics 언어학 gala 경축 행사 entitled ~라는 제목의 collection 모음집 full-length novel 장편 소설 inspired 영감을 받은 upbringing 양육 marine biologist 해양 생물학자 hitherto 지금까지 release 공개하다 appeal 흥미를 끌다

---

https://www.zantreebooks.com

"심해에서 나오는 미스터리와 긴장감으로 가득한 소설!"
– 디아유 링, 〈선 내셔널 타임즈〉

¹⁸⁵**〈달라진 삶〉은 일본 작가 아키코 히로타 씨의 첫 소설이다.** 히로코 지츠카와 그녀의 친구들은 그들이 새로운 종의 상어를 발견했다는 것을 알게 되었을 때, 부와 명성을 기대하며 몹시 흥분했다. 그러나 그들이 얻은 것은 그들의 삶을 통째로 뒤집어 버린 골칫거리 투성이었다.

출간일: 9월 15일
25.95달러. 287쪽, 양장본
¹⁸⁴www.zantreebooks.com에서 이 소설을 선주문하거나 다른 잰트리 북스의 서적들을 구입하세요.

어휘 depth 깊이 suspense 긴장감 alter 바꾸다 existence 존재 fame 명성 fortune 행운, 부 instead 대신에 upend 뒤집다 hardcover 양장본 pre-order 선주문하다 title 서적

---

181 사실 확인

번역 히로타 씨에 대해 알 수 있는 것은?
(A) 십 대에 소설을 쓰기 시작했다.
(B) 대학에서 영문학을 가르쳤다.
(C) 문학에 대한 관심은 부모님의 일에서 영감을 받았다.
(D) 그녀의 워크숍은 종종 30명 이상의 작가를 모은다.

해설 첫 번째 웹페이지의 첫 번째 단락에서 히로타 씨는 고등학교 시절 영어로 짧은 이야기를 쓰기 시작했다(Hirota started writing short stories in English in high school)고 언급했으므로 (A)가 정답이다.

182 추론 / 암시

번역 히로타 씨의 단편 소설 모음집에 대해 알 수 있는 것은?
(A) 해양 생물에 대한 이야기가 담겨 있다.
(B) 내년에 출판될 것이다.
(C) 일본어와 영어로 출간되었다.
(D) 수상작 소설이 포함되어 있다.

해설 첫 번째 웹페이지의 두 번째 문단에서 〈마링가를 그리며〉라는 단편 소설로 상을 수상했으며, 이 소설을 포함한 작가의 단편 소설 모음집이 출간되었다(A collection of her short stories written thus far, including *Dreaming of Maringa*, has been published)고 나와 있으므로 (D)가 정답이다.

183 동의어 찾기

번역 첫 번째 웹페이지 두 번째 단락 3행의 "regular"와 의미상 가장 가까운 것은?
(A) 대칭적인   (B) 빈번한
(C) 받아들일 수 있는   (D) 초대된

해설 "regular"가 포함된 부분에서 regular guest speaker는 '정기 초청 연사'라는 뜻으로, '단골의', 또는 '빈번한'이라는 의미의 (B) frequent와 같은 의미로 쓰였다.

184 사실 확인

번역 잰트리 북스에 대해 알 수 있는 것은?
(A) 뉴욕에 사무실이 있다.
(B) 연례 작가 행사를 주최한다.
(C) 웹사이트에서 책을 판매한다.
(D) 여러 부서가 있다.

해설 두 번째 웹사이트 마지막 단락에 www.zantreebooks.com에서 이 소설을 선주문하거나 다른 잰트리 북스의 서적들을 구입하라(Pre-order this title or purchase any other of Zantree Books offerings at www.zantreebooks.com)고 했으므로 (C)가 정답이다.

185 연계

번역 히로타 씨의 출간 소설에 이루어진 변화는?
(A) 바다 속 모험 이야기가 소설에 추가되었다.
(B) 주요 등장인물의 이름이 바뀌었다.
(C) 계획보다 늦게 출판되었다.
(D) 다른 이름이 붙여졌다.

해설 첫 번째 웹페이지의 세 번째 단락에서 히로타 씨의 첫 장편 소설을 〈얽매인 삶〉이라고 소개했는데, 두 번째 웹페이지에서는 이를 〈달라진 삶〉이라고 표기하고 있으므로, 히로타 씨의 첫 장편 소설의 제목이 바뀌어서 출판된 것을 알 수 있다. 따라서 (D)가 정답이다.

워싱턴 주가 건강해진다

4월 7일—25년의 영업 기간 내내, 미국 북동부 전역에 걸쳐 체육관을 소유하고 운영하는 피트니스 내셔널사는 서부 해안으로 진출한 적이 없었다. 다음 달에는 변화가 생기는데, 타코마와 스포케인에 각 하나씩, **186두 곳의 새로운 체육관을 연다.**

"이 지역으로 진입하게 되어 매우 기쁩니다, **188이 두 도시에서 성공적일 경우, 우리는 지속적으로 워싱턴 주 전역과 오리건 주로 사업을 확장할 계획입니다**"라고 피트니스 내셔널의 최고경영자인 리사 트랜 씨가 말했다.

두 체육관 모두 그룹 피트니스 수업을 위한 스튜디오와 최신식 피트니스 기계, 실내 수영장을 갖출 것입니다. 두 지점은 4월 14일 토요일에 예비 직원들을 위한 현장 채용 박람회를 열 예정입니다. 체육관 개관식은 양쪽 모두 5월 12일로 계획되어 있습니다.

어휘 own 소유하다 operate 운영하다 extend 연장하다, 뻗다 presence 존재 coast 해안 territory 지역, 영역 feature ~을 특색으로 하다 state-of-the-art 최신식의 indoor 실내의 on-site 현장의 job fair 채용 박람회 prospective 장래의

피트니스 내셔널
채용 지원서

이름: 버나뎃 오코예   날짜: 4월 14일

이메일 주소: b.okoye@chjmail.com 전화번호: (253) 555-0173

어떤 일자리에 지원하십니까? 그룹 피트니스 강사

어느 지점 근무를 원하십니까? ☒ 타코마 □ 스포케인

지원 사유를 서술하시오:

> **188기존에 있던 피트니스 내셔널 지점에서 근무하는 제 친구가 그곳에서 일하는 것이 정말 즐겁다고 제게 말했습니다. 187저는 현재 댄스 스튜디오에서 시간제로 일하고 있고 제 일정에 좀 더 많은 강사로서의 시간을 추가하고 싶습니다.**

관련 경력을 서술하시오:

> 저는 지난 3년간 벨로아 댄스 스쿨에서 입문, 중급, 그리고 고급 발레 수업을 가르쳤습니다. 그 이전에는 카디아 체육관에서 **1892년 동안 그룹 댄스 운동을 가르쳤습니다.** 또한 카디아의 안내 데스크에서도 일해서, 고객 서비스 경험이 있습니다.

이력서와 추천서를 첨부해 피트니스 내셔널 지점의 경영진에게 제출해 주십시오.

어휘 instructor 강사 describe 서술하다 employed 고용된 intermediate 중간의; 중급자 advanced 고급의 ballet 발레 workout 운동

피트니스 내셔널 그룹 피트니스 수업

그룹으로 하면 운동이 더 신납니다! 우리 수업은 운동과 경험의 수준에 상관없이 모든 회원에게 열려 있습니다. **190미국 전역의 전 지점에서 이 수업들과 기타 수업들을 배울 수 있습니다.** 전 강좌 목록을 보시려면, 여러분이 계시는 지역의 피트니스 내셔널 체육관의 웹페이지를 확인하세요.

기초 웨이트—강사가 지도하는 웨이트리프팅 운동을 통해 근력을 강화하세요.

189리듬에 맞춰 흔들기—좋아하는 음악에 맞춰 춤추면서 심장 강화 운동을 하세요.

빠른 자전거—고정된 자전거에서 강사를 따라 도전적인 자전거 타기를 해 보세요.

근력 강화 물놀이—수영장에서 하는 저충격 운동으로 안전하게 탄력 있는 근육을 만드세요.

어휘 complete 완전한 guided 안내인이 지도하는 weightlifting 역도 groove 리듬 cardio 심장의; 심장 강화 운동 challenging 도전적인 stationary 고정된 splash 첨벙거리다 tone (근육·피부를) 탄력 있게 만들다 low-impact 저충격

---

186 주제 / 목적

번역 기사의 목적은?
(A) 사업체 확장 설명
(B) 일자리에 대한 정보 제공
(C) 두 회사의 합병 발표
(D) 새로운 회사 대표 소개

해설 기사 첫 번째 단락에서 피트니스 내셔널이 다음 달에 타코마와 스포케인에 새로운 체육관을 오픈한다(That will change next month when it opens two new gyms: one in Tacoma and one in Spokane)고 명시하고 있으므로 이 기사가 업체의 확장에 관한 내용임을 알 수 있다. 따라서 (A)가 정답이다.

187 추론 / 암시

번역 지원서에서 오코예 씨가 암시하는 것은?
(A) 스포케인에 살고 있다.
(B) 벨로아 댄스 스쿨에서 공부했다.
(C) 카디아 체육관에서 현재 근무 중이다.
(D) 시간제 일자리를 원한다.

해설 채용 지원서에 오코예 씨가 '현재 댄스 스튜디오에서 시간제로 일하고 있고 일정에 좀 더 많은 강사 시간을 추가하고 싶다(I am currently employed part-time ~ add a few more instructor hours into my schedule)고 지원 동기를 설명하고 있는 것으로 보아 그녀가 시간제 근무 경력을 추가하고 싶어 하는 것을 짐작할 수 있다. 따라서 (D)가 정답이다.

188 연계

번역 오코예 씨의 친구에 대해 무엇이 사실이겠는가?

(A) 고객 서비스에서 근무한다.
(B) 워싱턴 주에 살지 않는다.
(C) 일정표를 수정할 수 없었다.
(D) 채용 박람회를 준비하는 일을 도왔다.

해설 채용 지원서에 오코예 씨 친구가 기존에 있던 피트니스 내셔널 지점에서 근무한다(A friend of mine who works at an older Fitness National location)고 언급하고 있다. 또한 기사 두번째 단락에서 지속적으로 워싱턴 주 전역과 오리건 주로 사업을 확장할 계획(we will continue to grow our business throughout Washington and into Oregon)이라는 언급을 통해 Washington은 아직 지점이 열리지 않은 지역이며, 친구가 근무하는 기존 지역(an older Fitness National location)이 아님을 알 수 있다. 따라서 (B)가 정답이다.

189 연계

번역 오코예 씨가 가르치기에 가장 적합한 수업은?

(A) 기초 웨이트
(B) 리듬에 맞춰 흔들기
(C) 빠른 자전거
(D) 근력 강화 물놀이

해설 채용 지원서에 따르면, 오코예 씨는 그룹 댄스 운동을 가르친 경력이 있다(I taught group dance workouts)고 했다. 정보문의 피트니스 수업 중, '리듬에 맞춰 흔들기—좋아하는 음악에 맞춰 춤추면서 심장 강화 운동을 하세요(Groove and Move—Get a cardio workout while dancing to your favorite music)'가 춤을 추며 운동하는 종목이기 때문에 이 수업을 이끌기에 적합하다는 것을 알 수 있다. 따라서 (B)가 정답이다.

190 추론 / 암시

번역 정보문의 모든 수업에 대해 알 수 있는 것은?

(A) 규모가 제한적이다.
(B) 고급반 학생들만을 위한 것이다.
(C) 음악의 사용을 포함한다.
(D) 여러 곳의 체육관에서 배울 수 있다.

해설 정보문에 미국 전역의 전 지점에서 이 수업들과 기타 수업들을 배울 수 있다(You will find these and other classes taught at all of our locations across the United States)고 했으므로 (D)가 정답이다. 우리 수업은 운동과 경험의 수준에 상관없이 모든 회원에게 열려 있다(Our classes are open to members at all levels)고 했으므로 (B)는 오답이며, Groove and Move 이외에 음악을 언급한 수업이 없으므로 (C) 또한 오답이다.

191-195 이메일 + 이메일 + 양식

수신: 에미 미즈노 〈emizuno@purpleworks.com〉
발신: 로버트 캘러웨이 〈rcallaway@hartwelltheater.com〉
날짜: 10월 10일
제목: 정기권

정기권 소지자 분들께:

곧 있을 하트웰 극장의 연극 공연에 대한 이용권을 구입해 주셔서 감사합니다. **191입장권은 이미 받아 보셨을 겁니다.** 그렇지 않은 경우 즉시 저희에게 연락해 주십시오.

혹시 공연 날짜에 일정이 겹치시나요? **192오직 정기권 이용자만이 다른 공연과 입장권을 교환할 수 있는 혜택을 누립니다.** 교환은 원래 공연 날짜보다 최소한 일주일 이전에 이루어져야 하며 교환 가능성의 여부에 따릅니다. 더 높은 가격의 공연이나 좌석으로 교환하시게 될 경우, 차액이 귀하의 계정으로 청구될 것입니다. 교환은 온라인상으로 www.hartwelltheater.com/ticket-exchange 에서 입장권 교환 양식을 작성하시거나 월요일부터 금요일 오후 1시에서 5시 사이에 555-0105로 전화하셔서 신청하시면 됩니다. 공연 입장권을 최초로 교환하시는 경우에는 요금이 부과되지 않지만, **194그 이후의 교환부터는 입장권 한 장당 6.25달러의 수수료가 발생될 것입니다.**

공연에서 뵙기를 기대합니다.
서비스 이용 담당자, 로버트 캘러웨이

어휘 holder 소지자 subscription 구독, (서비스) 사용 upcoming 곧 있을 play 연극 packet 꾸러미, 소포 conflict 충돌 exchange 교환하다 performance 공연 be subject to ~의 영향을 받다 availability 가능성 charge 청구하다 fill out 작성하다 subsequent 그 다음의 incur 발생시키다

---

https://www.hartwelltheater.com/ticket-exchange

입장권 교환 양식

이름: 에미 미즈노	이메일: emizuno@purpleworks.com
이용 번호: 3698389	공연: 산의 외침
공연 날짜: 1월 14일 저녁 7시 30분	좌석: V열 4, 5번

193대체 공연에 대한 우선 순위 4가지를 선택하십시오:

1. 날짜: 1월 15일 저녁 7시 30분 ▼ | 좌석: D열 1, 2번 ▼
1932. 날짜: 1월 16일 저녁 7시 30분 ▼ | 좌석: F열 6, 7번 ▼
3. 날짜: 1월 18일 저녁 7시 30분 ▼ | 좌석: T열 9, 10번 ▼
4. 날짜: 1월 20일 오후 2시 ▼ | 좌석: B열 15, 16번 ▼

본 양식을 제출하고 24시간 이내에 확인 이메일을 받게 되실 겁니다.

어휘 indicate 나타내다 alternate 대안의 confirmation 확인

수신: 에미 미즈노 〈emizuno@purpleworks.com〉
발신: 로버트 캘러웨이 〈rcallaway@hartwelltheater.com〉
날짜: 1월 6일
제목: 입장권 교환
첨부: ⬂ 입장권

미즈노 씨께:

곧 공연 예정인 연극 〈산의 외침〉에 대한 입장권 교환 양식을 받았습니다. **193, 195차선책으로 고르신 일정에 대한 입장권이 아직 이용 가능하다는 점을 확인해 드리게 되어 기쁩니다.** **195새로운 입장권은 본 이메일에 첨부되어 있습니다.** 집에서 입장권을 출력하셔서 공연일 저녁에 입장권을 제시해 주시기 바랍니다. 이전의 입장권은 더 이상 유효하지 않으며 사용 불가능합니다. 비슷한 좌석을 선택하셨기 때문에 가격에 차이는 없습니다. 하지만, **194귀하의 계좌로 6.25달러의 입장권 교환 수수료가 부과될 것입니다.** 귀하의 계정으로 로그인하시면 요금을 확인하실 수 있습니다.

정기권을 이용해 주셔서 감사합니다. 공연에서 뵙기를 기대하겠습니다.

서비스 이용 담당자, 로버트 캘러웨이
하트웰 극장

어휘 present 제시하다 valid 유효한 comparable 비슷한

191 사실 확인

번역 첫 번째 이메일에서, 미즈노 씨의 입장권에 대해 언급된 것은?
(A) 각각 6.25달러이다.
(B) 이미 발송되었다.
(C) 매표소에서 보관하고 있다.
(D) 오후 1시 공연의 입장권이다.

해설 첫 번째 이메일 첫 단락에서 입장권은 이미 받아 보았을 것(You should have already received your packet of tickets)이라고 언급했으므로 (B)가 정답이다.

192 사실 확인

번역 입장권 교환 신청 접수에 대해 알 수 있는 것은?
(A) 온라인으로만 접수할 수 있다.
(B) 오직 정기권 소지자들만 할 수 있다.
(C) 발코니석 입장권 소지자들은 할 수 없다.
(D) 원래 공연일에 접수할 수 있다.

해설 첫 번째 이메일 두 번째 단락에 오직 정기권 이용자만이 다른 공연과 입장권을 교환할 수 있는 혜택을 누린다(Only season subscribers have the benefit of exchanging tickets for another performance)고 언급하고 있으므로 (B)가 정답이다.

▸▸ Paraphrasing   지문의 season subscribers
→ 정답의 season ticket holders

193 연계

번역 미즈노 씨는 언제 〈산의 외침〉 공연에 참석하겠는가?
(A) 1월 15일
(B) 1월 16일
(C) 1월 18일
(D) 1월 20일

해설 양식을 보면 대체 공연에 대한 우선 순위 4개를 선택하라(Indicate your top four choices for alternate performances)는 문구 아래 4개의 날짜와 좌석이 기입되어 있다. 두 번째 이메일 첫 단락에서 차선책으로 고른 일정에 대한 입장권이 아직 이용 가능하다(I am happy to confirm that tickets for your second choice were still available)고 언급한 점을 보면, 미즈노 씨가 선택한 옵션인 '2. 날짜: 1월 16일 저녁 7시 30분(2. Date: January 16, 7:30 P.M.)'으로 입장권이 교환되었음을 알 수 있으므로 정답은 (B)이다.

194 연계

번역 미즈노 씨에 대해 결론지을 수 있는 것은?
(A) 극장 업계에 종사한다.
(B) 원래 입장권을 찾을 수 없다.
(C) 정기권을 취소했다.
(D) 이전에 입장권을 교환한 적이 있다.

해설 첫 번째 이메일에서, 공연 입장권을 최초로 교환할 때는 요금이 부과되지 않지만, 그 이후부터는 한 장당 6.25달러의 수수료가 발생될 것(Please note that the first time you choose to exchange tickets for a performance ~ incur a $6.25 per ticket fee)이라고 했고, 두 번째 이메일에는 계좌로 6.25달러의 입장권 교환 수수료가 부과될 것(we will be charging your account the $6.25 per ticket exchange fee)이라고 언급하고 있어 이번이 미즈노 씨의 첫 교환이 아님을 알 수 있다. 따라서 정답은 (D)이다.

195 주제 / 목적

번역 두 번째 이메일의 목적은?
(A) 입장권 제공
(B) 오류 지적
(C) 정기권에 대한 문의
(D) 할인 요청

해설 첫 단락에서 입장권이 이용 가능함(I am happy to confirm that ~ still available)을 알리며, 해당 이메일에 새 입장권이 첨부되어 있다(Your new tickets are attached to this e-mail)고 했으므로 (A)가 정답이다.

발신: eward@cornerbookshop.com
수신: jberte@bertebakery.com
제목: 간판
날짜: 7월 30일

안녕하세요 자크 씨,

자크 씨네 제과점 바깥 쪽에 있는 새로운 간판이 멋지네요. 나무의 자연스러운 모습도 맘에 들고, 금색 글자는 아름다워요. 새로운 간판은 새로 칠한 가게 입구 면과 197새 셔터와 어우러져서 버트스 베이커리를 정말 돋보이게 만들어요.

저도 제 가게 입구 위의 간판을 나무 간판으로 교체할 계획이에요. 196간판을 어디서 하셨는지 알려 주시겠어요? 198큐 어패럴의 데번에게 추천받은 스튜디오 9를 이용할까 생각 중이긴 하지만, 그곳의 간판은 확실히 더 현대적인 디자인이거든요. 소박하고 빈티지스러운 자크 씨네 간판이 여기 코너 서점의 미적 감성과도 더 잘 어울리는 것 같아요.

감사합니다.
엘리아스 워드
코너 서점 주인

어휘 sign 간판; 서명하다 combine 결합하다 stand out
눈에 띄다 definitely 확실히 rustic 소박한 aesthetics 미학

발신: jberte@bertebakery.com
수신: eward@cornerbookshop.com
제목: 회신: 간판
날짜: 7월 31일

안녕하세요 엘리아스 씨,

우리 간판에 대한 의견에 감사드립니다. 우리는 헤지로우 그래픽스를 이용했습니다. 198스튜디오 9의 제품이 전부 헤지로우가 제시한 어떤 것보다도 훨씬 저렴했기 때문에 우리도 스튜디오 9를 고려했습니다. 그들도 다양한 스타일의 나무 간판을 제공하고, 그중 일부는 맘에 들기도 했습니다. 하지만 결국 199더 긴 품질 보증 기간 때문에 헤지로우를 선택했습니다. 외부 간판에 사용된 나무가 궂은 날씨에 영향을 크게 받지 않는 보호용 코팅으로 처리되어 있긴 하지만, 헤지로우가 품질 보증과 함께 제공해 주는 추가적인 보장을 받기를 원했습니다.

행운을 빕니다!
자크 버트

어휘 comment 논평, 언급 various 다양한 end up
결국 ~하게 되다 warranty 품질 보증 protective 보호용의
weather-resistant 궂은 날씨에 영향을 받지 않는, 방습[방한]의
protection 보호, 보장

스튜디오 9
주문 양식

고객:	엘리아스 워드, 코너 서점, 헤이우드 마을 메인 가, 8번지
주문 날짜:	8월 1일

주문 설명:
외부 간판 한 개. 에버레스트 코팅제로 처리한 오크 나무. 마리너 블루 나무 착색, 금색 글씨(문구:Corner Book Shop). 가로 152센티미터/세로 45센티미터. 주문 변경은 8월 10일 오후 5시까지만 가능.

금액:	495달러 (전액 지불, 8월 5일)
보증 기간:	1년
200예상 배송일:	8월 20일

어휘 exterior 외부의; 외부 stain 얼룩, 착색

196 주제 / 목적

번역 첫 번째 이메일의 목적은?
(A) 업체 홍보
(B) 제안하기
(C) 정보 요청
(D) 초대하기

해설 첫 번째 이메일 두 번째 단락에서 간판을 어디에서 했는지 알려 달라(Could you tell me where you had yours made?)고 요청하고 있으므로 (C)가 정답이다.

197 세부 사항

번역 첫 번째 이메일에 따르면, 버트스 베이커리에서 최근에 교체된 것은?
(A) 셔터
(B) 조명
(C) 앞문
(D) 직원 유니폼

해설 첫 번째 이메일 첫 번째 단락에서 새로운 간판은 새로 칠한 가게 입구 면과 새 셔터와 어우러져서 버트스 베이커리를 돋보이게 만든다(The new sign, combined with the freshly painted storefront and new shutters, really makes Berte's Bakery stand out)고 했으므로 정답은 (A)이다.

▸▸ Paraphrasing 지문의 new → 질문의 recently replaced

198 연계

번역 큐 어패럴에 대해 제시된 것은?
(A) 코너 서점 옆에 위치한다.
(B) 실내 장식이 최근에 주인에 의해 개조되었다.
(C) 간판이 헤지로우 그래픽이 판매하는 간판보다 저렴하다.
(D) 소박하고 고풍스러운 스타일로 장식되어 있다.

해설 첫 번째 이메일의 큐 어패럴의 데번에게 추천받은 스튜디오 9를 이용할까 생각 중(I was considering using Studio 9, which was recommended to me by Devon at Q Apparel)이라는 언급을 보면 큐 어패럴이 스튜디오 9를 이용하여 간판을 제작했음을 짐작할 수 있다. 두 번째 이메일에 의하면 스튜디오 9의 제품이 전부 헤지로우가 제시한 것보다 훨씬 저렴했다(We also looked at Studio 9 because all of their products were much less expensive than anything Hedgerow offers)고 했으므로 큐 어패럴의 간판이 헤지로우 제품보다 저렴하게 만들어졌음을 알 수 있다. 따라서 (C)가 정답이다.

> ▸▸ Paraphrasing 지문의 much less expensive
> → 정답의 cost less

199 연계

번역 버트 씨가 자신의 제과점을 위해 구입한 간판에 대해 알 수 있는 것은?
(A) 워드 씨가 주문한 간판보다 크다.
(B) 보증 기간이 1년 이상이다.
(C) 8월에 배송받았다.
(D) 글씨가 파란색이다.

해설 주문 양식에서 스튜디오 9의 품질 보증 기간(Warranty)이 1년이라고 명시되어 있고, 두 번째 이메일에서 더 긴 품질 보증 기간 때문에 헤지로우를 선택했다(we ended up choosing Hedgerow because of its longer warranty period)고 버트 씨가 언급했으므로 헤지로우의 보증 기간이 1년 이상임을 알 수 있다. 따라서 (B)가 정답이다.

200 세부 사항

번역 워드 씨는 언제 주문품을 받을 것 같은가?
(A) 8월 1일
(B) 8월 5일
(C) 8월 10일
(D) 8월 20일

해설 주문 양식에서 고객명(Customer)이 엘리아스 워드(Elias Ward)이므로 주문 양식 하단에 '예상 배송일: 8월 20일(Expected delivery: August 20)'이라고 명시된 날짜가 워드 씨가 배송받을 가능성이 높은 날짜이다. 따라서 (D)가 정답이다.

> ▸▸ Paraphrasing 지문의 Expected delivery
> → 질문의 most likely receive his order

101 (A)	102 (D)	103 (A)	104 (C)	105 (B)
106 (D)	107 (C)	108 (D)	109 (C)	110 (B)
111 (B)	112 (B)	113 (A)	114 (B)	115 (C)
116 (A)	117 (B)	118 (D)	119 (C)	120 (D)
121 (A)	122 (D)	123 (C)	124 (D)	125 (A)
126 (D)	127 (C)	128 (D)	129 (C)	130 (D)
131 (A)	132 (C)	133 (D)	134 (B)	135 (A)
136 (B)	137 (C)	138 (B)	139 (D)	140 (A)
141 (C)	142 (A)	143 (C)	144 (C)	145 (B)
146 (A)	147 (C)	148 (B)	149 (D)	150 (C)
151 (C)	152 (A)	153 (B)	154 (A)	155 (B)
156 (A)	157 (C)	158 (A)	159 (A)	160 (D)
161 (B)	162 (A)	163 (B)	164 (C)	165 (C)
166 (A)	167 (A)	168 (D)	169 (A)	170 (B)
171 (C)	172 (D)	173 (A)	174 (D)	175 (B)
176 (A)	177 (D)	178 (C)	179 (B)	180 (C)
181 (B)	182 (C)	183 (B)	184 (B)	185 (A)
186 (B)	187 (A)	188 (C)	189 (C)	190 (D)
191 (C)	192 (D)	193 (D)	194 (A)	195 (B)
196 (D)	197 (C)	198 (A)	199 (B)	200 (B)

PART 5

101 지시대명사

해설 빈칸은 주어 자리이며, 동사 is와 수 일치가 이루어져야 하므로 보기 중 (A) This와 (B) That이 가능하다. 이 문장의 경우 is 뒤에 오는 보어 Ms. Wonderle's first year가 주어와 동격을 이루어야 하므로 This year(이번 해)를 가리키는 (A)가 정답이다.

번역 올해는 원덜리 씨가 우리 사무실의 관리 보조로 근무하는 첫해입니다.

어휘 administrative 관리상의 assistant 조수

102 형용사 자리 _ 분사

해설 빈칸은 동사 is의 주어 Riversedge City를 보충 설명하는 형용사 주격 보어 자리이다. 감정 동사인 please(~을 기쁘게 하다)는 주어가 감정을 유발하는 경우 현재분사를 쓰고, 주어가 감정을 느끼는 경우 과거분사를 쓴다. 또한 「be pleased to부정사」는 '~하게 되어 기쁘다'라는 뜻으로, 이 문장에서 '리버스엣지 시는 발표하게 되어 기쁘다'의 의미로 자연스럽게 연결되므로 (D)가 정답이다.

번역 리버스엣지 시는 주민들을 위해 새로운 월간 주차 할인제를 발표하게 되어 기쁩니다.

어휘 announce 발표하다 discount 할인 resident 주민

103 명사 어휘

해설 '근속 연수'라는 의미의 관용 표현인 years of service를 완성하는 (A)가 정답이다.

번역 박상준 씨는 달 법률 상담소에서 근무한 지 25년 만에 퇴직합니다.

어휘 retire 퇴직하다 legal 법률과 관련된 consultant 자문 위원 service 근무, 봉사 profession 직업 knowledge 지식 relationship 관계

104 부사 자리 _ 동사 수식

해설 빈칸은 조동사 will 뒤의 동사원형 add를 수식하는 부사 자리이므로 (C) eventually가 정답이다.

번역 트레일즈 스토어가 마침내 등산 장비 부문을 추가할 것이다.

어휘 section 부문 hiking 등산 equipment 장비

105 전치사 어휘

해설 문장의 동사인 provide와 어울리는 전치사를 고르는 문제이다. provide는 「provide A with B(A에게 B를 제공하다)」 형태의 숙어로 쓰이며 이 문장에서도 '귀하의 회사에 임시 직원을 제공한다'는 의미가 자연스럽게 연결되므로 (B)가 정답이다.

번역 퓨라포스 채용은 귀하의 회사에 성수기 동안 임시 직원을 제공해 드립니다.

어휘 temporary 임시의

106 명사 자리

해설 빈칸은 정관사 the 뒤 명사 자리이다. (B) weatherability(악천후에 잘 견디는 성질), (C) weathering(풍화), (D) weather(날씨)가 명사인데, 문맥상 '바깥 날씨와는 대조적으로'라는 의미가 가장 자연스러우므로 (D)가 정답이다.

번역 바깥 날씨와는 대조적으로, 태프트스 제과점 내부는 따뜻하고 안락했다.

어휘 in contrast to ~와는 대조적으로 welcoming 환영하는, 안락해 보이는

107 동사 어휘

해설 주어인 Berrell Foods가 업체명이므로 식료품점 100여 곳에 '납품한다'라는 의미로 연결되는 (C)가 정답이다. (A) contracts는 '~와 계약하다'로 쓰일 때 전치사 with와 함께 쓰이므로 오답이다.

번역 베렐 식품은 신선한 농산물의 도매 유통 업체로 북부 스코틀랜드에 있는 100여 곳의 식료품점에 납품한다.

어휘 wholesale 도매의 distributor 유통 업체 produce 농산물 grocery store 식료품점 afford 여유가 되다 supply 공급하다

108 부사절 접속사

해설 빈칸은 두 개의 완전한 절을 이어 주는 접속사 자리이며 (A) so와 (D) if가 문법적으로 가능하다. 문맥상 '1월 1일 이후에 납입되면 연체된 것으로 간주할 것'이라는 조건의 의미가 자연스러우므로 부사절 접속사인 (D) if가 정답이다. (B) by와 (C) to는 품사상 적합하지 않다.

번역 웬델 호수 협회에 내는 납입금은 1월 1일 이후에 납입되면 연체된 것으로 간주될 것입니다.

어휘 association 협회

109 부사 어휘

해설 빈칸은 marked(표시된)를 수식하며 '결국 길을 잃었다'는 내용과 대조 관계로 연결되므로 '분명히 표시됐지만'이라는 의미를 만드는 (C) clearly(분명하게)가 정답이다.

번역 대체 도로가 분명하게 표시되어 있었는데도 많은 운전자들이 결국 길을 잃었다.

어휘 alternate 대안의 mark 표시하다 end up 결국 ~이 되다 get lost 길을 잃다

110 동사 자리 _ 시제

해설 빈칸은 주어 Mr. Warken과 결합되는 동사 자리이며 문장 맨 앞의 부사구 Later today(오늘 늦게)가 미래를 나타내고 있으므로 미래 시제인 (B) will be arranging이 정답이다.

번역 워켄 씨가 오늘 늦게 구직자 최종 후보들을 위한 면접 시간을 정할 것입니다.

어휘 applicant 지원자 finalist 최종 후보자 arrange 정하다

111 부사 자리 _ 전치사구 수식

해설 빈칸은 전치사구인 For one week를 수식하는 부사 자리이며, 문맥상 '일주일 동안만'으로 연결되는 (B)가 정답이다.

번역 일주일 동안만, 페니스 식품점은 50달러 이상의 주문마다 무료 손가방을 나눠 드리고 있습니다.

어휘 grocery 식료품점 give away 무료로 주다 tote bag 손가방

112 명사 자리

해설 빈칸은 a new의 수식을 받으며 displaying의 목적어 역할을 하는 명사 자리이므로 (B) exhibition이 정답이다. (A) exhibits는 부정관사 a와 수 일치가 되지 않으며, (D) exhibiting은 동명사이므로 부정관사 a와 함께 쓸 수 없다.

번역 최근 미술품 기증 덕분에, 립싱 미술관은 곧 새로운 전시회를 열 예정이다.

어휘 recent 최근의 artwork 미술품 donation 기부, 기증 display 전시하다

113 형용사 어휘

해설 전치사 for의 목적어인 time을 수식하는 형용사 자리이다. '발령 나기 전에 잠깐의 시간 동안'이 자연스러운 의미를 만들므로 (A) brief(짧은)가 정답이다.

번역 알버트 도임은 요하네스버그로 새로 발령 나기 전에 잠깐 동안 라이덴버그에서 제련 작업을 감독했다.

어휘 oversee 감독하다 smelting 제련 operation 작업, 공정 reassign 새로 발령 내다 proper 적절한

114 부사 자리

해설 주어 The agreement와 동사 states 사이에 위치하여 동사를 꾸미는 부사 자리이므로 (B) specifically가 정답이다.

번역 에이미 다이어 씨가 히블리 프로젝트의 총괄 계약자가 될 것이라고 합의서에 분명하게 명시되어 있다.

어휘 agreement 합의 state 명시하다 general 전반적인 contractor 계약자

115 형용사 자리

해설 빈칸 뒤의 명사 manner를 수식하는 형용사 자리이므로 (C) constructive가 정답이다. (A) constructing은 현재분사로 형용사 역할이 가능하지만 constructing(건설하고 있는, 건설하는)이 manner(방식)를 수식하는 것은 문맥상 어색하므로 적절하지 않다.

번역 웨스 럼버의 경영진은 직원들의 근심을 건설적인 방식으로 다룬다는 찬사를 받았다.

어휘 executive 경영진 praise 칭찬하다 address (문제 등을) 다루다 concern 근심 manner 방식 constructive 건설적인

116 동사 어형 _ 과거분사

해설 take로 시작하는 명령문에서 완전한 문장이 끝났으므로 빈칸은 준동사가 들어갈 수 있다. offer는 타동사이며, 빈칸 뒤에 목적어가 없으므로 수동태인 (A)가 정답이다. (B) to offer, (C) offering도 준동사로 flu shots를 수식할 수 있지만 목적어를 필요로 하므로 오답이다.

번역 지금은 독감철이므로 로비에서 제공되고 있는 무료 독감 주사를 이용하세요.

어휘 flu 독감 take advantage of ~을 이용하다 shot 주사

117 형용사 어휘

해설 명사절인 that절 안에서 주어인 client files를 꾸미는 형용사 자리이며, 문맥상 '사용되지 않는 고객 파일'이 자연스러우므로 (B)가 정답이다. (A) misplaced(잘못된), (D) resigned(체념한, 사직한)는 의미상 적절하지 않고, (C) unable은 명사를 앞에서 수식할 수 없는 형용사이므로 오답이다.

번역 클락슨 스미스 법률 서비스는 사용되지 않는 고객 파일을 7년 동안 따로 떨어진 보관소에서 보관하도록 요구합니다.

어휘 off-site 떨어진, 부지 밖의 storage 보관(소)

118 동사 어휘

해설 빈칸은 전치사(By)의 목적어 역할을 하는 동명사 자리이다. 빈칸 뒤 전치사 to와 어울리는 자동사를 골라야 하는데, 보기 중 switch(바꾸다)가 자동사일 때 전치사 to와 함께 '~로 바꾸다'라는 뜻이 되므로 (D)가 정답이다. (A) advising은 '~에 대해(on) 권고하다' 또는 '~을 하지 말라고(against) 권고하다' 등의 의미로 자주 쓰이며, (B) proving은 자동사로 쓰일 때 보어를 필요로 하는 동사이므로 오답이다. 또한 (C) resolving은 주로 타동사인 '~을 해결하다'의 의미로 출제된다.

번역 디지털 방식 회계로 바꾸면 귀사는 시간과 공간, 돈을 절약할 수 있습니다.

어휘 accounting 회계 prove 입증하다 resolve 해결하다 switch 바꾸다

119 전치사 어휘

해설 빈칸 뒤에 신분을 나타내는 사람명사 designer가 있으므로 자격이나 신분을 나타내는 (C) as(~로서)가 정답이다.

번역 리우 씨의 긴 수상 내역은 디자이너로서 그의 역량 덕분일 것입니다.

어휘 be attributed to ~ 덕분[때문]이다

120 동사 어형 _ 현재분사

해설 빈칸 앞에 「주어+동사+목적어」를 갖춘 완전한 문장이 나오므로 빈칸은 contracts를 수식하는 준동사가 올 수 있다. (A), (D) 중에서 '총 천 이백만 파운드에 이르는 계약'이라는 의미로 빈칸 뒤에 오는 수치를 목적어로 취하는 (D) totaling이 정답이다.

번역 MBR 글로벌 마케팅은 몇몇 신규 고객과 연간 수익으로 총 천 이백만 파운드에 이르는 계약을 맺었다.

어휘 sign a contract 계약을 맺다 annual 연간의 revenue 수익 total (총) ~이 되다

121 전치사 자리

해설 동명사구 teaching ~ university를 문장에 연결하는 전치사가 필요한 자리이므로 접속부사와 전치사로 기능할 수 있는 (A) Besides (~ 외에)가 정답이다. besides는 전치사일 때 '~ 외에', 접속부사일 때 '게다가'라는 의미로 쓰인다. (B) Whereas(반면에)는 부사절 접속사, (C) Either(둘 중 아무거나)는 한정사 또는 대명사, (D) How는 명사절이나 형용사절을 이끄는 접속사이므로 모두 품사상 적합하지 않다.

번역 지역 대학에서 경제학을 가르치는 일 외에도 이토 씨는 금융 잡지에 월간 칼럼을 기고한다.

어휘 economics 경제학 column 논평, 특별 기사 financial 금융의

122 명사 자리

해설 빈칸은 included의 목적어이며, several과 어울리는 복수명사 자리이므로 (D) annotations가 정답이다.

번역 새로운 다리 건설에 대한 타당성 조사는 꽤 복잡했고 여러 개의 주석을 포함했다.

어휘 feasibility 실행 가능성 complex 복잡한 include 포함하다 annotate 주석을 달다 annotation 주석

123 부사절 접속사

해설 완전한 문장 뒤에 또 다른 완전한 문장을 이어 주는 접속사 자리이다. 보기 중 (C) whenever와 (D) because가 부사절 접속사로 문법적으로 가능하지만, 문맥상 (C) whenever가 정답이다. (A) in spite of(~에도 불구하고)는 전치사, (B) as a result(결과적으로)는 부사이므로 오답이다.

번역 그 부서의 멘토는 질문이 있을 때마다 그녀에게 가장 먼저 연락하라고 수습 사원들에게 지시했다.

어휘 mentor 멘토, 스승 instruct 지시하다

124 부사 어휘

해설 완전한 문장 뒤에 오는 부사 자리로, 문맥상 '모두 452명의 직원이 있다'라는 의미가 자연스러우므로 (D) altogether(모두 합쳐)가 정답이다. (A) apart(따로), (C) yet(아직)은 문맥상 어색하고, (B) enough는 어색한 문맥을 만들 뿐만 아니라 명사를 꾸밀 때 명사 앞에 위치해야 하므로 오답이다.

번역 두 곳의 율런 실험실에서 일하는 사람들의 수는 계속 증가해서 현재 모두 452명의 직원이 있다.

어휘 laboratory 실험실 location 장소, 위치 apart 따로 altogether 모두 합쳐, 완전히

125 관계대명사 _ 소유격

해설 문장에 두 개의 동사 is와 will add가 있으므로 빈칸은 접속사 자리이며, 접속사 역할을 할 수 있는 (A), (D) 중에서 선택해야 한다. 앞 명사인 Highlee Sportswear를 선행사로 하며, 빈칸 뒤 콤마까지의 절에서 주어나 목적어가 빠지지 않았으므로 소유격 관계대명사가 와야 한다. 따라서 (A)가 정답이다. 참고로 관계대명사 격을 고르는 문제는 빈칸 뒤 문장에서 주어가 빠진 경우 주격 관계대명사, 목적어가 빠진 경우 목적격 관계대명사를 고르는 방식으로 풀이한다.

번역 운동 선수들 사이에서 폭넓게 인기가 많은 하이리 스포츠웨어는 곧 아동복 제품을 추가할 예정이다.

어휘 popularity 인기 widespread 널리 퍼진 athlete 운동 선수

126 부사 어휘

해설 빈칸 앞뒤에 있는 spoke ~ of와 함께 어울려 쓸 수 있는 부사는 (C) critically와 (D) fondly이며, 문맥상 '~에 대해 호의적으로 말하다'의 의미인 (D) fondly가 정답이다. (C) critically도 'speak critically of(~에 대해 비판적으로 말하다)'와 같이 쓸 수 있지만 문맥상 적절하지 않다. 참고로, 같은 구조의 숙어로 speak highly of(~에 대해 칭찬하다)가 출제된 바 있다.

번역 직원들은 이전 최고 경영자인 올가 솜브로크 씨에 대해 그녀가 얼마나 사랑받았는지를 강조하며 호의적으로 말했다.

어휘 former 이전의 emphasize 강조하다 sharply 날카롭게
vaguely 애매하게 critically 비판적으로 fondly 호의적으로,
다정하게

127 형용사 어휘

해설 빈칸은 renovations와 어울리는 형용사 자리이며, '대대적인 보
수 공사'라는 의미가 자연스러우므로 (C) extensive가 정답이
다. (A) informative(유익한), (B) hesitant(망설이는), (D)
conversational(구어의)은 모두 문맥상 적절하지 않다.

번역 미용실 주인들은 미용실에 대대적인 보수 공사를 했는데도 가격을 전
혀 올리지 않았다.

어휘 renovation 수리 raise 올리다

128 부사절 접속사

해설 빈칸은 that과 결합하여 완전한 문장을 이끄는 부사절 접속사 자
리이다. 보기 중 that과 함께 쓰여 부사절 접속사가 되는 것은 (D)
Considering이며, '교육 과정을 수료한 점을 고려하면'이라는 의미
로 자연스럽게 이어지므로 (D)가 정답이다. 참고로, considering은
that을 생략할 수 있으며 이때는 접속사뿐만 아니라 전치사로 사용될
수 있다. (A) Otherwise, (B) Rather than, (C) Despite는 모두
품사상 적합하지 않다.

번역 레이 씨가 용접 과정을 수료한 점을 감안하면, 더 큰 책임이 있는 내부
직에 얼마든지 지원해도 된다.

어휘 welding 용접 apply for ~에 지원하다 internal 내부의
responsibility 책임 otherwise 그렇지 않으면, 다르게
rather than ~보다는 considering (that) ~을 고려하면,
~을 감안하면

129 재귀대명사 _ 강조 용법

해설 빈칸을 제외한 문장이 완전하므로 강조 용법으로 쓸 수 있는 재귀대명
사 (A) themselves와 (C) itself가 부사처럼 빈칸의 위치에 들어갈
수 있는데, 주어가 단수이므로 (C)가 정답이다. 참고로 재귀대명사는
강조 용법으로 쓰일 때 강조하는 명사 바로 뒤 또는 문장 끝에 올 수
있다.

번역 연극 자체는 세 시간만 걸렸지만, 그 리허설은 네 시간 동안 계속되
었다.

어휘 play 연극 rehearsal 리허설 last 계속하다 run (얼마의 기간
동안) 계속되다

130 명사 어휘

해설 빈칸은 앞에 있는 동사 has identified(밝혀냈다)의 목적어이자,
관계대명사 that절(that have prevented ~)의 수식을 받는 명
사 자리이다. '방해가 되는 장애물들을 밝혀냈다'라는 의미가 자연
스러우므로 (D) obstacles가 정답이다. (A) registers(명부), (B)
summaries(요약), (C) opposites(반대)는 문맥상 적절하지 않다.

번역 셰스 씨는 헨틱 인더스트리즈가 세계적으로 확장해 나가는 데 방해가
되는 장애물들을 밝혀냈다.

어휘 identify 밝혀내다, 식별하다 prevent 방해하다 expand
확장하다 obstacle 장애물

PART 6

131-134 공지

홀리데일 의료 센터
모든 사무실 직원들에게:

이번 주말에 우리의 새로운 의료 센터 건물로 이사를 하게 됩니다.
131그러므로, 금요일에 퇴근하기 전에 책상에 있는 모든 물품은 포장이
되어야 합니다. 빈 상자들이 목요일 오전 8시까지 **132배달될 것입니다.**
월요일 아침에 새 건물로 출근할 때, 상자들은 이미 새 사무실에 놓여
있을 것입니다. **133곧바로 포장을 풀도록 하십시오.** 이번 주 목요일이나
금요일에 사무실에 계시지 않을 분들은 별도로 준비를 할 수 있도록 제
게 즉시 알려 주십시오.

가능한 **134순조롭게** 새로운 장소로 이전할 수 있도록 협조해 주셔서 감
사합니다.

사무실 관리자, 지안 탕

어휘 medical 의료의 take place 일어나다 pack 포장하다
empty 비어 있는 notify 알리다 immediately 즉시
arrangement 준비 cooperation 협조 transition 이전

131 접속부사

해설 빈칸 앞뒤 문장을 문맥상 연결하는 접속부사를 선택하는 문제이다. 빈
칸 앞 문장에서는 이번 주말에 있을 이사 일정을 공지하고, 빈칸 뒤
에서는 이 일정에 맞춰 직원들이 협조해야 하는 일들을 언급했으므
로, 이에 맞는 접속부사 (A) Therefore(그러므로)가 정답이다. (B)
Thirdly(세 번째로), (C) Regardless(상관없이), (D) Instead(대신
에)는 문맥상 맞지 않다.

132 동사 어형 _ 태 _ 시제

해설 빈칸은 주어 The empty boxes의 동사 자리이며, deliver는 타동
사이므로 빈칸 뒤 목적어가 없고 전치사 to가 쓰인 것으로 보아 수
동의 형태로 들어가야 하는 것을 알 수 있다. 보기 중 (C) will be
delivered와 (D) had been delivered가 수동태인데, 이사 계획에
대해 공지하는 상황이므로 미래 시제가 적합하다. 따라서 (C) will be
delivered가 정답이다.

133 문맥에 맞는 문장 고르기

번역 (A) 인근 구내식당에서 식사를 즐기십시오.
(B) 사무실 우편함을 확인하셔야 합니다.
(C) 그 이삿짐 센터에 대한 평가가 긍정적입니다.
(D) 곧바로 포장을 풀도록 하십시오.

해설 빈칸 앞에서 직원들에게 상자에 짐을 포장하라고 했고, 이 상자들은 월요일 아침에 이미 옮겨져 되어 있을 것이라고 했으므로 바로 짐을 풀라는 내용으로 자연스럽게 연결되는 (D)가 정답이다. (B)는 상자들이 이미 새 사무실에 도착했을 거라는 앞 문장 내용과 상충하므로 오답이다.

134 부사 어휘

해설 빈칸은 '진행되다'라는 의미로 쓰인 동사 go를 수식하는 자리이므로 (B) smoothly(순조롭게)가 정답이다. (A) directly(직접적으로), (C) slowly(천천히), (D) actively(활발히)는 문맥상 적합하지 않다.

135-138 전단지

올해는 히스패닉 유산의 달이 20주년을 맞이하는 해입니다. **135이를 기념하기 위해**, 스위프트 비즈니스 단지에 있는 푸드코트는 히스패닉과 라틴 아메리카계 국가의 요리들을 선보일 것입니다. 오늘 푸드코트를 방문하셔서 **136축하 행사**를 시작해 주세요! 무료 타파스(작은 조각)와 음료가 시식용으로 제공될 것입니다.

137또한, 스위프트 비즈니스 단지는 메인 아트리움의 중앙에서 10월 10일부터 시작되는 주에 히스패닉 유산 박람회를 주최할 예정입니다. 지역 업체들뿐 아니라 글로벌 기업들도 이 특별한 행사에 참여할 것입니다. 매일 오후 3시에, 행운의 쇼핑객 두 분이 4층에 위치한 콜롬비아 기반의 무역 회사인 쿠에로 수아베의 가죽 핸드백에 당첨되실 것입니다. **138추첨 행사의 무료 응모권을 받으러 서비스 데스크로 오세요.**

어휘 anniversary 기념일 Hispanic 히스패닉[라틴 아메리카]계의 heritage 유산 complex 단지 feature ~을 특색으로 하다 cuisine 요리 kick off 시작하다 tapas 타파스 tasting 시식 host 주최하다 expo 박람회 vendor 판매 회사 participate in ~에 참가하다 one-of-a-kind 특별한 leather 가죽 based ~에 기반을 둔 trading 거래, 무역 drawing 추첨(행사)

135 to부정사

해설 빈칸 뒤 콤마가 있고 그 뒤에 완전한 문장이 있으므로, 부사 역할을 할 수 있는 구나 절이 빈칸에 들어갈 수 있다. (A) To celebrate와 (C) By celebrating이 이에 해당하는데 문맥상 '기념하기 위해서'가 적합하므로 (A)가 정답이다.

136 명사 자리

해설 빈칸은 동사 kick off의 목적어 자리이자 the와 결합되는 명사 자리이므로 (B) festivities(축하 행사)가 정답이다.

137 접속부사

해설 빈칸 앞 문단에서는 히스패닉 축제에 맞춰 음식과 음료가 제공될 것이라고 했고, 빈칸 뒤에서는 히스패닉 문화를 기념하는 또 다른 행사인 박람회가 열린다고 했으므로, 추가적인 내용을 덧붙일 때 쓸 수 있는

(C) In addition(또한, 게다가)이 정답이다.

138 문맥에 맞는 문장 고르기

번역 (A) 메인 아트리움은 지난봄에 전면 수리되었습니다.
(B) 추첨 행사의 무료 응모권을 받으러 서비스 데스크로 오세요.
(C) 맛있는 먹거리를 원하시면 치킨 타코를 맛보세요.
(D) 푸드코트는 일주일 내내 아침 식사 시간에 문을 열 것입니다.

해설 빈칸 앞에서 행운의 쇼핑객 두 사람이 쿠에로 수아베의 가죽 핸드백에 당첨될 것(two lucky shoppers will win leather handbags from Cuero Suave)이라고 언급하여 경품 행사가 있을 것이라는 점을 제시하고 있다. 따라서 해당 내용을 받을 수 있는 어휘인 the drawing(그 추첨 행사)을 언급하며 참여 방법을 알리는 (B)가 정답이다.

139-142 이메일

수신: 이혜진 씨
발신: 글로비언스 테크놀로지스
제목: 정보
날짜: 6월 5일

이 씨께,

시오라마 X200 사회과학 데이터베이스를 **139선택해 주셔서** 감사합니다. 많은 연구자 중 귀하의 선택은 더욱 소중합니다. 저희는 5분짜리 설문지를 통해 이 데이터베이스에 대한 귀하의 **140경험**에 대해 알고 싶습니다. **141저희의** 감사 표시로, 귀하는 100달러 상당의 글로비언스 테크놀로지스 상품권에 당첨될 수 있는 경품 행사에 자동으로 응모될 것입니다. 귀하의 모든 답변은 비밀로 유지될 것입니다. **142그것들은 통계 목적으로만 사용될 것입니다.**

설문지는 www.gt.org/scioramasurvey에서 이용 가능합니다. 귀하의 피드백에 미리 감사드립니다.

글로비언스 테크놀로지스 설문 조사 팀

어휘 selection 선택 preferred 우선의 survey 설문 조사 as a token of ~의 표시로 automatically 자동으로 response 대답 confidential 비밀의 questionnaire 설문지 in advance 미리

139 동사 어휘

해설 빈칸은 문맥상 적절한 동사 어휘를 동명사 형태로 고르는 문제이다. 이어지는 문장에서 Your selection(귀하의 선택)을 언급하고 있으므로 '선택해 주셔서 감사합니다'로 문장을 시작할 수 있는 (D) choosing이 정답이다.

140 명사 자리

해설 빈칸은 소유격 your 뒤 명사 자리이므로 (A) experience가 정답이다.

141 인칭대명사의 격 _ 소유격

해설 데이터베이스에 대한 설문 조사 작성을 요청한 다음, '감사의 표시로, 상품권 추첨 행사에 응모된다'라는 내용이 연결된다. 감사의 주체는 이 메일 작성자이므로 (C) our가 정답이다. 참고로, as a token of our appreciation(감사의 표시로)은 비즈니스에서 자주 등장하는 표현이므로 익혀 두면 유용하다.

142 문맥에 맞는 문장 고르기

번역 (A) 그것들은 통계 목적으로만 사용될 것입니다.
(B) 그것들은 어떤 해결책을 채택할지를 결정할 것입니다.
(C) 그것들은 신입 사원들이 어떤 어려움을 보고했는지를 밝힐 것입니다.
(D) 그것들은 오류가 있는지 철저히 검토될 것입니다.

해설 빈칸 앞 문장에서 복수명사인 your responses에 대해 언급하고 있고 보기에서 They로 문장을 시작하고 있으므로 They가 가리키는 것이 your responses임을 알 수 있다. 앞 문장에서 고객의 답변이 비밀로 유지된다고 했으므로 '답변은 통계 목적으로만 사용된다'는 내용으로 연결되는 (A)가 정답이다.

143-146 설명서

아만팍스 로지스틱스
차량 점검 규정

이 부분은 ¹⁴³정기 차량 점검 보고서를 작성하는 것에 대해 다룹니다. 이 보고서의 목적은 올바른 차량 유지와 작동 안전을 보장하는 것입니다.

아만팍스 로지스틱스의 배송 기사로서, 여러분은 본인의 차량에 대해 운행 후 점검을 완수하고 결함이 있다면 특별 보고 양식에 목록을 작성해야 합니다. 문제를 보고¹⁴⁴하지 않을 경우 차량의 고장을 초래할 수 있습니다. 보고서는 매일 퇴근할 때 작성되어야 한다는 점에 유의하십시오. ¹⁴⁵결함이 발견되지 않더라도 보고서는 필수입니다.

운행 전 점검은 이전 기사의 검사 보고서를 확인함으로써 완수됩니다. 보고서에 어떠한 ¹⁴⁶문제라도 기록된 경우, 여러분은 필요한 수리가 이루어졌음을 확인해야 합니다.

어휘 logistics 물류 vehicle 차량 inspection 점검 section 부분 ensure 보장하다 maintenance 유지 post- ~ 후의 list 열거하다 defect 결함 breakdown 고장 previous 이전의 acknowledge 안다는 표시를 하다 perform 행하다

143 형용사 자리

해설 소유격 your 뒤에서 복합명사(vehicle inspection reports)를 수식하는 형용사 자리이므로 (A) regular가 정답이다. 참고로 (B) regulars는 명사의 복수 형태이며, regular를 명사로 썼을 때는 '단골 고객'이라는 의미가 된다.

144 동사 어휘

해설 빈칸은 to부정사인 to report a problem을 목적어로 취하며, 문장의 동사 may result의 주어로 쓰인 동명사 자리이다. 문맥상 '문제를 보고하지 않는 것은 차량의 고장을 초래할 수 있다'가 자연스럽게 연결되므로 (C) Failing이 정답이다. 동사 fail은 to부정사와 결합될 때 '~하지 못하다', '~하지 않다'의 의미로 쓰인다.

145 문맥에 맞는 문장 고르기

번역 (A) 향후 며칠 이내에 통지문이 발송될 것입니다.
(B) 결함이 발견되지 않더라도 보고서는 필수입니다.
(C) 그것은 많은 경우에 발견되었습니다.
(D) 휴가는 일주일 전에 요청할 수 있습니다.

해설 빈칸 앞에서 보고서는 매일 퇴근 시 작성되어야 한다는 점에 유의하라(Note that reports must be completed at the end of each day)고 했으므로 해당 문장의 복수명사인 reports를 They로 받아서 보고서가 필수임을 언급하는 (B)가 정답이다.

146 명사 어휘

해설 빈칸 뒤에서 필요한 수리가 이루어졌음을 확인해야 한다(you must acknowledge ~ have been performed)고 했으므로 '문제점이 기록되어 있을 시'로 가정하는 것이 자연스럽다. 따라서 (A) problems가 정답이다. (B) arguments(주장), (C) increases(증가), (D) delays(지연)는 모두 문맥상 적절하지 않다.

PART 7

147-148 안내문

휴미니 철물
¹⁴⁷고객 안내문

우리 점포를 확장한 이후, 더 많은 제품에 대한 고객들의 요청에 힘입어 2번과 20번 통로 사이의 ¹⁴⁷제품 중 다수의 위치가 이동될 예정입니다. 재진열 작업은 4월 16일에서 5월 2일 사이 기간 동안 이루어질 것이며, 이 기간 동안 우리는 ¹⁴⁸고객 여러분이 원하시는 제품을 찾을 수 있도록 도움을 드릴 추가 직원을 배치할 것입니다. 고객 여러분께서 새로운 점포 구성을 예전보다 개선되었다고 느끼실 것으로 확신합니다.

기다려 주셔서 감사합니다.
휴미니 철물 관리팀

어휘 hardware 철물 notice 안내문 expansion 확장 prompt 촉발하다 aisle 통로 relocate 이동시키다 occur 일어나다 on hand (도움을) 구할 수 있는 layout 레이아웃[배치] improvement 개선 patience 인내심

147 주제 / 목적

번역 안내문의 목적은 무엇인가?
(A) 임시 폐점 알리기
(B) 신제품 라인 홍보
(C) 선반이 정리되는 방법 설명
(D) 앞으로 있을 변화에 대해 고객들 대비시키기

해설 고객 안내문(Notice to Customers)이라고 명시되어 있으며, 제품 중 다수의 위치가 이동될 예정(many of the items between aisles 2 and 20 will now be relocated)이라며 상품 진열에 변동이 있을 것이라는 안내를 하고 있으므로 (D)가 정답이다.

148 세부 사항

번역 추가 직원이 배치되는 이유는?
(A) 재고를 조사하기 위해
(B) 고객들이 특정 제품을 찾는 일을 돕기 위해
(C) 제품 시연을 위해
(D) 고객들이 주문하는 것을 돕기 위해

해설 첫 문단에서 고객이 원하는 제품을 찾을 수 있도록 도움을 드릴 추가 직원을 배치할 것(we will have additional staff on hand to help you find the products you need)이라고 했으므로 (B)가 정답이다.

149-150 웹페이지 정보문

---

https://www.rivieracarrental.co.uk/598270

감사합니다, 그레거슨 씨!
149귀하의 리비에라 자동차 대여 예약이 지금 완료되었습니다.

149, 150오늘의 날짜: 6월 3일
149기간: 7일
149수령: 6월 14일, 브리스톨
149반환: 6월 20일, 캠브리지
149신용 카드: XXXX-XXXX-XXXX-2891
149금액: 310파운드

귀하께서는 대여료를 선납하기로 선택하셨으나, 신용 카드는 **1506월 12일까지 청구되지 않을 것입니다. 150그때까지 무료로 예약을 취소하실 수 있습니다.** 만약 그날 이후 취소하실 경우, 수수료가 부과될 것입니다. 또한, 자동차를 수령하시지 않을 경우(예약 후 나타나지 않음), 요금 전액이 청구될 것이며 해당 금액은 환불되지 않습니다.

어휘 rental 대여 booking 예약 opt to ~하기로 선택하다 prepay 선불하다 charge 청구하다 nonrefundable 환불되지 않는

---

149 주제 / 목적

번역 웹페이지 정보문의 목적은 무엇인가?
(A) 신용 카드 정보 확인
(B) 구매 주문 승인

(C) 숙박 선택 사항 설명
(D) 예약 세부 정보 확인

해설 첫 번째 단락에서 리비에라 자동차 대여 예약이 지금 완료되었다(Your Riviera Car Rental booking is now complete)고 했고 예약과 관련된 세부 사항이 이어지므로 (D)가 정답이다.

▸▸ **Paraphrasing** 지문의 **booking** → 정답의 **reservation**

150 사실 확인

번역 그레거슨 씨에 대해 알 수 있는 것은?
(A) 신용 카드가 교체되어야 한다.
(B) 출장 비용이 환급될 것이다.
(C) 아직 무료로 취소할 수 있다.
(D) 소형 차를 요청했다.

해설 두 번째 문장에서 그때까지(6월 12일)는 무료로 예약을 취소할 수 있다(Until then you may cancel your booking at no charge)고 했고, 오늘의 날짜는 6월 3일로 나와 있으므로 (C)가 정답이다.

151-152 기사

베이커스빌 (8월 13일)—오늘 투표에서 확정된 대로, 시의 건축 법규가 대대적으로 변경된다. **15111월 3일부터 시행될 변화** 중에는 상업 및 주거용 건물에 대해 더욱 엄격해진 화재 안전 기준, 강화된 단열 조건, 그리고 특히 새로 건축되는 주거용 주택의 25퍼센트는 태양 전지판을 갖추어야 한다는 요건이 있다.

태양광 사업은 유권자와 입법자, 주택 건축업자들 사이에서 폭넓은 지지를 받아 왔다. 새로운 규정은 생산되는 녹색 에너지의 총량을 높이고 화석 연료에 대한 의존도를 줄일 것이다. 지지자들은 또한 태양 전지판과 장비에 대한 수요의 증가로 가격이 떨어질 것이고 해당 기술이 점차적으로 저렴해질 것이라고 말한다. 궁극적으로, **152건축 단계에는 평소보다 더 많은 비용이 들겠지만** 장기적으로는 주택 소유자들의 전기료를 절감해 줄 것이다.

정부는 건축업자, 부동산 소유주, 도급업자와 기타 관련 당사자들의 질문에 답하기 위해 10월 15일부터 직통 전화를 개설해 연말까지 계속 운영할 예정이다.

어휘 building code 건축 법규 shake-up 대대적인 개혁 go into effect 실시되다 strict 엄격한 commercial 상업의 residential 주거의 enhanced 강화한 insulation 단열 requirement 요건 notably 특히 equipped with ~을 갖춘 solar panel 태양 전지판 initiative 계획, 주도 broad 넓은 voter 투표자 lawmaker 입법자 dependency 의존 fossil fuel 화석 연료 demand 수요 hardware 철물, 장비 drive 만들다, 몰아가다 phase 단계 costly 많은 비용이 드는 state 주, 정부 phone hotline 직통 전화 property 부동산, 건물 contractor 계약자, 도급업자 party 당사자

---

151 세부 사항

번역 새로운 법규가 시행되는 날짜는?
(A) 8월 13일
(B) 10월 15일
(C) 11월 3일
(D) 12월 31일

해설 기사 첫 단락에 '11월 3일부터 시행될 변화 중에(Among the changes to go into effect on November 3)'라고 언급되어 있으므로 (C)가 정답이다.

▸▸ Paraphrasing 지문의 **go into effect**
→ 질문의 **become effective**

152 세부 사항

번역 기사에 따르면, 더 비싸지는 것은 무엇인가?
(A) 건축 비용
(B) 태양 전지판의 가격
(C) 주택 유지 비용
(D) 가정 전기 요금

해설 두 번째 단락에서 건축 단계에는 평소보다 더 많은 비용이 들겠지만 (though the building phase will be more costly than usual)이라고 언급했으므로 (A)가 정답이다.

▸▸ Paraphrasing 지문의 **more costly** → 질문의 **more expensive**
지문의 **building phase** → 정답의 **Construction**

153-154 온라인 채팅

악셀 쏜 [오전 9시 13분]
안녕하세요, 여러분. 오늘 오후 3시로 예정되었던 직원 회의가 ¹⁵³**다음 주로 연기되었습니다.**

베릴 스미스 [오전 9시 14분]
다음 주 화요일 ¹⁵³**같은 시간에 하는 건가요?**

악셀 쏜 [오전 9시 15분]
¹⁵³**맞습니다, 장소도 1층 회의실로 같습니다.**

디에나 달 [오전 9시 16분]
저는 다음 주에 휴가입니다. ¹⁵⁴**제게 회의록을 보내 주실 수 있을까요?**

악셀 쏜 [오전 9시 17분]
¹⁵⁴**물론이죠.** 제가 처리하겠습니다. 휴가 잘 다녀오십시오.

디에나 달 [오전 9시 19분]
감사합니다! 돌아와서 여러분이 이야기 나눈 모든 것에 대해 검토하겠습니다.

어휘 postpone 연기하다   meeting minutes 회의록

153 세부 사항

번역 회의에 대해 변경된 것은 무엇인가?
(A) 시간
(B) 날짜
(C) 장소
(D) 주제

해설 채팅 첫 대화에 악셀 쏜 씨는 회의가 다음 주로 변경되었음을 알리고 있으며, 베릴 스미스 씨가 같은 시간인지 묻자, '맞다(That's right)'고 대답하여 시간은 바뀌지 않았다는 점을 확인해 주고 있다. 따라서 회의 날짜만 다음 주로 변경되었다는 것을 알 수 있으므로 (B)가 정답이다.

154 의도 파악

번역 오전 9시 17분에 쏜 씨가 "물론이죠"라고 쓴 의도는 무엇이겠는가?
(A) 달 씨에게 회의에 대해 기록한 것을 한 부 보낼 것이다.
(B) 회의에서 달 씨를 대신해 줄 사람을 요청할 것이다.
(C) 달 씨에게 그녀가 휴가 중인 동안 일할 프로젝트를 보낼 것이다.
(D) 달 씨가 돌아오면 그녀와 만날 것이다.

해설 오전 9시 17분 쏜 씨의 '물론이죠(No problem)'라는 응답은, 9시 16분에 휴가 중이라 회의 참석이 어려우니 회의록을 보내 달라는 달 씨의 부탁에 대한 수락의 표현이므로 (A)가 정답이다.

▸▸ Paraphrasing 지문의 **the meeting minutes** → 정답의
a copy of notes about the meeting

155-157 설명문

스카이라이트 가든즈
여러분의 이웃 화원

화초 관리 팁
효과적인 화초 관리는 당신의 실내용 화초에 알맞은 화분을 고르는 것으로 시작합니다. ^{156(D)}**화분 바닥에 물이 흘러나가기 위한 구멍이 있는지 확인하세요.**

다음으로, 계신 곳의 인근 화원에서 흙을 구입하세요. ¹⁵⁵**가게에서 구입한 화분용 영양토는 보통 실내용 식물이 잘 자라도록 비료가 포함되어 있습니다.** 여러분의 실외 정원에 있는 흙을 사용하는 것은 위험합니다. 이러한 흙은 벌레, 병 및 잡초로 가득할 수 있는데, 이들은 모두 실내용 화초에는 유해할 수 있습니다.

화분에 담은 뒤에는 꽃과 흙에 물을 주세요. ^{156(C)}**물을 주기 전에는 항상 흙을 점검하세요.** 흙에 아직 습기가 있을 경우, 추가로 물을 줄 필요는 없습니다.

화초를 건강하게 유지하려면, 화초에서 갈색으로 ¹⁵⁷**변했거나** 말라 죽은 부분을 따거나 잘라 내세요. 그렇게 하면 새순이 돋아나도록 하는 데 도움이 됩니다. ^{156(B)}**매년 봄마다, 뿌리가 자랄 공간을 주기 위해 더 큰 화분으로 화초를 분갈이해 주세요.**

---

155 세부 사항

번역 독자들이 흙을 구입하라는 권고를 받는 이유는?
(A) 마당을 파헤치는 것을 피하기 위해
(B) 화초의 성장을 촉진시키기 위해
(C) 지역의 화원을 지원하기 위해
(D) 물이 고르게 분포되도록 확실히 하기 위해

해설 두 번째 단락에서 가게에서 구입한 화분용 영양토는 보통 실내용 식물이 잘 자라도록 비료가 포함되어 있다(Store-bought potting soil typically contains fertilizer to help indoor plants grow)고 했으므로 (B)가 정답이다.

▶ Paraphrasing 지문의 Store-bought potting soil
→ 질문의 purchase soil
지문의 help indoor plants grow
→ 정답의 promote plant growth

156 사실 확인

번역 설명문에 언급되지 않은 조언은 무엇인가?
(A) 양지에 화초를 둘 것
(B) 매년 화분을 교체할 것
(C) 물을 주기 전에 흙을 만져 볼 것
(D) 구멍이 뚫린 화분을 사용할 것

해설 마지막 단락에서 매년 봄마다, 더 큰 화분으로 화초를 분갈이하라(Each spring, repot your plant in a larger pot)고 한 것에서 (B)를, 세 번째 단락의 물을 주기 전에는 항상 흙을 점검하라(Always check the soil before watering)에서 (C)를, 첫 번째 단락에서 화분 바닥에 구멍이 있는지 확인하라(Make sure that there are holes in the bottom of the pot)며 (D)를 언급한 점을 확인할 수 있다. 하지만 양지에 화초를 둬야 한다는 조언은 없으므로 (A)가 정답이다.

▶ Paraphrasing 지문의 Each spring, repot your plant in a larger pot
→ 보기의 Replace the pot every year
지문의 check the soil before watering
→ 보기의 Feel the soil before adding water
지문의 Make sure that there are holes
→ 보기의 with holes

157 동의어 찾기

번역 네 번째 단락 2행의 "turned"와 의미상 가장 가까운 것은?
(A) 지었다 (B) 교대로 했다
(C) 방해했다 (D) 되었다

해설 해당 문장은 갈색으로 변한 화초(the plant that have turned brown)라는 의미로 해석되는데, 여기서 turn은 문맥상 '어떤 상태로 되다'라는 의미로 쓰였으므로 (D)가 정답이다.

158-160 공지

> ¹⁵⁸회의장 직원들은 주목하십시오:
>
> 겔랑 회의장은 4월 20일에 싱가포르 은행 회의를 주최합니다. 안내 데스크는 오전 8시부터 오전 10시까지 열 예정입니다. 입장 수속을 할 때, 회의 참가자들은 유효한 신분 증명서를 ¹⁵⁹제시해야 할 것입니다. 허용되는 신분 증명서에는 여권, 운전 면허증 혹은 회사에서 발급된 사진이 있는 신분증이 포함됩니다. 입장 수속을 한 후, 참가자들은 환영 꾸러미를 받게 되는데, 여기에는 회의 일정표, 시설 안내도, ¹⁶⁰저녁 연회 입장권이 포함됩니다. 참가자가 오전 10시 이후에 도착할 경우 보안 창구로 안내받고, 그곳에서 입장 수속을 받게 될 것입니다.
>
> 일부 참가자들은 회의장의 호텔에서 숙박할 예정이라는 점에 유의하십시오. 그들은 호텔 로비로 안내되어야 하며, 그곳에 짐을 맡길 수 있습니다. 객실이 준비되면 호텔 직원이 해당 객실로 짐을 가져다 놓을 것입니다.
>
> 행사일 업무에 대해 질문이 있으시면, 지아-웨이 테오 씨에게 내선 번호 231번으로 연락하십시오.

어휘 | attention 주목; 주목하세요 attendee 참가자 present 제시하다 valid 유효한 identification 신분 증명 acceptable 허용할 수 있는 issue 발부하다 hand 건네주다 facility 시설 banquet 연회 security 보안 personnel 직원들 appropriate 적절한 extension 내선 번호

158 주제 / 목적

번역 공지의 목적은 무엇인가?
(A) 직원들에게 행사 절차에 대해 알려 주는 것
(B) 참가자들에게 일정표를 제공하는 것
(C) 행사에서 일할 자원 봉사자를 요청하는 것
(D) 회의 연사에 대한 정보를 주는 것

해설 공지 첫 줄에 Attention Conference Centre Staff이라고 나와 있어 공지의 대상이 회의장 직원들이라는 점을 알 수 있고, 지문 전반에 걸쳐 회의장 행사 소개와 행사 참가자들에 관련된 업무 내용을 순차적으로 설명하고 있다. 따라서 (A)가 정답이다.

159 동의어 찾기

번역 첫 번째 단락 3행의 "present"와 의미상 가장 가까운 것은?
(A) 소개하다
(B) 보여 주다
(C) 참석하다
(D) 선물로 주다

해설 지문에서 present a valid form of identification은 '유효한 신분 증명서를 제시하다'의 뜻으로, '보여 주다'라는 의미의 (B) show와 같은 의미로 쓰이고 있다.

160 세부 사항

번역 공지에 따르면, 회의 막바지에 일어날 일은 무엇인가?

(A) 꾸러미가 회수될 것이다.
(B) 짐이 보관소에 놓여질 것이다.
(C) 평가서가 배부될 것이다.
(D) 연회가 열릴 것이다.

해설 첫 번째 단락에서 참가자들이 받게 되는 환영 꾸러미(welcome packet)의 내용물에 저녁 연회 입장권(their ticket to the evening banquet)이 포함되어 있다고 했으므로 (D)가 정답이다.

161-163 기사

가보로네 (5월 6일)—161지역 주민인 소피 섀그와 씨는 많은 애플리케이션 개발자들이 매우 반기는 목표를 달성했다. — [1] —. 161그녀가 차세대 앱스 프로그램에서 참가자로서 만든 앱인 드림 스위트는 만 회 이상 다운로드되었다.

162"간단히 말해서, 이 앱은 이용자들이 자신들의 꿈과 야망을 이루도록 돕습니다. 이 앱은 이용자들이 목표를 찾고 그것들을 성취 가능한 단위로 세분화하는 데 도움이 되는 일련의 질문을 제공함으로써 그 일을 수행합니다."라고 섀그와 씨는 말했다.

163최근에, 그녀는 요구가 빗발치던 달력 기능을 추가했다. — [2] —. 163매일 목표의 특정 부분이 달성되어야 할 때 알림 메시지와 격려의 문자 메시지가 발송된다.

추가로, 섀그와 씨는 앱을 통해 구매될 수 있는 영감을 주는 구절이 담긴 포스터와 공책, 달력을 디자인하고 있다. — [3] —. "그것들은 보기에도 사랑스럽고 당신의 목표는 중요하며 당신은 그것을 성취할 능력이 있다는 것을 시각적으로 상기시켜 주는 역할을 합니다"라고 그녀는 말했다.

앱은 무료이지만 맞춤형 코칭, 진행 상황 추적과 같은 추가 기능은 추가 비용을 내야 한다. 섀그와 씨는 드림 스위트의 수익 일부를 차세대 앱스 프로그램에 합류하고 싶어 하는 새로운 앱 개발자들을 후원하는 데 사용한다. — [4] —.

어휘 resident 주민 relish (대단히) 좋아하다 participant 참가자 simply put 간단히 말해서 attain 이루다 ambition 야망 a series of 일련의 identify 발견하다 break ~ down ~을 나누다 achievable 성취할 수 있는 feature 특징, 기능 encouraging 격려의 accomplish 성취하다 inspirational 영감을 주는 phrase 구절 visual 시각의 personalized 개인 맞춤형의 coaching 지도, 개인 교습 progress 진전 tracking 추적 sponsor 후원하다

161 주제 / 목적

번역 기사의 주된 내용은 무엇인가?

(A) 새 프로그램을 위한 청년 채용
(B) 소프트웨어 개발자의 약력
(C) 앱과 관련 제품의 가격 책정 방식
(D) 소프트웨어 산업 전반에 걸친 최근의 변화

해설 기사의 첫 단락에서 지역 주민인 소피 섀그와는 많은 애플리케이션 개발자들이 원하는 목표를 달성했다(Local resident Sophie Shagwa has met a goal many application developers relish)고 했고, 그녀가 차세대 앱스 프로그램에서 참가자로서 만든 앱인 드림 스위트는 만 회 이상 다운로드되었다(Her app, Dream Sweet, ~ more than 10,000 times)고 언급하며 소피 섀그와의 업적을 소개하고 있다. 기사 전반에 걸쳐서도 그녀가 개발한 애플리케이션을 설명하고 있으므로 (B)가 정답이다.

162 세부 사항

번역 드림 스위트 앱은 이용자들이 무엇을 하도록 돕는가?

(A) 자신들의 목표 도달
(B) 시각적인 문자 메시지 제작
(C) 예술적인 포스터 디자인
(D) 새로운 앱 개발자 후원

해설 두 번째 단락의 '간단히 말해서, 이 앱은 이용자들이 자신들의 꿈과 야망을 이루도록 돕는다(Simply put, this app helps users attain their dreams and ambitions)'라는 인용구를 통해 이 애플리케이션이 이용자들의 목표를 이루는 데 도움이 되기 위해 만들어졌다는 것을 알 수 있으므로 (A)가 정답이다.

> ▶▶ **Paraphrasing** 지문의 attain their dreams and ambitions
> → 정답의 Reach their goals

163 문장 삽입

번역 [1], [2], [3], [4]로 표시된 곳 중에서 다음 문장이 들어갈 위치로 가장 적합한 곳은?

"이용자들은 이제 성공을 위한 구체적인 행동 시간표를 짤 수 있다."

(A) [1]
(B) [2]
(C) [3]
(D) [4]

해설 주어진 문장의 'Users can now ~(이용자들은 이제 ~할 수 있다)'를 통해 이전과 달라진 추가 사항이 있음을 짐작할 수 있으며, 구체적인 시간표를 짤 수 있다(plan a specific timeline)는 내용과 연관성이 있는 위치가 적절하다. 따라서 최근에 그녀는 달력 기능을 추가했다(Recently, she added a much-requested calendar feature)는 내용 뒤인 (B)가 정답이다.

164-167 이메일

수신: elvin.williams@gxtinestments.com
발신: barry.robledo@gxtinvestments.com
날짜: 5월 17일
제목: 301 N. 파월 가
첨부: 🖇 사진

엘빈 씨께,

저는 오늘 N. 파월 가 301번지의 건물을 둘러보았습니다. 로비와 사무실, 주방은 볼 수 있었지만, 서쪽 복도에 있는 ¹⁶⁵다용도실은 잠겨 있었습니다. 만약 우리가 매입을 진행하기로 선택한다면 ¹⁶⁵점검자가 그곳에 있는 보일러와 전자 회로 기판이 잘 돌아가는지 확인해 줄 수 있을 것으로 믿습니다.

¹⁶⁴그 건물은 넓은 주차 공간을 포함해 우리 고객들을 수용하기 위해 필요한 모든 공간을 갖추고 있습니다. 하지만, 우리가 일을 진행시키려면 ¹⁶⁶처리해야 할 문제가 몇 가지 있습니다. 로비의 카펫이 변색되었고, 동쪽 복도의 ¹⁶⁷일부 마루 타일에 균열이 있으며 회의실에는 페인트칠이 벗겨졌습니다. 회의실 천장의 조그마한 물 얼룩은 지붕에 누수가 있다는 징후일 수도 있습니다. 문제 구역의 사진들을 첨부했습니다.

낮은 건물 가격을 고려해 볼 때, ¹⁶⁴저는 우리가 이곳을 염두에 두어야 한다고 생각합니다. 공간은 개선할 수 있으며 여전히 예산 내에서 해결 가능합니다. 우리의 현재 임대 계약은 세 달 후 만기가 되므로 서둘러 결정을 내려야 합니다. 어떻게 생각하시는지 알려 주십시오.

배리 로블리도

어휘 property 건물, 부동산 avenue ~가, 거리 reception area 로비 utility 다용도의 hallway 복도 inspector 점검자 verify 확인하다 furnace 보일러 circuit board 회로판 proceed with ~을 진행하다 accommodate 수용하다 address (문제 등을) 다루다 discolored 변색된 crack 금이 가다 chip (컵 등이) 이가 빠지다 stain 얼룩 indicate 나타내다 leak 누수 lease 임대차 계약 expire 만기가 되다

164 주제 / 목적

번역 로블리도 씨가 이메일을 보낸 이유는?
(A) 임대 계약의 연장을 요청하려고
(B) 지점 개설 제안을 하려고
(C) 회사의 이전을 지지하려고
(D) 건물 판매를 반대하려고

해설 두 번째 단락 첫 문장에서 그 건물은 고객들을 수용하기 위해 필요로 하는 모든 공간을 갖추고 있다(The building has all the space we need to accommodate our clients)고 언급했고, 마지막 단락에서 우리가 이곳을 염두에 두어야 한다(we should consider this location)고 했으므로 사업장 이전 계획을 지지하는 이메일이라는 점을 알 수 있다. 따라서 (C)가 정답이다.

165 세부 사항

번역 로블리도 씨가 볼 수 없었던 곳은?
(A) 로비
(B) 주방
(C) 보일러
(D) 회의실

해설 첫 번째 단락에서 다용도실이 잠겨 있었다(the utility closet ~ was locked)고 했고, 이어서 점검자가 그곳에 있는 보일러와 전자 회로 기판이 잘 돌아가는지 확인해 줄 수 있을 것이라고 믿는다(an inspector will be able to verify that the furnace and electrical circuit board in that space are in good working order)고 했으므로 다용도실에 있는 보일러를 보지 못했음을 알 수

있다. 따라서 (C)가 정답이다.

▸▸ Paraphrasing 지문의 was locked
→ 질문의 not able to view

166 동의어 찾기

번역 두 번째 단락 2행의 "address"와 의미상 가장 가까운 것은?
(A) 처리하다
(B) 쓰다
(C) 홍보하다
(D) 배치하다

해설 지문에서 issues that we will need to address는 '처리해야 할 문제들'이라는 뜻이다. 따라서 '처리하다'라는 의미의 (A) attend to가 정답이다.

167 세부 사항

번역 로블리도 씨가 언급하는 문제 중 하나는 무엇인가?
(A) 일부 타일이 깨졌다.
(B) 열쇠 한 개가 분실되었다.
(C) 주차 구역이 너무 협소하다.
(D) 위치가 편리하지 않다.

해설 두 번째 단락에서 일부 마루 타일에 균열이 있다(some floor tiles in the east hallway are cracked)고 했으므로 (A)가 정답이다.

▸▸ Paraphrasing 지문의 cracked → 정답의 broken

168-171 온라인 채팅

아키오 니시 [오후 3시 35분]: ^{168, 169}두 분 모두 바바라 씨가 로비에 놓일 가구 선택 사항에 대해 보낸 이메일을 보셨나요?

이시도라 바스크 [오후 3시 37분]: 바퀴가 달린 갈색 가죽 의자를 보세요. 지금 있는 의자들보다 훨씬 더 세련됐어요.

아키오 니시 [오후 3시 38분]: 멋지긴 한데, 견고해 보이지는 않네요. 플러시 천 좌석으로 된 큰 녹색 의자는 어때요?

크리야 파텔 [오후 3시 39분]: ¹⁶⁹지금 열어 보는 중이에요.

이시도라 바스크 [오후 3시 40분]: 편안해 보이네요. 그런데 ¹⁷⁰공간이 한정되어 있고, 로비에는 최소한 의자가 네 개 필요해요. ¹⁷⁰녹색 의자는 너무 크네요.

크리야 파텔 [오후 3시 42분]: 아직 고급형 사무실 부분을 보고 계시나요?

아키오 니시 [오후 3시 43분]: 아니요, 지금 실속형 사무실 선택 사항을 논의 중이에요.

크리야 파텔 [오후 3시 44분]: 오, 좋아요. 그 선택 범위가 가격이 더 적당합니다.

아키오 니시 [오후 3시 46분]: 의자보다는 안내 데스크를 먼저 선택해야 할 것 같습니다. 두 번째에 있는 노란색 데스크는 맘에 드시나요? 저는 좋네요.

크리야 파텔 [오후 3시 47분]: 그 공간에 잘 맞을 것 같아요. 지금 데스크와 크기가 같네요.

이시도라 바스크 [오후 3시 48분]: 완벽한 것 같습니다. 우리 모두 그 데스크가 맘에 든다고 ¹⁷¹**바바라 씨에게 지금 말할게요.** 의자에 대해서는 모든 선택 사항을 볼 기회를 가진 다음에 대화하기로 합시다.

> **어휘** attractive 멋진 sturdy 견고한 plush 고급의; 플러시(천 재질의 일종) premium 고급의 budget 저가의 affordable 가격이 적절한 fit 맞다 touch base 협의[대화]하다

168 주제 / 목적

번역 주로 논의되고 있는 것은 무엇인가?
(A) 새로운 사무실 위치
(B) 장식용 예산
(C) 실내 디자인 회사
(D) 새로운 가구 선택 사항

해설 첫 번째 메시지는 니시 씨가 동료들에게 로비에 배치할 가구를 봤는지 묻는 내용이고 이어서 대화 참가자들이 가구에 대한 의견을 나누고 있으므로 (D)가 정답이다.

169 의도 파악

번역 오후 3시 39분에 파텔 씨가 "지금 열어 보는 중이에요"라고 쓴 의도는 무엇이겠는가?
(A) 최근에 온 이메일을 읽을 것이다.
(B) 책상 서랍을 들여다보고 있다.
(C) 소포를 열어 보고 있다.
(D) 점심을 먹을 참이다.

해설 오후 3시 35분 메시지에서 니시 씨는 두 사람 모두 이메일에 첨부된 가구를 봤는지(Did you both see ~ furniture options for the lobby?) 물었고 이에 대해 두 사람 중 한 명인 파텔 씨가 지금 열어 보는 중(I am opening it now)이라고 뒤늦게 니시 씨의 질문에 응답을 하고 있으므로, '열어 보는 중'은 이메일을 열어 확인하려고 한다는 의미인 것을 알 수 있다. 따라서 (A)가 정답이다.

170 추론 / 암시

번역 로비에 대해 알 수 있는 것은?
(A) 현재 커다란 가구가 있다.
(B) 공간이 넓지 않다.
(C) 2층에 위치해 있다.
(D) 세련되게 장식되어 있다.

해설 오후 3시 40분에 바스크 씨가 공간이 한정되어 있다(space is limited)며 녹색 의자는 너무 크다(Those green chairs are really big)고 했으므로 로비가 넓지 않다는 점을 짐작할 수 있다. 따라서 (B)가 정답이다.

> ▸▸ **Paraphrasing** 지문의 space is limited
> → 정답의 **It does not have a lot of space**

171 추론 / 암시

번역 바스크 씨는 다음에 무엇을 하겠는가?
(A) 온라인으로 주문하기
(B) 카탈로그 배부하기
(C) 동료에게 연락하기
(D) 접수 담당자 고용하기

해설 마지막 메시지에서 바스크 씨는 우리 모두 데스크가 마음에 든다고 바바라 씨에게 지금 말하겠다(I'll tell Barbara now that we all like that desk)고 했으므로 관련 업무를 담당하는 동료 직원에게 연락할 것이라는 것을 알 수 있다. 따라서 (C)가 정답이다.

> ▸▸ **Paraphrasing** 지문의 tell → 정답의 **Contact**

172-175 기사

> ### AFEC가 성공으로 가는 길을 제공하다
> *작성: 폴린 웨스턴*
>
> 브리지타운 (10월 29일)—¹⁷²**11월 14일부터 16일까지 카리브해 여성 기업가 협회(AFEC)는 바베이도스의 브리지타운에 있는 인력 개발 센터에서 4번째 격년 토론회를 주최할 예정이다.** 올해의 주제인 "열망에서 센세이션까지"는 성공적인 회사를 창업하고 운영하고 키워 나가는 데 필수적인 기술과 도구에 중점을 둔다. — [1] —. ¹⁷⁵**약 350명의 여성들이 일련의 발표를 통해 지역에서 가장 성공한 여성 사업 지도자들과 소통하게 될 것이다.** — [2] —.
>
> 발표자 중에는 수리남 기반의 아동복 제조업체인 세레나티의 기업주 세레나 텔링이 있을 것이다. 그녀는 회의 참가자들과 자신의 경험을 공유할 기회를 반긴다. — [3] —. "특히, 저는 의류 산업에서 15년이 넘도록 제가 채택했던 건전한 관행들을 장려할 것입니다. 이것들은 ¹⁷³**제가 초기에 맞닥뜨렸던 난관들로부터** 신흥 기업가들을 보호해 줄 수 있을 것입니다. 회사를 창업했을 때 저에게는 적절한 조언이 부족했기 때문에, 거의 사업을 망칠 뻔한 실수들을 저질렀습니다"라고 그녀는 말한다.
>
> 참가자들은 성공한 동료들과 어울리는 데 관심이 많다. 마르티니크섬 출신으로 섬에 ^{174(B)}**유아원을 열 계획인 마델론 피카드 씨는** ^{174(C)}**"저는 제 롤모델들이 난관을 해결하고 업적을 달성한 방법을 간절히 배우고 싶습니다"라고 말한다.** — [4] —. ^{174(A)}**피카드 씨는 또한 자신이 회원으로 있는 마르티니크 비즈니스 협회로부터 받은 도움을 언급했다.** "마르티니크 비즈니스 협회는 숙박비와 항공료에서부터 식비와 현지 교통비까지 저의 AFEC 토론회 참석을 전액 지원해 주고 있습니다." 결코 그녀만 예외인 것은 아니다. 주최측은 첫 AFEC 토론회 이후로 참가자들에 대한 재정적 지원이 상당히 증가해 왔다고 말한다.

> **어휘** pathway 길, 경로 association 협회 entrepreneur 기업가 Caribbean 카리브해의 biennial 격년의 forum 토론회 labour force 노동력 theme 주제 aspiration 포부, 열망 sensation 센세이션, 돌풍 center ~의 중심에 두다 essential 필수적인 tool 도구 interact with ~와 교류하다 a series of 일련의 manufacturer 제조회사 specifically 특히 sound 믿을 만한 adopt 채택하다 apparel 의류 shield 보호하다 emerging 최근 생겨난 challenge 도전, 난관 lack ~이 부족하다

adequate 적절한 ruin 망치다 keen on ~에 관심이 많은
engage with ~와 관계를 맺다 peer 동료 nursery school
유아원 accomplish 성취하다 achievement 업적 fund
자금을 대다 transport 차량, 이동 organiser 주최자

172 주제 / 목적

번역 기사가 쓰여진 이유는?
(A) 여성 기업가들이 처한 난관들 중 일부를 논의하려고
(B) 사업에 있어 더 많은 롤모델에 대한 필요성을 강조하려고
(C) 카리브해의 사업의 중요성을 보여 주려고
(D) 곧 있을 비즈니스 모임을 홍보하려고

해설 기사 첫 번째 단락에서 11월 14일부터 16일까지 카리브해 여성 기업가 협회(AFEC)는 바베이도스의 브리지타운에 있는 인력 개발 센터에서 4번째 격년 토론회를 주최할 예정(From 14 to 16 November, the Association of Female Entrepreneurs of the Caribbean (AFEC) ~ Bridgetown, Barbados)이라고 나와 있는 점을 보아 곧 있을 토론회를 안내하기 위한 기사임을 알 수 있다. 따라서 (D)가 정답이다.

173 세부 사항

번역 텔팅 씨에 대해 알 수 있는 것은?
(A) 사업 초기에 어려움을 겪었다.
(B) 첫 AFEC 토론회에 참석했다.
(C) 카리브해 전역에 제품을 유통시킨다.
(D) 15년 동안 좋은 기업 관행을 홍보해 왔다.

해설 두 번째 단락에서 발표자인 세레라 텔팅은 자신이 사업 초기에 맞닥뜨렸던 난관(the challenges I faced early on in my career)에 대해 언급했으므로 (A)가 정답이다.

> ▸▸ Paraphrasing 지문의 the challenges I faced early on in my career → 정답의 She had a difficult start to her career

174 사실 확인

번역 피카드 씨에 대해 사실이 아닌 것은?
(A) 사업 단체로부터 후원을 받았다.
(B) 교육 기관을 개설하기를 원한다.
(C) AFEC 토론회를 기대하고 있다.
(D) 행사 주최측의 일원이다.

해설 마지막 단락에 피카드(Madelon Picard) 씨에 대한 언급이 있는데, '피카드 씨는 마르티니크 비즈니스 협회로부터 받은 도움을 언급했다(Ms. Picard also referenced the assistance she has received from the Martinique Business Society (MBS))'에서 (A)를, '유아원을 열 계획인 마델론 피카드 씨(Madelon Picard, a native of Martinique who plans to open a nursery school)'에서 (B)를, 그리고 '저는 제 롤모델들이 난관을 해결하고 업적을 달성한 방법을 간절히 배우고 싶습니다(I am eager to learn how my role models dealt with challenges and accomplished their achievements)'라는 인용구에서 그녀가 행

사 참여에 기대를 걸고 있다는 점을 알 수 있어 (C)를 확인할 수 있다. 따라서 지문에 언급되지 않은 (D)가 정답이다.

> ▸▸ Paraphrasing 지문의 the assistance → 보기의 sponsorship
> 지문의 plans to open a nursery school
> → 보기의 start an educational institution
> 지문의 eager to learn
> → 보기의 looking forward to

175 문장 삽입

번역 [1], [2], [3], [4]로 표시된 곳 중에서 다음 문장이 들어갈 위치로 가장 적합한 곳은?

"그들은 또한 일대일 경력 교육 과정에 참석할 기회를 가질 것이다."

(A) [1]
(B) [2]
(C) [3]
(D) [4]

해설 주어진 문장의 주어인 They가 가리키는 대상과 '또한(also)'이라는 부가의 의미가 문맥의 연결을 결정하는 데에 중요한 역할을 한다. [2] 앞 문장인 '약 350명의 여성들이 일련의 발표를 통해 지역에서 가장 성공한 여성 사업 지도자들과 소통하게 된다(About 350 women will be interacting with some of the region's most successful women business leaders through a series of presentations) 다음에 주어진 문장이 오게 되면, They가 가리키는 대상이 'About 350 women'이 되므로 연결이 자연스럽다. 성공한 여성 사업가들과 만나게 되는 것에 더하여(also) 일대일 교육 과정의 기회도 갖게 된다는 내용으로 연결도 자연스러우므로 (B)가 정답이다.

176-180 이메일 + 메모

발신: 카를로스 가르시아
수신: 그레이스 우
제목: 이달의 직원
날짜: 7월 25일

그레이스 씨께:

176, 177우리 생산 팀원 중 한 명인 드와이트 클린턴 씨를 프랭클린 가전의 이달의 직원 후보로 추천하고자 이메일을 씁니다. 우리는 7월 31일 마감 시한까지 좀 더 에너지 효율적인 178에어컨의 디자인을 끝내기 위해 부지런히 일해 왔습니다. 그리고 클린턴 씨의 팀 참여는 우리가 도전적인 목표를 달성 가능하도록 해 주었습니다.

프랭클린 가전에서 8년 동안, 클린턴 씨는 업무적으로도 또 개인적으로도 성장할 수 있는 능력을 입증해 왔습니다. 그는 수습생으로 시작해서 착실하게 일해 검사 기사의 자리까지 올라왔습니다. 179클린턴 씨는 우리 회사의 미션인 고품질 에너지 절약형 냉장고, 오븐, 세탁기, 냉방기 디자인을 실현하도록 돕는 데 중요한 역할을 했습니다. 그가 배정된 모든 프로젝트에서 그의 기여 없이 제품 마감 시한을 맞춘다는 것은 상상하기 힘들 것입니다.

고려해 주셔서 감사합니다.

카를로스

메모

수신: 전 직원
발신: 그레이스 우
날짜: 8월 1일
제목: 이달의 직원

드와이트 클린턴 씨가 7월 이달의 직원에 선정되었음을 발표하게 되어 영광입니다. 프랭클린 가전은 창조적인 협업 환경을 도모하고 있으며, 클린턴 씨는 이러한 목표를 실현하는 데 필요한 리더십과 지원을 보여 주었습니다. 칭찬받아 마땅한 그의 노력에 크게 힘입어, **178우리의 신제품인 에코-쿨 웨이브가 어제 성공적으로 출시**되었다고 알리게 되어 기쁩니다.

클린튼 씨는 자신의 직장 생활에서 많은 부분을 프랭클린 가전에서 높은 지위로 올라가는 데 헌신했습니다. 그의 일화는 내부 승진, 직업적 발전 및 성장 기회 제공을 통한 회사의 지원 환경을 보여줍니다. 프랭클린 가전은 클린턴 씨에게 재량에 따라 쓸 수 있는 이틀간의 **180유급 휴가를 지급**하게 되어 영광으로 생각합니다. 다음에 드와이트 씨를 만나게 되면 축하 인사를 건네주십시오!

176 주제 / 목적

번역 가르시아 씨가 이메일을 보낸 이유는?
(A) 직원을 수상 후보자에 추천하려고
(B) 디자인 수정을 보고하려고
(C) 업무에 추가 도움을 요청하려고
(D) 출시 행사의 연기를 요청하려고

해설 이메일 첫 단락에서 가르시아 씨는 생산 팀원 중 한 명인 드와이트 클린턴 씨를 프랭클린 가전의 이달의 직원 후보자로 추천하고자 이메일을 쓴다(I am writing to nominate a member of our production team, Dwight Clinton, as a candidate for Franklin Appliances' Employee of the Month)고 언급하고 있으므로 (A)가 정답이다.

▶ Paraphrasing 지문의 nominate a member of our production team
→ 정답의 recommend an employee

177 추론 / 암시

번역 가르시아 씨의 직함은 무엇일 것 같은가?
(A) 인사부 부장
(B) 영업 부사장
(C) 최고 경영자
(D) 생산·팀장

해설 이메일 첫 번째 단락에서 가르시아 씨는 클린턴 씨를 이달의 직원 후보자로 추천하며 우리 생산 팀원 중 한 명(a member of our production team)이라고 언급한 점을 통해 가르시아 씨 또한 생산 팀(production team)에서 근무하는 것을 알 수 있다. 따라서 (D)가 정답이다.

178 연계

번역 에코-쿨 웨이브는 무엇인가?
(A) 세탁기
(B) 냉장고
(C) 에어컨
(D) 천장 선풍기

해설 메모의 첫 번째 단락에 클린턴 씨의 노력으로 신제품인 에코-쿨 웨이브가 어제 성공적으로 출시되었다(our newest product, the Eco-Cool Wave, was successfully launched yesterday)고 했고 메모의 날짜는 8월 1일이므로 출시일인 어제 날짜는 7월 31일임을 알 수 있다. 또한 이메일의 첫 번째 단락에서, 7월 31일 마감 기한까지 에어컨 디자인을 마무리할 수 있었다(We have been working diligently to complete ~ air-conditioning unit by our July 31 deadline)고 했으므로 에코-쿨 웨이브(Eco-Cool Wave)는 클린턴 씨가 작업한 '에어컨'임을 알 수 있다. 따라서 (C)가 정답이다.

179 추론 / 암시

번역 프랭클린 가전에 대해 알 수 있는 것은?
(A) 직원이 적다.
(B) 에너지 효율적인 제품을 설계한다.
(C) 직원들 사이에 경쟁을 장려한다.
(D) 20년 동안 사업을 해 왔다.

해설 이메일 두 번째 단락에서 프랭클린 가전(Franklin Appliances)을 언급하며, 회사의 미션이 고품질의 에너지 절약형 냉장고, 오븐, 세탁기, 냉방기를 디자인하는 것(the company's mission of designing high-quality energy-saving refrigerators, ovens, washing machines, and cooling systems)이라고 했으므로 (B)가 정답이다.

▶ Paraphrasing 지문의 energy-saving
→ 정답의 energy-efficient

180 사실 확인

번역 클린턴 씨에 대해 메모에 언급된 것은?

(A) 승진될 것이다.
(B) 더 큰 사무실로 옮길 예정이다.
(C) 추가 휴가를 받을 것이다.
(D) 프랭클린 가전에서만 일했다.

해설 메모 마지막 단락에 프랭클린 가전은 클린턴 씨에게 이틀의 유급 휴가를 지급한다(Franklin Appliances is honored to present Mr. Clinton with two paid personal days)고 언급했으므로 (C)가 정답이다.

> ▸ **Paraphrasing**   지문의 paid personal days
> → 정답의 extra time off

181-185 웹페이지 + 이메일

---

http://www.inganirobotics.co.uk

인가니 로보틱스

오늘날 통신 판매 산업에서, 화물 적재 처리 시간은 매우 중요합니다. **181인가니의 기기들은 제품 회수에서 육체 노동을 덜 수 있습니다.** 스스로 길을 찾고 완전 재충전되는 우리의 181**화물 이동기**는 추가 직원의 필요 없이 여러분의 효율을 증대시킬 수 있습니다. 182**기기들은 사람과 공유하는 환경에서 안전하게 작동합니다.** 181**모든 기기들은 화물 운반대나 상자를 고정시키기 위해 테더링 후크가 장착되어 있습니다.** 아래에서 우리의 인기 모델 및 앞으로 나올 모델의 치수와 속도를 확인하십시오.

기기 이름	알모라 Q1	184알모라 S1	벨마 Q1	벨마 S1 (개발 중)
높이	950밀리미터	930밀리미터	356밀리미터	256밀리미터
184폭	530밀리미터	184500밀리미터	1,150밀리미터	856밀리미터
속도	시속 4.2킬로미터	시속 4킬로미터	시속 2.5킬로미터	시속 2.3킬로미터

어휘 mail-order 통신 판매 제도 turnaround (화물 등의) 적재 처리 physical 육체의 retrieval 회수 navigate 길을 찾다 rechargeable 재충전되는 freight 화물 function 기능하다 equipped with ~을 갖춘 tethering 테더링 hook 후크, 고리 secure 고정시키다 pallet 화물 운반대 measurement 치수 upcoming 곧 있을

수신: edwinraster@inganirobotics.co.uk
발신: aalmansouri@vemta.co.uk
날짜: 1834월 3일
제목: 곧 있을 주문

라스터 씨께,

제게 벨마 S1의 상황에 대해 알려 주셔서 감사합니다. 우리 시설의 확장은 183**다음 달에야 완료되므로** 그때까지 기다렸다가 주문을 할 예정입니다.

아시다시피, 우리는 몇 년 동안 단골 고객으로 184**가장 좁은 알모라 기기 2대를 3년 전에 구입**했고 작년에는 추가로 4대를 더 구입했습니다. 우리가 작년 주문에 대해 받았던 것과 비슷하게 대량 주문에 대한 할인을 받을 수 있는지 문의하고 싶습니다. 185**우리는 6대의 새 기기를 구입할 예정이지만 더 구매하게 될 수도 있습니다.** 답변 부탁드리며 알아봐 주셔서 다시 한번 감사드립니다.

알리야 알만수리
책임 구매 담당자, 벰타 리미티드

어휘 status 상황 facility 시설 expansion 확장 loyal customer 단골 고객 narrow 좁은 inquire 문의하다 eligible for ~에 자격이 되는 bulk order 대량 주문 persuade 설득하다 follow up 더 알아보다

---

181 세부 사항

번역 인가니 로보틱스의 제품이 사용되는 장소는?

(A) 콜 센터
(B) 물류 창고
(C) 자동차 공장
(D) 연구 실험실

해설 웹페이지 첫 번째 단락에서 통신 판매 산업의 적재 처리 시간을 언급하며 인가니의 기기들은 제품 회수에서 육체 노동을 덜 수 있다(Ingani's machines can take the physical labour out of item retrieval)고 했고, 화물 이동기(freight movers)라고 지칭했으며, 모든 기기들은 화물 운반대나 상자를 고정시키기 위해 테더링 후크가 장착되어 있다(All machines are equipped with ~ to secure pallets or boxes)고 한 것으로 보아 인가니의 제품들이 물류 관리에 사용되는 기계라는 점을 알 수 있다. 따라서 (B)가 정답이다.

---

182 사실 확인

번역 인가니 로보틱스 기기에 대해 언급된 것은?

(A) 연료 효율이 좋다.
(B) 4킬로미터까지 이동할 수 있다.
(C) 사람들 주변에서 안전하게 작동한다.
(D) 인기가 높아지고 있다.

해설 웹페이지 첫 번째 단락에 기기들은 사람과 공유하는 환경에서 안전하게 작동한다(They function safely in shared environments with people)고 했으므로 (C)가 정답이다.

> ▸ **Paraphrasing**   지문의 function safely in shared
> environments with people → 정답의 work
> safely around people

---

183 추론 / 암시

번역 이메일에 따르면, 벰타 리미티드가 인가니 로보틱스로부터 언제 구입을 하겠는가?

(A) 4월   (B) 5월
(C) 3개월 후   (D) 내년

해설 이 이메일은 벰타 리미티드의 책임 구매 담당자(Senior Purchasing Manager, Vemta Ltd.)인 알만수리 씨에 의해서 4월 3일에 보내진 이메일이다. 첫 단락에서 알만수리 씨는 시설 확장이 다음 달에야 완료되므로 그때까지 기다렸다가 주문을 할 예정이다(Our facilities expansion will not be complete until next month, so I will wait until then to place the order)라고 했으므로 인가니 제품을 구매할 시기는 다음 달인 5월임을 알 수 있다. 따라서 (B)가 정답이다.

▶▶ Paraphrasing   지문의 **place the order** → 질문의 **buy**

184 연계

번역 벰타 리미티드가 이미 사용하고 있는 제품은?

(A) 알모라 Q1
(B) 알모라 S1
(C) 벨마 Q1
(D) 벨마 S1

해설 이메일 두 번째 단락에서 가장 좁은 알모라 기기 2대를 3년 전에 구입했다(having purchased two of the narrowest Almora units three years ago)고 언급한 것으로 보아 벰타 리미트드가 알모라 제품을 사용한다는 것을 짐작할 수 있다. 알모라 제품 정보가 있는 웹페이지에서 'Almora S1'의 폭(Width)이 500밀리미터로 530밀리미터인 다른 알모라 제품보다 좁은 것을 알 수 있으므로 (B)가 정답이다.

185 사실 확인

번역 알만수리 씨에 대해 알 수 있는 것은?

(A) 벰타 리미티드의 다음 주문량을 늘릴 수도 있다.
(B) 벰타 리미티드의 다음 주문에 더 큰 할인을 받을 수 있다.
(C) 라스터 씨에게 고객들을 소개시켜 주었다.
(D) 새 사무실로 이전했다.

해설 이메일 두 번째 단락에서 벰타 리미티드가 6대의 새 기기를 구입할 예정이지만 더 구매하게 될 수도 있다(We are planning to buy six of the new units but could be persuaded to purchase more)고 했으므로 (A)가 정답이다.

▶▶ Paraphrasing   지문의 **purchase more** → 정답의 **increase the size of Vemta Ltd.'s next order**

186-190 이메일 + 일정표 + 이메일

수신: 전 직원
발신: 켄 해리스
날짜: 2월 8일
제목: 전문성 개발

안녕하세요,

이번 봄에 저는 전 직원이 정상 근무일 중 최대 이틀까지 전문성 개발 워크숍에 참가하도록 장려하고 싶습니다. 각 워크숍이 끝날 때, **186저는 참가자들이 각자 자신의 부서 동료들을 위해 배운 것에 대해 짧은 발표를 준비하길 원합니다.**

187각 부서는 적절한 워크숍들을 고려해 보도록 맞춤 구성된 목록을 받을 것입니다. 188목록에 없는 전문성 개발 기회를 추진하고 싶다면 여러분의 부서장에게 연락하십시오. 저희는 모든 요청을 지원하기 위해 최선을 다할 것입니다.

감사합니다.
켄 해리스

어휘   up to ~까지   at the conclusion of ~의 마지막에
brief 짧은, 간략한   colleague 동료   customized 맞춤화된
pertinent (특정한 상황에) 적절한   consideration 고려
pursue 추구하다

| **188해리스 시스템의 정보 통신 기술(IT) 부서를 위해 승인된 워크숍** | | | |
| **부장: 낸시 웰커** | | | |
제목	진행자	날짜	설명
데이터 보안의 발전	레슬리 메라	3월 5일	회사의 데이터 보호를 위한 전략 및 훈련
빅 데이터 관리	자넷 세이볼	3월 8일	데이터를 능률적으로 관리하는 데 사용되는 소프트웨어 시스템의 개요
189우리의 온라인 입지 및 소셜 미디어	테렌스 브루스터	1894월 2일	직장 컴퓨터 사용에 관한 직원 교육 및 관리에 있어 IT 부서의 역할
IT 관리	댄 마이클스	4월 18일	IT 관리자의 확대되는 업무

어휘   facilitator 진행자   description 설명   security 보안
strategy 전략   overview 개요   efficiently 능률적으로
presence 존재, 입지   administration 관리[행정]   expand
확대되다   duty 업무

수신: 낸시 웰커
발신: 폴 청
날짜: 4월 20일
제목: 워크숍 완료

낸시 씨께,

해리스 씨의 제안에 따라, 저는 189**"우리의 온라인 입지 및 소셜 미디어" 워크숍에 참석했습니다.** 소셜 미디어를 사용하는 직원들에게 제공할 수 있는 지침에 대해 배웠고, 워크숍 내용의 주요 사항을 담은 보고서를 발표할 준비가 되었습니다. 발표를 위한 편하신 날짜와 시간을 알려 주시면, 190**제가 우리 IT 팀을 위해 회의실을 예약하겠습니다.** 저는 또한 나눠 드릴 몇 가지 인쇄물도 갖고 있습니다.

감사합니다.
폴

어휘   completion 완료   as per ~에 따라   suggestion 제안
guidance 안내[지침]   highlight 강조하다   convenient 편리한
activity 활동   material 자료   distribute 배부하다

186 세부 사항

번역 첫 번째 이메일에서, 전문성 개발 워크숍 참가자들이 요청받은 일은?

(A) 최소 이틀 전에 관리자에게 자신의 부재를 알릴 것
(B) 동료와 교육에 대한 정보를 공유할 것
(C) 자신만이 전문가 인맥을 쌓을 것
(D) 평소 업무가 처리될 수 있도록 동료를 위한 설명을 남길 것

해설 첫 번째 이메일 첫 단락에서 참가자들이 각자 부서의 동료들을 위해 자신이 배운 것에 대해 짧은 발표를 준비하길 원한다(I would like participants to prepare a brief presentation for their department colleagues about what they learned)고 했으므로 (B)가 정답이다.

> **Paraphrasing** 지문의 I would like participants to → 질문의 are participants asked to do 지문의 prepare a brief presentation for their colleagues about what they learned → 정답의 Share information about their training with colleagues

187 세부 사항

번역 첫 번째 이메일에서 워크숍에 대해 언급된 것은?

(A) 특정 부서들을 염두에 두고 선택되었다.
(B) 차례대로 참석되어야 한다.
(C) 진행자들은 해리스 시스템의 부서장들이다.
(D) 주제가 IT 직원들에 의해 제안되었다.

해설 첫 번째 이메일 두 번째 단락에서 각 부서는 적절한 워크숍들을 고려해 보도록 맞춤 구성된 목록을 받을 것(Each department will receive a customized list of pertinent workshops for consideration)이라고 했으므로 (A)가 정답이다.

> **Paraphrasing** 지문의 a customized list of pertinent workshops for consideration → 정답의 chosen with particular departments in mind

188 연계

번역 IT 부서 직원은 전문성 개발의 대체 활동에 대해 누구에게 문의할 수 있는가?

(A) 메라 씨
(B) 세이볼 씨
(C) 웰커 씨
(D) 브루스터 씨

해설 이메일 두 번째 단락에 목록에 없는 전문성 개발 기회를 추진하고 싶다면 자신의 부서장에게 연락하라(Please contact your department manager if ~ not on the list)고 나와 있고, 일정표 머리말에 정보 통신 기술(IT) 부서의 부장은 'Nancy Welker'라고 표기되어 있다. 따라서 IT 부서 직원이 전문성 개발 워크숍에 대한 문의 사항이 있다면, IT 부서의 부장인 웰커(Nancy Welker) 씨에게 문의를 해야 하므로 (C)가 정답이다.

189 연계

번역 청 씨가 워크숍에 참석한 날짜는?

(A) 3월 5일 (B) 3월 8일
(C) 4월 2일 (D) 4월 18일

해설 두 번째 이메일 첫 번째 줄에서 청 씨는, 우리의 온라인 입지 및 소셜 미디어(Our Online Presence and Social Media) 워크숍에 참석했다고 언급하고 있다. 일정표에서 이 워크숍에 해당하는 날짜를 보면 4월 2일로 표기되어 있으므로 (C)가 정답이다.

190 세부 사항

번역 청 씨가 여전히 해야 할 일은?

(A) 발표 주제 선택하기
(B) 진행자 초대하기
(C) 해리스 씨에게 연락하기
(D) 회의실 예약하기

해설 두 번째 이메일에서 청 씨는 IT 팀을 위해 회의실을 예약하겠다(I will schedule one of the conference rooms for our IT team)고 했으므로 (D)가 정답이다.

> **Paraphrasing** 지문의 schedule one of the conference rooms → 정답의 Reserve a meeting room

191-195 이메일 + 웹페이지 + 광고

수신: 전 직원 〈allstaff@sielendgroup.co.za〉
발신: 오손 스탠리 〈ostanley@sielendgroup.co.za〉
날짜: 2월 1일
제목: 송별회

동료 여러분께,

들으셨겠지만, 2월 말에 우리의 친구이자 동료인 제라드 클레그 씨가 근무한 지 22년만에 씨에렌드 그룹을 떠납니다. **[193]자금 관리 이사로서의 임기 동안, 제라드 씨는 최신의 예산 관리 소프트웨어를 시행했고 회사 수익의 3배 성장을 주도했습니다.**

제라드 씨는 떠나는 것에 대해 착잡한 심정을 표현했지만 지역 회사인 차테라 컨설턴츠에서 **[191]자신의 동생과 함께 시간제 근무를 할 계획**이라고 합니다. **[195]제라드 씨는 또한 리치-아웃 더반 리그라는 비영리 단체에서 주 5시간 젊은이들과도 함께 활동을 이어갈 예정입니다.**

[192]2월 28일 금요일 오후 7시, 이곳 더반에 있는 롱레스 연회장에서 열리는 제라드 씨의 송별회에 참석해 우리와 함께해 주세요. 간단한 다과가 제공되고, **[192]사장님께서 제라드 씨에게 회사에 대한 그의 수많은 공로에 감사하기 위해 감사패를 수여할 예정입니다.**

참석하실 계획이라면, 제 비서인 이서정 씨에게 이메일을 보내 알려 주십시오. 몇 분이 참석할지를 미리 알고 싶습니다. 송별회에서 뵙기를 기대합니다.

감사합니다.
오손 스탠리

http://www.chartera.co.za

차테라 컨설턴츠

차테라 컨설턴츠는 전문적인 금융 안내 및 전문 회계 서비스를
제공합니다.

| 홈 | 회사 소개 | 서비스 | **소식** | 연락처 |

직원 소식

차테라 컨설턴츠의 새로운 팀원인 제라드 클레그 씨를 소개하게 되어
기쁩니다. 클레그 씨는 기업 금융의 모든 측면에 있어 풍부한 경험을 갖
고 있습니다. 이십 년이 넘는 기간 동안 그는 성공적인 ¹⁹³의료 장비 제
조 회사에서 자금 관리 이사로 근무했습니다. 클레그 씨는 스톨츠 교육
원의 금융 경영학 석사 학위 소지자입니다.

리치-아웃 더반 리그의 연간 모금 행사

7월 14일 토요일, 오전 10시

저희와 함께 즐거움이 가득한 하루를 만드시고 팩스턴 시민 회관에서
중요한 목적을 위한 모금을 도와주세요. 1등 상품인 수상 경력의 포
트 세인트 존스 식당 2인 저녁 식사권을 포함한 많은 상품들에 도전하
세요.

작년의 행사에서는 중대한 임무를 위해 2만 자르 이상을 모금했습니다.
리치-아웃 더반 리그는 ^{194, 195}100퍼센트 자원 봉사로 운영되는 단체
이며, 모든 행사 수익금은 더반 지역 청년들에게 학문적 발전 기회를 제
공하는 데 쓰입니다.

www.rodl.org.za에서 연간 모금 행사에 등록하세요.

191   사실 확인

번역   발표에서 클레그 씨에 대해 언급된 사항은?
   (A) 새로운 회사를 창업할 계획이다.
   (B) 더반을 떠나 이사할 것이다.
   (C) 가족과 함께 일하기 시작할 것이다.
   (D) 씨에렌드 그룹에서 시간제로 상담을 할 것이다.

해설   이메일 두 번째 단락에서 제라드 클레그 씨는 자신의 동생과 함께 시
   간제 근무를 할 계획(Gerard has expressed ~ alongside his
   brother at the local firm Chartera Consultants)이라고 언급
   하고 있으므로 (C)가 정답이다.

▸▸ Paraphrasing   지문의 alongside his brother
            → 정답의 with a family member

192   세부 사항

번역   클레그 씨의 송별회에서 일어날 일은?
   (A) 저녁 식사가 제공될 것이다.
   (B) 지역 음악가들이 연주할 것이다.
   (C) 클레그 씨가 새로운 자금 관리 이사를 소개할 것이다.
   (D) 클레그 씨가 선물을 수여받게 될 것이다.

해설   이메일 세 번째 단락에서 금요일 저녁에 제라드 클레그 씨를 위
   한 송별회가 있으니 참석해 달라(Please join us in attending
   Gerard's farewell party at 7:00 P.M. on Friday)고 했고, 사
   장이 제라드 클레그 씨에게 감사패를 수여할 예정(the company
   president will present Gerard with a plaque to show our
   appreciation)이라고 언급하고 있으므로 (D)가 정답이다.

▸▸ Paraphrasing   지문의 a plaque → 정답의 a gift

193   연계

번역   씨에렌드 그룹은 어떤 종류의 회사인가?
   (A) 의료 장비 제조 업체
   (B) 건설 회사
   (C) 지역의 회계 사무소
   (D) 운동용품 공급 업체

해설   이메일의 첫 번째 단락에서 자금 관리 이사(CFO)로서 근무한 제라
   드 클레그 씨가 씨에렌드 그룹을 떠날 것(Gerard Clegg will be
   leaving Sielend Group)이라고 언급하고 있다. 웹페이지에서는 차
   테라 컨설턴츠에 새롭게 합류하는 클레그 씨가 소개되고 있고, 그가
   의료 장비 제조 회사에서 자금 관리 이사로 근무했다(he worked as
   CFO for a successful medical equipment manufacturing
   firm)고 설명하고 있다. 따라서 클레그 씨가 CFO로 근무한 씨에렌드
   그룹은 의료 장비 제조 회사인 것을 알 수 있으므로 (A)가 정답이다.

194   세부 사항

번역   광고에 따르면, 리치 아웃-더반 리그의 목표는 무엇인가?
   (A) 교육 기회를 제공하는 것
   (B) 환경을 보호하는 것
   (C) 지역의 건강 관리 서비스를 홍보하는 것
   (D) 직업 상담을 제공하는 것

해설   광고 두 번째 단락에서 모든 행사 수익금은 더반 지역 청년들에게
   학문적 발전 기회를 제공하는 데 쓰인다(all event proceeds go
   toward providing academic development opportunities to
   Durban area youth)고 했으므로 (A)가 정답이다.

▶▶ **Paraphrasing** 지문의 **go toward** → 질문의 **a goal**
지문의 **providing academic development opportunities** → 정답의 **offer educational opportunities**

195 연계

번역 리치-아웃 더반 리그와 클레그 씨의 연관 관계는 무엇일 것 같은가?
(A) 투자자이다.
(B) 자원봉사자이다.
(C) 직원이다.
(D) 후원자이다.

해설 이메일 두 번째 단락에서 제라드 클레그 씨는 리치-아웃 더반 리그라는 비영리 단체에서 젊은이들과 활동을 이어갈 예정(Gerard will also continue to be involved ~ Reach-Out Durban)이라고 하고 있으며, 광고 두 번째 단락에서 더반 리그는 100퍼센트 자원 봉사로 운영되는 단체(Durban League is a 100% volunteer-run organization)라고 명시되어 있어, 클레그 씨가 더반 리그에서 자원봉사자로 일할 것임을 알 수 있다. 따라서 (B)가 정답이다.

196-200 안내책자 + 이메일 + 이메일

클라리걸 투어즈

196클라리걸 투어즈는 지난 15년 동안 방문객들에게 서부 아일랜드에서 가장 상징적인 명소들을 소개해 왔습니다. 우리의 버스는 편안하고, 냉방이 되며, 와이파이도 됩니다. 경험이 풍부한 우리 운전 기사들과 관광 가이드들은 아일랜드의 역사와 문화에 정통합니다. **197모든 여행은 일일 관광이며 골웨이에 있는 버스 정류장에서 출발합니다.**

아란 군도 (ARI423)
고대 유적지를 둘러보고, 지역의 농장을 방문하며, 자전거를 타고 답사할 기회를 가질 수 있는 이 세 곳의 아름다운 섬들을 여행하며 하루를 보내세요. 연락선 운임 포함.
성인: 30유로, 대학생: 25유로, 어린이: 20유로

아란 군도와 모허 절벽 (199AIM523)
시간을 내어 경치가 멋진 아란 군도 중 한 곳인 199이니슈어를 탐험하시고, 연락선을 타고 모허 절벽 바로 앞까지 가 보세요. 연락선 운임 포함.
200성인: 40유로, 대학생: 35유로, 어린이: 30유로

커네마라 (CON234)
자연 상태 그대로 최고의 모습을 간직한 아름다운 커네마라 국립공원을 둘러보세요. 난이도가 다양한 여러 도보 여행 코스 중에서 선택하세요.
성인: 35유로, 대학생: 30유로, 어린이: 25유로

골웨이 (GAL324)
버스에서 내려 골웨이 도보 관광과 함께 도시를 걸어 보세요. 길을 걷다가, 당신은 전통 음악을 듣고, 펍을 방문하고, 아일랜드 스텝 댄스 공연을 볼 기회를 갖게 될 것입니다.
성인: 20유로, 대학생: 18유로, 어린이: 15유로

어휘 iconic ~의 상징이 되는 sights 명소[관광지] air-conditioned 냉방 장치가 된 well versed 정통한 excursion 여행 island hopping 이 섬 저 섬으로 여행 다니기 ancient 고대의 ruin 유적, 폐허 ferry 페리[연락선] cliff 절벽 scenic 경치가 좋은 hiking 도보 여행 varying 가지각색의 degree 정도

수신: 199**알란 트리피어; 시오반 캐니**
발신: 헬렌 도일
날짜: 7월 8일
제목: 내일 관광
첨부: ⓛ 7월 9일 여행

안녕하세요 알란 씨와 시오반 씨,

198**내일 관광을 위한 승객들의 최종 명단을 일정표와 함께 첨부했습니다.** 199**알란 씨는 기사이자 가이드를 맡게 될 것이고,** 시오반 씨는 승객들의 수송을 담당하게 될 것입니다. 199**고객들은 이니슈어로 가기 전에 아침 식사를 위해 카페로 태워 달라고 요청했는데,** 이는 우리의 평소 일정표와는 차이가 있지만 저는 그러기로 동의했습니다. 한 시간이 소요될 것입니다. 지난달에 우리는 출발 시간을 오전 9시 30분에서 오전 9시 15분으로 변경했다는 점을 다시 한번 말씀드립니다. 알란 씨, 오늘 관광이 끝나면 제 사무실로 와 주십시오. 당신의 8월 일정을 짜야 합니다.

내일 뵙겠습니다.
헬렌 도일
클라리걸 투어즈, 여행 담당자

어휘 passenger 승객 itinerary 여행 일정표

수신: 예리 슬리티 〈yerri.sliti@icmail.com〉
발신: 클라리걸 투어즈 〈info@claregaltours.co.ie〉
날짜: 7월 8일
제목: 관광 확정

슬리티 씨께,

20인의 여행객을 위한 귀하의 클라리걸 투어즈 당일 여행이 내일 오전 9시 15분으로 확정되었습니다. 반드시 출발 15분 전에 골웨이 버스 터미널로 오십시오. 200**모든 여행객은 요금 40유로를 가이드에게 직접 주셔야 합니다.**

즐거운 관광 되십시오!
클라리걸 투어즈

어휘 confirmation 확정 directly 직접, 곧장

80

196 사실 확인

번역 클라리걸 투어즈에 대해 사실인 것은?

(A) 도보 여행을 전문으로 한다.

(B) 다양한 국가에서 관광을 한다.

(C) 가격이 매년 바뀐다.

(D) 15년 동안 사업을 해 왔다.

해설 안내책자 첫 번째 단락에서 클라리걸 투어즈는 지난 15년 동안 명소들을 소개해 왔다(Claregal Tours has been showing visitors Western Ireland's most iconic sights for the past fifteen years)고 언급하고 있으므로 (D)가 정답이다. 같은 단락에서 자신들은 아일랜드의 문화와 역사에 정통하다고 소개를 하기 때문에 (B)가 오답임을 알 수 있고, 그 밑에 광고되는 여행 상품들의 설명에 자전거(bicycle)나 유람선(ferry)을 탄다는 내용이 있으므로 (A) 또한 답이 아니다.

> ▸▸ Paraphrasing 지문의 showing visitors Western Ireland's most iconic sights for the past fifteen years → 정답의 has been in operation for fifteen years

197 세부 사항

번역 관광의 공통점은 무엇인가?

(A) 연락선 승선을 포함한다.

(B) 섬 방문을 포함한다.

(C) 같은 장소에서 출발한다.

(D) 무료 점심 식사를 제공한다.

해설 안내책자 첫 번째 단락 마지막 문장에서 모든 여행은 일일 관광이며 골웨이에 있는 버스 정류장에서 출발한다(All excursions are day-long tours and leave from the bus terminal in Galway)고 했으므로 (C)가 정답이다.

> ▸▸ Paraphrasing 지문의 All / excursions
> → 질문의 in common / tours
> 지문의 leave from the bus terminal in
> Galway → 정답의 depart from the same
> location

198 주제 / 목적

번역 첫 번째 이메일의 목적은 무엇인가?

(A) 곧 있을 관광에 대한 정보 제공

(B) 트리피어 씨에게 8월 일정표 전달

(C) 직원 임무 바꾸기

(D) 새로운 직원 소개

해설 첫 번째 이메일의 첫 문장에서 내일 관광을 위한 승객 최종 명단을 일정표와 함께 첨부했다(I have attached the final list of passengers for tomorrow's tour with its itinerary)고 했으므로 이 이메일은 여행사 직원들에게 다음날 있을 관광에 대해 설명하기 위한 것임을 알 수 있다. 따라서 (A)가 정답이다.

> ▸▸ Paraphrasing 지문의 list of passengers, its itinerary / tomorrow's tour
> → 정답의 information / an upcoming tour

199 연계

번역 트리피어 씨는 7월 9일에 어떤 관광을 맡을 것 같은가?

(A) ARI423

(B) AIM523

(C) CON234

(D) GAL324

해설 이메일 첫 번째 단락 첫 번째 줄에서 알란 트리피어 씨는 기사이자 가이드를 맡게 될 것(Alan will be the driver/guide)이라고 했고, 고객들이 이니슈어로 가기 전에 카페까지 태워 달라고 요청했다(requested that you drive them to a café to get breakfast before going to Inisheer)는 것을 통해 알란 씨가 운전을 해서 이니슈어에 갈 것임을 알 수 있다. 안내책자에서 이니슈어를 포함한 관광 상품은 세 번째 단락의 '아란 군도와 모허 절벽(Aran Islands and Cliffs of Moher)'이며 상품 번호가 AIM523이기 때문에 (B)가 정답이다.

200 연계

번역 슬리티 씨의 여행에 속한 손님들에 대해 무엇이 사실이겠는가?

(A) 캐니 씨를 관광 가이드로 요청했다.

(B) 모두 성인이다.

(C) 이미 관광료를 지불했다.

(D) 할인을 받을 것이다.

해설 두 번째 이메일 마지막에 모든 손님들은 요금 40유로를 가이드에게 직접 내야 한다(All guests should give their €40 fee directly to your guide)고 언급하고 있으므로 슬리티 씨의 여행 상품은 안내책자에 소개된 상품 중 40유로의 요금을 포함한 '아란 군도와 모허 절벽(Aran Islands and Cliffs of Moher)'임을 알 수 있다. 또한 모든 손님들이 지불해야 하는 40유로는 성인 요금이므로 슬리티 씨의 여행에 속한 손님들이 모두 성인임을 알 수 있다. 따라서 (B)가 정답이다.

101 (D)	**102** (B)	**103** (B)	**104** (D)	**105** (C)
106 (A)	**107** (D)	**108** (B)	**109** (A)	**110** (B)
111 (C)	**112** (C)	**113** (D)	**114** (D)	**115** (C)
116 (A)	**117** (C)	**118** (D)	**119** (B)	**120** (D)
121 (B)	**122** (A)	**123** (A)	**124** (B)	**125** (C)
126 (A)	**127** (C)	**128** (C)	**129** (D)	**130** (B)
131 (B)	**132** (A)	**133** (C)	**134** (D)	**135** (A)
136 (A)	**137** (B)	**138** (B)	**139** (D)	**140** (A)
141 (C)	**142** (C)	**143** (A)	**144** (D)	**145** (A)
146 (B)	**147** (C)	**148** (A)	**149** (D)	**150** (C)
151 (D)	**152** (A)	**153** (C)	**154** (A)	**155** (A)
156 (C)	**157** (B)	**158** (C)	**159** (C)	**160** (A)
161 (A)	**162** (D)	**163** (B)	**164** (B)	**165** (D)
166 (B)	**167** (C)	**168** (C)	**169** (B)	**170** (D)
171 (A)	**172** (C)	**173** (B)	**174** (D)	**175** (A)
176 (C)	**177** (A)	**178** (D)	**179** (C)	**180** (B)
181 (A)	**182** (C)	**183** (C)	**184** (A)	**185** (D)
186 (D)	**187** (B)	**188** (C)	**189** (C)	**190** (A)
191 (A)	**192** (B)	**193** (D)	**194** (A)	**195** (B)
196 (B)	**197** (D)	**198** (B)	**199** (A)	**200** (A)

PART 5

101 동사 자리

해설 빈칸은 주어 Free Internet service 뒤 동사 자리이다. 보기에 주어진 be동사 중 수 일치가 이루어지고 있는 (D)가 정답이다.

번역 무료 인터넷 서비스는 객실이 아니라 로비에서 이용 가능합니다.

어휘 available 이용할 수 있는

102 전치사 어휘

해설 빈칸 뒤의 Starshorn Hair Salon과 어울려 앞의 A third branch를 수식하는 전치사를 골라야 한다. '스타스혼 미용실의 세 번째 지점'이 의미상 자연스러우므로 (B)가 정답이다. (A) up(위로), (C) along(~을 따라), (D) in(~안에)은 의미상 맞지 않다.

번역 스타스혼 미용실의 세 번째 지점이 조지타운의 산업 지구에 개점할 예정이다.

어휘 branch 지점   industrial 산업의   district 지구, 구역

103 형용사 자리

해설 빈칸은 부정관사 an과 명사구 thirteen containers 사이에 들어갈 형용사 자리이므로 (B) additional(추가적인)이 정답이다.

번역 부산행 3월 선적분에 13개의 추가 컨테이너가 들어갈 수 있다.

어휘 shipment 수송품   fit 맞다

104 동사 어휘

해설 빈칸은 간접목적어인 the clients와 직접목적어인 fifteen different apartments 두 개의 목적어를 취하는 4형식 동사 자리이다. 4형식 동사이자 '고객들에게 아파트를 보여 주었다'로 연결되는 (D) showed가 정답이다.

번역 트랜 씨는 오후에 15곳의 다른 아파트를 고객들에게 보여 주었다.

105 인칭대명사의 격 _ 소유격

해설 빈칸은 주어로 나온 복합명사 press releases를 수식하는 자리이므로 소유격인 (C)가 정답이다.

번역 스위니 씨는 자신의 보도 자료가 편집되지 않은 채로 게재될 때 가장 기쁘다.

어휘 press release 보도 자료   unedited 편집되지 않은

106 동사 어형 _ 수 일치

해설 빈칸은 Whenever가 이끄는 부사절의 주어 company costs의 동사 자리이며, 복수명사인 주어 costs와 수 일치를 이루어야 하므로 (A)가 정답이다. (C) risen과 (D) rising은 준동사이기 때문에 문장의 본동사 자리에는 들어갈 수 없다.

번역 회사 비용이 크게 증가할 때마다 예산이 조정된다.

어휘 significantly 상당히   budget 예산   adjust 조정하다

107 명사 자리

해설 빈칸은 부정관사 a와 결합하여 This is의 보어 역할을 하는 명사 자리이므로 reminder(상기시키는 것, 상기시켜 주는 편지)가 정답이다. 'This is a reminder'는 공지문에 자주 사용하는 표현이므로 익혀 두면 좋다.

번역 이 메시지는 전 직원에게 월말까지 비용 보고서를 제출할 것을 알리기 위한 것입니다.

어휘 submit 제출하다   expense 비용

108 전치사 어휘

해설 빈칸 뒤 the annual office party와 함께 전치사구를 이루어 알맞은 문맥을 완성하는 전치사를 골라야 한다. '연례 사무실 파티 전에 준비하는 일을 도울 수 있으면'이라는 내용이 되어야 자연스러우므로 (B) before가 정답이다. (A) since, (C) into, (D) except는 모두 문맥상 적절하지 않다. 참고로 (A) since는 전치사로 쓰이는 경우 '~ 이래로'의 의미가 되어 현재완료(have + p.p.) 시제와 함께 쓰인다.

번역 연례 사무실 파티 전에 행사장을 준비하는 일을 도우실 수 있으면 인사부로 이메일을 보내 주세요.

어휘 Human Resources 인사부   set up 준비하다   annual 연례의

109 전치사 자리

해설 빈칸 앞에서 완전한 문장이 끝났으므로 명사구 the next year를 문장에 이어 주기 위해서는 전치사가 필요하다. 보기 중 over가 전치사이며, 기간 표현 앞에서 '~ 동안, ~에 걸쳐'로 쓰인다. 따라서 '내년 동안'의 의미를 이루는 (A) over가 정답이다. (B) while(~ 동안에)은 부사절 접속사이므로 절을 취해야 하고, (C) somewhere(어디선가)는 부사 또는 대명사, (D) ideally(이상적으로)는 부사이므로 품사상 적절하지 않다.

번역 아이타 코퍼레이션은 내년에 대략 50명의 신입 사원을 고용할 예정이다.

어휘 roughly 대략

110 부사 자리

해설 빈칸은 주격 관계대명사 who와 관계대명사절의 동사 go 사이의 부사 자리이므로 (B) repeatedly가 정답이다.

번역 〈다인 아웃 매거진〉은 반복해서 같은 식당에 가는 사람들에 대한 기사를 다음 달에 낼 것이다.

어휘 article 기사

111 형용사 어휘

해설 빈칸은 명사 flight를 수식하는 형용사 자리이며, '그 항공기의 이전 항공편'이라는 의미가 자연스러우므로 (C) previous(이전의)가 정답이다. (A) committed(헌신적인), (B) entitled(~라는 제목의), (D) spacious(널찍한) 모두 문맥상 어색하므로 오답이다.

번역 그 항공기의 이전 항공편이 늦게 도착해서, 오전 10시 15분으로 예정된 출발이 연기되었다.

어휘 aircraft 항공기   departure 출발   delay 연기하다

112 명사 자리

해설 동사 offers는 「간접목적어(~에게)＋직접목적어(…을)」를 나란히 취할 수 있는 4형식 동사이며, its employees라는 간접목적어가 있기 때문에 뒤에는 직접목적어인 명사 flexibility(유연성)가 올 수 있다. 따라서 (C)가 정답이다. (B) flex는 동사 또는 명사로 쓰이며, 명사로 쓰이면 '전선'이라는 뜻이므로 의미상 맞지 않다.

번역 블루 폼 컴퍼니는 직원들에게 근무 장소와 시간에 있어 유연성을 제공한다.

어휘 offer 제공하다   location 장소

113 동사 자리

해설 빈칸은 주어 The latest sales figures 뒤 동사 자리이다. 복수명사인 figures와 수 일치가 맞지 않는 (C) reinforces는 답이 될 수 없고, 수 일치에 영향을 받지 않는 과거 시제인 (D) reinforced가 정답이다.

번역 최근 매출액을 통해 부사장은 회사가 잘 운영되고 있다고 더욱 확신하게 되었다.

어휘 latest 최근의   sales figures 매출액   vice president 부사장   reinforce (감정·생각 등을) 강화하다, 보강하다

114 명사 어휘

해설 빈칸에 들어갈 명사는 내용상 동사 is researching의 목적어로 연결되어야 하며, 빈칸 뒤 전치사 to와 연결되어야 하므로 (D)가 정답이다. 참고로 approach to는 '~에 대한 접근법'이라는 뜻으로 이때 to가 전치사이므로 뒤에는 명사나 동명사가 온다.

번역 시도우 팩토리의 경영진은 직원 생산성을 향상시키기 위한 다른 접근법들을 조사하는 중이다.

어휘 management 경영진   research 조사하다   enhance 향상시키다   productivity 생산성   instinct 본능   occasion 행사   approach 접근법

115 부사 자리 _ 준동사 수식

해설 빈칸은 문장의 동사 reported의 목적어로 온 동명사 disliking을 수식하는 부사 자리이므로 (C) strongly가 정답이다. (A), (B), (D)는 모두 형용사이므로 준동사를 수식할 수 없다.

번역 포커스 그룹 참가자 중 오직 2퍼센트만이 새로운 아이스크림의 맛을 매우 싫어했다고 보고했다.

어휘 focus group 포커스 그룹(조사를 위한 표본 집단)   participant 참가자   flavor 맛

116 명사 자리 _ 복합명사

해설 빈칸은 includes의 목적어 자리이며, technology와 함께 복합명사를 이루어 '최신 안전 기술'이라는 의미로 자연스럽게 연결되는 (A)가 정답이다.

번역 우리 노선의 객차들에는 차량과 승객들을 보호하기 위한 최신 안전 기술이 탑재되어 있다.

어휘 passenger car (기차의) 객차   include 포함하다   latest 최신의   vehicle 차량

117 동사 어휘

해설 빈칸은 a planned merger를 목적어로 취하는 현재완료 시제의 동사 자리이다. 문맥상 '합병 계획을 발표했다'가 자연스러우므로 (C) announced가 정답이다. (A) treated(다루었다), (B) flown(비행했다), (D) spread(펼쳤다)는 문맥상 어울리지 않으므로 오답이다.

번역 제트웨이즈 재팬과 나이트 스카이 에어웨이즈는 합병 계획을 발표했으며, 현재 정부 기관에서 합병안에 대해 검토 중이다.

어휘 merger 합병   regulator 규제 기관[담당자]

118 부사 어휘

해설 빈칸 뒤에 있는 underway를 수식하는 부사를 선택하는 문제이다. 문맥상 '건설이 이미 진행 중이다'라는 내용이 되어야 자연스러우므로, (D) already가 정답이다. (A) yet, (B) usually, (C) soon은 문맥상 적합하지 않다.

번역 낡은 아비타 극장은 한 주 전에 철거되었고, 해당 부지에는 이미 사무실 단지의 건설이 진행 중이다.

어휘 demolish 철거하다 complex 단지 site 부지 underway 진행 중인

119 형용사 어휘

해설 빈칸은 명사 features를 꾸며 주는 형용사 자리이다. '다른 제품에서는 찾을 수 없는 다양한 기능을 제공한다'라는 의미가 자연스러우므로 (B) multiple(다양한)이 정답이다. (A) similar(비슷한), (C) broken(고장 난), (D) careful(조심하는)은 문맥상 맞지 않으므로 오답이다.

번역 린 워치의 최신 스마트워치는 다른 제품에서는 찾을 수 없는 다양한 기능을 제공한다.

어휘 offer 제공하다 feature 특징

120 부사 자리 _ 동사 수식

해설 조동사의 부정형인 does not과 동사원형 begin 사이에 들어갈 수 있는 것은 부사이며, 빈칸은 동사 begin을 수식하는 자리이다. 따라서 (D) officially가 정답이다.

번역 회의는 금요일이 되어서야 공식적으로 시작되지만, 다수의 참가자들이 목요일로 예정된 비공식 회의가 있다.

어휘 conference (대규모) 회의 participant 참가자 informal 비공식의

121 형용사 어휘

해설 명사 impact를 수식하는 자리이며 '중대한 영향을 미치다'라는 의미로 자연스럽게 연결되는 (B) significant가 정답이다. (A) comfortable(편안한), (C) difficult(어려운), (D) granted(주어진)는 문맥상 어색하므로 적절하지 않다.

번역 메트로 기업 연합은 매년 시에 중대한 영향을 미친 지역 기업에 상을 수여한다.

어휘 enterprise 기업 association 연합 honor 명예를 주다 impact 영향 significant 중요한, 의미 있는

122 명사절 접속사

해설 동사 requires의 목적어 자리이며, 빈칸 뒤 완전한 문장이 나오므로 빈칸은 명사절 접속사 자리이다. 의미상 '~라는 것을 요구한다'가 되어야 하므로 (A)가 정답이다. 참고로 require, ask와 같은 요구의 의미를 지닌 동사가 that절을 목적어로 취하면 that절의 동사는 should가 생략된 동사원형 형태로 쓴다. (D) when은 명사절 접속사

가 될 수 있지만 문맥상 적합하지 않고, (B) for는 전치사, (C) and는 등위접속사이므로 품사상 맞지 않다.

번역 마르타스카 테크놀로지스는 신입 직원들이 업무를 시작하기 전에 최소한 2주간의 교육을 받을 것을 요구한다.

어휘 at least 최소한 training 교육

123 동사 어휘

해설 문맥상 '단말기를 업그레이드하는 데 1년이 주어졌다'라는 의미가 자연스러우므로 (A)가 정답이다. (B) progress(진행하다), (C) motivate(동기를 부여하다), (D) describe(묘사하다)는 문맥상 적합하지 않으므로 오답이다.

번역 소매업자들이 새로운 신용 카드 기술을 적용할 수 있도록 단말기를 업그레이드하는 데 1년이 주어졌다.

어휘 retailer 소매업자 terminal 단말기 accommodate 수용하다

124 부사절 접속사

해설 삽입구인 콤마와 콤마 사이를 제외하면 완전한 두 문장이 남으므로 빈칸은 두 문장을 연결하는 접속사 자리이며, 보기 중 접속사는 whereas뿐이므로 (B)가 정답이다. (A) such as(~와 같은)는 전치사, (C) due(~할 예정인)는 형용사, (D) almost(거의)는 부사이므로 품사상 맞지 않다.

번역 마케팅 담당자들에 따르면 나이든 소비층은 사실과 통계 자료에 가장 호응하는 반면, 십 대들에게 최고의 전략은 유머이다.

어휘 marketer 마케팅 담당자 consumer 소비자 respond 반응하다 statistics 통계 strategy 전략

125 부사 어휘

해설 빈칸은 동사 shipped를 수식하는 부사 자리이며, a processing error(처리 오류)가 원인으로 나와 있으므로, 내용상 '잘못 배송했다'라는 의미가 가장 자연스럽게 연결된다. 따라서 (C) accidentally가 정답이다. (A) equally(동등하게), (B) illegibly(읽기 어렵게), (D) vigorously(힘차게)는 문맥상 적합하지 않다.

번역 처리 오류로 인해, 엘모어 유통 업체는 냉동 생선 몇 상자를 제과점으로 잘못 배송했다.

어휘 processing error 처리 오류 ship 수송하다 frozen 냉동된

126 명사 자리

해설 빈칸은 전치사 With의 목적어 자리이므로 명사가 와야 한다. 따라서 (A) authorization이 정답이다.

번역 이사회의 승인을 받고서, 최고 경영자인 브라이언 크라이더는 적극적으로 새로운 수입원을 찾고 있다.

어휘 board of directors 이사회 aggressively 공격[적극]적으로 pursue 추구하다 revenue 수입 source 원천

127 명사 어휘

해설 '운동과 휴식 사이의'라는 뜻을 이루는 전치사구 between physical exertion and rest와의 결합이 가장 자연스러운 명사 어휘는 '균형'이므로 (C)가 정답이다. (A) quantity(양), (B) supply(공급), (D) number(수)는 문맥상 적합하지 않다.

번역 운동에 관한 이토미츠 씨의 최근 책은 독자들에게 체력 단련과 휴식 사이의 건강한 균형을 위해 노력할 것을 권장한다.

어휘 recent 최근의 encourage 권장하다 strive 분투하다 physical 신체의 exertion 노력, 분투

128 전치사 자리

해설 빈칸은 명사구 an anonymous donation을 이끄는 전치사 자리이며, 보기 중 전치사는 Owing to(~ 때문에)이므로 (C)가 정답이다. (A) In case(~하는 경우에), (B) As though(마치 ~인 것처럼), (D) If only(~이면 좋을 텐데)는 절을 이끄는 부사절 접속사이므로 오답이다.

번역 익명의 기부 덕분에, 메트로폴리탄 병원은 새로운 영상 장치를 구입할 수 있었다.

어휘 anonymous 익명의 donation 기부 imaging 영상

129 관계대명사 _ 소유격

해설 문장에 두 개의 동사 are parked와 should move가 있고 빈칸은 접속사 자리이므로 접속사 역할을 할 수 있는 (C), (D) 중에서 선택해야 한다. 앞 명사인 Employees를 선행사로 하며, 빈칸 뒤 should 앞까지의 절에서 주어나 목적어가 빠지지 않았으므로 소유격 관계대명사 (D) whose가 정답이다. (C) who는 주격 관계대명사이므로 주어가 빠진 문장 앞에 와야 한다.

번역 자신의 차량이 고객용 지정 주차 공간에 주차된 직원들은 즉시 차량을 이동시켜야 한다.

어휘 designated 지정된 immediately 즉시

130 명사 어휘

해설 '빨간색과 검은색 배합으로 결정하기 전에'라는 내용과 어울리는 명사 어휘는 '(색상의) 조합'에 해당하는 (B) combinations이다. (A) functions(기능), (C) destinations(목적지), (D) roles(역할)는 문맥상 적합하지 않다.

번역 디자인 팀은 회사의 웹사이트를 위해 빨간색과 검은색 배합을 결정하기 전에 다수의 가능한 조합을 고려했다.

어휘 settle on 정하다 scheme 배합, 구성 corporate 기업의

PART 6
131-134 이메일

귀하께서는 과거에 저희 가정용품 제품과 관련해 브렐 홈에 연락하셨거나 웹사이트에 방문하신 적이 ¹³¹있으셔서 이 이메일을 수신하고 계십니다. 이메일을 더 이상 받고 싶지 않으시면 저희 목록에서 삭제해 드릴 수 있습니다. ¹³²본 이메일에 "구독 해지"를 기입하여 회신해 주십시오. 그런데 정말 귀하의 집을 ¹³³멋진 집으로 바꾸는 데 도움이 될 제품들에 대한 할인 혜택을 정말 놓치고 싶으신가요? 귀하의 집을 위해 가장 인기 있는 신제품에 대한 ¹³⁴쿠폰을 계속 보내 드릴 수 있도록 귀하께서 구독자로 남는 것을 선택하시기를 바랍니다.

어휘 houseware 가정용품 no longer 더 이상 ~ 아닌 remove 제거하다 miss out on ~을 놓치다 subscriber 가입자

131 접속사 자리

해설 빈칸 앞뒤로 완전한 문장이 있기 때문에 이 두 문장을 연결하는 접속사가 필요하다. 보기 중 접속사는 because이므로 (B)가 정답이다. (A) even은 부사, (C) during과 (D) among은 전치사이므로 오답이다.

132 문맥에 맞는 문장 고르기

번역 (A) 본 이메일에 "구독 해지"를 기입하여 회신해 주십시오.
(B) 그 문제는 아직 해결되지 않았습니다.
(C) 귀하의 주문 번호를 알려 주십시오.
(D) 우리 제품들은 지역 장인들이 천연 재료를 이용해 만듭니다.

해설 빈칸 앞 문장에서 이메일을 더 이상 받고 싶지 않으면 목록에서 삭제해 줄 수 있다(If you no longer wish to receive our e-mails, you can be removed from our list)고 했고, 빈칸 뒤에는 꼭 그렇게 하고 싶은지(But do you really want to ~) 확인하며 소비자가 구독을 해지하지 않도록 유도하고 있다. 이 두 문장 사이에서 구독 해지 방법을 알려 주는 것이 문맥상 자연스러우므로 (A)가 정답이다.

133 형용사 자리 _ 현재분사

해설 빈칸은 명사 home을 수식하는 형용사 자리로, 형용사 역할을 할 수 있는 과거분사 (B) invited(초대된)와 현재분사 (C) inviting(멋진, 매력적인) 중 하나가 들어가야 한다. '멋진 집'이 의미가 자연스러우므로 (C)가 정답이다.

134 명사 어휘

해설 이전 문장에서 제품 할인 혜택을 정말 놓치고 싶은지(do you really want to miss out on discount offers ~?) 물어본 것으로 보아 가입자로 남으면 계속해서 할인 혜택을 받을 수 있음을 알 수 있다. 따라서 (D) coupons가 정답이다.

건물의 남쪽 로비가 오늘 저녁 7시에서 내일 아침 7시까지 폐쇄될 예정이니 참고 바랍니다. 냉난방 시스템에 대한 정기 **¹³⁵보수 작업**이 수행될 예정입니다. **¹³⁶따라서**, 이 시간 동안 중앙 냉방은 중단될 것입니다.

꼭 필요한 **¹³⁷수리**는 정규 근무 시간 외에 진행하도록 일정을 잡았습니다. **¹³⁸우리의 목표는 여러분이 근무하시는 동안 불편함을 최소화하는 것입니다.** 이 시간 동안 건물에 출입해야 할 경우, 북쪽 로비나 지하 출입구를 이용해 주십시오. 이 두 곳은 열려 있을 것이고 추가 조명이 제공될 것입니다.

감사합니다.

건물 관리소

어휘   routine 정기적인   perform 수행하다   take place
일어나다   access 입장[접근]   basement-level 지하층
entrance 입구   unlocked 잠겨 있지 않은   lighting 조명

135 명사 자리

해설   빈칸은 동사 will be performed의 주어 자리이므로, 명사인 (A) maintenance가 정답이다. 참고로 routine maintenance는 '정기 보수'라는 뜻으로 자주 쓰이는 표현이다.

136 접속부사

해설   빈칸은 앞뒤 문장의 내용을 연결하는 접속부사 자리이다. 앞 문장에서 냉난방 시스템에 대한 정기 보수 작업이 수행될 예정(Routine maintenance will be performed on the heating and cooling systems)이라고 언급하고 있고, 빈칸 뒤에 이 시간 동안 중앙 냉방은 중단될 것(the central air conditioning will be turned off between these hours)이라며 계획된 정비 작업에 따른 서비스 중단이 있을 것임을 알리고 있으므로 (A) As a result(따라서)가 정답이다. (B) Even though(비록 ~일지라도)는 절을 이끄는 부사절 접속사이므로 품사상 맞지 않고 (C) On the contrary(그와는 반대로)와 (D) In comparison(비교해 보면)은 문맥상 적합하지 않다.

137 명사 어휘

해설   앞 문장에 정비 작업(maintenance) 일정에 관련된 내용이 있으므로, 빈칸에는 유지 보수와 관련된 명사가 나와야 한다. 따라서 '꼭 필요한 수리는 정규 근무 시간 외에 진행하도록 일정을 잡았다'라는 자연스러운 문맥을 만드는 (B)가 정답이다. (A) designs(설계), (C) meetings(회의), (D) strategies(전략)는 문맥상 적합하지 않다.

138 문맥에 맞는 문장 고르기

번역   (A) 여분의 사무실 의자가 이용 가능할 것입니다.
(B) 우리의 목표는 여러분이 근무하시는 동안 불편함을 최소화하는 것입니다.
(C) 온도 조절 장치가 다시 설정되어야 했습니다.
(D) 직원 출입 코드가 다음 달에 다시 바뀔 예정입니다.

해설   앞 문장에서 정규 근무 시간을 피해서 수리 일정을 잡았다고 했으므로, 불편을 최소화하기 위한 목적이 있음을 드러내는 문장과 자연스럽게 연결될 수 있다. 따라서 (B)가 정답이다.

수신: 크리스티나 투르시 〈ktursi@fratellitursi.com〉
발신: 스티븐 브라키오 〈sbracchio@worldsmail.net〉
날짜: 8월 24일
제목: 감사합니다

투르시 씨께,

오늘 시간 내주셔서 감사합니다. 귀하의 팀과 만나 면접을 보면서 **¹³⁹매우** 즐거웠습니다. 프라텔리 투르시가 크게 성공할 **¹⁴⁰준비가 된** 역동적인 회사라는 것을 확실하게 알게 되었습니다. **¹⁴¹제 능력이 귀하의 영업 팀의 요구에 잘 맞는다고 생각합니다.** 논의했던 대로, 저는 이탈리아어로 업무를 처리하는 것이 편하며, 그 외에도 제 마케팅 능력이 세계적으로 성장하고자 하는 프라텔리 투르시의 노력에 크게 도움이 되리라 믿습니다.

동료분들이 **¹⁴²추가** 면접을 위해 누구를 사무실로 부를지 고민하실 것으로 생각합니다. 저에 대해 추가 정보가 필요하시면 알려 주십시오. 소식 듣게 되길 고대합니다.

스티븐 브라키오

어휘   clear 분명한   dynamic 역동적인   conduct (업무를)
수행하다   beyond ~ 외에   support 지원하다   effort 노력

139 부사 어휘

해설   빈칸 뒤 동사 enjoyed를 수식하는 부사 자리이며, 문맥상 '대단히 즐거웠다'가 자연스러우므로 (D)가 정답이다. (A) closely(면밀히, 밀접하게), (B) skillfully(능숙하게), (C) quickly(빠르게)는 enjoyed와 의미 연결이 어색하므로 오답이다.

140 과거분사

해설   빈칸은 명사구 a dynamic company를 뒤에서 수식하는 분사 자리이다. 빈칸 뒤 전치사 for가 나와 있으므로 타동사 position(자리잡다)이 수동의 의미를 가지도록 과거분사 형태로 쓰여야 한다. 따라서 (A)가 정답이다.

141 문맥에 맞는 문장 고르기

번역   (A) 제 급여는 늘어난 책임과 함께 상승했습니다.
(B) 사무실 공간의 설계가 훌륭합니다.
(C) 제 능력이 귀하의 영업 팀의 요구에 잘 맞는다고 생각합니다.
(D) 저의 개인 이메일 주소로 연락 주십시오.

해설   빈칸은 두 번째 단락 시작 부분이며, 이어지는 문장에서 잠재적 직원으로서 본인의 능력과 장점을 피력하고 있으므로, 브라키오 씨가 구직 중임을 알 수 있다. 이와 연관되는 구직 희망 관련 내용이 단락 도입 부분에 오면 연결이 자연스러우므로 (C)가 정답이다.

142 형용사 어휘

해설 빈칸은 명사 interviews를 수식하는 형용사 자리이다. 이메일 첫 단락에서 면접을 보게 되어 즐거웠다는 내용을 통해 브라키오 씨가 이미 면접을 봤다는 점을 알 수 있으므로, 빈칸 뒤의 interviews는 문맥상 '추가 면접'의 의미로 연결되어야 자연스럽다. 따라서 (C) further(추가적인, 뒤따르는)가 정답이다. (A) initial(초기의), (B) optional(선택적인)은 문맥상 맞지 않고, (D) experienced(노련한)는 사람 명사를 꾸미는 형용사이기 때문에 interviews와는 어울리지 않는다.

143-146 편지

소상공인 사업주님께:

계절에 따라 열고 닫는 시간을 변경하시나요? 시장 조사에 따르면, 소규모 업체의 4분의 1이 주기적으로 운영 시간을 **143바꾼다고** 합니다. 하지만, 고객들에게 귀사의 영업 시간을 보여 주는 많은 웹사이트와 검색 엔진 결과에 이러한 변경 사항이 항상 정확하게 반영되는 것은 아닙니다. 부정확한 정보는 고객 불만으로 이어질 수 있고, 이로 인해 고객들이 귀사의 경쟁 업체와 거래를 하게 될 수도 있습니다. **144한번 고객을 잃게 되면 되돌리기 힘들 수 있습니다.**

우리 서비스 중 하나는 귀사의 영업 시간이 웹상에서 **145어떻게** 보이는지 확인하는 것을 돕도록 설계되었습니다. 우리의 도구 및 서비스에 대해 더 알아보시려면, 동봉된 안내책자를 확인하세요. 귀사의 기회를 **146극대화할 수 있도록** 함께 일하게 되길 바랍니다.

리차드 N. 배터맨
거래 담당자
무로스 솔루션즈

동봉물

어휘 depending on ~에 따라 quarter 4분의 1 periodically 주기적으로 accurately 정확히 reflect 반영하다 inaccurate 부정확한 lead to ~로 이어지다 frustration 불만 drive (~하도록) 몰다 competitor 경쟁사 monitor 감시하다, 확인하다 enclosed 동봉된 brochure 안내책자

143 동사 어휘

해설 앞 문장에서 개점과 폐점 시간을 계절에 따라 변경하는지를 묻고 있으므로, 이와 연결되는 내용으로 '운영 시간을 조정하다'라는 의미를 만드는 adjust(조정하다, 바꾸다)가 문맥상 자연스럽다. 따라서 (A)가 정답이다. (B) report(보고하다), (C) display(진열하다), (D) examine(조사하다)은 문맥상 적합하지 않다.

144 문맥에 맞는 문장 고르기

번역 (A) 요즘 검색 엔진은 더 정교합니다.
(B) 그들 중 다수가 온라인으로 쇼핑하기를 선호합니다.
(C) 우리의 경쟁사들은 유사한 문제에 직면해 있습니다.
(D) 한번 고객을 잃게 되면 되돌리기 힘들 수 있습니다.

해설 빈칸 앞에서 부정확한 정보는 고객 불만으로 이어질 수 있고, 이로 인해 고객들이 귀사의 경쟁 업체와 거래를 하게 될 수도 있다 (Inaccurate information can lead to customer frustration, which can drive them to do business with your competitors)고 했으므로 한번 잃은 고객은 되돌리기 힘들다는 내용으로 연결되는 것이 자연스럽다. 따라서 (D)가 정답이다.

145 명사절 접속사

해설 monitor의 목적어 자리이며, 빈칸 뒤의 완전한 문장을 이끌어야 하므로 빈칸은 명사절 접속사 자리이다. 보기 중 (A) how와 (C) why가 완전한 절을 취하는 명사절 접속사인데, '영업 시간이 웹상에서 어떻게 보이는지'라는 의미가 자연스러우므로 (A) how가 정답이다. (B) until은 전치사 또는 부사절 접속사, (D) unless는 부사절 접속사이므로 오답이다.

146 to부정사

해설 빈칸 앞에 완전한 문장이 있고 뒤에 명사구 your business's opportunities가 있으므로, 빈칸에는 명사구를 목적어로 취할 수 있는 준동사가 들어갈 수 있다. 준동사 형태인 (B), (D) 중에서 '귀사의 기회를 극대화할 수 있도록'이라는 목적의 의미가 자연스러우므로 (B) to maximize가 정답이다.

PART 7

147-148 표지판

알립니다

148소유권 이전의 일환으로, 웨셀만 호텔은 보도를 따라 화단을 추가하는 것을 포함해 조경 개선 작업을 진행 중입니다. **147현재 보기 흉한 지면 상태에 대해 사과드립니다.** 하지만 머지않아 멋진 꽃장식을 갖추게 될 것입니다. 양해해 주셔서 감사드리며, 원예사들이 작업을 마치면 우리 화단을 보러 다시 찾아 주시기 바랍니다.

어휘 attention 알립니다 transition 변화, 이전 ownership 소유(권) process 과정 landscaping 조경 flower bed 화단 unsightly 보기 흉한 impressive 인상적인

147 주제 / 목적

번역 표지판의 목적은?
(A) 구역 한 곳에 출입할 수 없는 이유에 대한 설명
(B) 제공되고 있는 새로운 서비스에 대한 강조
(C) 호텔의 외관에 대한 유감 표명
(D) 곧 공석이 생길 원예 일자리에 대한 홍보

해설 표지판 세 번째 줄에 현재 보기 흉한 지면 상태에 대해 사과한다 (We apologize for the current unsightly condition of the grounds)고 언급하고 있으므로 (C)가 정답이다.

> **Paraphrasing** 지문의 **We apologize for the current unsightly condition of the grounds** → 정답의 **express regret for the hotel's appearance**

148 사실 확인

번역 웨셀만 호텔에 대해 언급된 것은?

(A) 소유주가 새로 바뀌었다.
(B) 평소보다 빈 객실이 많다.
(C) 계절에 따른 판촉 행사를 하고 있다.
(D) 특별 행사를 위한 장소로 인기가 높다.

해설 표지판 도입부에, '소유권 이전의 일환으로(As part of our transition to new ownership)'라고 명시하고 있으므로 소유주가 바뀌었다는 점을 알 수 있다. 따라서 (A)가 정답이다.

149-150 문자 메시지

> 천미연 [오전 9시 01분]
> 안녕하세요, 트루디 씨. 혹시 새로운 온라인 시스템용 코드를 갖고 계신 가요?
>
> 트루디 아코스타 [오전 9시 02분]
> **149매주 우리 근무 시간을 보고하는 데 필요한 그거 말씀하시는 거예요?**
>
> 천미연 [오전 9시 03분]
> 150네, 정확해요.
>
> 트루디 아코스타 [오전 9시 04분]
> 찾아 볼게요. 그런데 지금은 149우리 모바일 뱅킹 앱과 관련된 급한 문제로 칼라일 씨를 만나야 해요. 일부 고객들이 계좌를 이용하지 못하고 있어요. 제 자리로 돌아오면 이메일로 코드를 보내 드릴게요.
>
> 천미연 [오전 9시 06분]
> 좋아요. 고마워요!

어휘 report 보고하다 at the moment 지금 urgent 긴급한 access 접속하다 account 계좌, 계정

149 추론 / 암시

번역 메시지 작성자들은 어디에서 근무할 것 같은가?

(A) 건물 보안 회사
(B) 직업소개소
(C) 컴퓨터 장치 제조 업체
(D) 금융 기관

해설 오전 9시 04분에 아코스타 씨가 모바일 뱅킹 앱과 관련된 급한 문제(about an urgent issue with our mobile banking app)로 고객을 만나야 하고, 일부 고객들이 계좌를 이용하지 못하고 있다(Some customers are unable to access their accounts)고 언급한 점을 보아 금융 기관임을 알 수 있다. 따라서 (D)가 정답이다.

150 의도 파악

번역 오전 9시 03분에 천 씨가 "네, 정확해요"라고 쓴 의도는?

(A) 새 온라인 시스템이 사용하기 쉽다고 생각한다.
(B) 자신의 근무 시간을 기록했다고 확신한다.
(C) 아코스타 씨의 말이 맞다고 확인해 주고 있다.
(D) 자신이 한 주 내내 근무했다고 보고하고 있다.

해설 오전 9시 02분 아코스타 씨가 매주 근무 시간을 보고하는 데 필요한 것인지(Do you mean the ones we need to report how many hours we have worked each week?) 확인하는 질문에 긍정으로 답했으므로 (C)가 정답이다.

151-152 메모

> 151저의 제품 후기에 대한 대가로 귀사의 믹서기를 또 한 대 보내 주셔서 감사합니다. 룸틱 IB-8900의 모터는 151제가 이전에 후기를 썼던 믹서기 두 대의 모터보다 좀 더 강력해 보입니다. 특히 고속 세팅에서 작동이 훌륭합니다. 실망스러운 점 한 가지는 152계량 눈금이 읽기 쉽지 않았고 몇 차례의 세척 후에는 희미해져서 잘 보이지 않는다는 것입니다. 이는 기계의 인쇄상 문제인 듯합니다. 계량 눈금이 좀 더 명확하도록 영구적으로 표시하거나 새길 필요가 있습니다. 이 부분은 말할 필요도 없이, 정확하게 측정된 재료를 넣어야 하는 조리법에 중요합니다.
>
> 한나 데일리

어휘 blender 믹서기 in exchange for ~ 대신으로 previously 이전에 measurement 측량 decipher 판독하다 fade 바래다 legible 읽을 수 있는 imprinting 인쇄 engrave 새기다 permanently 영구히 needless to say 말할 필요도 없이 precisely 정확하게 measure 측정하다 ingredient 재료

151 추론 / 암시

번역 데일리 씨에 대해 알 수 있는 것은?

(A) 불량 부품을 반품하기를 원한다.
(B) 최신 설명서가 필요하다.
(C) 제품을 잘못 구입했다.
(D) 의견을 요청받았다.

해설 메모의 첫 문장에 제품 후기에 대한 대가로 믹서기를 또 한 대 보내 줘서 감사하다(Thank you for sending me ~ in exchange for my product feedback)고 언급하고 있으므로 (D)가 정답이다.

> **Paraphrasing** 지문의 **feedback** → 정답의 **opinion**

152 사실 확인

번역 계량 눈금에 대해 데일리 씨가 언급한 것은?

(A) 읽기 어렵다.
(B) 사소한 문제이다.
(C) 여러 믹서기 모델에 해당하는 문제이다.
(D) 어두운 색으로 인쇄되어 있다.

해설 메모 중간 부분에서 계량 눈금이 읽기 쉽지 않았고 몇 차례의 세척 후에는 희미해져서 잘 보이지 않는다(the measurement lines were not easy to decipher and seem to fade and become less legible after several washings)고 언급했으므로 (A)가 정답이다.

▶ Paraphrasing   지문의 not easy to decipher, less legible
→ 정답의 hard to read

153-154 이메일

발신: 톰 마르티네즈 〈tmartinez@isppm.com〉
수신: 레시미 싱 〈rsingh@itresources.ca〉
제목: ISPPM 최고 20
날짜: 4월 3일

싱 씨께,

우리는 현재 〈인터넷 보안 및 특허 보호 잡지〉의 최고 20인 ¹⁵³명단을 위한 추천을 받고 있습니다. ISPPM 최고 20인은 지적 재산의 가치를 보호하기 위한 전문 기술을 찾고 있는 사업체들에게 탁월한 안내서입니다. 최고 20인 명단을 마무리짓는 일은 까다로운 작업이고, 우리는 이 과정에 있어 귀하의 기여를 소중히 생각합니다.

연간 명단에 추천을 하고 싶으시면, 4월 17일까지 해 주실 것을 부탁드립니다. ¹⁵⁴웹사이트를 방문하셔서 ¹⁵³귀하가 올해의 명단에 포함되어야 한다고 생각하는 컨설턴트의 세부 사항을 추천에 대한 간단한 설명과 함께 입력해 주십시오. 본인 추천이나 같은 회사에서 근무하는 동료의 추천은 받지 않는다는 점을 유념해 주십시오. 최종 명단은 6월에 게재될 예정입니다.

귀하의 추천을 검토할 수 있기를 기대합니다.

기술 편집자, 톰 마르티네즈

어휘 nomination 추천 security 보안 patent 특허
preeminent 탁월한 expertise 전문 지식 safeguard 보호하다
intellectual 지적인 property 재산 challenging 도전적인
value 소중히 여기다 contribution 기여 process 과정
listing 명단 brief 간단한 explanation 설명

153 세부 사항

번역 마르티네즈가 요청하고 있는 것은?
(A) 잡지에 실을 글
(B) 소셜 미디어 이용을 위한 최고의 아이디어
(C) 능력 있는 컨설턴트의 이름
(D) 컴퓨터 장치 보안을 위한 전략

해설 첫 번째 단락에서 현재 후보자 추천을 받고 있다(We are currently accepting nominations)고 했고, 두 번째 단락에서 올해의 명단에 포함되어야 한다고 생각하는 컨설턴트를 관련 웹사이트에 입력해 달라(enter the details of the consultants you believe should be included in this year's listing)고 했으므로 컨설턴트 추천을 요청하고 있음을 알 수 있다. 따라서 (C)가 정답이다.

154 세부 사항

번역 싱 씨는 어떻게 답변해 달라고 요청받는가?
(A) 웹사이트에 접속함으로써
(B) 양식을 우편으로 보냄으로써
(C) 6월에 회의에 참석함으로써
(D) 마르티네즈 씨에게 이메일을 보냄으로써

해설 두 번째 단락에서 웹사이트를 방문하여 추천하는 컨설턴트에 대한 세부 사항을 입력하라(Visit our Web site and enter the details of the consultants)고 했으므로 (A)가 정답이다.

155-157 제품 설명서

클리어홀드 코팅은 기존의 유색 코팅제보다 뛰어난, 새로 개발된 투명 ¹⁵⁵방수 처리 시스템입니다. ¹⁵⁶클리어홀드는 신구를 불문한 석조 블록 구조뿐 아니라 내외부 장식물에 도포하기에도 이상적입니다.

클리어홀드는 ¹⁵⁷타사의 방수 제품으로는 불가능한 콘크리트와 석조로 된 서브플로어에도 바를 수 있습니다. ¹⁵⁵클리어홀드는 습기가 서브플로어로 스며 들어가는 것을 방지해 주며 카펫, 타일, 합판이나 견목과 같은 마루 커버와 접착제의 설치 전에 도포가 가능합니다.

클리어홀드는 1월부터 매장에서 구매 가능합니다. 추가 정보를 원하시면, www.clearholdcoating.com을 방문하세요.

어휘 transparent 투명한 waterproofing 방수제
superior to ~보다 뛰어난 pigmented 유색의 application
적용, 도포 masonry (건물의) 석조 부분 exterior 외부의
decorative 장식용의 element 요소 subfloor 마루 밑에 깐
거친 마루 humidity 습기 seep 스미다 adhesive 접착제
laminate 합판 hardwood 견목

155 세부 사항

번역 클리어홀드 코팅의 기능은?
(A) 습기로부터 보호막 역할을 한다.
(B) 마루가 광택이 나도록 해 준다.
(C) 벽돌과 돌에 색감을 더해 준다.
(D) 석조 부분을 초기부터 보호해 준다.

해설 첫 번째 단락에서 클리어홀드 코팅이 방수 처리 시스템(waterproofing system)이라고 했고, 두 번째 단락에서 습기가 서브플로어로 스며 들어가는 것을 방지해 준다(Clearhold will stop humidity from seeping up through subfloors)고 했으므로 (A)가 정답이다.

▶ Paraphrasing   지문의 waterproofing, stop humidity from
seeping → 정답의 protection from moisture

156 사실 확인

번역 설명서는 클리어홀드 코팅에 대해 무엇을 말하는가?
(A) 외부용으로만 제작되었다.
(B) 천연 색소를 포함한다.
(C) 신구 석조 부분 둘 다에 적합하다.
(D) 한 번만 도포해야 한다.

해설 첫 번째 단락에서 클리어홀드는 신구를 불문한 석조 블록 구조뿐 아니라 내외부 장식물에도 도포하기에 이상적(Clearhold is ideal for application to masonry-block constructions—both new and existing—as well as to interior and exterior decorative elements)이라고 했으므로 (C)가 정답이다.

> ▸▸ Paraphrasing   지문의 ideal for … new and existing
> → 정답의 suitable for both new and old

157 세부 사항

번역 클리어홀드 코팅이 이미 시장에 나와 있는 제품에 비해 개선된 점은?
(A) 열에 강하다.
(B) 서브플로어에 사용될 수 있다.
(C) 무독성 재료로 만들어졌다.
(D) 다양한 가구에 바를 수 있다.

해설 두 번째 단락에서 클리어홀드는 타사의 방수 제품으로는 불가능한 콘크리트와 석조로 된 서브플로어에도 바를 수 있다(Clearhold can also be applied to concrete and masonry subfloors which is not possible with our competitors' waterproofing materials)고 명시하고 있으므로 (B)가 정답이다.

> ▸▸ Paraphrasing   지문의 not possible with our competitors'
> waterproofing materials
> → 질문의 an improvement on products
> already on the market
> 지문의 can be applied → 정답의 can be used

158-160 설명서

마이놋 철판 관리법

158눌음 방지 마이놋 철판을 구매해 주셔서 감사합니다. 적절히 관리하면, 고객님과 가족들은 팬케이크, 철판에 구운 샌드위치를 비롯해 훨씬 더 많은 것들을 앞으로 수년간 즐겁게 요리하시게 될 겁니다. 먼저, 160테플론 가공 표면에 상처를 낼 수 있는 금속과의 접촉으로부터 철판을 보호하는 것이 중요합니다. — [1] —. 또한, 철판의 눌음 방지 특성은 온도 변화에 민감합니다. 뒤틀림 및 벗겨짐의 원인이 될 수 있으므로 차가운 물에 뜨거운 철판을 담지 않도록 당부드립니다. — [2] —. 대신, 세척 전에 철판을 식혀 주십시오. 마지막으로, 조심스러운 세척은 마이놋 철판의 수명을 늘려 줄 것입니다. 철수세미와 같은 거친 솔을 사용하지 말아 주십시오. 159천이나 부드러운 스펀지로 부드럽게 세척하시면 더 좋습니다. — [3] —.

— [4] —. 마이놋 철판에 대해 질문이 있으시면, 당사의 고객용 웹사이트 www.minot.co.uk를 방문하세요.

어휘   griddle 번철   nonstick (냄비 따위가) 눌어붙지 않는, 테플론 가공한   feature 특징   sensitive 민감한   immerse 담그다   warping 뒤틀림   peeling 벗겨짐   prolong 연장하다   harsh 거친   scrubber 솔   steel wool 철수세미

---

158 추론 / 암시

번역 설명서의 대상은 누구일 것 같은가?
(A) 제품 제조업체
(B) 상점 직원
(C) 취사도구 소유자
(D) 지원 전문가

해설 도입부에서 눌음 방지 마이놋 철판을 구매해 주셔서 감사하다(Thank you for purchasing the nonstick Minot Griddle)며, 적절히 관리하면 수년간 요리를 즐길 것(With proper care, ~ for years to come)이라고 했으므로 (C)가 정답이다

159 세부 사항

번역 제품을 세척하는 데 추천되는 방법은?
(A) 철수세미로 문지르기
(B) 차가운 물에 담그기
(C) 부드러운 스펀지로 닦기
(D) 세정제 사용하지 않고 세척하기

해설 첫 번째 단락에서 천이나 부드러운 스펀지로 부드럽게 세척하면 더 좋다(Gentle washing with a cloth or soft sponge is preferred)고 언급하며 철판 세척 시 주의할 사항을 알려 주고 있다. 따라서 (C)가 정답이다.

160 문장 삽입

번역 [1], [2], [3], [4]로 표시된 곳 중에서 다음 문장이 들어갈 위치로 가장 적합한 곳은?

"그러므로, 철판에는 금속 취사도구의 사용을 피해 주십시오."
(A) [1]
(B) [2]
(C) [3]
(D) [4]

해설 주어진 문장에서 '따라서 철판에는 금속 취사도구의 사용을 피해 주십시오(avoid using metal cooking utensils with the griddle)'라고 했으므로, 금속이 표면의 스크래치를 유발할 수 있음을 언급하는 [1] 뒤에 인과 관계로 연결되는 것이 자연스럽다. 따라서 (A)가 정답이다.

161-163 이메일

수신: 전 환자 발송자 명단
발신: 메이어스 치과
날짜: 8월 12일
제목: 연장 서비스

환자 여러분,

161정규 근무일의 진료 시간 외 진료에 대한 여러분의 요청에 162부응하기 위해, 9월 1일자로 메이어스 치과의 진료 시간이 연장될 예정이라는 점을 알려 드리게 되어 기쁩니다. 163치과 의사와 조무사를 추가로 고용

하여, 월요일부터 토요일까지 오전 7시와 저녁 6시 사이에 정규 진료 서비스를 제공할 수 있게 되었습니다. 메이어스 박사님은 변함없이 저녁 7시까지 급한 진료를 보실 것입니다.

기존 진료 예약을 변경하길 원하시면, 555-0132로 저희 병원에 전화해 주세요.

저희를 믿고 치과 치료를 맡겨 주셔서 감사합니다.

병원 관리자, 에리카 트럼블

어휘 **distribution** 분배, 분포 **extended** 연장된 **appointment** 예약 **urgent** 긴급한 **reschedule** 일정을 변경하다

161 주제 / 목적

번역 이메일의 목적은?
(A) 고객들에게 진료 시간 변경 알리기
(B) 새로운 치아 관리 제품 알리기
(C) 치위생에 대한 정보 제공하기
(D) 진료 예약 확인하기

해설 첫 번째 단락 첫 문장에서 9월 1일부터 치과의 진료 시간이 연장될 예정임을 알린다(as of September 1, Meyers Dental Clinic will offer extended hours ~ outside regular workday hours)고 했으므로 (A)가 정답이다.

▸▸ Paraphrasing 지문의 announce … offer extended hours
→ 정답의 inform … schedule changes

162 동의어 찾기

번역 첫 번째 단락 2행의 "meet"과 의미상 가장 가까운 것은?
(A) 반대하다
(B) 경험하다
(C) 모으다
(D) 가능하게 하다

해설 지문에서의 meet은 예약 시간에 대한 요청 사항을 '맞추다'는 의미로 쓰였으므로, '요구, 요청 등을 맞추어 가능하게 해 주다'의 의미로 쓰이는 provide for와 일맥상통한다. 따라서 (D)가 정답이다.

163 추론 / 암시

번역 메이어스 치과에 대해 알 수 있는 것은?
(A) 신설 병원이다.
(B) 새 직원이 몇 명 있다.
(C) 두 번째 지점으로 확장할 예정이다.
(D) 오전 진료만 본다.

해설 첫 번째 단락의 '치과 의사와 조무사를 추가로 고용하여(With the hiring of an additional dentist and assistant)'를 통해 새로 들어온 직원들이 있음을 알 수 있으므로 (B)가 정답이다.

164-167 기사

하절기 금요일은 빨리 문을 닫다

휴스턴(6월 3일)—**164최근 하절기 금요일 정책을 도입한 애프트낙스 소프트웨어의 직원들에게 여름이 더욱 여유로워졌다.** — [1] —. 지금부터 9월 첫째 주까지, 직원들이 빨리 퇴근할 수 있도록 사무실은 오후 1시에 문을 닫는다.

"오후 1시 퇴근을 하게 되니까 좋아요," **165애프트낙스의 10년차 직원인 클레이 잭슨 씨는 말한다.** — [2] —. "끝내야 할 프로젝트가 있을 때는 밤 7시나 8시까지 사무실에 있기도 해요. 하지만 금요일에는 사무실이 일찍 닫는다는 걸 알고 있으니 자유롭게 가족들과 더 많은 시간을 보내게 돼요."

직원들의 사기를 높일 뿐 아니라, **167연구에 의하면 정규 시간 단축은 실제로 생산성을 높인다고 한다.** — [3] —. **167이러한 특전을 제공하는 회사의 수는 지난 5년 동안 23퍼센트 증가했다.**

166유사한 정책을 도입한 첫 지역 기업 중 한 곳인 레모 테크는 12년 전에 금요일마다 조기 퇴근을 제공하기 시작한 이래로 직원 만족도가 뚜렷하게 개선되었다. — [4] —.

"직원들의 만족은 우리에게 중요합니다," **166레모의 최고 경영자인 알렉산드라 오돔스는 말한다.** "우리가 직원들을 배려하면, 직원들은 우리를 위해 자신들이 하는 업무에 신경을 쓸 것입니다."

어휘 **relaxing** 느긋한 **institute** 도입하다 **cutoff** 중단, 차단 **decade** 10년 **free ~ up** ~을 해방하다 **boost** 신장시키다 **morale** 사기 **downtime** 휴식 시간 **productivity** 생산성 **perk** (급료 이외의) 특전 **time off** 휴식 시간, (활동의) 일시적 중단 **marked** 뚜렷한 **satisfaction** 만족 **CEO** 최고 경영자 **care about** ~에 마음을 쓰다

164 주제 / 목적

번역 기사의 목적은?
(A) 직원의 사기에 대한 연구 결과 설명하기
(B) 효과적인 기업 관행에 대해 설명하기
(C) 임원진의 교체 알리기
(D) 지역에 새로 생긴 기업 소개하기

해설 기사 첫 번째 단락에서 '최근 하절기 금요일 정책을 도입한 애프트낙스 소프트웨어의 직원들에게 여름이 더욱 여유로워졌다(Summer just became more relaxing for employees ~ a Summer Friday policy)'라고 언급하고 있으므로, 회사 정책의 긍정적인 효과가 기사의 주제임을 알 수 있다. 따라서 (B)가 정답이다.

165 사실 확인

번역 잭슨 씨에 대해 알 수 있는 것은?
(A) 철야 근무를 한다.
(B) 금요일마다 재택 근무를 한다.
(C) 레모 테크에서 일했다.
(D) 애프트낙스 소프트웨어에서 10년간 일했다.

해설 두 번째 단락에서 애프트낙스의 10년차 직원인 클레이 잭슨 씨(Clay Jackson, an Aftnax employee for the past decade)라는 언급이 있으므로 (D)가 정답이다.

> **Paraphrasing** 지문의 **for the past decade**
> → 정답의 **for ten years**

166 세부 사항

번역 오돔스 씨에 따르면, 하절기 금요일 정책을 시행하는 이유는?
(A) 레모 테크로 최고급 인재를 끌어들이도록 해 준다.
(B) 긍정적인 근무 환경을 조성해 준다.
(C) 직원들이 다른 근무일에 더 늦게 근무할 수 있도록 해 준다.
(D) 직원들이 가족들과 더 많은 시간을 보내도록 해 준다.

해설 네 번째 단락에 금요일 정책으로 긍정적인 효과를 봤다는 또 다른 회사의 예로 레모 테크(Remmor Tech)가 소개되고 있고, 다섯 번째 단락에 오돔스 씨가 레모 테크의 CEO라고 나와 있다. '우리가 직원들을 배려하면, 직원들은 우리를 위해 자신들이 하는 업무에 신경을 쓸 것이다(We know that if we care about our employees, then our employees will care about the work they do for us)'라는 그녀의 인용문을 통해 긍정적인 근무 환경을 제공하는 것을 중요시하고 이를 위한 정책을 시행한다는 점을 알 수 있으므로 (B)가 정답이다.

> **Paraphrasing** 지문의 **we care about our employees**
> → 정답의 **a positive work environment**

167 문장 삽입

번역 [1], [2], [3], [4]로 표시된 곳 중에서 다음 문장이 들어갈 위치로 가장 적합한 곳은?

"그리고 회사들이 주목하고 있다."

(A) [1]
(B) [2]
(C) [3]
(D) [4]

해설 주어진 문장의 해석으로 볼 때 해당 문장 앞에는 회사들이 관심을 가질 만한 내용이 있어야 한다. [3] 앞에서 정규 시간 단축은 실제로 생산성을 높인다는 연구 결과가 있다(studies have found that scheduled downtime actually increases productivity)고 했고, 이 연구 결과를 '회사들이 주목하고 있다'라고 연결하면 자연스럽다. 또한 [3] 뒤 문장에서 이러한 정책을 제공하는 회사가 늘어났다고 언급하고 있으므로 이 연구 결과를 주목하여 해당 정책을 시행하는 회사가 늘어났다는 결과로 연결되는 것 또한 자연스럽다. 따라서 (C)가 정답이다.

http://www.masterint.co.uk

| 홈 | 소개 | 양식 | **인턴사원 근무** |

¹⁶⁸마스터 인터내셔널은 소프트웨어 업계에 열정이 있고 코딩, 제품 개발, 마케팅 및 보안 분야에서 실무 경험을 쌓기를 원하는 대학 재학생 및 최근 졸업생들에게 인턴사원 근무 기회를 제공합니다. 우리 제품은 전 세계적으로 기업들에 의해 사용되고 있습니다.

각각의 무급 인턴 일자리는 4개월 동안 지속되며 주당 최소한 3일의 현장 근무를 요구합니다. 지원서는 11월 1일(봄 프로그램 해당), ¹⁶⁹**4월 1일(여름 프로그램)**, 7월 1일(가을 프로그램)까지 접수되어야 합니다. 현재 대학 재학생들은 학점이 인정되는지 여부를 학교 측과 확인할 것을 권장합니다. 일부 인턴들이 추후에 정규직을 제안받을 수는 있지만, 일자리가 보장되지는 않습니다.

¹⁷⁰마스터 인터내셔널은 일 년 내내 수백 통의 인턴 근무 지원서를 받습니다. 최초 검토 후에, ¹⁷⁰엄선된 소수의 지원자들은 각 프로그램의 4개월 주기에 앞서 대면 혹은 전화 통화 면접을 위한 **연락을 받게 될 것입니다.**

지원 방법
지원을 위한 요청 사항은 다음과 같습니다:
• ¹⁷¹**작성한 채용 지원서 (양식 탭에 있음)**
• 관심 분야 및 관련 수업 활동을 보여 주는 편지
• 추천서 두 장

모든 서류는 다음 주소로 보내 주세요:
마스터 인터내셔널
인사부
34 크롤리 스퀘어
런던, 잉글랜드 SE7 9BQ

어휘 internship 인턴사원 근무 graduate 졸업생 passionate 열정적인 gain 얻다 coding (컴퓨터) 코딩 security 보안 on-site 현장의 commitment 책무, (인력 등의) 투입 application 지원(서) academic institution 교육 기관 determine 알아내다 credit 학점 grant 인정하다 subsequently 나중에 guarantee 보장하다; 품질 보증서 initial 처음의 select 엄선된; 선택하다 in-person 직접의 indicate 보여 주다 relevant 관련 있는

168 추론 / 암시

번역 마스터 인터내셔널은 무엇일 것 같은가?
(A) 직업소개소
(B) 다국적 은행
(C) 소프트웨어 회사
(D) 유학 프로그램

해설 첫 번째 단락에서 마스터 인터내셔널은 소프트웨어 업계에 열정이 있거나 코딩 등의 실무 경험을 하고 싶은 사람들에게 인턴사원 근무 기회를 제공한다(Master International offers internships to ~ marketing and security)고 했으므로 (C)가 정답이다.

169 세부 사항

번역 여름 인턴사원 근무에 지원하려면 언제까지 지원서를 제출해야 하는가?

    (A) 1월 1일
    (B) 4월 1일
    (C) 7월 1일
    (D) 11월 1일

해설 두 번째 단락에 여름 프로그램 4월 1일(1 April(for summer))이라고 여름 지원 마감 날짜가 제시되어 있으므로 (B)가 정답이다.

170 사실 확인

번역 마스터 인터내셔널 인턴사원 근무 프로그램에 대해 알 수 있는 것은?

    (A) 지역 대학과 협업 중이다.
    (B) 작년에 개설되었다.
    (C) 참가자 전원에게 유급 일자리를 제공한다.
    (D) 경쟁이 치열하다.

해설 세 번째 단락에서 마스터 인터내셔널은 일 년 내내 수백 통의 인턴사원 근무 지원서를 받는다(Master International receives hundreds of internship applications throughout the year)고 했고, 엄선된 소수의 지원자들에게 연락이 갈 것(a select few will be contacted)이라고 언급하고 있다. 이를 통해 이 회사의 인턴사원 근무 경쟁이 치열하다는 점을 짐작할 수 있다. 따라서 (D)가 정답이다.

> ▸▸ **Paraphrasing**   지문의 receives hundreds of internship applications, a select few will be contacted → 정답의 It is highly competitive

171 사실 확인

번역 지원자가 제출해야 하는 것이 아닌 것은?

    (A) 근무 내역
    (B) 작성한 채용 지원서
    (C) 추천서
    (D) 관련 수업에 대한 설명

해설 웹페이지 하단의 지원 방법(HOW TO APPLY)에서, '작성한 고용 지원서(A completed employment application), 관심 분야 및 관련 수업 활동을 보여 주는 편지(A letter indicating area of interest and relevant coursework), 추천서 두 장(Two letters of recommendation)'을 확인할 수 있다. Employment history는 언급된 바 없으므로 (A)가 정답이다.

172-175 문자 메시지

> **자야 필레이 (오전 9시 04분)**
> 폴 그리고 크리스틴—오늘 아침 회의에 두 분 다 가시나요? 제가 늦을 것 같아서 그런데 부탁이 있어요.
>
> **폴 스미스 (오전 9시 06분)**
> 저는 가요. 무슨 일이신데요?

> **자야 필레이 (오전 9시 07분)**
> 애틀랜타에서 열렸던 지난 주말 영화 페스티벌에 대해 몇 마디 해 주실 수 있을까요?
>
> **크리스틴 터보 (오전 9시 07분)**
> 잠시만요, ¹⁷³회의가 몇 시죠?
>
> **자야 필레이 (오전 9시 08분)**
> ¹⁷³오전 10시 30분이요.
>
> **폴 스미스 (오전 9시 08분)**
> 물론이죠. 무슨 말을 하면 될까요?
>
> **크리스틴 터보 (오전 9시 09분)**
> ¹⁷³오 그러네요. 저는 오늘 거기에 없어요. 재무부의 데이비드 건으로 일하느라 바쁘거든요.
>
> **자야 필레이 (오전 9시 10분)**
> 좋아요. 폴, 참석률이 얼마나 좋았는지와 팀이 본인들의 노고에 대해 스스로 자랑스러워해도 좋다는 점에 대해 언급해 주세요.
>
> **폴 스미스 (오전 9시 11분)**
> 알겠어요. 도착하시면, 다음 분기에 플로리다로 확장하는 것에 대해 말씀하실 계획인가요?
>
> **자야 필레이 (오전 9시 12분)**
> 네, 그렇지만 ¹⁷⁴전반적인 회의는 ¹⁷²기존 극장에서 개봉 주말에 좀 더 많은 티켓을 팔기 위한 전략을 세우는 것에 관한 이야기가 될 겁니다.
>
> **크리스틴 터보 (오전 9시 14분)**
> 다행이네요. ¹⁷⁵저는 내일 개발 담당 부사장님과 만나거든요. 우리가 해 오고 있는 업무에 대해 부사장님께 확실히 설명해 드릴게요.

어휘 favor 부탁   attendance 참석(률)   expansion 확장   strategy 전략   existing 기존의   vice president 부사장   fill ~ in ~에게 정보를 주다

172 추론 / 암시

번역 메시지 작성자들은 어떤 업체에서 근무할 것 같은가?

    (A) 건설 회사
    (B) 금융 서비스 회사
    (C) 영화관 체인
    (D) 여행사

해설 오전 9시 12분 필레이 씨의 메시지에서 회의의 주제가 기존 극장의 티켓 판매 전략에 관한 것(developing strategies to sell more tickets on opening weekends in our existing theaters)이라고 나와 있으므로 메시지 작성자들이 영화관 체인에 근무한다는 것을 알 수 있다. 따라서 (C)가 정답이다.

173 의도 파악

번역 오전 9시 09분에 터보 씨가 "오 그러네요"라고 쓴 의도는?

    (A) 페스티벌이 성공적이었다는 점에 동의한다.
    (B) 회의가 언제 시작하는지 이제 기억이 났다.
    (C) 스미스 씨가 말하기에 가장 적임자라고 생각한다.
    (D) 입장권 몇 장을 살 것임을 확인하고 있다.

해설 터보 씨는 오전 9시 07분에 회의가 몇 시냐고 물었고, 그에 대한 답변으로 필레이 씨가 오전 10시 30분이라고 답한다. 이에 대해 터보 씨가 '오 그러네요(Oh right)'라고 하며 뒤이어 자신은 회의에 참여 못할 것이라고 답변하고 있으므로, 그녀가 잊었던 회의 시간을 다시 상기했다는 것을 알 수 있다. 따라서 (B)가 정답이다.

174 세부 사항

번역 오전 10시 30분 회의의 주요 안건은?
(A) 재무 보고서를 작성하는 일
(B) 새로운 영역으로 확장하는 일
(C) 향후 페스티벌을 기획하는 일
(D) 고객 수를 늘리는 일

해설 전반적인 회의는 기존 극장에서 개봉 주말에 좀 더 많은 티켓을 판매하기 위한 전략을 세우기 위한 것(most of the meeting will be about ~ in our existing theaters)이라는 필레이 씨의 언급을 통해 티켓 판매를 늘리는 일이 주요 안건이라고 볼 수 있다. 티켓 판매율 상승은 고객 수 증가를 의미하므로 (D)가 정답이다.

▶▶ Paraphrasing 지문의 sell more tickets → 정답의 Increasing the number of customers

175 세부 사항

번역 터보 씨가 내일 하겠다고 언급한 일은?
(A) 상관에게 최신 정보 알리기
(B) 재무 관련 토론 주도하기
(C) 마케팅 전략 짜기
(D) 애틀랜타로 출장 가기

해설 오전 9시 14분 메시지에서 터보 씨가 우리가 해 오고 있는 업무에 대해 부사장에게 확실히 설명하겠다(I'll be sure to fill her in on what we've been doing)고 했으므로 (A)가 정답이다.

176-180 이메일 + 기사

수신: 하타이 콴
발신: 짐 프롤로
날짜: 7월 15일
제목: 가능한 해결책

콴 씨께,

최근에 승객들에 의해 제기된 문제를 논의하기 위해 이렇게 신속하게 팀을 규합해 주셔서 감사합니다. ¹⁷⁶**출발 구역, 특히 체크인에서의 혼잡은 계속되는 고객 불만의 근원**이었습니다. 썬리프와 같은 일부 항공사들은 탑승 수속을 위한 비즈니스 클래스 줄을 추가로 만들어 탑승구에서 발생하는 유사한 문제에 대처했습니다. 저는 이보다도 항공사들에게 이코노미 등급의 줄에 더 많은 인원을 배치해 달라고 요청할 것을 제안합니다. 하지만, 이렇게 되면 키오스크와 카운터도 더 많이 필요하게 될 것입니다. ¹⁸⁰**대대적인 리모델링 없이는 이곳 그래나이트 스프링즈 공항에는 ¹⁷⁷공간이 충분하지 않습니다.**

다음 달에 있을 예산 회의에 대비해 제안서를 준비해야 합니다. 펨브로크 씨에게 우리가 계획을 마련 중이라고 알리겠습니다. 올해의 예산에 추가될 수 있을 겁니다.

우리가 아직 논의해야 할 다른 문제는 식당 추가 건입니다. ¹⁷⁸**승객들이 설문 조사에서 식당과 관련해 지속적으로 지적하고 있습니다.**

감사합니다.
짐 프롤로

어휘 deal with ~을 다루다 passenger 승객 congestion 혼잡 ongoing 계속 진행 중인 source 근원 address (문제 등을) 다루다 extensive 광범위한 put together 준비하다 proposal 제안(서) budget 예산

여행객을 우선시하는 GSP
작성자: 캐서린 헌케인

(10월 10일)—이달 초, 그래나이트 스프링즈 공항(GSP)의 경영진이 ¹⁷⁹**항공권 가격에 미치는 영향 없이** 승객들이 줄을 서는 시간을 단축시켜 줄 큰 변화를 검토 중이라는 소식이 돌았다.

이번 주 초 〈그래나이트 스프링즈 저널〉과의 대화에서 공항 운영 최고 담당자인 클레어-리즈 ¹⁸⁰**펨브로크 씨는 공항이 봄에 이코노미 여행객을 위한 탑승 수속 카운터를 확장하는 리모델링을 시작할 것임을 확인해 주었다.** 그녀의 팀은 또한 공항의 식당 구성에도 변화를 준비 중이다.

"이번 확장에 기대를 걸고 있습니다. 승객분들 모두의 만족도를 높여 줄 겁니다."라고 펨브로크 씨는 말했다. ¹⁸⁰**"보수 공사는 내년 말까지 완료될 예정입니다."**

어휘 circulate 돌다, 유포되다 shorten 단축하다 affect 영향을 미치다 operation 영업 chief 최고위자 expand 확장하다 dining 식사 renovation 수리

176 세부 사항

번역 이메일에 따르면, 그래나이트 스프링즈 공항의 지속적인 문제점은 무엇이었는가?
(A) 공사로 인한 항공기 지연
(B) 제한된 기내식 메뉴
(C) 제대로 관리되지 못한 탑승 구역
(D) 높은 여행 경비에 대한 불만

해설 이메일 첫 번째 단락에서 출발 구역, 특히 체크인에서의 혼잡은 계속되는 고객 불만의 근원이었다(The congestion in the departures area, ~ an ongoing source of customer complaints)고 언급되어 있으므로 (C)가 정답이다.

▶▶ Paraphrasing 지문의 an ongoing source of customer complaints → 질문의 consistent problem
지문의 The congestion in the departures area → 정답의 Poorly managed gate areas

177 동의어 찾기

번역 이메일 첫 번째 단락 7행의 "room"과 의미상 가장 가까운 것은?

   (A) 공간
   (B) 숙소
   (C) 기회
   (D) 위치

해설 해당 문장은 '공항에는 공간이 충분하지 않다(there just is not enough room here at Granite Springs Airport)'라는 의미로 해석되는데, 여기서 room은 문맥상 '공간'이라는 의미로 해석되므로 (A)가 정답이다.

178 추론 / 암시

번역 이메일이 그래나이트 스프링즈 공항의 여행객들에 대해 암시하는 것은?

   (A) 썬리프 항공사를 특별히 애용한다.
   (B) 공항의 식당 구성에 만족한다.
   (C) 항공사 탑승구까지 장거리를 걸어야 한다.
   (D) 정기적으로 이용 후기를 요청받는다.

해설 이메일 마지막 단락에서 승객들이 설문 조사에서 식당과 관련해 지속적으로 지적하고 있다(Passengers continue to comment about that on surveys)고 했으므로 승객들의 후기 작성이 꾸준히 있어 왔음을 짐작할 수 있다. 따라서 (D)가 정답이다.

> ▸▸ **Paraphrasing**　지문의 continue to comment about that on surveys → 정답의 regularly asked to provide feedback

179 세부 사항

번역 기사에 따르면, 보수 공사 후에도 똑같이 유지되는 것은?

   (A) 음식 서비스
   (B) 탑승구 수
   (C) 항공권 가격
   (D) 탑승 수속 구역

해설 기사 첫 번째 단락에서 항공권 가격에 미치는 영향 없이(without affecting the price of their ticket) 승객들이 줄을 서는 시간을 단축시켜 줄 큰 변화를 공항 경영진이 검토 중이라고 언급하고 있으므로 (C)가 정답이다.

> ▸▸ **Paraphrasing**　지문의 without affecting
> → 질문의 remain the same

180 연계

번역 프롤로 씨에 대해 알 수 있는 것은?

   (A) 그의 리모델링 경력이 봄에 유용할 것이다.
   (B) 그의 제안이 내년 말까지 실행될 것이다.
   (C) 최근에 공항에서 근무를 시작했다.
   (D) 〈그래나이트 스프링즈 저널〉과 곧 인터뷰를 할 것이다.

해설 프롤로 씨는 이메일의 작성자이며, 첫 번째 단락에서 대대적인 리모델링 없이는 그래나이트 스프링즈 공항에 공간이 충분하지 않다 (Without extensive remodeling, there just is not enough room here at Granite Springs Airport)고 언급하며, 두 번째 단락에서 이를 위한 제안서를 준비하여 펨브로크 씨에게 계획을 알리겠다(We need to put together a proposal ~ we are working on a plan)고 했다. 기사 두 번째 단락에서는 펨브로크 씨가 확장을 위한 리모델링 사실을 확인해 주었다(Pembroke confirmed that the airport will begin remodeling)는 내용이 있고, 세 번째 단락에서 공사가 내년 말까지 완료될 것(The renovations should be completed by the end of next year)이라고 했으므로 (B)가 정답이다.

181-185 이메일 + 이메일

수신: 전 직원
발신: 시리샤 라오
날짜: 5월 7일
제목: 행사 사진
첨부: 주문서

직원 여러분께:

182(B)4월 3일에 있었던 니틴 쿠마르 씨의 은퇴 기념 파티의 사진이 현재 구입 가능합니다. 앨범을 보시려면, happymoonphotography.co.in으로 해피 문 포토그래피 웹사이트를 방문하셔서 우리 회사명과 **181**아이디 번호(933704)를 입력하세요. 각각 400루피에 **182(A)**개별 인화를 주문하시거나, 아래 열거된 네 가지 패키지 중 하나를 고르시면 됩니다.

- **184**베이직 (1270루피): 10x15 인화 네 장
- 베이직 플러스 (2150루피): 10x15 인화 네 장과 13x18 인화 두 장
- 투 셰어 (4120루피): 10x15 인화 여덟 장과 13x18 인화 네 장
- 포 에브리원 (7930루피): 10x15 인화 열여섯 장과 13x18 인화 여덟 장

185온라인으로 주문하실 경우, 계산 시 할인 코드 <u>10 PERCENT</u>를 쿠폰란에 입력하시고 무료 배송과 10퍼센트 할인을 받으세요. 또는, 본 이메일에 첨부된 주문서를 작성하셔서 저에게 보내 주셔도 됩니다.

182(D)사진은 온라인으로 30일 동안 구입 가능합니다. 그 이후에 구입하시려면, 11 2679 5004번으로 해피 문 고객 지원부에 전화하세요.

특별 행사 관리자, 시리샤 라오

어휘　retirement 은퇴　enter 입력하다　individual 각각의
₹ 루피(인도의 화폐 단위)　alternatively 그렇지 않으면, 양자택일로

수신: 구루나스 판디트 〈gpandit@akrzindustries.co.in〉
발신: 〈service@happymoonphotography.co.in〉
날짜: 5월 10일
제목: 주문 번호 38919

판디트 씨께,

해피 문 포토그래피에서 주문해 주셔서 감사합니다! **183**아래에 완료된

TEST 5

구매 내역을 검토해 주시기 바랍니다. 사진은 늦어도 5월 23일까지는 우편으로 받아 보실 수 있습니다.

행사: 니틴 쿠마르 은퇴 기념 파티, AKRZ 인더스트리즈

[184]204번 이미지의 10 x 15 사진 네 장: 1270루피

[185]할인 10퍼센트: −127루피

총액: 1143루피

행사를 계획 중이신가요? 6월 15일 전에 우리 사진작가 중 한 명을 예약하고 20퍼센트 할인을 받으세요.

어휘   no later than 늦어도 ~까지는

---

181   세부 사항

번역   첫 번째 이메일에 따르면, 직원들이 파티 사진을 보기 위해 해야 할 일은?

(A) 아이디 번호 입력하기
(B) 첨부 파일 열기
(C) 사진작가와 만나기
(D) 고객 지원부에 연락하기

해설   첫 번째 이메일 첫 단락에서 앨범을 보려면 포토그래피 업체 웹사이트에 접속 후, 아이디 번호(933704)를 입력하라(enter our company name and ID number (933704))고 했으므로 (A)가 정답이다.

▶▶ Paraphrasing   지문의 **To see the album** → 질문의 **to view photographs**

---

182   사실 확인

번역   파티의 사진에 대해 사실이 아닌 것은?

(A) 개별적으로 구입할 수 있다.
(B) 4월 3일에 촬영되었다.
(C) 네 개의 앨범으로 정리되어 있다.
(D) 온라인으로 30일 동안 구입할 수 있다.

해설   첫 번째 이메일 첫 단락 마지막 줄의 '개별 인화를 주문하거나(You may order individual prints)'에서 (A)를, 첫 번째 줄의 '4월 3일에 있었던 니틴 쿠마르 씨의 은퇴 기념 파티의 사진(Photographs from Nitin Kumar's retirement party on 3 April)'에서 (B)를, 마지막 단락에서 '사진은 온라인으로 30일 동안 구입 가능하다(Photographs are available online for 30 days)'에서 (D)를 확인할 수 있다. 따라서 언급되지 않은 (C)가 정답이다.

---

183   주제 / 목적

번역   두 번째 이메일이 보내진 이유는?

(A) 추적 번호를 알려 주려고
(B) 지불을 요청하려고
(C) 거래를 확인하려고
(D) 새로운 서비스를 홍보하려고

해설   두 번째 이메일 첫 번째 단락에서 주문에 대해 감사하다는 인사말 뒤에 아래에 완료된 구매 내역을 검토해 주기 바란다(Please review your completed purchase below)고 언급하고 있으므로 (C)가 정답이다.

▶▶ Paraphrasing   지문의 **review your completed purchase** → 정답의 **confirm a transaction**

---

184   연계

번역   판디트 씨는 어떤 패키지를 구입했겠는가?

(A) 베이직
(B) 베이직 플러스
(C) 투 셰어
(D) 포 에브리원

해설   사진 서비스 업체인 해피 문 포토그래피가 보낸 두 번째 이메일에서 '204번 이미지의 10 x 15 사진 네 장: 1270루피(Four 10 x 15 photographs of image 204: ₹1270)'에 대한 판디트 씨의 구매 내역이 나와 있다. 또한 첫 번째 이메일 두 번째 단락에서 '베이직 (1270루피): 10x15 인화 네 장(Basic (₹1270): Four 10 x 15 prints)'이라고 패키지 가격표를 명시하고 있어, 판디트 씨가 베이직 패키지를 이용했다는 것을 알 수 있다. 따라서 (A)가 정답이다.

---

185   연계

번역   판디트 씨에 대해 알 수 있는 것은?

(A) 최근에 은퇴했다.
(B) 기업 행사를 기획한다.
(C) 6월 15일에 사진작가를 예약했다.
(D) 온라인으로 할인 코드를 입력했다.

해설   첫 번째 이메일 세 번째 단락에서 온라인으로 주문할 경우, 계산 시 할인 코드를 입력하고 10퍼센트 할인을 받을 것(Enter discount code 10 PERCENT in the coupon field ~ receive free shipping and a 10 percent discount)이라고 할인 행사에 대해 알려 주고 있고, 두 번째 이메일에서 '할인 10퍼센트: −127루피(Discount 10 percent: −₹127)'가 명시되어 있으므로 판디트 씨가 구매 시 할인을 받았음을 알 수 있다. 따라서 (D)가 정답이다.

186-190   기사 + 웹페이지 + 이메일

해밀턴 (2월 3일)—[186]루아쿠라 교육 센터(RTC)가 스프링데일 공업 단지로 이전한다. 대변인인 잭스 우 씨는 RTC가 [188]평소 강좌 일정에 약간의 차질만 있을 뿐 5월에 개장하길 바란다고 말했다.

새로운 시설은 도로 공사, 광업, 건설을 포함한 다양한 분야에서의 업무를 위한 교육 및 인증을 제공하게 되는데, 우 씨에 따르면 시기적절한 개장이 될 것이라고 한다. [187]"이 전문 분야에는 현재 일자리가 많습니다. 특히 해밀턴 인근에 말이죠." 우 씨는 말했다.

새로운 위치는 클라크스턴 로에 있는 지금의 RTC 빌딩보다 사람들이 다니기 더 편리할 것이다. 대중교통 정거장이 공업 단지 바로 앞에 있고, 무료 주차도 가능하다.

추가 정보가 필요할 경우, www.ruakuratc.co.nz로 RTC 웹사이트를 방문하면 된다.

https://www.ruakuratc.co.nz

홈	소식	개설 강좌	등록

¹⁸⁸루아쿠라 교육 센터(RTC) 개장
¹⁸⁸8월 16일 일요일, 오후 1시 ~ 오후 4시

8월 16일 일요일에 우리와 함께해 주세요. 스프링데일 공업 단지에 새로 센터를 개장합니다. 강좌는 8월 17일 월요일에 시작될 예정입니다. 아래에서 첫 번째 주에 개설되는 강좌를 확인하세요. 이들 강좌에 등록하시려면, 등록 페이지로 가시면 됩니다. 질문이 있으시면, 교무 과장인 피비 고든 씨에게 pgordon@ruakuratc.co.nz로 이메일을 보내세요. RTC는 귀사의 근무 현장에서도 교육을 제공할 수 있으니, 추가 정보가 필요하시면 개설 강좌 페이지를 확인하세요.

¹⁹⁰8월 17일: 작업 안전 재교육 과정, 젠킨스 씨, 강사
¹⁸⁹8월 18~19일: 기초 작업 현장 교통 관리, 아가왈 씨, 강사
8월 19일: 작업 안전 재교육 과정, 매켄지 씨, 강사
¹⁸⁹8월 20~21일: 중장비 면허 취득, 웨이푸카 씨, 강사
¹⁸⁹8월 21~22일: 기초 작업 현장 교통 관리, 여 씨, 강사

수신: 피비 고든 〈pgordon@ruakuratc.co.nz〉
발신: 아브라함 루투이 〈alutui@bluemills.co.nz〉
제목: 요청
날짜: 8월 14일

고든 씨께,

¹⁹⁰저는 8월 17일 작업 안전 재교육 과정에 등록되어 있습니다. 그런데, 현재 통가에 출장 중이며 돌아가는 비행기는 8월 17일 당일에 도착합니다. 제 등록을 8월 19일 강좌로 변경해 주실 수 있을까요?

아브라함 루투이

186   주제 / 목적

번역   기사의 주안점은?
(A) 회사의 폐업 기념식
(B) 도로 정비 프로젝트
(C) 제조 기술의 진보
(D) 교육 시설의 이전

해설   기사 첫 번째 단락에 '루아쿠라 교육 센터(RTC)가 스프링데일 공업 단지로 이전한다(The Ruakura Training Centre (RTC) is relocating to the Springdale Industrial Park)'라고 나와 있으므로 (D)가 정답이다.

187   사실 확인

번역   우 씨가 기사에서 언급한 것은?
(A) 그가 새로운 과정을 가르칠 것이다.
(B) 지역에 일자리가 많다.
(C) 지역의 교통이 개선되어야 한다.
(D) 주차장에 문제가 있다.

해설   기사 두 번째 단락에서 이 전문 분야에는 현재 일자리가 많으며, 특히 해밀턴 인근에 많다(There are numerous job openings now in these specialized fields, especially around Hamilton)고 한 우 씨의 말을 인용하고 있으므로 (B)가 정답이다.

▸▸ Paraphrasing   지문의 There are numerous job openings
→ 정답의 Many jobs are available

188   연계

번역   RTC에 대해 알 수 있는 것은?
(A) 수강료가 인상되었다.
(B) 새로운 강사들을 고용하고 있다.
(C) 새로운 위치의 센터 개장이 지연되었다.
(D) 강좌의 등록 기간이 연장되었다.

해설   기사 첫 번째 단락에서 RTC가 5월에 개장하길 바란다(RTC hopes for a grand opening in May)는 RTC 대변인인 우 씨의 언급이 나온다. 하지만 웹페이지 뉴스 탭의 머리말에는 루아쿠라 교육 센터(RTC) 개장(Ruakura Training Centre (RTC) Grand Opening)이 8월 16일(Sunday, 16 August)이라고 나와 있기 때문에 개장일이 기대했던 5월이 아닌 8월로 지연되었다는 점을 알 수 있다. 따라서 (C)가 정답이다.

189   사실 확인

번역   RTC의 강좌에 대해 알 수 있는 것은?
(A) 등록 정원이 마감되었다.
(B) 모든 강좌가 이틀간 진행된다.
(C) 한 달에 한 번 이상 개설되기도 한다.
(D) 수강료를 전액 선납해야 한다.

해설   웹페이지 하단의 강좌 일정표에, 작업 안전 재교육 과정(Work Safety Refresher)이 8월 17일과 8월 19일에, 그리고 기초 작업 현장 교통 관리(Basic Worksite Traffic Management)가 8월 18일에서 19일, 그리고 21일에서 22일까지 각각 두 번씩 열린다고 나와 있으므로 복수 개설 강좌가 있다는 것을 알 수 있다. 따라서 (C)가 정답이다.

190 연계

번역 루투이 씨에 대해 무엇이 사실이겠는가?

　(A) 젠킨스 씨의 강좌에 등록되었다.
　(B) 전에 RTC에서 근무했다.
　(C) 항공편 일정을 조정해야 했다.
　(D) 여행 분야 일자리에 관심이 있다.

해설 이메일에서 루투이 씨는 자신이 8월 17일 작업 안전 재교육 과정에 등록되어 있다(I am registered for the 17 August work safety refresher course)고 언급했다. 개설 강좌 정보가 있는 웹페이지를 보면, 8월 17일에 제공되는 과목이 젠킨스 씨에 의한 작업 안전 재교육 과정(17 August: Work Safety Refresher, Mr. Jenkins, Instructor)이므로 (A)가 정답이다.

191-195 송장 + 이메일 + 이메일

글리란 상업 시설 청소 대행
632 오클랜드 가, 핼리팩스 NS B3J 3J5
www.gleelancleaning.com.ca
전화번호: 902-555-0111

송장:　　705526　　　　　　날짜: 10월 1일
청구 대상: 엔도라 겔리스　　계정: 30056JA
　　　　　잰트 광고
　　　　　1900 배링턴 가, 230호
　　　　　핼리팩스, NS B3J 1P2

서비스 날짜	내역	요금
¹⁹¹9월 6일	사무실 청소	80달러
¹⁹¹9월 13일	사무실 청소	80달러
	러그 청소	135달러
¹⁹¹9월 20일	사무실 청소	80달러
¹⁹¹9월 27일	사무실 청소	80달러
	¹⁹²유리창 청소	¹⁹²115달러

우대 고객 할인 (10퍼센트)	¹⁹⁴– 57달러
청구 금액:	513달러

¹⁹⁵청구서 관련 질문은 billing@gleelancleaning.com.ca로 청구 관리 담당자에게 연락하십시오.

어휘 commercial 상업의　rug (작은 카펫같이 생긴) 깔개
preferred 우선의　balance due (지불해야 할) 잔금
billing 계산서 발부

발신: 엔도라 겔리스 〈egellis@jantad.com.ca〉
수신: 글리란 상업 시설 청소 대행 〈billing@gleelancleaning.com.ca〉
제목: 청구 관련 질문
날짜: 10월 2일

안녕하세요,

어제 우리 잰트 광고에서 수령한 청구서와 관련해서 이메일을 씁니다. 청구서에 오류가 있는 것 같습니다. ¹⁹²저희가 지난달 말에 유리창을 청소해 달라고 요청했지만, 귀사에서 해당 서비스를 취소했어야 했습니다. 그런데 이에 대한 요금이 송장에 포함되어 있네요. 가능하면 유리창 청소는 날씨가 너무 추워지기 전에 이달 초에 예약하고 싶습니다. 그럼, 수정된 송장을 보내 주시겠어요?

엔도라 겔리스
잰트 광고

어휘 concerning ~에 관하여　particular 특정한　charge 요금　in the meantime 그 동안에

발신: 버트 라드케 〈bradke@gleelancleaning.com.ca〉
수신: 엔도라 겔리스 〈egellis@jantad.com.ca〉
제목: 회신: ¹⁹⁵청구 관련 질문
날짜: 10월 3일

겔리스 씨께,

귀사의 9월 서비스와 관련해 연락 주셔서 감사합니다. 저희 청구 부서를 대신해 오류에 대해 사과드립니다. 예정되어 있던 유리창 청소를 저희 쪽에서 취소한 게 맞습니다. ¹⁹³그날 폭우가 있었습니다. 그 금액을 삭제하고 오늘 수정된 송장을 보내 드리겠습니다. ¹⁹⁴이번 일은 저희 착오였기 때문에, 9월 송장에 적용되었던 할인 금액은 그대로 제공해 드리겠습니다.

일정 관리 부서와 확인해 보았더니, 귀사의 창문 유리창 작업을 정기적으로 진행되고 있는 사무실 청소 작업일에 맞춰 10월 11일로 잡을 수 있다고 합니다. 이 날짜가 잰트 광고에 적합한지 확인해 주시기 바랍니다.

지속적인 거래에 감사드립니다.

버트 라드케
글리란 상업 시설 청소 대행

어휘 regarding ~에 관하여　on behalf of ~을 대신해　rainstorm 폭풍우　coincide with ~와 동시에 일어나다　suitable 적절한

---

191 사실 확인

번역 송장을 통해 잰트 광고에 대해 알 수 있는 것은?

　(A) 매주 사무실 청소를 받는다.
　(B) 최근에 새로운 곳으로 이전했다.
　(C) 9월에 카펫을 교체했다.
　(D) 일부 유리창 수리를 받았다.

해설 송장 가운데 제시되어 있는 표를 보면, 서비스 날짜(Date of Service)가 9월 6일, 13일, 20일, 27일로 일주일 간격으로 서비스가 이루어졌음을 알 수 있다. 따라서 (A)가 정답이다.

192 연계

번역 겔리스 씨가 송장에서 삭제되길 원하는 금액은?

(A) 80달러
(B) 115달러
(C) 135달러
(D) 513달러

해설 첫 번째 이메일에서 겔리스 씨는 유리창 청소를 요청했고 귀사에서 해당 서비스를 취소했으나 이에 대한 요금이 송장에 포함되어 있다(you had to cancel that particular service ~ a charge for it is included on the invoice)고 언급했으므로, 송장의 내역에 제시되어 있는 유리창 청소(Window washing) 금액인 115달러가 취소되지 않고 청구가 된 것을 알 수 있다. 따라서 (B)가 정답이다.

193 세부 사항

번역 라드케 씨에 따르면, 서비스가 취소된 이유는?

(A) 작업이 가능한 청소 인원이 충분하지 않았다.
(B) 장비가 작동하지 않았다.
(C) 일정표에 오류가 있었다.
(D) 기상 조건이 좋지 않았다.

해설 두 번째 이메일 첫 단락에서 그날 폭우가 있었다(There was a rainstorm on that day)며 유리창 청소가 취소된 이유를 언급하였으므로 (D)가 정답이다.

▶▶ **Paraphrasing** 지문의 **There was a rainstorm** → 정답의 **The weather conditions were poor**

194 연계

번역 잰트 광고에 대해 알 수 있는 것은?

(A) 총 금액에서 57달러를 할인 받을 것이다.
(B) 현재 경험이 풍부한 청소 담당 직원을 구하고 있다.
(C) 10월 11일에 사무실이 일찍 문을 닫는다.
(D) 도시 전역에 사무실이 여러 개 있다.

해설 두 번째 이메일에서 이번 일은 우리의 착오였기 때문에, 9월 송장에 적용되었던 할인 금액은 그대로 제공하겠다(because it was our error, please note that we will still provide the full discount that was listed on the invoice for September)며 청소 업체가 사과를 하였고, 9월에 적용된 할인 금액이 57달러라는 것을 송장의 우대 고객 할인(Preferred customer discount)을 통해 알 수 있다. 따라서 (A)가 정답이다.

195 연계

번역 라드케 씨는 누구일 것 같은가?

(A) 유리창 설치자
(B) 청구 관리 담당자
(C) 사무실 청소원
(D) 일정 관리 비서

해설 송장 마지막 단락에서 청구서 관련 질문은 청구 관리 담당자에게 연락하라(For billing questions, please contact our billing manager)고 했고, 첫 번째 이메일은 제목이 '청구 관련 질문(Billing question)'이며, 겔리스 씨가 잘못 부과된 금액에 대해 문제 제기를 하고 있다. 두 번째 이메일의 '제목: 회신: 청구 관련 질문(RE: Billing question)'을 통해 라드케 씨가 겔리스 씨의 문의에 답변하고 있는 것이며, 라드케 씨가 송장에서 언급된 청구 관리 담당자라는 것을 알 수 있으므로 (B)가 정답이다.

196-200 목록 + 이메일 + 후기

등록 유형: 단독 주택
위치: 윈덤 카운티의 보나트라 에이커
최종 수정일: 10월 28일

보나트라 에이커는 윈덤 카운티에 위치한 아름다운 주거 구역으로 학교, 대중 교통 수단과 아름다운 [196]**공원 인근에** 방 2개, 방 3개, 방 4개짜리 단독 주택들로 구성되어 있다.

라리크와 그랜드 배런 모델은 식사가 가능한 널찍한 주방, 큰 거실과 차고가 특징이다. 앤도버 모델은 가장 가격 실속형 주택으로 뒤쪽에 옥외 테라스가 딸린 일층 집이다. 미카라는 독특한 스타일의 주택으로 대형 창문이 딸린 이층 침실이 특징이다. 해리슨 모델은 현대적으로 수리된 이층 주택이다.

[197]**현재 매입 가능한 주택**

주소	침실	욕실	모델
[199]**126 히코리 드라이브**	3	2	그랜드 배런
912 버치 플레이스	2	1	앤도버
21 라일락 레인	2	1	미카라
108 파인 애버뉴	3	1	라리크

어휘 single-family property 단독 주택   residential 주거의   community 지역 사회   feature ~을 특색으로 하다   eat-in 식사도 할 수 있을 정도로 큰   garage 차고   affordable 저렴한   story (건물의) 층   patio (옥외) 테라스   rear 뒤쪽

수신: 발레리 시드코프 〈v.sidkoff@emikproperties.com〉
발신: 춘 래이 〈chunlai@anymail.com〉
날짜: 10월 30일
제목: 새로운 주거지

시드코프 씨께,

[198]**저희 매니저이신 데이비드 므와빌리 씨께서 EMIK 부동산을 적극 추천해 주셨습니다.** 매니저님이 업무용 부동산을 구하시는 걸 도와주셨다고요.

그 지역의 주거용 부동산도 취급하시는지 궁금합니다. 저희 부부는 아이들과 함께 직장에서 더 가까운 윈덤 카운티로 이사를 생각하고 있습니다. 대중교통 이용이 편리하면 좋겠습니다. 되도록이면 [199]**침실이 두 개 이상이고 욕실이 최소 두 개인 합리적인 가격대의** 그 지역 주택 몇 곳의 목록을 추천해 주시면 감사하겠습니다. 저는 [200]**수요일 오전과 목요일 오후**에 집을 돌아볼 수 있습니다.

감사합니다.
춘 래이

준 프레스턴, 10월 16일
저는 최근에 EMIK 부동산에서 집을 구입했고, 이 회사의 소유주인 발레리 시드코프 씨와 일하면서 즐거웠습니다. 그녀는 제가 선호하는 지역에 있는 많은 주택들을 끈기 있게 보여 주었고, 제 요구 사항에도 귀를 기울여 주었습니다. EMIK 부동산에 대한 저의 유일한 우려는 주거지를 찾는 손님보다는 상업 부동산쪽 고객들을 우선시하는 것 같다는 점입니다. **²⁰⁰이 부동산은 목요일과 금요일 오후를 따로 지정해 오로지 상업용 부동산만을 보여 주고 있습니다.** 이것이 저한테는 영향을 미치지 않았지만, 주택을 매입하려는 다른 사람들에게는 문제가 될 수도 있을 것 같습니다.

196 세부 사항

번역 목록을 통해 보나트라 에이커에 대해 알 수 있는 것은?

(A) 최근에 건축되었다.
(B) 공원 근처에 있다.
(C) 판매를 위한 아파트로 구성되어 있다.
(D) 도시에서 가깝다.

해설 목록 첫 번째 단락에 보나트라 에이커는 단독 주택으로 이루어진 주거 구역으로 공원 인근에 있다(Bonatra Acres is a lovely residential community ~ near schools, public transportation, and beautiful parks)고 했으므로 (B)가 정답이다.

197 세부 사항

번역 현재 구입이 불가능한 보나트라 에이커 모델은?

(A) 라리크
(B) 그랜드 배런
(C) 앤도버
(D) 해리슨

해설 목록에 있는 표의 제목은 '현재 매입 가능한 주택(Properties Currently Available for Sale)'이다. 이를 통해 표에 명시되어 있는 모델들이 구입이 가능하고, 표에 나와 있지 않은 Harrison이 구매가 불가능하다는 것을 알 수 있다. 따라서 (D)가 정답이다.

198 사실 확인

번역 이메일을 통해 래이 씨에 대해 알 수 있는 것은?

(A) 곧 새 직장을 구할 것이다.
(B) 직장 상사로부터 EMIK 부동산에 대해 들었다.
(C) EMIK 부동산을 소유하고 있다.
(D) 현재 윈덤 카운티에 거주하고 있다.

해설 이메일 첫 번째 단락에서 래이 씨는 본인의 매니저가 EMIK 부동산을 적극 추천해 주었다(EMIK Properties comes highly recommended by my manger)고 언급하고 있으므로 (B)가 정답임을 알 수 있다.

199 연계

번역 래이 씨의 요구 사항에 가장 적합한 보나트라 에이커 주택은?

(A) 126 히코리 드라이브
(B) 912 버치 플레이스
(C) 21 라일락 레인
(D) 108 파인 애버뉴

해설 이메일 두 번째 단락에서 래이 씨는 침실이 두 개 이상이고 욕실이 최소 두 개인 합리적인 가격대의 주택(reasonably priced homes in that area, ideally with two or more bedrooms and at least two bathrooms)을 소개해 달라고 요청하고 있다. 주택의 정보가 나와 있는 목록을 보면 '126 히코리 드라이브'에 있는 주택이 침실이 세 개이며 욕실이 두 개이기 때문에 래이 씨의 요구 사항에 맞는다. 따라서 (A)가 정답이다.

200 연계

번역 래이 씨는 언제 주택들을 방문할 것 같은가?

(A) 수요일 오전
(B) 수요일 오후
(C) 목요일 오전
(D) 목요일 오후

해설 이메일 두 번째 단락 마지막 문장에서 수요일 오전과 목요일 오후에 집을 돌아볼 수 있다(I am available to visit homes on Wednesday mornings and Thursday afternoons)고 했고, 후기를 보면 부동산은 목요일과 금요일 오후에 오로지 상업용 부동산만 보여 준다(The agency reserves Thursday and Friday afternoons to show exclusively commercial properties)고 했으므로 래이 씨는 이메일에서 본인이 제시한 시간 중 목요일이 아닌 수요일 오전에 방문 가능할 것이라 짐작할 수 있다. 따라서 (A)가 정답이다.